工商管理案例丛书

市场营销案例精选精析

（第四版）

主　编　朱　华

副主编　吕　慧

中国社会科学出版社

图书在版编目（CIP）数据

市场营销案例精选精析/朱华主编，吕慧副主编．
—4 版．—北京：中国社会科学出版社，2009.2
（工商管理案例丛书）
ISBN 978 - 7 - 5004 - 7526 - 2

Ⅰ．市…　Ⅱ．①朱…②吕…　Ⅲ．市场营销学—
案例—分析　Ⅳ．F713.50

中国版本图书馆 CIP 数据核字（2008）第 211543 号

策划编辑　卢小生（E - mail：georgelu@ vip. sina. com）
责任编辑　卢小生
责任校对　曲　宁
封面设计　康道工作室
技术编辑　李　建

出版发行　**中国社会科学出版社**
社　　址　北京鼓楼西大街甲 158 号　　　邮　编　100720
电　　话　010 - 84029450（邮购）
网　　址　http://www.csspw.cn
经　　销　新华书店
印　　刷　北京新魏印刷厂　　　　　　　　装　订　丰华装订厂
版　　次　2009 年 2 月第 4 版　　　　　　印　次　2009 年 2 月第 6 次印刷
开　　本　787×960　1/16　　　　　　　插　页　2
印　　张　24.25　　　　　　　　　　　印　数　27001—32000 册
字　　数　436 千字
定　　价　36.00 元

《工商管理案例丛书》主编、
副主编及编委名单

目　　录

总序/1

前言/1

绪论/1

第一章　市场营销概述/53

案例1　迪斯尼乐园——游客满意的乐园/62

案例2　请别买我的啤酒/66

案例3　万绿之宗　彩云之南/68

案例4　与奥运共振/72

案例5　乐购进军美国市场/75

第二章　市场购买行为/78

案例1　从豆浆到维他奶/79

案例2　忽视市场　误入歧途/81

案例3　"泛洋城市度假村"的经营推广/84

案例4　"明珠步行街"的销售/86

第三章　市场营销环境/88

案例1　寻找市场空白的"丑小鸭"/99

案例2　追求挑战的"百事可乐"/102

案例3　通用电器公司在匈牙利/105

案例4　金牌老店"同仁堂"/106

案例5　"格兰仕"大战微波炉市场/109

案例6　非常可乐的战斗/111

案例7　剥"壳"夺食/113

案例8　比服务本身更重要的是公关/117

案例9　充满爱心的雀巢食品公司/119

第四章　战略计划过程/122

案例1　伯瑞尔公司的市场战略/125

案例2　联手安徽新华"海归派"贝发的本土"寻亲记"/128

案例3　"统一"企业的多角化经营/131

案例4　"春都"的经营得失/134

案例5　谁说大象不可嫁给鲸鱼——可口可乐与九城联姻/137

案例6　利用整合实现管理权上收益与利益平衡/139

案例7　LG"马拉松"式体育营销战略/141

案例8　不同战略,两种命运/143

案例9　银麦——迂回战略游刃有余 146

第五章　市场营销管理过程/149

案例1　农村市场,大有可为/152

案例2　稀世宝矿泉水的营销组合/155

案例3　可口可乐跨国企业本土化精髓/160

案例4　宝洁在中国市场的多品牌市场细分/164

案例5　百事可乐的"新生代"定位/168

案例6　市场细分永不停息/171

案例7　善做产品定位的拜耳公司/173

案例8　兰波布的市场定位策略/175

案例9　米勒啤酒的目标市场营销/177

案例10　《今日美国》的营销组合策略/179

案例11　猫人国际保暖内衣品牌定位战略/182

第六章　产品策略/187

案例1　"雪莲"牌羊绒衫的产品整体观念/197

案例2　从"今日"到"乐百氏"/200

案例3　王老吉包装记/203

案例4　"无声小狗"便鞋在生命周期各阶段的促销术/206

案例5　罗林洛克啤酒的包装策略/210

案例6　午后红茶:必须从雅致转向雅俗/211

案例7　可口可乐原叶茶上市记/214

案例8　放手去干/217

案例9　"CT"的诞生/219

第七章　定价策略/223

案例1　推销怪才,巧定价格/227

案例2　雅马哈摩托的定价策略/229

案例 3　联想开拓液晶市场/231

案例 4　量准身材好裁衣/235

案例 5　低价不如高价俏/236

案例 6　哈尔滨"中央大街"药店大战/238

案例 7　农夫为什么挺不住/242

第八章　营销渠道策略/245

案例 1　平常渠道非常控制/250

案例 2　"柯达""富士"之争/252

案例 3　爱普生公司的中间商策略/254

案例 4　直邮销售,独具匠心/256

案例 5　练就中国功夫/259

案例 6　IBM 的渠道新政/261

案例 7　"佩珀"饮料公司的失误/266

案例 8　洋葡萄酒专卖店——转身进行时/268

案例 9　将你我变成我们/272

案例 10　千万猪头都是一张脸/275

案例 11　东来顺想再涮一百年/282

第九章　促销策略/289

案例 1　西门子——把促销做到消费者心里/293

案例 2　强势促销——2008 美媛春果味常润茶上市营销/294

案例 3　免费赠送的企业策略/297

案例 4　唯一重要的是精确/299

案例 5　军装姊妹　肠治久安/300

案例 6　天健花园的广告策略/305

案例 7　名不副实的代价/308

第十章　市场营销策划/311

案例 1　用公益活动进行危机公关/316

案例 2　芦荟排毒胶囊区隔营销成就市场老大/320

案例 3　天和骨通——一个成功的营销策划/326

案例 4　一张王牌和十六张好牌——嘉里粮油(金龙鱼)经营案例/329

第十一章　现代营销方式/336

案例 1　浅析华隆公司的绿色营销/344

案例 2　关系营销:麦德龙的成功之道/349

案例3　新疆乳业的体验营销/353

案例4　"康师傅劲跑X"的整合营销/360

第十二章　综合案例/366

案例1　苏果农村市场制胜攻略/367

案例2　"贝卡特"钢丝公司/370

案例3　青啤"事件营销"/373

参考文献/376

总　序

　　作为与传统理论教学模式完全不同的管理类案例教学，在我国，是改革开放之后才迅速传播开来的。在传统的理论教学模式中，教师凭借粉笔和黑板做系统的讲解，通过教师的口头表达、板书、手势及身体语言等完成教学活动，这带有很大的局限性。这种教学模式缺乏师生之间、学生之间的交流，教师是这类活动的中心和主动的传授者，学生被要求认真倾听、详细记录和领会有关意图，是被动的接受者。因此，这种传统的教学模式应用于能力的培养上难以奏效，对独立思考能力日趋完善的新时代大学生来说，是很难激发其学习兴趣的，因此也难以更好地实现培养目标。

　　案例教学则完全不同，教学活动主要是在学生自学、争辩和讨论的氛围中完成，教师只是启迪和帮助学生相互联系，担当类似导演或教练的角色，引导学生自己或集体做分析和判断，经过讨论后达成共识。教师不再是这类教学活动的中心，仅仅提供学习要求，或做背景介绍，最后进行概括总结，绝大部分时间和内容交由学生自己主动地进行和完成。

　　不难看出，案例教学的首要功能，在于使学生通过个人和集体的讨论与分析，从案例情景中归纳出问题，找寻解决问题的方案及择优处理，最终领悟出适合自己个人特点的思维方法和逻辑推理，使得在今后的实践活动中，可以有效地运用这种逐步培育起来的思维方法和逻辑推理，来观察、分析和解决实际问题，从而使学生的相关能力得以培养和确立，并随今后工作实践的持续进行而日趋成熟和完善。

　　由张岩松等一批年轻教师新近编写的"工商管理案例丛书"——《战略管理案例精选精析》、《危机管理案例精选精析》、《企业文化案例精选精析》、《组织行为学案例精选精析》、《财务管理案例精选精析》、《国际贸易案例精选精析》、《经济法案例精选精析》、《企业管理案例精选精析》、《市场营销案例精选精析》、《人力资源管理案例精选精析》和《公共关系案例精选精析》，这套丛书基本上涵盖了管理类专业主干课程的内容。这套丛书结合国内外企业管理的实践，从方便高校各层次工商企业管理类课程教学的角度出发选编案例，整套丛书的近800个案例涵盖了大量最新的企业信息，每个案例都具有很强的可读性、操作性、代表性和新颖性，真正做到了"精选"。

"工商管理案例丛书"每本书的绪论对案例的含义、类型、功能，特别是对案例教学的特点、过程及案例教学的组织等都做了各有侧重的分析和阐述。具体案例注重结合各管理学科通行的内容分章组织编写，在每章前先对本章的学科内容做了简要的阐述，帮助使用者把握基本管理原理和规律。在对每个案例进行分析和点评时，力求画龙点睛，对读者有所启迪，并在此基础上提出若干思考·讨论·训练题，供读者思考和作为教学之用，真正做到了"精析"。

这套丛书既可以作为管理类专业相应课程的教材单独使用，也可作为相应课程的教学参考书使用。我相信，这套"工商管理案例丛书"必将会推动我国高校管理案例教学的开展，对从事企业管理工作、企业管理教学和研究的人士也会有所裨益，有所启发。

武春友

2008 年 3 月 30 日

前　　言

　　市场营销学自产生以来，历经百年的发展，已成为世界范围内的企业经营宝典。这门学科集理论性和实践性为一体，在指导企业的实际经营活动中发挥了极其重要的作用，是一门源于实践又回馈于实践的应用学科。

　　市场营销学的理论是企业多年生产、经营经验的总结，对从事实际工作的从业人员有着很强的指导作用，但在学习中，学生仅从理论上学习相关知识难以掌握该学科的精髓，为了提高教学效果，使其能够更好地应用市场营销学理论解决企业的相关市场营销问题，我们在 2000 年编写了《市场营销案例精选精析》一书，受到了读者的欢迎，几年来已出三版，此次出版的第四版在吸收前三版精华的基础上，更加突出案例"精选精析"的特色，并对每章涉及的市场营销基本原理做了阐述。

　　本书是大专院校学生的良师益友，可作为实施市场营销学课程案例教学的教材使用，同时也可作为企业岗位培训教材和广大市场营销工作者、企业经营管理人员的参考读物。

　　本书由朱华任主编、吕慧任副主编，朱华编写了第 1—6 章，吕慧编写了第 7—10 章和第 12 章，王海鉴编写了第 11 章，张岩松编写了绪论。

　　本书在编写过程中参考了大量的著作、报刊及网络资料，在此，我们向各位作者致以深深的谢意。由于时间仓促，加之编者水平有限，书中难免错漏和不足，敬请广大读者批评指正。

作　者

2008 年 10 月

绪　　论

管理案例是在企业管理实践过程中发生的真实事实材料，这些事实材料由环境、条件、人员、时间、数据等要素所构成，把这些事实材料加工成供课堂教学和学生分析讨论所用的书面文字材料，就成为管理案例。它是为了某种既定的教学目的，围绕一定的管理问题而对某一真实的管理情景所做的客观描述或介绍。管理案例教学既是对管理问题进行研究的一种手段，也是现代管理教育的一种方法，目前国内外已经有广泛的研究和运用。为了更好地实施案例教学，充分运用本套丛书，我们在此对管理案例教学的组织开展进行较全面的论述，希望对读者有所助益。

一、管理教学案例概述

（一）管理教学案例的由来

"案例"译自英文单词 Case，医学上译作"病历"；法学上译作"案例"或"判例"；在商业或企业管理学中，往往译作"案例"、"实例"、"个案"等。

案例教学法是指以案例为教学媒介，在教师的指导下，运用多种方式启发学生独立思考，对案例提供的客观事实和问题分析研究，提出见解，做出判断和决策，从而提高学生分析问题和解决问题能力的一种理论联系实际的启发式教学方法。

案例教学法的产生，可以追溯到古代的希腊和罗马。希腊哲学家、教育家苏格拉底，在教学中曾采用过"问答式"教学法，这可以被看作是案例教学的雏形。之后，希腊哲学家柏拉图继承了苏格拉底的教育思想，将"问答"积累的内容编辑成书，在书中附加了许多日常生活的小例子，一个例子说明一个原理，那些日常生活的小故事，就可被看作是案例。

在管理教学中采用案例教学法是 20 世纪初的事情。现代工商管理实务的出现呼唤着正规的学校管理教育。19 世纪 80 年代，首批商学院在北美出现，哈佛商学院是其中之一。1908 年，哈佛大学创立企业管理研究院，由经济学者盖伊担任首任院长。他认为，企业管理教学应尽可能仿效哈佛法学院的教学方法。他称这种方法为"问题方法"（Problem Method）。在盖伊的策划下，邀请了15位商人参加哈佛"企业政策"一课，每位商人在上第一次课时，报告他们自己所遇到的问题，并解答学生们所提出的询问。在第二次上课时，每个学生需携带分析这些问题及解决这些问题的书面报告。在第三次上课时，由商人和学生一同讨论这些报告。这些报告，便是哈佛企业管理研究院最早的真实案例。1920年，哈佛企业管理研究院第二任院长董翰姆向企业管理界募集到5000美元，请欧普兰德教授从事收集和整理制作案例的工作，这是哈佛企业管理研究院第一次由专人从事案例开发工作。这应当说是案例教学的雏形。同年，哈佛成立案例开发中心，次年出版了第一本案例集，开始正式推行案例教学。

到20世纪40年代中期，哈佛开始大力向外推广案例法。在洛克菲勒基金会赞助下，从1946年起连续9年，先后请来287位外校的高级学者参加他们的"人际关系"课的案例讨论，开始争鸣辩论。1954年，编写出版了《哈佛商学院的案例教学法》一书，并出版了《哈佛案例目录总览》，建立了"校际案例交流中心"，对澄清有关概念、统一术语、就案例法的意义与功能达成共识，起了良好的作用。1955年起，在福特基金会资助下，哈佛连续11年，每年举办为期8周的"访问教授暑期案例讲习班"，前后有119所院校的227位院长、系主任和资深教授参加，大大促进了案例教学在全美管理院校的普及。由此可以看出，案例教学在美国普及经历了近半个世纪的艰苦历程。首先在少数院校"开花"，再向四周逐步扩散；在有战略远见的团体的大力支持下，通过出书、编案例集、建立交流所、举办研讨班等措施，尤其是首先提高院系领导的认识，终于瓜熟蒂落，水到渠成。

从20世纪50年代开始，案例教学法传出了美国，加拿大、英国、法国、德国、意大利、日本以及东南亚国家都引进了案例教学法。50多年来，哈佛案例教学法被各大学接受，闻名全球，它设立"校际案例交换所"，从事国内以及世界各大学所制作的案例交换工作，每年投入巨额资金开发案例，同时案例的交流也使它每年获得2000多万美元的收入。

我国管理教育与培训界开始接触到案例教学起自20世纪80年代。1980年，由美国商务部与中国教育部、经贸委合作，举办"袖珍MBA"培训班，并将中美合作培养MBA的项目执行基地设在大连理工大学，称"中国工业科技管理大连培训中心"，由中美双方教师组成案例开发小组，到若干个中国企业编写了首批用于教学的中国案例，并编写了《案例教学法介绍》一书和首批 83 篇自编的中国管理案例。此后数年，部分高校及管理干部培训机构开始陆续试用案例教学，全国厂长统考也开始有了案例题。

1986 年春，在国家经委支持下，大连培训中心首次举办了为期两周的案例培训班，这种新型教学方法与思想引起几十位参加者的极大兴趣。在大家倡议及国家经委的支持下，同年底在太原成立了第一个国内民间的专门学术团体"管理案例研究会"，次年开始办起了"管理案例教学研究"的学术刊物，余凯成教授任会长和刊物主编，他主持和出版多部案例教学法的译著与专著。

中国台湾地区较之大陆地区更早地开展工商管理教育，自 20 世纪 70 年代起，先后有司徒达贤、陈万淇、刘常勇等学者，力主和推荐个案教学法，并编写出版了《企业个案集》（熊祥林主编）、《台湾本土企业个案集》（刘常勇主编）供教师学生使用。此外，要学好案例，对师生的要求都很高，学生得认真准备，积极参加小组和班级讨论，查阅参考文献，构思和拟写发言提纲，这当然比带上笔记本就去听课要难多了；对教师来说更是如此，案例的课堂讨论中将会发生什么情况，很难预计，这次班上出现这种情况，下一次虽讨论同一案例，却可能出现另一情况。冷场了怎么办？出现僵局怎么办？……有点防不胜防，所以，教师备好一堂案例课所花工夫，远胜于准备一堂讲授课。

总之，案例教学确实是适合管理教育与培训特点的一种十分有效而独特的管理教学方法。

（二）管理教学案例的特征

1. 鲜明的目的性。这里所说的目的是教学目的，它有两层含义：一是狭义的目的，是指通过对案例的分析，让学生验证、操作练习和运用管理的某些概念和方法，以达到学生能深刻领会、掌握、提高这些知识和技能的目的；二是广义的目的，这与工商管理教育的基本目标——重在能力培养是密切联系的。这包括未来管理者应具备的学习能力（快速阅读、做笔记、抓重点、列提纲、查资料、演绎和归纳等）、人际交往能力（口头和书面表达、陈述见解与听取意见、小组交流沟通等）、解决问题能力（发现和抓住问题、分清轻重主次、分析原因、拟订各种解决问题的措施等）。

2. 高度的仿真性。教学案例是在实地调查的基础上编写出来的实际案例，这种实际案例具有典型性、代表性、非偶发性，这是案例的关键特征。在案例设计中，其问题往往若隐若现，提供信息并非一目了然，有关数据需要进行一定的计算、加工、推导，才能直接用案例进行分析。案例通过模拟显示社会经济生活纷繁复杂的"迷宫"以及"陷阱"，目的是训练学生通过对信息的搜集、加工、整理，最终获得符合实际的决策。

3. 灵活的启发性。教学案例必须设计一定的问题，即思考题。其中有的问题比较外露，有的比较含蓄，但通常是显而不露，留待学生去挖掘。案例中设计的问题并不在多，关键是能启发学生的思考。案例提供的情况越是有虚有实，越能够诱人深入，从而给学生留下充分的思维空间，达到最佳的学习效果。

4. 相当的随机性。管理教学案例的侧重点是介绍真实的管理情形，这种情形中包含了许多对解决问题的思路、途径和办法所做的评论；或者案例对问题的解决只字不提，由学生去观察、挖掘、分析，提出自己认为合适的、满意的解决办法和方案。

（三）管理教学案例的类型

案例可以按不同的角度划分类型。如按篇幅长短，可分为短、中、长、超长四类。短篇案例，通常指 2500 字以下的；中篇案例指在 2500—5000 字之间的；长篇案例指超过 5000 字的；除此以外，将超过万字的案例称为超长型案例。以传载形式看，可以分为书写案例、影像案例、情景仿真案例以及网络上使用的用于远程教育或其他形式的案例。若按编写方式，则可分为自编、翻译、缩删、改编等类。从案例的专业综合程度看，则可分为单一职能性的（如生产、财务、营销等）与跨职能综合性两类。按案例间关系，又可分为单篇独立型与连续系列型两类。应当指出，这些分类方法都不可能划分得很明确，其中必有些中间性混合过渡的情况。比较有用的分类法，是按案例编写方式和学习功能的不同，将管理案例分为描述性管理案例和分析判断性管理案例。

1. 描述性管理案例。它是指通过调研工商企业经营管理的整体问题或某一部分问题（包括成功的经历和经验与失败的过程和教训），具体地、生动地加以归纳描述，这类案例的最大特点是运用管理实践的事实来印证管理基本理论与方法，人们通过这类案例的分析能够获得某种经验性的思维方式。最为典型的是，中国管理科学院采取"企政研"三位一体相结合的方式撰写的《中国企业管理案例库》。现实中，人们常常把描述性案例与实例混为一谈，实际上，它们之间既有联系又有区别。案例必须是实例，不是实例就不是案例，但实例又不等于案例，而这之间主要区别在于两方面：一是描述性管理案例是管理实践的一个全过程，而实例可以是管理实践过程中的某一个侧面或一个环节；二是描述性案例通常有解决某一问题（决策、计划、组织等）的所有基本事实（人、财、物、时间、环境、背景等）和分析过程，而实例往往仅是表达某一问题的解决方法和运用某种方式的效果。描述性案例更多的是写拟订好的方案，很少叙述执行结果，一般也不进行总结和评价，以给读者留下更多的思考空间。很显然，描述性案例应属于管理教学案例法的范畴，而实例只能属于课堂讲授教学法范畴。

2. 分析判断性管理案例。这类案例是通过描述企业面临的情况（人、财、物、时间、环境等）和提供必要的数据，把企业决策所面临的各种环境、因素问题及意义写成书面材料，使学生身临其境。现在翻译出版的西方管理案例书中，许多都是这类判断性案例。这种案例的编写像录像机一样将企业面临的全部景况从不同侧面实录下来，然后整理成文字数据资料，搬到课堂，供学生分析研究，帮助企业决策。这类案例最接近企业实际，它往往是主次方面交叉，表面现象与实质问题混淆，数据不完整，环境不确定，人们观察与思考具有多维性。由于判断性案例存在着描述企业实际状况方面的非完整性、解决问题途径的多元性和环境因素模糊以及未来发展的不确定性等问题，所以这都给在传统学习模式熏陶下的学生分析研究和在传统教学思维惯性中的教师用管理理论方法来组织引导学生对案例进行分析讲解带来了较大困难。但是，如果我们跳出传统思维方式的窠臼，把案例教学作为培养学生的感觉能力、反应能力和思维能力，以及对案例中企业面临的问题或机遇的敏感程度，对企业内外环境因素所发生变化的对策思路，的确是很有好处的，因为它能增强学生独立判断企业问题或机遇的能力。通过这类案例分析和讨论，还能增强教师和学生的思维、逻辑、组织和归纳能力，并摆脱对权威教科书理论或标准答案的心理上的依赖。而这一切对学生今后迈向真正的企业经营管理实践是大有裨益的。因此这种案例无疑是最典型的，它是国外案例教学的主流。

（四）管理案例教学的作用

管理案例教学的过程具有极为丰富的内容，它是一个学知识、研究问题和进行读、写、说综合训练的过程，这一过程有着重要的作用。

1. 帮助学生建立起知识总体，深化课堂理论教学。一个管理专业的学生按其专业培养计划要求，需要学习的课程较多，除管理专业课外，还要学习诸如会计、统计、财务、金融、经济法学、经济学和哲学等课程。正是这众多的课程构成了学生必要的知识结构，形成一个知识的总体。但是，在教学过程中，分门别类地开出这些课程，出于种种原因，仅依靠课堂讲授，学生总难以把握各门课程之间的内在联系，因而难以形成自己的知识总体。知识的总体建立不起来，也就表明一个学生所获得的知识还是零散的、死板的，是解决不了现实问题的一些知识碎片。在现实社会生活中，书呆子正是这种情况及其危害的生动说明。管理案例分析在帮助学生建立知识的总体结构方面，具有特殊的功能。因为要对一个现实的、活生生的管理案例进行分析，势必要运用各学科的知识，使其相互渗透，融会贯通，否则，就难以分析说明任何一个问题。而且，正是在这种案例的分析说明中，使得分析者头脑中原来处于分割状态、零散状态的知识，逐渐实现了有机结合，形成了知识的总体，表现分析和解决问题的一种能力。很显然，管理案例分析不是理论学习的中断，而是学习的深入，只是这种学习具有很强的针对性，它致力于实际问题的分析和解决。因此，对深化课堂理论教学起着十分重要的作用。

2. 增强学生对专业知识的感性认识，加速知识向技能的转化。管理是一种特殊的复杂劳动，一个管理者仅仅会背诵几条管理理论，而没有判断实际事物的能力是不能解决问题的。正是出于这一原因，作为一个管理者就要特别注意对实际问题的研究，把握事物的个性特征。所以，在管理专业知识的教学中，增强学生对专业知识的感性认识，努力促使学生所学知识向技能转化十分重要。由于管理案例中一些典型素材源于管理实践，提供了大量的具体、明确、生动的感性知识，因此，管理案例的分析过程在丰富学生对专业知识的感性认识，培养学生洞察问题、发现问题和根据实际情况分析问题的实际技能等方面有着重要作用。

3. 推进"启发式"教学，提高教学质量。多年来，在教学上，我们都主张废除灌输式，提倡启发式的教学方法，而且，我们为此也做出了巨大的努力，获得了不少成功的经验。但是，我们过去的不少探索多是在课堂理论教学的范围内进行的，多是强调教师的努力，较少注意到发挥学生在这方面的积极作用。而管理案例分析的独到之处在于，它的教学阵地大大突破了课堂的狭小范围，并一改单纯由教师进行课堂讲授知识的传统形式，要求学生对一个个活生生的管理案例进行分析研究，并以高度的积极性和主动性在理论知识和实例的相互碰撞过程中受到启发，在把握事物内在的必然联系中萌生创见。很明显，案例分析的这种教学方式，对提高教学质量是大有好处的，它在教学领域里，对推动理论与实际的紧密结合和正确运用启发式教学等方面，将产生深远影响，发挥重要作用。

4. 培养学生分析和解决问题的能力，提高决策水平。在一定的意义上说，管理就是决策，而决策就是分析和解决问题的过程。所有案例都隐含着现实管理中的问题，案例将纷繁复杂的管理情景加以描述，以使管理者调动形象思维和逻辑思维，对其中的有关信息进行分类组合、排列分析，完成去粗取精、由表及里的加工过程，理出头绪，揭示问题的症结，寻求解决问题的有效方法。通过对案例情景中所包含的矛盾和问题的分析与处理，可以有效地锻炼和提高学生运用理论解决实际问题的能力。由于在解决案例有关管理问题的过程里，学生唱的是"主角"，而教师只起辅助和支持的作用，因此，学生没有依靠，必须开动自己的脑筋，独立地走完解决问题的全过程。这样，经过一定数量的案例分析，能使学生摸索到解决问题过程中的规律，帮助他们逐步形成自己独特的分析和解决问题的方式方法，提高他们决策的质量和效率。

5. 提高学生处理人际关系的能力，与人和谐相处。管理是一种社会性活动，因此，管理的效果不仅取决于管理者自身的办事效率，而且还取决于管理者与人相处和集体工作的能力。案例教学在注重提高学生解决问题能力的同时，把提高处理人际关系和集体工作的能力也放在重要的位置上。要解决问题就必须与别人合作。在案例教学过程中，有许多群体活动，通过群体的互动，取长补短，集思广益，形成较为完善的方案。同时，同样重要的是，在讨论过程中，学生可以通过学习与沟通，体会如何去听取别人的见解，如何坚持自己的观点，如何去说服别人，如何自我指导与自我控制，如何与人相处。人们的思考方法不尽相同，思维方式各异，价值观念也不尽一致，在认识和处理问题上自然会存在分歧，正是在遭遇和处理分歧及人际冲突过程中，学生才能体会到如何理解和包容想法不同、观点各异的同伴，才能心平气和地与人合作，向他人学习并携手朝着共同的目标努力。

6. 开发学生的智能和创造性，增强学习能力。案例独具特色的地方，是有利于开发人的智能和创造性，增强人的学习能力。人的学习能力是分层次的，接受知识和经验是一个层次，消化和整合知识经验是另一个层次，应变与创新是更高层次。学习能力的强弱不仅体现在对理论知识的死记硬背和被动接受上，更为重要的是体现在整合知识和经验的能力上，以及适应不断变化创新的能力上。只有真正善于学习的管理者，才会知道自己需要什么样的知识和窍门，懂得更新哪些方面的知识，知道如何利用知识解决问题，达到既定的目标。

二、管理案例教学的组织引导

管理案例教学的组织引导，是教师在案例教学的课堂上自始至终地与学生进行交流互动，督促学生学习的过程。管理案例教学的组织引导是主持案例教学的重点和难点，它似一只看不见的手，对案例教学产生一种无形的推动作用，是教学成败的关键，作为实施管理案例教学的教师必须高度重视管理案例教学的组织引导。

(一) 明确教师角色

在案例分析中，教师与学生的角色关系有所转换，这具体是指在传统的课堂上，从讲授的角度来看，教师的活动似乎减少了。其实，就和演戏一样，这是前台上的表面现象，这并不能否定教师在教学中的重要作用。恰恰相反，在案例分析中，教师的作用非常重要，为了使案例分析课获得好的效果，教师总要煞费苦心、精心设计，这里我们不妨转摘一段一个学生有趣的谈话，来看看教师所耗费的苦心：

我头一回碰上大型综合性管理案例，是在上一门叫做"政策制定"课的时候。在这以前，我连什么叫政策也不清楚，跟大多数同学一样，头一回去上这课，可真有点紧张，生怕老师点到我。

一开始老师就正巧把坐在我身边的一位同学叫起来提问，我如释重负，松了一口气，暗暗地说：老天爷，真是福星高照，差点没叫到我！其实，那案例早就布置下来了。我也曾细细读过两遍，而且想尽量把分析准备好。可是说实话，我仍然不知从何下手，心中实在无底。

我身边那位同学胸有成竹，很快地解释起他所建议的方案来。讲了5分钟，他还滔滔不绝，看来信心十足。我们绝大多数同学都听得目瞪口呆，他真有一套！

又过了5分钟以后，他居然像魔术师似地拿出几张幻灯片，上台去用投影仪放给大家看，上面全是支持他论点的数据演算和分析，足足花了10分钟才介绍完。

老师既无惊讶之感，也没夸他，只是礼貌地向他略表谢意，然后马上叫起另一位同学："李××同学，请你谈谈你对王×同学的分析有什么看法？"我心想：真见鬼，难道老师真想让我们也干得跟王×一样好？

不用说，以后每来上课，同学们全把案例准备得十分充分。原来这种案例就该这样分析，我也能学会！大约一周以后，我可真有点想念王×来了。可是，自打头一堂课露过面以后，他再没露面。这是怎么一回事？

原来是老师耍的"花招"，他让一位高年级班上的尖子生来放头一炮，向我们提供了一个案例分析发言的样板。我们知道后都叫了起来："咳，我说呢，他咋那棒！老师真鬼。"可是，老师的目的达到了，他已清楚地向我们表明了他眼里杰出的案例分析发言该是什么样子。虽然最后我们班没有谁撵上王×的水平，但我们心里已有了一个奋斗方向，用不着老师老来督促我们去向某种看不见、摸不着的目标努力了。

从学生的话中,我们可以看到,这个老师为了设计案例分析发言的"第一炮",他做了多么精巧的安排,费了何等的苦心,而正是这番苦心,使学生获得了具体的真实的楷模,有了可仿效的范例。不难看出,教师在这里扮演的是一个导演的角色,所起的是一个导演的作用,教师没有直接告诉学生应该怎样进行案例分析的发言,可是,他通过精心安排,使"第一炮"获得成功,让同学们明白了应该如何去做,这比直接讲授,效果要好得多,正如这个学生所说的,这是他们看得见、摸得着的目标。

在管理案例分析中,还有许多重要工作需要教师去做,比如,教学进度的确定,规范性案例的选择等。学生在案例分析过程中理论指导和能力的诱发,以及学生分析成果表述的评估和最后的讲评等,都离不开教师的辛勤劳动。具体来说,教师在案例教学中要承担如下角色:

1. 主持人。在案例教学过程中,教师首要的任务是向学生明确教学的内容以及把握教学行进的程序,并在整个课堂教学的过程中维持课堂秩序。具体来说,在教学的开始阶段,教师要像主持人那样引导学生进入学习状态,帮助学生明确教学目的,了解学习的程序、规范和操作方法。同时,还要提出明确的教学要求,编制教学计划和进度表,使学生心中有数,尽早进入学习状态。没有课堂秩序,就不可能进行真正的案例讨论,因此,教师还必须发挥主持人的角色作用,在教学过程中,控制发言顺序和学习进度,使讨论总是围绕一个问题或一定范围的问题进行,使课堂的发言在每一时刻只能由一人主讲,形成热烈而有秩序的讨论气氛。在讨论终结时,教师要发挥主持人的作用,无论对讨论的内容做不做评价,但有必要对讨论的全过程进行总结,使案例教学有头有尾,为学生的学习画上一个完满的句号。

2. 发言人。如果说教师对教学有控制作用,那就是对教学程序和学习大方向的控制,这是通过主持人角色实现的。在教学的具体内容上,教师发挥一定的"控制"作用。但这种"控制"完全不同于课堂讲授上教师发挥的作用。在讲授中的教师可以自己决定讲什么内容,讲多少内容,如何安排这些内容,不需要考虑学生的所思所想。而案例教学中教师的控制作用是通过发言人的角色发挥出来的。"发言人"是一个代表性人物,他的发言不能只代表自己,而要代表一个群体。教师的发言,需要反映学生群体的整体意见,也就是既不能是教师自己的,也不能是学生中个别人的,而是包括全体学生集体成果的思想和意见。当然,发言人不能有言必发,原样照抄,也不能任意取舍,随意剪裁,而是对学生的思想"原料"进行加工简化,对学生的发言做简要的总结和整理归类,有时还要从意思到言语上稍加修正,以求更准确、更科学地反映学生的思想。当学生不能形成统一的意见和共识时，教师还要综合各种不同的看法和决策，向学生做一个既有共性又包含特性的结论性交代。能否扮好这个角色，取决于教师的综合分析能力，以及思想整合能力。

3. 导演者。案例的课堂讨论虽然以学生为主体，但这并不等于完全放任自流，它实际上一直处于教师紧密而又巧妙的监控与指导之下。教师就像那未曾出现在舞台或屏幕之上但却无所不在的导演那样，发挥着潜在的影响力。教师通过导演的角色，使学生知道什么时候陈述自己的见解，什么时候评论他人的观点；教师通过导演的角色，无形规定着哪些学生发言，哪些学生不发言，哪些学生多说，哪些学生少说；教师通过导演的角色，影响全班的联动，同时也影响个人，对其进行个别辅导。导演角色的灵活度很大，同时难度也很大，扮演好这个角色，对教师的群体互动能力和临场应变能力要求很高。

4. 催化剂。催化剂是化学反应中帮助和加速物质变化过程的中间媒体，它本身不发生变化，但在物质的变化过程中却又离不开它。案例课堂上的教师像催化剂一样，促进着学生的讨论学习过程，否则就难以深入，难以取得预期效果。教师催化剂角色的发挥，就是帮助、启发学生，通过一个又一个的提问向学生提出挑战，促使他们思考，将问题由表面引向纵深，一步步地朝着解决问题的方向发展。为达到这个目的，教师会不断地提出这类的问题：这些方案的优点和缺点是什么？如果选择了这个方案将产生什么样的影响？会有什么反作用？有多大风险？必要时，教师还会主持一场表决，迫使学生做出自己的决策。同时，教师催化剂角色的发挥，还体现在促进学生相互交流沟通过程中。在学生交流过程中，发挥桥梁和穿针引线的作用，使各种思想相互撞击和融合，丰富教学的内容。要发挥好催化剂的作用，是很不容易的，需要悉心体会，不断摸索，长期积累，才可功到自然成。

5. 信息库。这不是教师的主要角色，但在某些情况下，特别是在进行"活案例"的教学过程中，这个角色的作用是必不可少的，甚至是非常重要的。在许多情况下，教师需要向学生适当地补充一些必要的信息，充作"提问"和"参考数据库"。在学生主动提出补充有关信息的要求时，教师就应该满足他们的要求。要发挥好这个角色，教师必须在备课时做好充分的材料和信息准备。

教师要自觉抵制诱惑，不能角色错位，充当自己不该扮演的角色：一是不当讲演者。高明的案例教学教师在课堂上往往少露面、少讲话，他们只铺路搭桥，穿针引线，最忌讳经常插话，长篇大论，形成喧宾夺主之势。二是不当评论家。教师不要频繁地、急急忙忙地对学生的见解和活动横加指责和干涉，不要吹毛求疵，评头论足，只能适当地诱导和提醒。教师应当更精心备课，对将要做研讨的案例有深刻的认识，就案例中隐含问题的分析和处理对策有自己的见解。在课堂上，教师也应当在必要时为学生释疑解惑，以及在展开讨论的基础上适当予以归纳、评论。然而，不应忘却和违背"导引而非替代"的宗旨，切忌讲解过度。要致力于引导学生多想、多说，以收到激发学生思考，集思广益之效。古人说："君子引而不发，跃如也"（《孟子·尽心上》），这对于成功的案例研讨是极为重要的。三是不当仲裁者。当学生之间产生争论时，不要马上出来评判是非，充当裁判员，教师见解未见得总是正确、全面的，不能总以"权威"自居，教师若妄下断语，实际上就终止了讨论。

（二）做好教学准备

案例的教学准备是指在选择确定了具体案例之后，根据教学目标，就案例的内容、重点以及教学的实施方法等问题的酝酿筹划。

这些准备工作并不一定按照固定的顺序进行，通常应首先考虑教学目标，其次是案例内容，最后是实施方法，然后再回到内容和实施方法，如此不断地反复。对多数教师来说，课前的准备是不断地试验和纠正错误的过程，直到找出一种最适合自己的办法。

1. 案例内容的准备。以案例内容为主的准备工作包括了解案例的事实和对有关信息的透彻分析。教师对案例事实和数据越熟悉，在教学中就越主动。要避免出现在课堂上胡乱翻找关键的信息和统计数据的现象，所有重要信息都要做到信手拈来。不能因为以前教过了某些案例就认为掌握了这些案例，即使是教了十多遍的案例，也应该不断地翻翻这些案例，重视一下有关人物的姓名和职务，重温一下各种数据并记住在哪儿可以找得到。

除了对案例的情境有把握，教师还应对超出案例情节的相关情形进行了解，掌握更多的背景情况，争取对案例的内容有所扩展。这就要求教师不仅要研读案例，同时，还要阅读报纸杂志上的相关资料，并通过与相关人员谈话，积累丰富的相关信息。

在案例内容的准备上，教学说明书或教学指导书有时会起更大的作用。通常，公开发表的案例教科书都伴有教学指导书或说明书。指导书的目的是为了帮助教师为课堂教学做准备，其主要内容一般包括识别案例问题、确定教学目标、建议的学生作业、在课堂讨论中可以提出的问题等。不同作者写的教学指导书都是为了某一特定的课程编写的。所以，每个教师在考虑使用一份教学指导书时，要看他的课程是否具备类似的条件。把某一环境中某一门课的一个案例搬到另一环境中的另一门课中往往很难取得理想的效果，需要教师认真把握。

2. 教学重点、难点的准备。由于教学的时间有限，因此，应该对案例中的重要议题做优先安排，根据教学的目标不同，教学重点也应有不同的侧重。有时，可以将重点放在传授知识、理解概念上，在这方面，其他教学形式也许更容易做到。案例教学特有的重点是对问题的识别与分析，对资料与数据进行分类与说明以及制定备选方案和决策。既可以是内容性的，也可以是过程性的，完全根据具体的需要进行选择和确定。在教学重点的准备过程中，必须考虑教学目标与学生特点等因素，避免凭教师的主观想象来确定教学重点，造成学生需要的没有作为重点，学生掌握不了的或已经掌握的，却被作为重点强调和发挥这样的局面。

3. 教学实施方法的准备。根据教学目标和教学重点，教师通常需要制订教学实施计划，明确一系列方法步骤。比如：教师希望课堂上发生什么？如何使其发生？讨论按什么顺序进行？是先做决策然后再分析，还是先分析再决策？案例的每一部分需要讨论多长时间？是对讨论进行控制，还是任其自由发展？以上所有问题都应在教学实施计划中做出回答。教学实施计划通常涉及预习思考题、课堂时间分配、板书计划及拟定提问学生名单等方面的问题。不同教师的课堂计划所包含的组成部分和具体内容不尽相同，其详细的程度也不一样，有的将其写在纸上，有的则存在脑子里。下面就以上几个方面的具体准备内容做一般性介绍。

（1）布置预习作业。由于案例教学的特殊形式和作用，在案例教学前让学生进行课前预习非常必要。因此，给学生布置预习作业就成为案例教学的重要一环，也是教学实施准备的基础工作。在案例教学中，学生的预习作业主要包括：阅读案例及其参考资料和针对具体案例的思考题。为了促进学生的课前准备，教师可以要求学生就自己准备的案例写一份书面分析。预习作业中的思考题，通常隐含教师的教学意图，对学生的分析起着导向的作用，是非常重要的一个环节，它可以作为"引子"，是值得认真琢磨和探讨的问题。案例教学中没有一定要遵循的布置预习作业的准则，由于教学风格的不同和教学目标的特殊需要，教师可以灵活安排，随时调整。

（2）课堂时间分配计划。为使教学时间得到有效利用，制订课堂时间分配计划是必要的，特别是对那些教学经验少的教师更是如此。课堂时间的分配计划不仅规定课堂上各种活动各占多长时间，而且还包括即将讨论问题的顺序。从教学经验来看，时间计划既不能规定太死，也不能毫无限制，时间计划性太弱，可能使教学发生任意性，容易使教学偏离目标。

（3）板书计划。课堂上的板书往往不为一般教师所重视，特别是在案例教学过程中，板书的书写更容易被当作可有可无、可多可少的，是一件较为随意的事情。然而，一些对教学有丰富经验的教师，则尤为重视板书的作用，他们在教学之前，刻意做板书计划，对那些重要问题和重要内容常做一些强调，加强对学生的引导。有的教师甚至会对哪些问题写在黑板的什么部位都做预先的规定，比如，将分析的内容写在左边，将建议的内容写在右边。许多包含重要内容和重要问题的板书，往往会从头到尾地保留在黑板上。这些板书，无疑会对学生有着非常重要的提示和指导作用，教师根据教学的需要，可随时将这些"要点"展示在学生面前，学生从这些"要点"中受到提醒，使其思考问题得以连贯，学到的概念得以进一步的强化。

（4）拟定提问名单。为了提高课堂讨论质量，创造良好的教学气氛，在事先对学生有所了解的前提下，拟定一个提问名单，不失为一种好方法。提问名单没有固定的模式，一般可以包括如下一些思路：一是确保班上每一个人在课堂里至少有机会依次发言；二是找到那些与该案例特定情境有相关的技能和经验的学生，并予以重点考虑；三是当分析案例遇有较大困难时，要确保选几个，至少有一个合适的学生来打破僵局；四是当课堂上没有人举手发言时，教师能有一个名单可用。制定提问名单同鼓励学生积极发言并不矛盾，即使名单上列出了某个学生，教师仍希望他们自己举手发言。关于教师应否使用提问名单，可以根据教学需要，自行处理。

（5）课堂的课题引入与结束。如何使学生在案例教学中快速进入正题，如何使学生在讨论结束后有一个整合，这与课堂的开始和结束有很大的关系。好的开始是成功的一半。因此，教师需要就如何推动课堂讨论做认真的准备。好的教学需要找到合适的切入点，比如，如何引入案例，如何谈到所布置的阅读材料，如何就已布置给学生的思考题让其发挥。可供切入的点有许多，关键是要做到自然巧妙，能抓住学生的兴趣和注意力。同开始一样，一堂案例课的结束虽不是教学的主体，但却有独特的作用，是不可缺少的教学组成部分，形象一点地理解，可将课堂教学的结束看作"点睛"之笔，通过结束过程突出重点，使之显得有生气，这在很大程度上决定于如何去"点睛"，有的教师会对学生的活动进行总结，同时指出课堂讨论的优缺点；有的教师会既不总结也不评论，而把总结的任务留给学生独立完成。很难说哪种方法好，应根据实际情况而定。

4. 物质准备。在案例教学的准备过程中，往往容易被忽视，而又非常重要的是教学场地等物质设施的安排。物质性设施的准备是案例教学中的重要一环。教学之前，教师必须检查教室的布局是否利于学员参与学习，必须提供必要的条件，使教师能够迅速认识学员并使学员相互彼此认识，并保证和促进其交流与沟通。因此，明智的教师有必要在教室的物质性设施上动一番脑筋，下一番工夫。

理想的教室布局需要根据场地的形状、面积和学员人数进行灵活调整。因此，案例教学是不可能有固定教室布局的，但没有固定的布局并不意味着可以随意安排，而要遵循一定的原则。案例教学教室布局的原则主要有四条：一是要满足听与看的条件，即学员可以在任何位置上听到教师和其他学员的发言，不需移动位置就可以看到教师、写字板以及教室内设置的其他视听设备；二是要保证教师不受限制，可以走到每一个学员的位置前进行对话和指导；三是每个学员可以很便利地离开座位走到讲台前或其他学员的面前，进行面向全班的交流和学员之间面对面的交流；四是根据学员人数的多少，扩大或缩小课堂的沟通半径。

实际上，大多数大学和教育培训机构中的传统式教室（或许还应算上一些公共设施如酒店等的会议室）都是一间长方形的房间，室内一端放置有一个讲坛或讲桌，条桌和坐椅一排排地放置，布满全室。对于讲课这类单向沟通来说，学员的主要任务是聆听教师的讲解，这种布置方式是实用的。不过，这可能并不算是最佳的布局，因为后排的人往往很难看得见讲演者。但这是一种常规的布局方式。从案例教学的角度看，这种布局带来了不少困难。案例讨论要求的是双向沟通，这种布局方式使坐在后排的人发言时，只能面对前面各排同学的后脑勺，这很难实现流畅的双向沟通。对于坐在前面的学员来说，要他们扭过头去看着后排正在发言的同学，同样也非易事。从使用案例来考虑，这种布局对教师强调过多而对学员重视不够。

对于小组，使用案例的理想布局是一张完整的圆桌，坐椅呈环状布置。环状意味着全体参加者地位均等，平起平坐，大家的视线可以顾及每一个人，使组员得以面对面地沟通。环形布局有一些其他变化形式。例如，可以利用方形或矩形布局，也可以采用六边形或八边形布局，在参加讨论的人数不多的情况下，六边形和八边形或矩形更可取，因为这两者都能改善学员的视野，但随着学员人数的增加，以上这些布局开始显现出不足。桌子的尺寸总是有限的，人数增加，参加者之间的距离就会随之迅速增加，桌子中央的无用空间不但被浪费，而且还成了沟通的障碍。对于较大的组，就不能像小组那样安排，而需要采用其他布局方案。以半环形、好似台阶式的方式，用成排的坐椅布置出的各种形式，是较为理想的方案。坐椅最好是可移动的，或至少是可转动的，以便前排的学员可以轻易地转过身来，看见他们身后的学员。放在每位学员前面的课桌或条桌的大小，应不但能使人舒适，还能放置案例和参考材料，其尺寸不必太大，比正常的打印案例尺寸宽一点即可，大约30厘米是较适当的尺寸。

（三）积极组织引导

课堂组织和引导的效果是否理想，课堂引导的原则是否得到较好的体现，教师的角色和作用能否得到较好的发挥，不仅取决于教师主观刻意的追求，更紧要的是要具备较厚实的功底，掌握并善于运用课堂组织引导的技能技巧。掌握了多种引导技能技巧，教师就能在课堂上进退自如，四两拨千斤；缺乏引导的技能技巧，就会面对复杂的教学环境，束手无策，难以驾驭课堂。课堂组织引导的技能技巧难以穷尽，何时何处在何种情况下采用何种技巧更难以在纸面上准确描述，而是需要教师经过一段时间的教学实践，不断地探索和积累，才能有所把握。

1. 善于把握教学节奏。课堂引导就如同带一支队伍，教师要尽力做到出发时有多少人，到达目的地时还有多少人，也就是说，当学习的过程完成后，所有学生都能达到预期的学习目的。由于案例教学前后延伸的时间长，经历的环节多，特别是始终处在较开放的教学条件下，因此，不可能像讲座那样可以由教师直接操纵和控制，教学行进速度和节奏可以不受其他因素的影响，完全由教师一人决定。在案例教学过程中，难免会遇到节外生枝、偏离主题的情况，如不能及时予以处理，就会影响和分散一些学生的注意力，渐渐地会使有的学生"落伍"和"掉队"。因此，在总揽全局、整体把握的前提下，教师必须根据教学的具体进展情况，不断地进行"微调"。其中，合理地把握教学的节奏就是进行微调的一个关键技能，值得教师去细心体会和认真掌握。进度的跳跃，会破坏连贯思维，使学生产生困惑；进度缓慢，会淡化学习的兴趣，使学生产生懈怠情绪。所谓合理的节奏，就是快慢适度，松紧自如。调整进度，把握节奏，可以采取以下方法和技能：

（1）具备善于澄清学生意见和见解的能力。具备善于澄清学生意见和见解的能力才能及时避免观点混淆和学生间的误解。课堂交流的效果是好还是不好，首先体现在发言人是否准确地表达了自己的意见，听取发言的人是否完整地理解了发言人的意思，两者中有一方出了问题，误解就在所难免。因此，要使教学能有效地进行，教师就要从最初较容易出现差错的地方着手，帮助学生表达和理解。为此，教师可以运用一些操作性、实用性较强的问句去引导和澄清学生发言中需展开和完善的概念，或请发言的学生进一步解释说明自己的意见，或通过教师表述其意思，然后征询发言学生意见。澄清概念和观点，不仅可以及时增进师生以及学生之间在语言含义上的理解，提高教学效率，同时，还常常可以避免许多无意义的争论。当然，案例教学适度争论是必要的、有益的。但一旦争论超出了一定的限度，就会造成无意义的纠缠，甚至攻击。一旦达到了这种程度，争论双方都会置初始的概念和见解于不顾，掺杂许多个人情绪，不是为了辨明是非，而是为了争胜负。这时，通过澄清概念，可以把学生拉回到最初探讨问题的状态中去，从紧张和对立的情绪中摆脱出来。同时，在概念澄清过程中，往往还可以发现许多共同点，进一步增进理解。

（2）要检查认同程度、把握学习进度。由于学生在思维方式、表达习惯、理解能力、经验积累等方面存在着差异，对教学中遇到的问题和探讨的道理，有的学生可能理解和接受得快一些，有的学生则慢一些，要保持全体学生相对同步，教师有必要适时检查学生思想进度及对问题的认同程度，进而适度控制进展节奏，以免学生学习进度的差距拉得太大，妨碍广泛的思想交流，影响课堂的讨论交流效果以及学生的参与程度。因此，教师在课堂上要注意首尾相接，不断提出问题，了解学生是否将注意力放在了问题的主线上，并了解学生是否对有关问题有了相应的理解。一旦发现有学生走得太快，及时引导，使其适当地放慢进度；对跟不上的学生，则集中力量加以引导，使其加快步伐，同全班保持同步。在检查学生对问题的认同程度、学习进度的过程中，还有另一个问题值得注意，由于学生研究问题的兴趣不同，一些学生往往被枝节的问题所吸引，而分散了注意力。因此，教师要善于体察学生的思想动态和心理过程，及时发现偏离主题的情况并加以引导，把其注意力集中到关键的问题上来。

（3）要善于做好阶段性小结和总结。在课堂引导中，教学节奏的明确标志体现在阶段性的小结和最后的总结上。当教学的一项内容或一个过程完成时，往往需要进行小结，归纳阶段性的成果和收获，使学生对全班的学习成果有一个概要性的认识，并进行条理化、结构化，明确要点和重点，为进行下一步的学习和研究打下基础。因为案例教学是一个分析问题和解决问题的过程，只有一环扣一环地探索和铺垫，循序渐进地向前推进，才能形成有说服力的方案和解决问题的方法。值得教师注意的是，阶段性小结和最后总结的内容不是教师自己对问题的认识、分析和看法，而是就学生对问题的分析和看法的重点进行归纳。总结也不一定需要太长时间，5分钟可以，15分钟也行，只要把握住重点，提纲挈领地理出几条，即能达到目的，切忌在总结中大发议论，喧宾夺主，影响学生学习的主动性和积极性。

2. 进行课堂有效沟通。管理案例的课堂教学是师生之间、学生之间进行沟通，实现思想交流、达成共识、取长补短、相互学习的过程。课堂上教师的发言总量的多少、沟通时机的把握、沟通方式的运用等种种因素，都直接影响课堂引导的质量和教学效果。因此，课堂上的沟通能否有效，在很大程度上取决于教师的沟通技能与技巧。

（1）要给出明确的指导语。教师的主持人角色和发言人角色，具体体现在他对课堂活动所做的总体性和阶段性的安排及组织上。要发挥好这个作用，教师就要善于明确地、简要地将教学的目的、程序、方式、方法等向学生交代清楚，使学生能够尽早地在教师确定的规则下形成自组织状态。所谓自组织状态就是学生不需要教师的介入，自行组织进行教学活动的状态。指导语在案例教学中，是教师向学生进行授权，帮助学生达到自组织状态的关键。如果处理不好，就可能出现暂时失控的情况。因此，给出明确的指导语，是把握课堂教学的重要技能。指导语要恰当明了、突出重点，添枝加叶、反复解释会冲淡重要的信息，使学生难得要领。对关键的信息，重要的内容和程序，适当加以强调，有时还有必要适当举例和示范加以说明解释，引起学生的注意。

（2）对学生在课堂上的表现和发言予以及时反馈。反馈是激励学习的重要手段，因为反馈是教师对学生发言内容的理解验证。要理解学生就必须真诚、精心地去听。除此之外，反馈是教师引导把握教学方向的有力工具。在课堂讨论中，教师可以通过反馈，讨论学习中的重点内容、观点，把有独到见解的发言提纲反映出来，使有价值的闪光点得到突出和放大，使学生能够朝着正确的学习线路进行思考和研究问题。反馈可以采取不同方式，比如，可采取言语表述方式，也可采取写板书的方式，必要时，还可以与个别学生进行课外的交流并予以适当指导。有时，写板书的方式比只用言语表述的反馈效果会更好些。一是因为这样的反馈更直观明了，二是学生可能会受到更强的激励。值得探讨的还有一点，就是在对待学生所提出的尖锐问题和棘手难题时，教师不能回避，必须做出合情合理的解释和响应。来不及在课堂上说明的，可以采取课后单独交流的方式来完成。因为，学生提出的许多尖锐问题往往是其最关注的问题，非常希望得到教师的重视和认可，如果这时教师予以回避，势必会影响学生的学习积极性。

（3）善于打破冷场。所谓冷场指的是当需要学生发表意见和看法时，课堂保持较长时间的沉默。冷场是教师和学生都不愿看到的事，但在整个教学过程中偶尔出现冷场的情况也在情理之中。重要的是，当出现冷场时，教师能否采取灵活的方式方法，运用恰当的技能技巧，及时有效地启发引导，打破沉默，使课堂气氛热烈起来。冷场的现象可能由不同的原因造成，因此要解决冷场问题，必须针对不同的原因，采取不同的方法。分析起来，冷场多是发生在以下几种情况之下，一种是在教学开始阶段，可能由于不熟悉，学生带有一些防备心理，慎于开口，这时教师可以采取一些"破冰"或称"热身"的方法，激励学生。所谓"破冰"、"热身"就是创造某种环境，使学生心情放松，在不自觉中参与培训的教学技能，就像体育运动所称的"热身运动"一样，教学开始阶段的"热身"和"破冰"，对帮助学生进入状态很有意义。在学生相互不熟悉的情况下，还可以通过点名的办法或者"顺序发言"办法，打破冷场，这对学生保持在以后的时间里继续发言也是非常重要的。研究发现，在集体讨论中，已经发了言的人往往再发言的可能性更大，而没有开口的人，则往往倾向于保持沉默。发言和不发言都犹如带着惯性。因此，在教学阶段教师就应尽力想办法让每一个学生都发言。另外，还有一种可能带来冷场的情况，当课堂中由几位擅长发言的学生主宰时，一旦他们不发言，冷场就出现。这时，既要引导擅长发言的学生继续发言，又要引导不开口的学生对面前的发言谈看法，逐步让缺乏自信和羞怯心理较重的学生适应讨论和交流的环境。为了避免冷场，教师还需讲究一下提问的方法和角度，尽量避免问题过空过大。过于抽象的问题，往往会使学生难以准确地把握问题的含义，无从开口。当教师提出问题后，没有得到响应，就回头来想想提的问题是否不够具体，指向是否够明确，一旦发现是这种情况，就应及时地将问题细化，做进一步解释和说明。

（4）出现背离正题，及时引回。许多人在一起讨论，很难避免出现海阔天空、离题万里的偏差，这时不必焦躁，也不妨静观一下，很可能会有学生主动出来纠偏。如果走得过远，时间宝贵，不容再等，也可由教师干预，但切忌粗暴，口气要委婉些。如能培养学生自治，集体控制讨论，那当然是上策了。

（5）做好讨论的收尾。收尾并没有什么固定的模式。有的老师喜欢做一个简要的结论性小结，或做一番讲评收尾。学生这时喜欢围绕着教师问这类问题："老师，您说谁的说法对？""要是换了您，会怎么办？""什么才是正确答案？"明智一点，最好别正面直接回答。一是有违学生自学与自治原则；二是管理问题，本无所谓"唯一正确"或"最佳"答案，何况学生中很可能更有见解，所以，有的教师是让学生集体做总结，比如问："大家觉得今天有哪些主要收获和心得？"也可以让一位学生带头小结，再让大家补充。因为既无所谓"标准答案"，因此，重要的是使每个人去总结自己的体会。在这个案例的具体情况下，问题及其原因已经找出了，你到底打算怎么办？当然还该知道，别人有不同意见吗？为什么？这些才是要紧的。

（6）课堂发言的掌握。在案例讨论的各个阶段，教师都面临着掌握课堂发言过程的问题。课堂发言是全班信息共享、达成共识的过程，利用好有限的时间，集中学生高质量的见解和解决问题的思路、办法，创造良好的交流氛围，也是教师掌握课堂发言的关注点和主导方向，这是教师引导教学的难点和重点，对教师的角色发挥和教学技能的发挥提出了很高的要求，其基本任务便是妥善处理四类常见的问题。

其一，发言过少。每次在讨论时总有一些人发言很少或完全不发言。两小时左右的讨论，很难使30个以上的学生都有效地参与讨论。因此，班级规模超过这个数，很多学生显然不可能发言，问题是要防止同一批学生每次讨论都不发言。因此，教师要尽力避免这种情况的发生，采取多种办法帮助那些发言过少或根本不发言的学生。要做好这一点，前提就是要了解学生。人与人之间有很大的差别，人们对不同事物的敏感度也不一样，教师应在教学过程中，注意发现学生的个性特点，对"症"下药。对那些要面子的学生则可以客气的方式，劝导其发言，对于过于腼腆的学生还可以私下与之交流，个别提供指导，给他们鼓励，帮助他们战胜怯场的弱点。同时，教师要注意搜寻那些新举手的人，及时给他们创造发言的机会，注意观察经常不发言者的兴趣，从他们的兴趣入手，引导他们发言，还可提一些简单的是非判断题请不善发言的人作答，由少到多地引导他们发言，有时还可以要求学生每人至少要说一句话，但不能重复别人已经说过的，或仅仅复述案例内容而没有个人见解或解决措施。总之，这些办法的真正作用，在于强调参与发言本身的重要性，对创造良好的交流氛围大有好处，至于采取哪些具体办法，可以根据教师的喜好和学生的特点灵活处置。

其二，发言过差。虽然学生都发言了，但其发言的态度与质量却不能令人满意，这种事情也是有可能发生的。偶尔放过一些水平不高的发言是可以的，也是正常的，但是，经常容忍学生低水平发言，最后会使整个学习班趋于平庸，所以有时必须采取一些措施，改善发言过差的情况。首先要分析其原因，看是教师方面的原因，还是学生方面的原因？不同的原因，应采取不同的对策和方法。是教师的问题，就要注意总结经过，分析是教师提出的要求和标准太高，学生无法达到，还是阅读时间的余地太小，难以深入解析案例？等等。发现问题，及时纠正。如果是学生的原因，属于能力等客观问题，可以原谅，属主观努力程度不够，没有很好地预习案例，课堂讨论得不好，可以要求学生重新再来，促使其认真对待。总之，解决发言过差的问题是为了提高讨论质量，带动全班学习的整体水平，教师要认真对待，慎重处理。

其三，发言过多。正像有些学生发言过少一样，也可能有些学生在课堂讨论中发言过多，这往往会影响其他学生的参与程度，破坏讨论的发言气氛。因此，适当对发言过多的学生加以限制是必要的。在院校学生的案例课上，那些口若悬河的人成不了太大的问题，因为，在一个大家彼此相处了较长时间的班级里，群体压力会迫使那些讲话滔滔不绝而又空洞无物的发言者有所限制，"自我矫正"。但在具有丰富经验的管理者的培训班上，教师所面对的是一批彼此相处不久的学生，如果讨论的题目撞在了他们的兴奋点上，很有可能一发而不可收拾，教师要特别注意观察，必要时，可以有意识地限制他们发言，或者以诙谐的办法打断他们的长篇大论，限制他们发言的次数。有时，一堂课上，多数学生争相发言，都颇有见地，只是时间不够，不可能每个人都尽兴，那就只好限制每个人的发言时间。制定一个规矩，一个大家都必须共同遵守的规矩，比如，规定每个人就每个问题的发言最多不可超过 5 分钟。在这个规定前提下，教师再进行"协调"和"平衡"，则显得容易些了。

其四，发言过当。发言过当主要是指讨论中出现空洞无物、关系不太大或不得要领的发言。发言过当是影响讨论效果的原因之一，需要教师及时引导，及时纠偏。解决发言过当的问题，首先要由教师明确具体的讨论题目，要求学生将注意力集中到某一问题上或某一范围内。如果遇到与确定的问题有关但暂时还未涉及时，教师可以说：让我们把这个问题放一放。必要时，还可以把学生引出的这些问题记录在写字板上，这样，既可以调动发言学生的积极性，又可以将这些将要涉及的问题存下来，留做话题。当遇到那些空洞无物的发言时，可以适当地打断发言者，请他结合一些数据加以说明，有哪些证据支持他的观点？通过这些问题，可以引起发言者的思考，帮助学生学会分析问题的方法。当然，处理发言过当的情况还应该注意因人而异，不要采取一种方法对待所有学生。比如，一个从不发言的学生第一次发了言，即使没有讲出什么内容，也可以鼓励他，而对一个经常喋喋不休的学生，教师可以果断地打断他的发言。

到底采取什么样的发言引导办法，掌握讨论发言的过程，需要一个系统的考虑，必须从教学目标、课堂讨论的整体进程和学生的具体情况出发，不能"灵机一动"，随意处置，否则会迷失方向，丧失重点。为实现总体意图，采用的方法可以千差万别，但需要遵循的一个基本原则是：在任何情况下，都不能伤害学生的感情，至少不能从主观上面打击学生的积极性。有时，极个别学生的冷漠和不参与态度不能改变，那就让他去保持自我，其实教师不可能解决所有学生的所有问题。

三、管理案例的学习过程

学生是案例教学中的主体，案例教学的过程基本上是学生通过自己努力来逐步领悟的过程。换句话说，案例教学的过程，对学生来讲，既是一种收集分辨信息、分析查找问题、拟订备选方案和做出最后决策的纵深演进的过程，同时也是从个人阅读分析到小组学习讨论，再到全班交流，达成共识的过程。学生在案例教学过程中要做好以下工作：

（一）重视课前阅读

阅读案例是进行案例分析的基础，没有一定数量和一定质量的阅读，要做好案例分析是不可能的，实质上它是将纸上的情况变为脑中的情况的转换加工过程，能否既全面、客观又突出重点地接受案例的信息，首先取决于对案例的阅读质量，为了达到有效的阅读，可以从以下方面着手考虑：

1. 案例阅读的目的与时间安排。阅读的目的，不仅是为了了解案例的内容和所提供的情况，而且要能以尽可能高的效率做到这一点，因为学习负担总是那么重，谁能以最短时间读完并理解它，谁就能占优势。不过所说最短时间，不是指到了次日进行课堂讨论了，当晚才急匆匆翻阅、囫囵吞枣，不花工夫是无法理解、分析和消化案例的，大多数案例至少要读两次，若要分析深透，两次也不够，要知道教师们可能已经把案例反复读得很熟，甚至能背诵了，学生当然不必下这么大工夫去阅读，但要准备至少读两遍。

记住这一要求，便可以预做时间安排了。一般来说，一个大型综合案例，约 2 小时 30 分至 3 小时精读一遍，外文案例当然要更长些。如果同时有几门课，全有案例分析，合并专门时间（比如一整天或两个下午等）集中阅读效果较好。有经验的学生，总是安排在每周五、周六和周日，先把下周要学习的案例阅读一遍，以便能有充足的时间深思，有备无患，万一下周出了应急情况，使你无法再读，但由于你已知道大概，不至于进课堂脑内空空、仓促应战。

2. 案例阅读的步骤与方法。不要一开始就精读，而应分两步走：先粗读，待知其概貌再精读，究其细节。粗读是浏览式的，而且要掌握诀窍，这就是先细看第 1、2 页，其中往往交代了背景情况及主要人物所面临的关键问题。有时候如果开始没有介绍背景，赶快先翻至末页，因为背景在最后介绍也是常见的。如果还没有读到，就只好从头读下去，直到找到为止。背景介绍找到后，要反复看，不可浮光掠影，要透彻了解，直到能用自己的语言描述出来为止；了解了背景后，应快速浏览正文中余下的部分，注意小标题，先看每一节的头一段的头几句，不必齐头并进，同样下工夫，因为粗读的目的，是做到心中有数。很快翻完正文，就要迅速翻阅正文后面所附的图表，先注意是些什么类型的图表，有资产负债表和损益表，有组织结构系统图，有主要人物的简历列在表中，是否已列出一些现成的财务经营表，搞清这些可以帮你节省不少分析时间，否则你若盲目地读，做了许多分析，最后再看附图，其实已经提供了这些分析，岂不白花了你的宝贵时间与力气。图表分为两大类，一类是多数案例都常有的，比如：一般财务报表、组织结构图等；另一类是某案例独有的。对于前者，要注意有什么不同于一般的奇特之处，如财务报表里有一笔你没见过的特殊账目，就得标出来留待以后来细加探究，你若能在这些常被人忽略的地方有发现，则在全班讨论时就可能有独到之处。

　　对正文与附图有了大体了解后，就可以从容地从头到尾再仔细读之，如记点眉批和备注，但不要重复文中所述，应点出要害，引进你自己的观察结果、发现、体会与心得，记住与下一步分析有关的概念。如果是外文案例，做点摘要是有好处的。一边读正文，一边要对照有关附图，找出两者关联。对于技术、组织方面的复杂描述不要不求甚解，一定要搞清楚。要把事实和观点分开，还要分清人物说的和他们实际做的，看两者是否一致。不但要注意他们说过和做过什么，还要注意他们有什么没说和没做的以及为什么这样。千万不要对文中人物所说的看法和结论都照单全收，信以为真，而要想一想，真是这样吗？正文全看完，要再细看附图，搞清其中每个主要组成部分。全班讨论前夕，最好挤出一点时间把案例重读一遍，温习一下。不过，步骤可不全同于上次。虽然先看背景情况，但接着先不要读正文，而是先看图表，顺序最好倒着看，即先从最后一幅看起，弄清细节，特别留心反常的图表或项目。这样做的原因是，因为粗读时，往往越读越累、越厌烦，也就越马虎，结果虎头蛇尾，对后面的理解不如前面的深入，尤其时间紧迫时，倒读更为保险。

　　（二）做好分析准备

　　个人分析与准备是管理案例学习的关键环节，其目的是完成信息的取舍，找到有效信息的因果关系，是学生创造性学习的过程。这个环节的基础打好了，不但可以为个人的决策提供可靠的根基，而且可以将全班的讨论交流朝着高质量、高水平推进。同样，做好个人分析和准备有其内在的规律，需要学生认真琢磨、体会。

　　1. 案例分析的基本角度。案例分析应注意从两种基本角度出发：一是当事者的角度。案例分析需进入角色，站到案例中主角的立场上去观察与思考，设身处地地去体验，才能忧其所忧，与主角共命运，才能有真实感、压力感与紧迫感，才能真正达到预期的学习目的。二是站在总经理或总负责人的角度。

这当然是对综合型案例而言。高级课程就是为了培养学生掌握由专业（职能）工作者转变为高级管理者所必需的能力。因此，这种课程所选用的案例，要求学生从全面综合的角度去分析与决策，这是不言而喻的。

2. 案例分析的基本技巧。这种技巧包括两种互相关联和依赖的方面。第一，就是要对所指定的将供集体讨论的案例，做出深刻而有意义的分析。包括找出案例所描述的情景中存在的问题与机会，找出问题产生的原因及各问题间的主次关系，拟订各种针对性备选行动方案，提供它们各自的支持性论据，进行权衡对比后，从中做出抉择，制定最后决策，并作为建议供集体讨论。第二，被人们所忽视的就是以严密的逻辑、清晰而有条理的口述方式，把自己的观点表达出来。没有这方面的技巧，前面分析的质量即使很高，也很难反映在你参与讨论所获得的成绩里。

3. 案例分析的一般过程。究竟采用哪种分析方法，分析到何种深度，在很大程度上要取决于分析者对整个课程所采取的战略和在本课中所打算扮演的角色。但不论你的具体战略如何，这里向你提供一个适用性很广、既简单又有效的一般分析过程，它包括5个主要步骤：①确定本案例在整个课程中的地位，找出此案例中的关键问题；②确定是否还有与已找出的关键问题有关但却未予布置的重要问题；③选定适合分析此案例所需采取的一般分析方法；④明确分析的系统与主次关系，并找出构成自己分析逻辑的依据；⑤确定所要采取的分析类型和拟扮演的角色。

4. 关键问题的确定。有些教师喜欢在布置案例作业时，附上若干启发性思考题。多数学生总是一开始就按所布置的思考题去分析，实际上变成逐题作答，题答完了，分析就算做好了。作为学习案例分析的入门途径，此法未尝不可一试，但不宜成为长久和唯一的办法。老师出思考题，确实往往能够成为一个相当不错的分析提纲，一条思路，但那是他的，不是你的，不是经过你独立思考拟定的分析系统。按题作答不可能是一套综合性分析，多半只是一道道孤立的问题回答。最好是在初次浏览过案例后，开始再次精读前，先向自己提几个基本问题，并仔细反复地思索它们：案例的关键问题，即主要矛盾是什么？为什么老师在此时此刻布置这一案例？它是什么类型的？在整个课程中处于什么地位？它跟哪些课程有关？它的教学目的是什么？除了已布置的思考题外，此案例还有没有其他重要问题？若有，是哪些？这些问题的答案往往不那么明显、那么有把握，不妨在小组里跟同学们讨论一下。这些问题要互相联系起来考虑，不要孤立地去想。最好一直抓住这些基本问题不放，记在心里，不断地试图回答它们，哪怕已经开始课堂讨论了。一旦想通了此案例的基本目的与关键问题，你的分析自然纲举目张，命中要害。要是全班讨论后你还没搞清，可以再去请教老师和同学。

5. 找出未布置的重要问题。真正很好地把握住案例的实质与要点，这是必须做的一步。一般凭自己的常识去找就行，但要围绕本案例的主题并联系本课程的性质去发掘。找出这些问题的一个办法，就是试着去设想，假如你是教师，会向同学们提出一些什么问题？有些教师根本不布置思考题，或讨论时脱离那些思考题，不按思考题的思路和方向去引导，却随着大家讨论的自然发展而揭示出问题，画龙点睛地提示一下，启发大家提出有价值的见解。你还得想想，在全班讨论此案例时可能会提出什么问题？总之，要能想出一两个问题，做好准备，一旦老师或同学提出类似问题，你已胸有成竹，便可沉着应战。

6. 案例分析的一般方法。案例的分析方法，当然取决于分析者个人的偏好与案例的具体情况。这里想介绍三种可供选用的分析方法。所谓一般方法，也就是分析的主要着眼点，着重考察和探索方面，或者是分析时的思路：

（1）系统分析法。把所分析的组织看成是处于不断地把各种投入因素转化成产出因素的过程中的一个系统，了解该系统各组成部分及其在转化过程中的相互联系，就能更深刻地理解有关的行动和更清楚地看出问题。有时，用图来表明整个系统很有用，因为图能帮助你了解系统的有关过程及案例中的各种人物在系统中的地位与相互作用。管理中常用的流程图就是系统法常用的形式之一。投入—产出转化过程一般可分为若干基本类型：流程型、大规模生产型（或叫装配型）、批量生产型与项目生产型等。生产流程的类型与特点和组织中的各种职能都有关联。

（2）行为分析法。分析着眼于组织中各种人员的行为与人际关系。注视人的行为，是因为组织本身的存在，它的思考与行动都离不开具体的人，都要由其成员们的行为来体现，把投入变为产出，也是通过人来实现的。人的感知、认识、信念、态度、个性等各种心理因素，人在群体中的表现，人与人之间的交往、沟通、冲突与协调，组织中的人与外界环境的关系，他们的价值观、行为规范与社交结构，有关的组织因素与技术因素，都是行为分析法所关注的。

（3）决策分析法。这不仅限于"决策树"或"决策论"，而且指的是使用任何一种规范化、程序化的模型或工具，来评价并确定各种备选方案。要记住，单单知道有多种备选方案是不够的，还要看这些方案间的相互关系，要看某一方案实现前，可能会发生什么事件以及此事件出现的可能性的大小如何。

7. 明确分析的系统与主次。这就是通常说的"梳辫子"，即把案例提供的大量而紊乱的信息，归纳出条理与顺序，搞清它们间的关系是主从还是并列，是叠加还是平行，等等。在此基础上分清轻重缓急。不论是你的观点还是建议，都要有充分的论据来支持，它们可以是案例中提供的信息，也可以是从其他可靠来源得来的事实，还可以是自己的经历。但是，案例中的信息往往过量、过详，若一一予以详细考虑，会消耗大量的精力与时间，所以要筛选出重要的事实和有关的数据。最好先想一下，采用了选中的分析方法分析某种特定问题，究竟需要哪些事实与数据？然后再回过头去寻找它们，这可以节省不少时间。此外，并不是所需的每一个事实都能找到，有经验的分析者总是想，若此案例未提供这些材料，我该做什么样的假设？换句话说，他们已对某一方面的情况做出恰当的、创造性的假设准备。分析的新手总以为用假设就不现实、不可靠，殊不知，在现实生活中，信息总难以完备精确，时间与经费都往往不足以取得所需要的全部信息，这就需要用假设、估计与判断去补充。既然是决策，就不可能有完全的把握，总是有一定的风险。最后还应提醒一点，能搞出一定定量分析来支持你的立场，便可以大大加强你的分析与建议的说服力。能创造性地运用一些简单的定量分析技术来支持自己的论点，正是学生在案例学习中所能学到的最宝贵的技巧之一。这种技巧一旦成为习惯或反射性行为，就能使你成为一个出类拔萃的管理人才。

8. 案例分析的类型与水平。案例分析的类型，可以说是不胜枚举，每一种都对应有一事实上的分析深度与广度（或称分析水平），不能认为在任何情况下都力求分析得越全面、越深入才好。有时你还有别的要紧事要做，时间与精力方面都制约着你。所以，究竟采取何种类型的分析为宜，这要取决于你具体的战略与战术方面的考虑。这里举出五种最常见的分析类型：

（1）综合型分析。即对案例中所有关键问题都进行深入分析，列举有力的定性与定量论据，提出重要的解决方案和建议。

（2）专题型分析。不是全线出击，而只着重分析某一个或数个专门的问题。所选的当然是你最内行、最富经验，掌握情况最多、最有把握的、可以充分扬长避短的问题。这样你就可以相对其他同学分析得更深刻、细致、透彻，提出独到的创见。讨论中你只要把一个方面的问题分析透了，就是对全班的重要贡献。

（3）先锋型分析。这种分析是你认为教师可能首先提出的问题。这似乎也可以算是一种专题的分析，但毕竟有所不同。开始时往往容易冷场，要有人带头破冰"放响第一炮"。所以这种一马当先式的分析，可能不一定要求太详尽，还要具体视问题的要求和教师的个人特点而定。这种分析，因为是第一个，所以还常有引方向、搭架子的作用，即先把主要问题和备选方案大体摊出来，供大家进一步深入剖析、补充、讨论。然而，这点做好了，是功不可没的。

（4）蜻蜓点水式或曰"打了就跑"式的分析。这种分析多半是一般性的、表面的、肤浅的。这种分析，只是个人因故毫无准备，仓促上场时采用，是一种以攻为守性战术，目的是摆脱困境，指望收瞬间曝光之效。这当然只能在万不得已时而偶尔为之，仅表示你积极参与的态度。

（5）信息型分析。这种分析的形式很多，但都是提供从案例本身之外其他来源获得的有关信息，如从期刊、技术文献、企业公布的年报表乃至个人或亲友的经历中得来的信息。这种信息对某一特定问题做深入分析是很可贵的，分析虽不能记头功，但功劳簿上仍要记上一笔的，因为你为全班提供了额外的资源。

9. 案例分析的陈述与表达。完成了上述分析，还有很重要的一步，就是把你的分析变成有利于课堂陈述的形式。学生分析做得颇为出色，可惜不能流畅表达，无法将高见传播得让别人明白。表达与说服他人是一种专门的技巧，它是管理者终身都要提高的技巧。关于这方面的一般要点，在此只想提出三点以供参考：一是要设法把你所说的东西形象化、直观化。例如，能不能把你的发言要点用提纲方式简明而系统地列出来？能不能用一幅"决策树"或"方案权衡四分图"表明备选方案的利弊，使比较与取舍一目了然？能否列表表明其方案的强弱长短？学生为课堂讨论预制挂图、幻灯片或课件应当受到鼓励并提供方便，因为这可以大大提高讨论的质量和效率。二是可以把你的分析同班上过去分析某一案例时大家都共有的某种经历联系起来，以利用联想与对比，方便大家接受与理解。三是不必事先把想讲的一切细节全写下来，那不但浪费精力，而且到时反不易找到要点，还是列一个提纲为好。要保持灵活，不要把思想约束在一条窄巷里，否则教师或同学有一个简单问题请你澄清，便会使你茫然不知所措。

（三）参与小组学习

以学习小组的形式，组织同学进行讨论和其他集体学习活动，是案例教学中重要的、不可缺少的一环。这是因为，许多复杂案例，没有小组的集体努力，没有组内的相互启发、补充、分工合作、鼓励支持，个人很难分析得好，或者根本就干不了。而且，有些人在全班发言时顾虑甚多，小组中则活跃，允分作出了贡献并得到锻炼。此外，案例学习小组总是高度自治的，尤其在院校的高年级与干部培训班，小组本身的管理能使学生学到很有用的人际关系技巧与组织能力。

1. 案例学习小组的建立。小组建立的方式对它今后的成败是个重要因素。这种小组应由学生自行酝酿，自愿组合为好，使其成为高度自治的群体。但小组能否成功地发挥应有的作用，却取决于下述五个条件：

（1）建组的及时性。这指的是建组的时机问题。据有的院校对上百位管理专业学生所做的调查，搞得好的小组多半是建立得较早的，有些在开学之前就建立了。组建早的好处是，对组员的选择面宽些，组员间多半早就相识，对彼此的能力与态度已有所了解，学习活动起步也早些。

（2）规模的适中性。调查表明：最能满足学习要求的小组规模都不大，一般4—6人，过大和过小都会出现一些额外的问题。小组超过6人（调查中发现有的组多达10人），首先集体活动时间难安排，不易协调。当然，人数多达7—8人的组办得好的也有，但都符合下列条件：一是建组早，彼此又了解在各自工作与学习方面的表现。二是时间、地点安排上矛盾不大，可以解决。三是第7、8位组员有某些方面的特长、专门知识或有利条件，还有的是组员们知道有1—2位同学确实勤奋，但因某种原因需要特别额外辅导、帮助，再就是有个别组员因某种正当理由（半脱产学习等），事先就说明不可能每会必到，但小组又希望每次学习人数不少于5—6人时，就不妨多接纳1—2人。

（3）自觉性与责任感。这是指组员们对小组的负责态度与纪律修养，尤其指对预定的集体学习活动不迟到、不缺勤。否则，常有人不打招呼任意缺席，小组的积极作用就不能充分发挥。你可能会问：干脆每组只要2—3人，组小精干，机动灵活，有什么不好？也许确实没什么不好，避免了大组的那些麻烦，但却可能因知识的多样性与经验不足，虽收到取长补短之效，却不能满足优质案例分析的需要，同时，也难营造小组讨论的气氛。而且与大组相比，分工的好处不能充分显现，每人分配的工作量偏多。很明显，小组规模的大小应因课程的不同而异，课程较易，对分析的综合性要求较低，且并不强调与重视小组学习形式的利用，则规模宜小，2—3人即可；反之，则至少应有4人，但增到6人以上就得慎重了。

（4）互容性。如果组员间脾气不相投，个性有对立，话不投机，互容性低，就不会有良好的沟通，易生隔阂。调查中就有学生反映，尖子生不见得是好组员，要是大家被他趾高气扬、咄咄逼人的优越感镇住了，就不能畅所欲言。当然，强调互容性并不是认为一团和气就好，不同观点之间的交锋也是有必要的，关键是要保持平和、平等的态度。

（5）互补性。指相互间感到有所短长，需要互助互补。可惜的是，希望组内气氛轻松随和，就自然去选私交较好的朋友入组，以为亲密无间，利于沟通，却忽略了互补性。调查中有人说，我悔不该参加了由清一色密友们组成的学习小组，我们之间在社交场合已结交了很久，相处得一直不错，但却从未一起学习、工作过，结果证明不行，遗憾的是，学习没搞好，友谊也受了影响。这不是说非要拒绝好友参加不可，最好是根据课程性质和对个人特长的了解来建组，以收集思广益之效。

2. 案例学习小组集体活动的管理。根据经验，要建设并维持一个有效能的小组，在管理方面应该注意下列事项：

（1）明确对组员的期望与要求。如果你有幸成为组长，你首先要让大家知道，一个组员究竟该做什么？所以，必须在小组会上从开始就预先向大家交代清楚这些要求：一是小组开会前，每人必须将案例从头到尾读一遍，并做好适当的分析。二是人人尽量每会必到，如与其他活动冲突，小组活动应享受优先。三是要给予每人在小组会上发言的机会，人人都必须有所贡献，不允许有人垄断发言的机会。四是个人做出了有益贡献，应受到组内的尊敬与鼓励，首先让他（或他们）代表小组在全班发言。五是组内若有人屡屡缺席，到会也不做准备，无所作为，毫无贡献，就不能让他分享集体成果，严重的要采取纪律措施直到请他退组。有时小组为了程序方面的琐事（如定开会时间、地点、讨论顺序等）而争吵，或因为性格冲突，话不投机，拂袖而去，甚至为争夺影响与控制权而对立，也是有的。但关键是要看小组是否能出成果，对大家学习是否确有帮助，如时间花了，却没有收获，小组对大家没有凝聚力，各种矛盾就会出现。

（2）建立合理的程序与规则。所谓合理即指有利于出成果。一是要选好会址。这是第一个程序问题，会址除了要尽量照顾大家，使人人方便外，最要紧的是清静无干扰。最好有可以坐和写字的桌椅，能有块小黑板更好。二是要定好开会时间。一经商定，就要使之制度化、正规化。这可以节省每次协调开会或因变化而通知的时间，也不致因通知未到而使有的人错过了出席机会。不但要定好开会时间，也要定好结束时间，这更为要紧。每一案例讨论 2 小时，最多 3 小时就足够了，时间定了，大家就会注意效率。三是要开门见山，有什么说什么，节省时间。四是要早确定和发挥小组领导功能，可以用协商或表决的方式公推出组长，以主持会议和作业分派，也可以轮流执政，使每个人都有机会表现和锻炼组织领导能力。五是要尽早确定每个案例的分工。这种分工是允许的，甚至是受到鼓励的。多数老师允许同小组的同学，在各自书面报告中使用集体搞出的相同图表（报告分析正文必须自己写，不得雷同），有的组为了发扬每个人的特长，把分工固定下来（如某某总是管财务分析等）。但由于案例各不相同，若每次小组会能根据案例具体特点，酌情分工，可能会更有利于出成果。但由谁来分工好，较多情况下是授权组长负责，他得先行一步，早把案例看过，拟出分工方案。六是要在整个学期中，使每个人都有机会承担不同类型的分工，以便弥补弱点与不足。人们的长处常与主要兴趣一致，或是本来主修的专业，或是自己的工作经历等。通常开始总是靠每人发挥所长，才能取得最佳集体成效。但长此以往，人们的弱点依然故我，难有长进。因此，组长得考虑安排适当机会，使每个人在弱项上能得到锻炼。事实上，个人弱项进步了，全组总成绩也水涨船高。好的组长会巧妙地安排不善演算的组员有时也去弄一下数字，而让长于财会的同学适当分析一下敏感的行为与人际关系问题。至少学会在自己的弱项上能提出较好的问题，并观察在这方面擅长的同学是怎么分析的，对已在管理岗位上当领导者的同学更需如此。

（3）学习小组的改组。有时会发现，由于各种无法控制的原因，小组不能做出富有成果的集体分析，这时可以考虑与另一个较小的组完全或部分合并。后者是指仅在分析特难案例时才合到一起讨论，可先试验几次，再正式合并。较大的组可能体验到相反的情况，指挥不灵，配合不良。这时，可以试行把它进一步分解为两个小组以增加灵活性，不是指彻底分解，而是有分有合，有时分开活动，有时则集中合开全体会议。

（4）争取实现"精神合作"。从行为学的角度看，小组也像个人那样，要经历若干发展阶段，才会趋于成熟，变成效能高、团结紧密、合作良好的工作单元。但有的小组成长迅速，有的要经历缓慢痛苦的过程，有的永远不能成熟。成长迅速的小组，表面看来没下什么工夫，其实他们为了发展群体，是做出了个人牺牲的。他们注意倾听同伙的意见和批评，仲裁和调解他们中的冲突，互相鼓励与支持、尊重并信任本组的领导。组员只有做出了这种努力，才能使小组完成既定的集体学习任务，满足各位组员个人的心理需要，成为团结高效的集体。这里的心理需要指的是集体的接受、温暖、友谊、合作与帮助。案例学习小组的成熟过程，一般包括五个阶段：一是互相认识；二是确定目标与任务；三是冲突与内部竞争；四是有效的分工合作；五是精神上的合作。小组若是能具备适当的构成条件，又制定出合理的工作程序与规范，就易于较快越过发展的头三个阶段而达到第四个阶段，并有可能发展到最高境界即精神上的合作默契成熟阶段。那时，小组的成果就更多，水平更高，学习兴趣更浓，组员们也就更满意了。

（四）置身课堂讨论

课堂讨论，对于教师来说是整个案例教学过程的中心环节，对于学生来说则是整个案例学习过程中的高潮与"重头戏"。因为学生在个人及小组的分析准备中所做的工作要靠课堂讨论表现出来，这也是教师对学生整个课程中成绩评定的重要依据。事实上，课堂讨论的表现也决定了随后书面报告质量的高低，并已为大量实践所证明，但不少教师不太重视书面报告评分。

1. 注意聆听他人发言。就是注意倾听别人（教师与同学们）的发言。许多人认为，参加讨论就是自己要很好地发言，这的确很重要，但听好别人的发言也同等重要。课堂讨论是学习的极好机会，而"听"正是讨论中学习的最重要的方式。有人还以为，只有自己"讲"，才是作贡献，殊不知，听也同样是作贡献，听之所以重要，是因为课堂讨论的好坏不仅决定于每一个人的努力，而且也取决于全班的整体表现。集体的分析能力是因全班而定的，它的提高不仅依靠个人经验积累，也要靠全班整体的提高。重要的是要使全班学会自己管理好自己，自己掌握好讨论，不离题万里，陷入歧途。初学案例的班常会发生离题现象，原因就在于许多人从未经过要强制自己听别人发言的训练，只想自己打算讲什么和如何讲，而不注意听别人正在讲什么，并对此做出反应。监控好全班讨论的进程，掌握好讨论的方向，从而履行好你对提高全班讨论能力的职责，这也是重要的贡献。只会讲的学生不见得就是案例讨论中的优等生，抢先发言，频频出击，滔滔不绝，口若悬河，还不如关键时刻三言两语，击中要害，力挽狂澜。如能在每一冷场、一停顿就插话、发言，使得讨论马上又活跃起来，那才可谓是位高手。许多人在讨论刚一开始，总是走神，不是紧张地翻看案例或笔记，就是默诵发言提纲，或沉浸在检查自己发言准备的沉思里。其实，正是一开头教师的开场白和当头一问，以及所选定的第一个回答者的发言最重要，是定方向、搭架子，你得注意听教师说什么，你是否同意教师的观点，有什么补充和评论，并准备做出反应。

2. 具备主动进取精神。前面提到有人总想多讲，但对多数人来说，却不是什么克制自己想讲的冲动问题，而是怎样打破樊篱，消除顾虑，投身到讨论中去的问题。这一点，教师必须尽力做好说服教育工作。就像生活本身那样，案例的课堂讨论可能是很有趣的，也可能是很乏味的；可能使人茅塞顿开，心明眼亮，也可能使人心如乱麻，越来越糊涂；可能收获寥寥，令人泄气，也可能硕果累累，激动人心。不过，追根到底，从一堂案例讨论课里究竟能得到多少教益，还是取决于你自己。为什么？因为案例讨论是铁面无私的，既不会偏袒谁，也不会歧视谁。正如谚语所云："种瓜得瓜，种豆得豆。"你参加讨论并成为其中佼佼者的能力如何？你在讨论中所取得的收获大小怎样？决定因素是你有没有一种积极参与、主动进取的精神。足球界有句名言："一次良好的进攻就是最佳的防守。"这话对案例讨论完全适用。反之，最糟糕的情况就是畏缩不前，端坐不语，紧张地等着教师点名叫你发言。这种精神状态，完全是被动的，怎么会有多少收获？你不敢发言，无非怕出了差错，丢了面子。你总想等到万无一失，绝对有把握时再参加讨论。可惜这种机会极为罕见或根本没有。你若有七八成把握就说，那发言的机会就很多。积极参与的精神能使你勇于承担风险，而做好管理工作是不能不承担风险的，这种精神正是优秀管理者最重要的品质之一。指望每次发言都绝无差错，这是不现实的，无论分析推理或提出建议，总难免有错，但这正是学习的一种有效方式。人的知识至少有一部分来自于教训，教师或同学指出你的某项错误，切不要为争面子而强辩，为了满足自己"一贯正确"的感情需要而拒不承认明摆的事实。这正是蹩脚管理者的特征。要知道，案例讨论中说错了，只要诚恳认识，不算成绩不佳、表现不佳；无所作为，一句不讲才是成绩不佳、表现不佳。其实，怕在案例讨论中发言不当，根本谈不上是什么风险。因为即使你讲得不全面、不正确，对你将来的工作、生活、职业生涯与命运，都无损于丝毫，倒是你的分析与决策能力以及口头表达与说服能力得不到锻炼与提高，反会影响你的前途与命运。既然如此，你又何妨不试一试呢？

（五）记录学习心得

参加案例课堂讨论的过程，是一个学习和锻炼的过程，也是一个积极进行思考从事复杂智力劳动的过程，在这过程中萌发一些心得体会和发现一些自己原来未曾想到的问题是常有的事，这正是在案例学习中已经意识到的点滴形态的收获，为了不使这些收获遗忘或丢失，有必要做好记录。

做心得和发现的记录，要讲究方法。有的同学过于认真，从讨论一开始就从头记录，结果记录一大篇，不知精华之所在，这就是方法不妥。正确的方法是，在认真听的基础上记重点，记新的信息。有的学生采取"事实、概念、通则"一览表的格式，颇有参考价值。这里不妨引一实例以作借鉴：

春季学期：××××年×月××日课堂讨论"兴办新事业"。

事实：①在美国的所有零售业企业中，50%以上营业两年就垮台了。②美国企业的平均寿命是6年。③在经营企业时想花钱去买时间，是根本办不到的。④美国在2000年有235万个食品杂货店。

概念："空当"，各大公司经营领域之间，总有两不管的空当存在。大公司不屑一顾，小企业却游刃有余，有所作为。例如，给大型电缆制造商生产木质卷轴，就是个空当。

通则：①开创一家企业所需的资源是人、财、物，还有主意。②新企业开创者的基本目标是维持生存。

记录要精确、简明，对素材要有所取舍、选择。在课堂上，主要注意力要放在听和看上，确有重要新发现、新体会，提纲挈领，只记要点。此外，最佳的笔记心得整理时机是在案例讨论结束的当天。

（六）撰写分析报告

管理案例书面分析报告，是整个案例学习过程中的最后一个环节，是教师在结束课堂讨论后，让学生把自己的分析以简明的书面形式呈上来供批阅的一份文字材料，一般由 2500 字以下，最多不到 3000 字的正文和若干附图组成。但并不是每门课程所布置的案例都必须撰写书面报告，有些案例教师可能要求只做口头分析就够了。有些报告可能完全布置给个人去单独完成。书面报告是在全班及小组讨论后才完成，本身已包括了集体智慧的成分，是指教师允许同一小组的成员使用小组共同准备的同样图表，但报告正文照例要由个人撰写，禁止互相抄袭。还有的案例教师要求学生在全班讨论前呈交个人书面报告或案例分析提纲。这主要是为了掌握学生的分析水平，也便于在下次全班讨论前进行小结讲评。一般来说，要求写书面报告的案例比起要求口头讨论的案例要长些、复杂些、困难些，也就是教师希望在这些案例的阅读与分析上花的时间和工夫要更多些。其实，在书面报告上下点力气是值得的，书面报告的撰写是一种极有益的学习经历，这是在学习管理专业的整段时期内，在本专业领域检验并锻炼书面表达技巧的极少而又十分宝贵的机会之一。多数学生在如何精确而简洁地把自己的分析转化为书面形式方面，往往都不怎么高明和内行。这种转化确实并非易事，尤其篇幅与字数的限制又很紧，所以花点时间去锻炼提高这种可贵的技巧是必要的。

1. 做好撰写准备与时间安排。写书面报告，先要认真地考虑一下计划，尤其要把时间安排好，这不单指报告本身，要把阅读与个人分析以及小组会议（一般是开两次）统一起来考虑。一般的计划是，在两三天内共抽出 12—15 小时来完成一篇案例分析报告（包括上述其他环节，但课堂讨论不在内）是较恰当的。如果案例特难，也许总共得花 20—25 小时以上。但是，如果长达 25 小时以上，就会使人疲乏而烦躁，洞察力与思维能力会下降。不能满足于抽出整段总的时间，还得仔细划分给每项活动的时间，这种安排是否恰当将影响整个工作和效率。下面是一种典型的时间计划安排，共分六项或六个步骤，分析的作业是一篇较长的、具有相当难度的典型综合性案例，书面报告要求

2500 字以下，图表最多 8 幅：

（1）初读案例并做个人分析：4—5 小时。

（2）第一次小组会（分析事实与情况，找出问题及组内任务分工安排）：2—3 小时。

（3）重读案例并完成分析：4—5 小时。

（4）第二次小组会（交流见解及讨论难点）：2—3 小时。

（5）着手组织报告撰写（确定关键信息，列出提纲，完成初稿）：5—7 小时。

（6）修改、重写、定稿、打字、校核：2—3 小时。

上述六项活动可分别归入"分析"与"撰写"这两大类活动。根据对 3000 多份案例报告的调查，无论是得分高低，大多数学生花在写稿方面的时间普遍不足，而花在分析上，尤其是小组会上的时间过多。要知道，既然总时数已经限定，则多分析一小时，写稿就少了一小时，而且又多出来一批需要筛选和处理的信息，会加重写稿的工作量，这种连锁反应式的影响，将使一些同学无法细致地利用、消化、吸收他们的分析成果，难以准确表达、陈述、综合归纳成一份有说服力的文件，很难使阅读他们分析报告的人信服和接受他们的见解。

下面是一段典型的对话：

学生：我花了那么多时间，没想到只得到这么点分数！不过，我把自己的报告又读了一遍，是看出不少问题。我怎么在写稿的时候竟然一点没意识到它会这么糟呢？

教师：怎么会没意识到呢？仔细谈谈你是怎么写的？

学生：报告是星期二早上上课时交的，我们小组是上星期五下午开的第一次会，开了好长时间，第二次会是星期一下午开的，会开完，已经很晚了。当晚我就动手组织材料，拟提纲，动笔写初稿，搞到凌晨两点多才写完，但来不及推敲修改誊正，就交卷了。

很明显，这位同学根本没时间修改，初稿就直接誊正，也没留足够时间消化、吸收和组织好他个人和小组分析的结果。遗憾的是，这种现象十分典型，是经常出现的。有人说："根本不会有高质量的初稿，只可能有高质量的定稿。"这就是说，要写好分析报告，在报告的构思上得肯花时间，并安排足够时间用在修改和重写上。

2. 书面报告的正确形式与文风。要写好报告，当然要以正确的分析作为基础，问题还在于怎样才能把最好的分析转化为书面报告，由于受篇幅、字数的限制，这就自然引出对文风的要求，那就是简明扼要。写案例报告可不是搞文学创作，不需要任何花哨的堆砌修饰，但要做到一针见血，开门见山，却非易事。不许你多于 2500 字，你就只能把代表你分析的精髓的那一两点关键信息说出来，并给予有力的辩护和支持。

一般来说，2500 字加图表的一份报告，教师评改得花 15—20 分钟，一位老师通常每班带 50 位学生，每一班他就要批阅 50 份报告，每份 20 分钟，就要花 17 小时才批得完，若同时教两班，每班平均每周两次案例作业……算算就知道，一份报告最多能占 20 分钟，所以，一定要干净利落，把你的主要见解及分析论据写得一目了然。手头有了分析与讨论所得的大量素材，可别忙于动笔，要先花点时间好好想想，怎样才能有效而清晰地把你的意见表达出来，到这一步为止，你就已经花了不少时间在案例阅读、分析和讨论上。一般是按照自己分析时的思路，一步步地把报告写出来，可是，教师和读者要知道的是你分析的结果，所以你的报告若不以你的分析为起点，而是以分析的终点入手，会显得明智得多。试考虑一下，能不能用一句话概括出你所做的分析的主要成果和精华所在？这应该成为报告的主体，并应在几段中就明确陈述出来，报告的其余部分，则可用来说明三方面的内容：一是为什么选中这一点来作为主要信息。二是没选中的其他方案是什么及其未能入选的理由。三是支持你的表现及其所建议方案的证据。慎重的方法是，把报告剩下这部分中的每一段落，都先以提纲的形式各列出一条关键信息来，最好每一段落只涉及一条重要信息，一个段落若超过 700 个字，就一定包含有几条不同见解，这会使读者抓不到要领。报告定稿后，正式打字前，最好要自己读一遍，以便发现问题，及时修改，打字后还应校阅一遍，看有无错别字和漏句、漏字等。老师批阅发回报告后要重读一遍，记下写作方面的问题，以免下次再犯。

3. 图表的准备。把数据以图表方式恰当地安排与表达出来，有效地介绍出你的许多支持性论证，但一定要使图表与正文融为一体，配合无间，让读者能看出图表的作用，还要使每张图能独立存在，即使不参阅正文，也看得懂，每幅图表应有明确标题，正文中要交代每幅图表的主要内容，图表应按报告正文中相应的顺序来编号。

四、管理案例教学范例

（一）管理案例讨论提纲实例

案例：中日合资洁丽日用化工公司

十几年前，洁丽公司与日本丽斯公司技术合作，向国内引进该公司丽斯品牌的化妆品，双方各投资40%，另有20%由建厂当地乡镇的个体户出资建成。日本丽斯品牌在日本不出名，由于中国当时改革开放不久，日用化工和化妆品缺乏，大家也不在乎名牌。十几年来，合资生产的丽斯牌化妆品，在江南一带颇具知名度，有数百个专柜遍布城乡各地的小百货商店，并有几百位化妆师（销售与推广）和美容店。近两三年来，由于人们消费水平提高的缘故，以及不少欧美品牌进入中国市场，丽斯牌化妆品在人们心目中的地位下降，销路萎缩，此时那几个占20%份额的小股东希望让出股份、撤资。假使你是洁丽公司的负责人，你有哪些应对策略和方案？

中日合资洁丽日用化工公司案例课堂讨论提纲

1. 有三种可能的方案

（1）品牌重新定位。

（2）收购散户小股东的股份，使洁丽公司控股超过50%，然后找一流的厂商技术合作或代理一流产品。

（3）寻找机会，脱售持股。

2. 方案分析

方案1：

利：可利用原来已建立的销售渠道、服务人员以及与经销商的良好关系、化妆品本身的价值、较难衡量的较高附加值，重新定位锁住目标市场。

弊：因为市场变化快，进口关税逐渐降低，会使整个企业转型有较高的风险。

方案2：

利：可利用原有的销售渠道与服务人员，除可重新定位外，还可与其他知名品牌厂商合作，进入其他市场；控股权扩大，经营方式较有弹性。

弊：投资金额较大；日方态度不易掌握。

方案3：

利：避免激烈竞争，可将资金转做他用。

弊：原有的渠道和人员、队伍全部放弃相当可惜。

3. 建议：采用方案2，接受小股东的退股建议。

本题的关键点是：想要放弃原有的市场或产品，而进入全新的陌生领域，只想创造新产品，放弃原有产品有改善的可能，都可能使事业受到更大的损伤。

但是，产品创新或多角化经营，也有可能为公司创造更好的将来，成败的关键在于信息的收集是否齐全、利弊评估是否准确。

（二）管理案例分析报告实例

案例：威廉美食苑的创业

赵威大学毕业后，没有去政府分配的工作单位上班，而在省城里的一家肯德基快餐店当上了副经理，原来他曾在大学四年级时，利用假期和社会实践的机会在肯德基店里打过工，这次是他第一次告诉家里，没想到当乡镇企业经理的父亲还是理解他的，一年后他很快升为经理，再后来又升为地区督导等职。最近，他发现省城商业街有一店面要出售，这个地点位于商业闹市区附近的主要街道，交通流量大，写字楼也很多。赵威认为，这是一个很难得的快餐店地点，于是他决心自己创业。这是他由来已久的事业生涯规划，并与父亲商量请求财务支持，声明是借贷的，日后一定归还。家里表示可以支持他，但要求他认真规划，不要盲目蛮干，多几个方案才好，有备无患。

赵威自己创业的愿景是一个属于自己独立经营的快餐连锁店，它不是肯德基、麦当劳或其他快餐店的加盟连锁店。他很顺利地注册，资金到位也很快，房子的产权也办理了过户手续。不久，赵威很快就发现成立自己的店和当初在肯德基看到人家成立连锁店有很大的不同，他必须自己动手，从无到有地办理任何事情。比如，要亲自参与店面装潢设计及摆设布置，自己设计菜单与口味，寻找供货商，面试挑选雇用员工、自己开发作业流程，以及操作系统管理。他觉得需要找来在工商管理专业学习的同学好友帮忙一起创业，假如赵威选择的就是你。请你帮他搞一个创业的战略规划，试试看。

以下是摘要分析报告内容的主要部分：

创业的战略规划分以下五个步骤：①设定目标。②界定经营使命、愿景与经营范围。③进行内在资源分析。④进行外在环境分析。⑤可行性方案。

于是针对这五个步骤，分别说明：

1. 设定新目标。①提供更符合消费者口味、适度差异化的食品；②满足不喜欢西方快餐口味的顾客为最重要的目标。

2. 界定经营使命、愿景与经营范围。①提供消费者不同于西式文化、新的健康饮食概念。②提供融合中国人饮食口味与西式餐饮风格的新快餐。③塑造洁净、便利、快速、舒适、健康的企业形象。

3. 进行内在资源分析。可以就人力、财力等方面进行强弱势分析。

（1）相对优势方面。①曾经在著名的西式快餐店工作，有相当的经验，对于西式快餐店的经营模式、生产方式及管理方法都有相当的了解。②经营的地点有很大的交通流量，是一个理想的快餐店设立地点。③财务有来自于家庭的支持。

（2）相对弱势方面。①对于菜单的设计、分析消费者对于快餐的需求、生产流程规划，可能无法有相对的经验与优势。②在原料供货商方面，也无法像大型竞争者那样节省大量的进货成本。

4. 外在环境分析。

（1）在威胁方面有以下方面要考虑：①在竞争者方面，目前市场中的主要竞争者众多。②就替代品方面，快餐产品也纷纷进驻便利商店，如烤香肠等。③就整体市场而言，传统的快餐产品竞争者众多，他们所提供的产品，同构性也很高，他们之间的竞争优势，多是建构在附加服务或是媒体的塑造，所以对于非连锁性的自创性商店，可能无法在广告上与其相抗衡。④就垂直整合程度与经济规模而言，这些竞争者的连锁店众多，也因此他们在原料的进货上可以借助量大而压低成本，在媒体广告上，更可以收到较大的效果。再者，这些竞争者也不断借助媒体塑造，有些快餐店在假日已经成为家庭休闲或是举办聚会的场所，这种社区关系的维系，也是新进入者需要考量的。⑤在竞争手段方面，由于这些竞争者的市场占有率高，也因此会和其他商品进行联合营销，如麦当劳在电影《泰山》上映时，同步推出玩偶，更吸引许多只为喜好赠品而来店消费的顾客，如此更加提高他们的竞争优势。

（2）在相对机会方面。①由于快餐文化追求效率，使得他们在产品上无法做到顾客饮食差异化的满足。②就产品的广度与深度而言，这是目前竞争者较为缺乏的，不过，要达较佳广度与深度的境遇，可能与快餐追求快速有所抵触，这是一个值得考虑之处。③目前竞争者喜好推出的套餐组合，对于某些食品并不可以替换，例如，不喜欢吃薯条的人就不能要求换等值的产品，这是一个在无法提供大众差异化口味产品的前提下，另一种借助消费者产品组合满足需求的一种方法。④国内目前对于健康的重视，而西式的快餐又具有常被以为热量太高、被称为垃圾食物等问题，这也是一个在从事新式快餐店设立时确定产品种类的考量点。

5. 可行性方案。由以上的分析可以知道，自行创业从事快餐店，可能会遭遇的最大困难就是缺乏广告效果以及无法在生产原料上有规模成本的优势。但是，可以从产品的差异化来满足顾客的需求，于是可以提出下列几个可行性方案：

（1）发展中式口味，但又能兼顾生产效率的产品，如米食。

（2）借助大量顾客差异化的观点，提供较能满足顾客差异化需求的产品。

（3）提供顾客在产品套餐选择时有较大的自主性。

（4）先建立地区性的口碑，再从事跨区域经营。

（5）提供健康食品的概念，如可以卖素食、蔬果类素食以及有机饮料。

（6）不要放弃西式快餐店的经营模式，如整洁的饮食环境、明亮舒适的饮食空间、亲切充满活力的店员，但要导入中式口味、健康概念的食品。

（7）以食物作为竞争差异化优势，也就是强化食品的健康性、快速性，以及符合中国人的饮食口味。

由于这种产品的差异化，在快餐产业中，推介中式口味、健康概念的新快餐或许是一个缺乏媒体广告与附加商品支持的快餐创业者可以走的方向。

（三）学生案例分析实录

以下学生案例分析实录选自梅子惠主编的《现代企业管理案例分析教程》（武汉理工大学出版社 2006 年版），现转录于此供参考。

蔡×同学的案例分析

1. 实例选择统计表

学生姓名：蔡×

指导教师：方××

实例命名：选能干的，还是选会说的

实例表述：

C 集团是欧洲著名连锁超市集团，在某市筹建一家超市时，需要招聘超市工程部经理，在众多应聘者之中，有以下两位比较突出：

马卫达，27 岁，机械制造大专毕业 4 年，大专后进入某中法合资汽车厂设备动力部，任助理工程师，一直从事汽车制造设备配件的采购工作，在业余时间自学取得科技英语专业本科毕业证 1 年。英语口语流利。

余海宏，33 岁，设备管理专业本科毕业，22 岁毕业后到武汉一家大型百货商场任中央空调操作班长、配电设备主管，已任工程部经理 3 年，熟悉大型百货商场的配电、照明、动力、通风、空调等设备的运行维护管理，自己机械维修的动手能力也很强，但英语口语不行。

在由店长法国人罗伯特主持的面试中，马卫达直接用英语回答了罗伯特的提问，并用流利的英语陈述了超市工程部的工作设想。余海宏在面试时，由于超市的翻译不熟悉设备管理的专业词汇，他对面试问题的回答没能准确地翻译给罗伯特，罗伯特给他分数远远低于给马卫达的。店长的坚持下决定录用马卫达为工程部经理。3 个月后，德国 M 集团也在该市开了一家超市，余海宏成功应聘上了工程部经理的职务。

一年多后的 8 月份，由于中央空调操作工辞职，临时招聘不到操作工，马卫达自己亲自操作机器，由于他不熟悉操作规程，使中央空调超负荷运行，导致空调电机烧毁，给超市造成设备直接损失 10 万余元，这次事故使超市室内温度超过 36℃ 达一周之久，给超市营业收入和声誉带来重大损失。

根据市商业管理委员会的统计，余海宏所在的 M 集团超市的各项设备经济技术指标如单位面积用电量、设备维护费等大大优于马卫达所在的超市。

2. 案例分析

正确把握岗位能力要求，避免招聘失误。从案例中的情况来看有以下几点是 C 集团武汉超市工程部经理招聘甄选失败的主要原因。

（1）母公司的岗位能力要求不能照搬到子公司。虽然一个跨国公司旗下的连锁超市的经营方式、组织结构、职位设置几乎完全相同，但由于所在国政府法规、供应商特点、客户需求等内外经营环境不同，其设置的职务名称虽然一样，但其工作内容可能差异很大。同样是超市的工程部经理，在法国店里手下只管两个人，主要工作是选择设备维修服务商、配件供应商，监督服务的质量、进度和工作安全等，不必自己动手操作设备。在中国，由于设备运行维修服务市场还不成熟，缺少优秀的设备管理服务公司为超市提供全方位的运行和维修服务，再加上中国劳动力便宜，设备服务外包的成本远远高于自己组建一支队伍，进行自我服务。因此，同样面积的超市，中国店的工程部人员比法国多得多，工程部经理的工作内容也因此相差很大。拿法国店工程部经理的甄选标准来招聘中国店的经理，显然是错误的。店长罗伯特以前在法国店当过工程部经理，以法国店的要求来衡量中国的应聘者，按这个要求马卫达是合格的。

但中国的情况不一样，中国店的工程部经理不仅要善于跟供应商打交道，还要熟悉超市的各种设备的性能，基本掌握操作和维修技术，既要当好指挥员，必要的时候还要能亲自动手操作维修机器，当好战斗员。

（2）外籍主试人应该克服语言障碍，客观地对应聘者进行评价。在面试时，语言交流是否通畅影响到主试者的判断，壳牌石油公司的经验是："对沟通能力的评价已经降低。""理论上讲，沟通技巧是评价候选人的一项很好的指标，但实际上，如果应聘者的英语不流利，而面试人又不会说当地话，应聘者的得分肯定低于其应得分数。"因此，当马卫达能不通过翻译用英语与罗伯特良好的沟通时，由于晕轮效应的影响，他参加工作时间不长，没有商场设备运行维修管理经验，机械专业的学历是大专，技术职称只是助理工程师等缺点被显得不那么重要了。但工程部经理这一职务对这些技能的要求是客观存在的，如果不具备这些技能，工作绩效肯定不高，从这一点来说，后来出现设备事故也是迟早的事。相反，余海宏由于英语口语能力不强，需要通过翻译回答罗伯特的问题，翻译词不达意，使具有决定权的罗伯特认为他不行，其实是他口语能力不强的缺点掩盖了他具有多年商场设备管理经验、本科毕业、专业对口、有工程师职称等与马卫达相比的优势。

（3）不同的职位对外语能力的要求应该不一样。超市中各职位对外语能力的要求应该是不一样的。这一点一般外资企业都对不同级别的人的外语水平要求不同，如对收银员，外语要求肯定是比财务经理低，但同级别的中高级管理人员对外语的要求也应该不同。需要经常与外籍经理和总部进行沟通的人，外语要求高一些，如店长秘书、财务部经理等。不同职位对外语听、说、读、写能力要求的侧重点也应该不同，店长秘书的英语口语能力的要求肯定比工程部经理要高。当然，在案例中，如果余海宏是一个全才，英语水平与马卫达一样，罗伯特也会选他不会选马卫达。但全才的工作选择余地大，对薪酬的要求高，雇用他们企业所付出的工资会比专业技能强、外语水平不高的人多得多，而且还不见得找得到这种人。因此，必须对每一个职务进行科学的工作分析，依据不同职位对外语能力、技术技能、组织指挥能力、学习创新能力的不同要求，得出对各种能力要求层次不同的招聘甄选标准，依照这样的标准,才不会选错人。

跨国公司管理人员本地化是一个大趋势，在这个进程中，我们必须按照人力资源管理的客观规律，认真做好工作分析，制订科学的招聘甄选标准，努力克服语言交流造成的评价偏差，让本地人在招聘过程中拥有更多的决定权，只有这样，才能顺利地完成本地化的战略目标。

3. 案例分析见解口头表述评估表

档次 考核项目	好 （20分）	中 （15分）	差 （10分）
案例是否清楚	清楚 √	较清楚	不清楚
研究角度是否正确	正确	较正确 √	不正确
分析是否新颖	新颖	较有新颖性 √	无新颖性
建议是否合理	可行	基本可行 √	不可行
表达能力鉴定	√		
定量分析合计（分）	85		

4. 评语

本地化是许多跨国公司的重要战略。随着生产、研发、销售、采购本地化的推进，人力资源本地化变得越来越迫切。在执行层和管理层，本地人才完全能够达到职位要求，其本地化程度比决策层的高级管理职位高得多。招聘甄选这些员工的标准是与母公司所在国一样呢？还是应该根据子公司的实际情况，重新进行工作分析编写出新的职务说明书，按其要求招聘甄选。对员工外语能力的要求，应该根据不同职务工作内容的不同而有所不同，不能用一个标准来要求。外籍主试人应该尽量克服语言障碍，客观地对应聘者进行评价。派往子公司的高级管理人员中，能使用驻在国语言和熟悉其文化特征的人，可以更好地执行人力资源本地化的战略。

实例叙述得清楚、简洁、完整，这是正确展开案例分析的前提和基础，本实例分析的成功之处在于，能从外资超市管理的实际事例中，发现跨国公司人力资源管理这一伴随着我国改革开放程度的提高出现的新问题，并对人力资源本土化中最关键的环节——招聘中出现的问题进行了比较深入的分析。在分析中，应用的理论依据正确，提出的建议具有可行性。

从上可以看出，该生能够运用所学管理理论知识分析和解决实际问题。

指导教师：方××

×××年×月×日

（四）哈佛案例教学实录

其一，哈佛拍"案"惊奇。以下是哈佛大学公共管理硕士孙玉红女士在其译著《直面危机：世界经典案例剖析》一书中有关哈佛案例教学的文章，希望对读者有所启发。

提起哈佛商学院，人们自然想起案例教学。

案例教学（Case Study）是哈佛教学的一大特色。不管是商学院、法学院，还是肯尼迪政府学院。对于商学院来说，所有课程，只用案例教学，全世界独此一家，可以说是很极端的。包括"公司财务"等看起来技术性很强，似乎不存在多大讨论余地的课，也用案例教学。为什么？

我们常说，学以致用。对于 MBA 和 MPA 来说，教学目的很明确。他们培养的学生不是搞研究的，而是解决问题的。在哈佛培养的是一种解决问题的思维方法，不是对一个理论有多深的研究（那是博士要做的事），而是做决定的水平。

虽然对于案例教学我并不陌生（我 1999 年写的《风雨爱多》被国内一些大学 MBA 用做教学案例，而正在应哈佛商学院之邀修改应用），但是对于只用案例教学我一直心存疑惑。

"如果我对一些课程基本知识都不懂怎么办呢？"有一天，我问一位教授。他说："有两种可能：第一种是我们招错了人，第二种是该读的书你没有读。"

半年下来，我才明白了其中的含义。第一，两个学院招生基本要求有4—5年以上的工作经验；对肯尼迪学院高级班学员来说，都具有 10 年左右工作经验。所以，不大可能对一个领域完全不懂。第二，更重要的是，2 小时的课堂时间，课余平均要花 8—10 小时的时间进行准备。包括阅读案例、建议阅读的书和材料。如果有困难，助教随时恭候，教授有固定的工作时间。你可以预约请教。这种设计的前提是你有足够的能力自学一门知识。课堂只是讨论它的应用问题。这既是对学生自学能力的挑战，也是一种锻炼。联想到为什么像麦肯锡这样的咨询公司喜欢哈佛商学院的人，是因为学生有这种能力与自信，面对陌生的行业和比自己大几十岁的客户，敢于高价出售自己的看法。想象一下郭士纳 23 岁离开哈佛商学院时那种自信的感觉。

还有一个妙处是最大限度地利用学生的时间和能力。将所有该学的知识部分压缩到课堂以外，难怪哈佛学生要自学的第一门课是"求生本领"。

哈佛所有的案例几乎全为自行撰写，均取自真实发生的事，姓名、地点偶尔做些改动。案例要经该公司认可，保证所有数字和细节的真实性。MPA 的案例有一半是肯尼迪政府学院自己编写的,有一半是商学院的。均明确注明,版权保护,不得随便使用。当然,这些案例也对外公开,用于教学的价格是一个学生一次性5美元。也就是说,如果有100个学生在课堂上使用这个案例的话,你需要付500美元的版权费。

案例有长有短,长的30—40页,像南美某国的财政危机;短的只有一页纸。我印象最深的是公共管理第一堂课的案例,短小精悍型,题目是:宪法应该被修改吗?(Should the Constitution be amended?)

事情是这样的:参议员胡安遇到了他政治生涯中最令他头疼的事:他要在24小时之内做出决定,是否投票赞成修改宪法。12年前,该国人民推翻了军人独裁统治,并颁布了宪法。宪法规定总统一届6年,不得连任。现在该国总统弗洛里斯已经干了5年,并且在这5年中使国家经济取得了巨大成就,深受人民爱戴。要求修改宪法,使总统连任的呼声很高。胡安本人是不赞成修改宪法的,因为他知道民主政治在本国还很脆弱。但是面对民意调查多数人支持的结果,面对他自己明年也要进行连任竞选。如果你是他,你该做出什么决定?

在这个案例中,描述了一个两难的困境,需要胡安做决定。没有分析,只有事实。如果你是胡安,你会怎么做?

班上50多位同学,职业各异,信仰各异,知识结构各异。有的本身就是参议员、外交官,有的是效益至上的跨国企业的首席执行官,有的是社会观察者。有的深信民主政治体制,有的心存怀疑。一开始就分成两派,争论不休。支持修改宪法的基本观点是,既然现任总统受人民欢迎就应该支持他干下去,换新总统对国家的风险很大,支持胡安同意修改宪法的理由被汇总成1、2、3、4、5写在黑板上;反对总统连任的观点认为,随意变动国家体制对国家未来的风险更大。理由也被汇总,写在黑板上,1、2、3、4、5。有的说决策所需要的资料不全,无法做出决定。最后大家等着教授总结,给出答案。教授说:"你们已有了自己的答案。没有做出决定的同学需要立即做决定:下课!"

大家面面相觑。到哈佛是学什么来了?数星期之后,终于理清了案例教学法的基本思路:

分析案例围绕着四个方面的问题:

(1)问题是什么?

(2)要做出什么决定?

(3)有什么可行方案(所有的)?

(4)现在要采取的行动是什么?

通过案例教学,训练一种系统的思考问题的方法和采取行动的决心和勇气。它的价值在于：

（1）领导就是做决定。案例取自真实生活的片断，通常是让决策者处于一种两难的困境。这是所有领导者经常面临的困境：没有绝对的对与错，没有人告诉你答案。案例教学的目的，就是让参与者置身于决策者的角色中，面对大量的信息，区分重要和次要，做出自己的决定。案例教学没有正确答案。

（2）领导在于采取行动。案例不只是研究问题，是在分析的基础上采取行动。一切分析是行动的向导。在案例教学中，你就是参议员，你就是企业的技术主管，你就是阿根廷的总统，你就是主角。这是案例教学与传统教学的最大不同。

（3）找出所有的可能性。所有人的积极参与，可以让你惊讶于这么多不同的选择。每个人想两个方案，50个人就有100个方案。其中许多是你从来没想到的，或者从来不敢去想的。你能从同学那里学到很多，你能否从中收获，取决于你的参与程度。提出自己的观点，支持它；倾听别人的观点，评价它；敞开思想，随时准备改变自己的观点；做决定，避免模棱两可。

案例教学并不神秘，为什么哈佛案例独行天下？我想原因有几个：

第一，哈佛案例均为自行采写。哈佛的资源使它可以拥有全世界最有价值的案例，从南美国家改革的真实数字到跨国公司的财务情况，从中国北京旧城改造的难题到《华盛顿邮报》的家族危机，均拥有第一手材料。学生经常需要为跨国公司，为一个国家的大事做决定，不知是否在无形中培养了他们做大事的感觉和准备？

第二，凭借哈佛的名声，可以请到总统、总裁们到课堂上亲自"主理"。到哈佛商学院演讲的总裁们通常会出现在一节相关的案例课上。在肯尼迪学院，我记得在学宏观经济学的时候，美国农业部部长专门来讲过美国农产品出口问题；学演讲沟通的时候，不仅有好莱坞演技派明星专门来过，还有四届美国总统顾问亲自上课……这些都是哈佛案例的附加价值。

第三，哈佛拥有最好的学生。他们的观点、他们的眼界，常常使你受益最多。

最后，哈佛案例教学并不仅仅是就案例论案例，一个案例课过后，通常会开出一个书单，从这些书中你会找到分析此案例可能需要的理论支持，掌握一套科学的思考方式，建筑你自己的思考习惯。

写到这里，我已经在担心哈佛要起诉我侵犯知识产权了。但是，好在你我都知道：哈佛是无法复制的。如果你想了解更多，欢迎你到哈佛来。

其二，哈佛案例教学经历自述。

……第二天所用的案例，是我们在哈佛商学院要用的总共大约800个案例中的第一个，正躺在我的书桌上等着我去阅读、分析和讨论，我看了一眼题目："美国电报电话公司和墨西哥"，内容并不太长，大约有15页，实际上内容之长短并不很重要，因为哈佛商学院教学案例的挑战性不在于阅读过程之中，而在于准备在课堂上就案例发表自己的见解。在课堂上，每个案例是通过以教授和全班同学对话讨论的形式来完成的，学生们必须在课前阅读和分析每个案例，在课堂讨论时说出自己对案例的分析和看法，课堂讨论的进程由教授掌握，使全班同学的想法达到某种程度的一致，或者至少得出案例本身所能阐明的几个结论。

我拿起案例资料开始阅读，内容引人入胜，我不知不觉地就读完了，中心议题是美国电报电话公司的一位经理要决定是否在墨西哥建立一个答录机生产厂。该案例所涉及的伦理问题包括：使一些美国人失去工作机会；剥削第三世界廉价劳动力；在一个充满贿赂和腐败的环境中如何定义行为的适当性。我认为前两项不成问题，在第三世界国家投资建厂，给那儿的工人提供比当地平均水平较高的工资和较好的工作条件没有什么不对。只是对第三点，即如何应付当地的腐败的做法，我没有清楚的具体想法。

我又将案例资料阅读了两遍，并在旁边空白处及白纸上做了详细的笔记，花费大约半个小时考虑所附的三个思考题。有一个问题是这样的：该经理选择在墨西哥建厂，他应该就工资水平、工人福利、废料管理、童工问题、雇用工人时性别上的要求以及贿赂问题做出什么样的决定？这使我忽然想到一个问题：如果教授让我做开场发言怎么办？尽管可能性并不大，精确地讲被叫的概率是1/92，但是我并没有冒险的心情，我早就听说过被叫起做开场发言是商学院生活中带有传奇色彩的一个事实。如果说毕业后能拿到高薪工作的前景是吸引数千名学生在商学院拼搏两年的胡萝卜，那么被教授选做开场发言的潜在威胁就是那大棒。有人告诉我，大部分课是由任课教授叫起一名同学做开场发言而开始的，这位同学要做5—10分钟的发言，总结案例中的几个要点，为理解案例提供一个分析框架，还要为解决案例所描述的问题提出行动方案。

接下来，他可能不得不对其他同学对他发言的指责进行反驳。他发言得分的情况在很大程度上取决于其他同学的反应。我想起两种对付被教授叫起发言的方法：一是每天晚上都认真准备每个案例；二是偶尔认真准备一下，抱着侥幸的心理，希望教授不叫到自己。鉴于是第一堂课，我决定认真准备，制定一个详细的发言提纲，半小时后我才将提纲列出，准备输入电脑。

学习小组在哈佛商学院也是一个很重要的传统。学习小组的成员通常是在深夜或者早晨上课前的时间聚在一起进行讨论。在这种讨论会上大家互相启发，确保案例中的要点不被遗漏，并且可以在一个比较安全的环境中发表自己的见解。参加过学习小组讨论，大家对于明天的案例做了几乎过于充分的准备。第二天，走进教室，环顾四周，发现每个人的座位前都摆放着一个白色姓名卡，整个教室看起来像联合国的一间大会议室。

8点30分整，我们的教授迈进教室，他站在教室前部的中央，扫视了一眼，全场鸦雀无声，突然他吼叫道："让冒险历程开始吧！从今天起我们有许多事情要干，但在我们开始之前，我要求在座诸君为自己热烈鼓掌，因为你们大家都做了十分出色的事情，今天才能坐在这里，你们应该得到鼓掌欢迎！"这句话打破了大家的沉默，教室响起了雷鸣般的掌声。

教授接着向我们介绍了他的背景、课程的有关情况以及哈佛商学院的一些情况，他风度极佳，讲话极富感染力，然后，他开始谈论我们的情况，时而引用一些同学们填写在调查问卷上的内容。"你们中有一名同学，"他说道，"在调查问卷上写了一句妙语，现在我愿意与在座各位一同欣赏它。"他开始引用原话："我喜欢挑战、成长和激励。"他一边说一边迈步登上台阶，走向"警示线"。"请推动我——"教授做了一个戏剧性的停顿，才接着说道："使我发挥自己最大的潜力。"他停在一位坐在"警示线"中间的同学面前，"克拉克先生，"教授问道，"MBA生涯中第一堂课由你做开场发言算不算是一个足够的挑战？"可怜的克拉克同学几乎要昏过去了，此时大家哄堂大笑。教授的讲话完美无缺，就像CBS电视台大腕主持人大卫·莱特曼主持晚间电视节目一样，真是棒极了。

克拉克努力使自己镇静下来，结果做出一个很不错的案例分析发言。他得出的结论是：在墨西哥建厂是正确的，条件是美国电报电话公司要确保那些墨西哥工人的工作条件和该公司在美国的工厂工作情况大体一致。教授对他的模范发言表示感谢，然后问大家有什么要补充。至少有7名同学举起手，争先恐后地要求发言。两位同学曾告诉我，一旦开场发言结束，当那个做开场发言的同学在角落里颤抖的时候，其他同学争夺发言机会的战斗就开始了。不管发言内容是多么中肯贴切或者是纯粹的迂腐空话，只要发言就能得到课堂参与分。尽管教授一再言明课堂参与分不是根据发言次数而定，每个人仍然是极力争取尽可能多的课堂发言机会，以使自己能在同伴中脱颖而出。

同学们争夺课堂发言机会的表现因人而异。有的人审时度势，制定了一套什么时候发言、怎样发言以及发言频度的策略。有的人在发言时首先肯定其他同学的正确见解，然后指出不足，提出自己的意见。有的人采取"鲨鱼战术"，如果有同学的发言不妥或显得可笑，他就唇枪舌剑，将对方批驳得体无完肤，用打击别人的方法来为自己得分。最终，每位同学的名誉和彼此之间的关系将在很大程度上取决于课堂讨论时的表现，问题的关键是课堂参与情况在每门功课的最后得分中占多达50%的比例。

教授对几个关键问题讨论的进展把握得游刃有余。这个案例产生不一致的原因相对较少，在墨西哥建厂实际上对美国人的工作并不构成威胁，它能给所在国带来的好处也是不言自明的，唯一产生争执之处是当地的腐败问题。一个拉美同学说："当地腐败盛行，如果公司想在当地建厂，就不得不入乡随俗。"另一名同学援引《国外腐败行为法案》说："如果公司在当地有任何失检行为，它将在美国陷入麻烦。"这个问题把同学分为两个阵营：实用主义者认为，小规模的行贿是可以接受的，只要通过它能实现建厂的目的；理想主义者认为，任何行贿行为都是不可忍受的；还有几个人从实用主义角度支持理想主义者，认为一旦有向当地官员行贿的行为，那么将来就面临更多被敲诈的可能。

课堂讨论一直持续了将近4个小时，每个人都发过言，我本人持实用主义和理想主义相结合的态度，做了几次不太重要的发言。最后，教授通过告诉我们实际发生的事情结束了当天的案例分析。美国电报电话公司在墨西哥建一个厂，极大地推动了当地经济的发展，向所有有关当地官员表明了该工厂绝对不会行贿的立场。这一原则得到坚持，腐败问题从来也没有成为一个问题。教授最后说，我们大家做得很好，我们用鼓掌的方式结束了第一堂案例课，并且大家对第一个做开场发言的同学也表示了祝贺。

其三，哈佛商学院案例课堂讨论实录。下面是哈佛商学院的一次案例课堂讨论课的写实，内容是关于新日本制铁公司面临的人力资源管理问题。

戴着一副深度眼镜的乔克第一个被教授叫起来发言："我不清楚这里的问题究竟是什么。看起来很明显是新日铁公司无力将员工的退休年龄从55岁延长到60岁，但这是日本政府已经宣布在全国企业中推行的，而且工会也要求公司这么做。"

以定量分析擅长的乔克在这次有关人力资源管理的案例课堂讨论中，说了这样一句话作为开场白。他接着说："根据我的计算，由于钢铁市场需求减少，这家公司已经有3000名富余员工，这些人占了员工总数的10%。这种局面正在吞噬着企业的盈利。如果延长员工的退休年龄，那么，公司在今后五年时间内，还要承担7000多名富余人员。"

刹那间，所有的人都沉默了。要是在往常，"开局者"总会受到许多人的围攻，他们都试图对其逻辑中的漏洞予以曝光。而领头发言的学生，常常畏畏缩缩地回到座位上等待着一场哄堂大笑。接着，教授请第二个学生起来，对这个问题增加一些定性的分析。

"我们应该回顾一下过去，在做出草率判断之前，应该先考察一下这种情况的动态变化过程。首先，我们要看一看当时做出这项决策的条件。国际市场对日本钢铁的需求一般很大，只是在过去的两年时间里才开始减少。在这种环境下，新日本制铁公司采取了降低劳动力成本的经营战略，所以使它成为世界钢铁生产的领先者。这个战略的具体实施办法就是，当旧的工作岗位被撤销后，公司把现有的工人调换到新工作岗位上去，这样就同时解决了辞退和新招工人的矛盾，而且没有花太大的代价。

另外，社会上普遍认为这家公司有一个开明的雇主。这种认识对行业的发展很重要。因为这是一个重群体甚于个体的社会。尽管日本政府现在开始减少干预，但在历史上，政府一直在资助这家公司和钢铁行业的发展。劳资关系一直很融洽，工人们没有进行过罢工，但却得到了较好的福利。日本银行也一直与这家公司密切合作，银行实际上给该公司的经营提供了100%的资金。现在的退休年龄虽说是55岁，但人的寿命在不断延长，工人们已经不能再接受这么早就退休的现实了。

我们再看看公司目前的人力资源政策。这些政策适用于钢铁行业的环境，并且相互之间妥当配合，与社会价值观保持一致。有许多利益群体牵涉进来，他们参与子公司的决策。管理人员希望与劳动者保持和平共处，同时也希望能减少劳动力规模，并且对钢铁行业中出现的衰退现象进行负责任的管理，以便维持在本行业中的领先地位和取得长期的利润。管理人员和工人们与工会紧密联手，共同建造对各方都有利的工作环境。管理人员总是将决策问题摆在员工面前，而且向他们提供所有有关的材料，决策过程还是相当透明的。

工会希望把退休的年龄延长到60岁，同时希望避免罢工和维持一个全面有效的人力资源计划。工会领导者还希望继续保持他们的中立立场，以便工人们既得到应有的福利，又不致发生罢工现象。

工人们通过自主管理小组，对企业中各项工作如何开展，具有相当程度的发言权。他们希望保持他们的工作，并有一个良好的工作条件，同时也希望延长退休年龄。

政府也希望延长退休年龄，这样做的好处是可以减少社会的福利保障。政府还认为，钢铁是日本工业发展的一大关键行业。

公司人力资源流动方面的政策和程序。到目前为止，也还适应环境条件的要求。比如说公司实行了员工终身雇用制。这项对员工的投资，使得这家公司可以实行缓慢的晋升政策。这种缓慢的晋升与强有力的培训和发展机会相配合，才确保了在组织的各个层次中，有知识的人都能够轻易地在水平方向上移动。尤其是在工作堆积、需要加班的时候，员工的调动就更加普遍。公司对员工进行了投资，反过来，员工也对公司给予了相应的回报。

公司的奖酬系统很好地支持了人员流动政策，公司按资历计付报酬，这样也就为员工忠诚于公司提供了激励。而且外在的激励也不仅仅是公司提供的唯一奖酬。

这家日本公司的工作系统设计，反映出公司对工作的内在激励极为看重，比如，工作职责说明一直是灵活的、不那么正规的，只设置少数几个职务层级。决策总是在尽可能低的组织层次中做出。第三层次的管理人员负责开发和考评工人；第一层次和第二层次的管理人员则负责制定经营战略并与银行和政府部门打交道。

从案例中我们还可以看出，由于决策权的适当下放，蓝领工人组成的自主管理小组，能在几个小时之内开发出一个程序来改进工作中的安全保障问题。

最后，我们再来看看这些管理政策到目前为止所产生的效果。公司由于实行了一整套人力资源政策，在降低成本、提高员工对公司的忠诚感等方面取得了良好的效果。公司中有才干的员工数量正在增加，他们只要求中等水平的工资，并通过自主管理小组活动，使公司的年度成本开支节约了相当于雇用成本20％的水平。公司的员工也获得了自尊和安全的感觉。对于整个社会来说，这样一种企业正在成为经济发展的一大推动力量。

依我看来，这里的管理者们正在进行一件有益的事。社会人文因素的变化，使得劳动力队伍和社会逐渐老年化，加之市场对钢铁需求的减少，这些因素都促使公司的人力资源政策必须做出相应的改变。的确，人员配备过多会造成成本上升，但鉴于该公司有银行提供财务资助，所以利润并不那么紧要。如果公司与劳方发生对抗，可能对所有各方的利益都没有好处。

为了保持公司在世界范围内成本水平的领先地位，关键的是要在维持生产率水平的同时，尽可能降低劳动力成本。也许他们应该延长退休的年龄，忍受人员富余可能造成的成本增加，然后再努力寻找办法削减未来的员工。这样做是与公司的战略和行业传统的成功因素相吻合的。"

当这第二位发言者的长篇大论刚结束，坐在教室另一角的一位焦虑不安的女同学急忙抢着说：

"我原则上同意你的意见，尽管我到现在才终于搞清楚你的意见是什么。如果他们想赢得时间产生创造性解决问题的方案，那么有一个现成的办法就是，先不要执行新的退休年龄计划，而应该等到一年以后。"

坐在她左边的一位男同学反对说：

"你这个办法仍然不能解决这种长远性的问题，也就是对劳动力队伍的中期影响问题，它会使劳动力结构向老年化倾斜，而且在年功序列工资制下，还会使公司的工资支出增加。另外，减少招聘新员工，是不是就没什么新主意了？"

坐在教室中间的一位"高瞻远瞩者"认为，不管采用什么方案，都必须对利弊得失做出衡量。他补充说：

"所选定方案的执行方式，对于成功有着至关重要的影响。我认为，决策应该按他们传统的自下而上方式和惯用的程序来做出。然后，像往常一样，还要在所有有关情况都充分介绍的基础上，才能提出最终的决策。而劳资双方的密切合作，是一项很重要的财富，不能轻易破坏。"

尽管已经进行了近 100 分钟激烈的课堂讨论，教授和同学们心里都很清楚，案例中仍有许多问题尚待解决，许多事实需要明确交代。下课时间快到了，教授在做了简短的总结后宣布这堂讨论课就此结束。同学们边离开教室边带着意犹未尽的劲头争论着。像其他案例讨论课一样，有些同学离开教室时仍然遗憾课堂的讨论没有取得更一致的意见，心中纳闷最好的解决方案应是什么。另一些同学不以为然地反驳说："我们在这么短的讨论时间内就触到了这么多的问题，想到了这么多的好主意，该知足了吧？"有人甚至引用教授前些日子曾说过的话来这样开导学友："现实中的管理问题本来就没有一个唯一正确的答案嘛！关键是把握分析问题的角度，学会怎样去分析问题和解决问题。过程是第一位的，结果是第二位的。教授不是说了嘛，技能的锻炼才是最重要的，问题的解决方案可能因时、因地甚至因人而异！"

其四，海尔案例在哈佛。

1998 年 3 月 25 日，美国哈佛大学迎来了一位特殊的客人。他就是来自中国海尔集团的总裁张瑞敏。海尔集团以海尔文化使被兼并企业扭亏为盈的成功实践，引起了美国工商管理界与学术界的极大关注。哈佛商学院搜集到有关信息后，认为"这简直是奇迹"。经过缜密研究，决定把海尔兼并原青岛红星电器厂并迅速使其发展壮大的事实编写成案例，作为哈佛商学院的正式教材。

这一天，《海尔文化激活休克鱼》的案例正式进入课堂与学生见面。张瑞敏总裁应哈佛商学院邀请前去参加案例的研讨，并当堂指导学生。上午9点，教授林·佩恩——一位精干的女士——高兴地见到了海尔案例的主角张瑞敏先生。下午3点，上课时间到了，学生们陆续走进教室。

张瑞敏总裁步入课堂，U形教室里座无虚席，讨论开始了。"请大家发挥想象力，回到1984年，那时，张瑞敏先生面临的挑战是什么？"佩恩教授意在启发每个学生研究企业时首先研究其文化背景，包括民族文化、企业文化。

学生们主要来自美国、日本、拉美国家以及中国台湾、香港特别行政区。其中有2/3的人举手表示曾到过中国大陆。

"铁饭碗，没有压力。"来自中国台湾的一位学生首先发言。

"没有动力，每个人缺乏想把事情做好的动力。"

发言一个接一个，学生们从各个角度理解这个对他们在思想观点上来说是遥远的中国。

教授及时把讨论引向深入："请大家把讨论推进一步，什么是海尔成功的因素？你若是处在张先生的位置，你怎么决策？"

"张先生注重管理，抓了质量与服务，他认为人最重要，他用不同方法来建立危机感，砸毁了不合格的库存品，我可能不会做得这么好。"一位美国学生的发言使大家笑了。

"张能改变公司文化，干得好奖励，干得不好要反省。"中国香港的陈小姐说。"张先生不在西方生活，在中国长大，他却有这样先进的观点，引用西方先进的管理来改变职工的思想。如果让我把东方文化中的精华传播到西方，我不知道我能否做到、做好，但张先生做好了，这是他成功的原因。"另一位美国学生说。发言从一开始就十分激烈，一个人话音刚落，一片手臂便齐刷刷地举起来，有的同学连举几次手也没有得到教授的点名，急得直挥手。佩恩教授抓紧时间，把这堂课的"伏笔"亮了出来："我们荣幸地邀请到了海尔总裁张瑞敏先生。现在，由他来讲解案例中的有关情况并回答大家的问题。"

张瑞敏总裁走上讲台。

"作为一个管理者看哈佛，哈佛是神秘的。今天听了案例的讨论，我的感觉不像是上课，而是在海尔召开一次干部会议。"学生们听了这风趣的语言都开心地笑了。来自中国的这位企业家也像西方人一样幽默，他们开始被张瑞敏吸引了，"大家能在不同的文化背景下对海尔的决策有这样的理解，我认为很深刻，要把一条休克鱼激活，在中国的环境下，关键是要给每一个人创造一个可以发挥个人能力的舞台。这样，就永远能在市场上比对手快一步……"

学生们开始提问，从原红星电器厂干部的削减办法、效果谈到如何解决两个品牌，从扭转人的观念谈到改变公司文化的措施。问得尖锐，答得精彩，以至于下课时间到了，教授不得不让学生停止提问。

"我非常高兴地通知张先生，海尔这个案例今天第一次进入课堂讨论后，我们将要做进一步修订、核对，然后放在我们学院更多的课堂使用。定稿后，由我来签字认可，把案例交到学校案例库，作为正式教材出版。哈佛的案例教材是全美商学院通用的。美国以外的国家选用哈佛的案例做教材也相当多，因为哈佛始终是以严谨的治学态度对待每一个案例的编采、写作。这样，将会有更多的 MBA 学生和经理们看到海尔的文化，我相信他们一定会从中受益的。"佩恩教授真诚地说。

第一章　市场营销概述

营销并不是以精明的方式兜售自己的产品或服务，而是一门真正创造顾客价值的艺术。

——〔美〕菲利普·科特勒

市场营销是如此基本，以至于不能把它看成是一个单独的功能……从它的最终结果来看，也就是从顾客的观点来看，市场营销是整个企业活动。

——〔美〕彼得·德鲁克

尽管决定企业能否成功的因素很多。但是，通过仔细的研究发现，所有成功的企业都有一个共同点，就是他们都强调以顾客为中心，并花大气力进行市场营销活动，可以毫不夸张地说，"得市场者得天下"。那么什么是市场营销呢？

一、市场营销的概念

（一）市场营销的含义

市场营销（Marketing）从英文字面分析，有两种译法：一是把它作为一种经济活动，译为"市场营销"；二是把它作为一种学科名称，译为"市场学"或"市场营销学"。对于市场营销这个概念，存在许多解释，一般可以归纳为如下基本含义：市场营销是从市场需要出发的管理过程。其核心思想是交换，这种交换对买卖双方都是有利的，交换过程涉及大量的工作。卖方必须搜寻买方，找到他们的需要，设计良好的产品和服务，制定合理的价格，有效地开展促销活动，并高效率地进行存储和运输。产品开发、调研、联络、销售、定价和服务等都是核心营销活动。尽管人们通常认为市场营销是由卖方负责的，但实际上买方也在进行营销活动。当消费者寻找所需要并买得起的商品时，他们就在进行"市场营销"。而企业采购人员设法找到销售商并争取较好的交易条件之时，他们也在进行"市场营销"。

在通常情况下，市场营销包括为最终用户提供服务，同时还要面对竞争对手。企业及其竞争对手直接或通过营销中间商向消费者传送它们各自的产品和信息。系统中的所有成员都会受到主要环境力量（如人口、经济、技术、政治、法律、社会、文化）的影响。系统中的每一方都为下一级增加价值。因此，企业的成功不仅取决于它自身的行为，而且还取决于整个系统对最终消费者需要的满足程度。

在理解市场营销概念时，不要把"市场营销"（Marketing）等同于"推销"或"销售（sales）"，认为市场营销就是把货物推销出去，就是销售和销售促进。这种认识显然相当狭窄。如果企业不能生产出适销对路的产品，无论怎样推销，即便能得益于一时，但不能收效于长久。现代市场营销学认为，推销和销售只是市场营销的一部分功能，但不是重要的一部分。市场营销活动是要先做好市场调查研究，了解消费者的需求，按消费者的需求再考虑某种产品是否应该生产，产品如何设计，用什么厂牌、商标和包装，如何制定价格，采用何种促销形式等。另外，市场营销的终点也不限于产品送达消费者或使用者手中，还应了解产品出售后是否能使消费者满意，消费者是否会继续购买和使用，消费者是否会向其亲朋好友推荐，从而增加产品的销路或公司的信誉，以及向消费者进一步提供产品售后服务等。

市场营销是个人和机构通过预测、刺激、提供方便，协调生产与消费，以满足顾客和社会公众对产品、服务及其他供应的需求的整体经济活动。

（二）市场营销的范围

从市场营销的概念可知，市场营销是一项协调生产与满足消费者需求的经济活动。市场营销的范围包括以下八个不同方面：

1. 商品。有形商品是构成大多数国家市场营销总体的主要部分。例如生活用品，有粮食、水果、副食、日用品、家用电器等；生产用品，有水泥、钢材、机器设备等。

2. 服务。它是一种无形的产品。随着经济的发展，服务在市场营销中的比例越来越高。服务行业则包括航空、旅店、理发、美容、维修、餐饮、物流、咨询等。

3. 事件。利用事件的影响力或魅力来为机构树立声誉或推介产品。较常被利用来作营销的事件有奥林匹克世界运动大会、大型体育赛事、各种博览会、商展会、节日、专题社会公益活动，等等。这些事件的主办单位，可就其操办事件的赞助权、参展权、专用产品冠名权、特殊标志使用权等，向社会招标拍卖，而获得相应的收入及财政支持。

（4）人物。这主要是指利用名人的效应进行营销活动。这种营销活动一个时期以来已变成一种重要行业，现在每个有影响的影视明星、体育明星都有经纪人、个人代理和处理公共关系的经办。通过明星的影响力创造了一种"形象文化"，于是各个企业不惜重金，精心挑选后，隆重推出自己产品或品牌的形象代言人。此外，当前各种艺术家、音乐家、首席执行官、医生和金融家以及其他专家，都从名人营销者那获得帮助，还包括向某些机构或工商企业出让自己的肖像权或冠名权。

（5）地点。地点用作营销，主要表现在各个城市、省区、地方以及整个国家采取各种宣传促销活动，积极争取、吸引国内外旅游者、投资者。近年来，国内外许多城市和地区的政府负责官员参与此种促销的风气也愈演愈烈，他们往往利用官方或非官方的访问或接待时机，极力推销自己的城市和地区。

（6）机构。机构作为营销范围并不是指把机构作为买卖的对象，而是指机构努力为自己在社会公众心目中树立强而有力的形象，积极对自己进行推销。最常见的是通过公司形象识别标志广告来争取更多公众的认同和支持。现在许多大学、博物馆、艺术表演团体都在积极拟订提高自身形象的计划，争取更成功地获得生源、观众及资助基金。

（7）信息。信息可以像产品一样出售。通过市场调查，通过对各种报纸、杂志资料的整理和分析得到的信息，向需要帮助的机构和个人有偿提供，例如市场调查公司、咨询公司、剪报公司采集提供信息。目前信息的生产、包装和分销已成为一种重要的社会行业。

（8）观念。一段时期以来，观念或点子营销已悄然兴起。这不仅包括有些个人和组织以付费的方式通过传媒或广告推销自己的观念、信仰、见解和主张，更多的还在于通过某种观念的传播而获得社会公众的认同和资金支持。

（三）市场营销的核心概念

1. 需要、欲望和需求。人的需要和欲望是市场营销的出发点。人们为维持生存，需要空气、水、食品、衣服和住所。除此之外，人们对精神生活，如娱乐、教育等有着强烈的欲望。

需要（Needs）是指人们没有得到某些基本满足的感受状态。人们在生活中，需要食品、衣服、住所、安全、爱情以及其他东西。这些需要都不是社会和营销者所能创造的，它们存在于人自身的生理结构和情感条件中。

欲望（Wants）是指人们想得到这些基本需要的具体满足物的愿望。一个人需要食品，想要得到一个面包；需要引人注意，想要得到一件名牌西装；需要娱乐，想到电影院去看一场电影。

需求（Demand）是指人们有能力购买并且愿意购买的某个商品的欲望。当具有购买能力时，欲望便转换成需求。许多人都想要一辆轿车，但只有少数人能够并愿意购买。因此，公司既要估量有多少人想要本公司的商品，更重要的是应该了解有多少人真正愿意并且有能力购买。

营销并不创造需要，需要早就存在于营销活动出现之前。营销者，连同社会上的其他因素，只是影响了人们的欲望。他们向消费者建议，一辆轿车可以满足人们对社会地位和交通的需要，他们只是试图指出一个什么样的商品可以满足这方面的要求。营销者力图通过使商品富有吸引力、适应消费者的支付能力和容易得到来影响需要。

2. 商品和服务。在商品经济社会，人们靠商品来满足自己的各种需要和欲望。从广义上对商品的定义是：任何能满足人类某种需要或欲望而进行交换的劳动产品都是商品。商品这个概念通常使人想起一个事物，例如，汽车、电视机或一种饮料。一般用商品和服务这两个概念来区分实体商品和无形商品。但在考虑实体商品时，其重要性不仅在于拥有它们，更在于使用它们来满足人们的欲望。人们买自行车不是为了观赏，而是因为它可以提供一种被称为交通的服务。所以，商品实际上是向人们传送服务的工具。

相比之下，服务是一种无形产品，例如，医院里的全身健康检查、幼儿园的儿童看护、技能的训练课程等。当购买者购买一种商品时，实际上是购买他们认为的该商品所提供的利益和满意程度。比如，劳力士手表，它的销售并不只适用于告诉人们时间，而是为了表现消费者的一种成功的身份。

实际上，服务是建立在使顾客满意的承诺的基础上购买的。有图像和符号表达的承诺，能够帮助消费者对有形和无形的产品作出购买的判断。通常，符号和无形的产品让消费者感到更有形或真实。

人们不是为了商品的实体而去买商品。人们买化妆品是由于它能提供一种服务，可以使人变得更好看。买洗衣机是由于它能提供一种很容易使衣物变得洁净的服务。商品实体是服务的外壳。营销者的任务是推销商品实体中所包含的利益或服务，而不能仅限于描述商品的形貌，否则，目光就太短浅了。

3. 交易和关系。当人们决定以某种称之为交易的方式来满足需要和欲望时，就存在营销了。交易是指人们通过提供或转移货物、服务或创意，以换取有价值的东西。

任何产品都能被包括在一个营销交易中，个人和组织都希望获得比自己生产成本更高的价值。交易能否真正产生，取决于买卖双方能否找到合适的交易条件，即交易以后双方都比交易以前好。这里，交易被描述成一个价值创造的过程。交易是由双方之间的价值交换所构成的。例如，购买者用 2000 元人民币从商店里买回了一个手机，这是一种典型的用货币交换实物的过程。

一个交易的发生必须满足四个条件。一是，两个或更多的人、团体或组织必须参与，每一方都必须拥有其他方想要获得的有价值的东西。二是，交易必须为交易双方提供利益或满足。三是，每一方都必须对其他方所承诺的"价值的东西"有信心。例如，你去参加音乐会，你一定会认为这是一场精彩的演出。四是，为了建立起信任，交易方必须满足双方的期望。

交易包括几个可以量度的实质内容：至少是提供有价值的事物，买卖双方所统一的条件、协议时间和协议地点等。在市场经济中，通常应建立一套法律制度来支持和强制交易双方执行。交易很容易因曲解协议条款或蓄意破坏协议而引起争执。所以，在交易过程中要签订交易合同，以便得到国家法律的保护。

营销的本质就是开发令人满意的交易，使顾客和营销者从中都能获益。顾客希望从营销交易中获得比他付出的成本更高的回报和利益。营销者希望得到相应的价值，通常是交换产品的价格。通过买者和卖者的相互关系，顾客有了对卖者未来行为的期望。为了达成这些期望，营销者必须按承诺的话来完成。

随着时间的推移，这种相互关系就成了双方之间的相互依靠。

4. 市场。交易往往在市场上进行，市场取决于那些表示有某种需要，并拥有使别人感兴趣的资源，而且愿意以这种资源来换取其需要的人组成。具体来说，对于一切既定的商品，现实市场包含三个要素：有某种需要的人、为满足这种需要有购买能力和购买愿望。即市场由消费者、购买力和购买愿望这三要素组成。其表达式如下：市场 = 消费者 + 购买力 + 购买愿望。

市场的这三个要素是相互制约、缺一不可的，只有三者结合起来，才能构成现实的市场，才能决定市场的规模和容量。例如，一个国家或地区人口众多，但收入很低，购买力有限，则不能成为容量很大的市场，如某些发展中国家；反之，购买力虽然很高，但人口很少，也不能成为很大的市场，如瑞士、科威特。只有人口既多，购买力又高，才能成为一个有潜力的大市场。但是，如果商品不适合需要，不能使人们产生购买愿望，仍然不能成为现实的市场。

二、现代市场营销观念

市场营销作为一种有意识的经营活动，是在一定经营思想指导下进行的。市场经营观念也就是指以什么样的指导思想、什么样的态度和什么样的思想方法去从事市场营销活动。所以，市场经营观念是指企业在一定时期，一定的生产技术和市场环境条件下，进行全部市场营销活动的根本准则和指导思想，它贯穿于整个市场营销活动的各个方面和全部过程，指导企业所有部门和所有方面的营销活动。

市场经营观念不是固定不变的东西，它在一定的经济基础上产生和形成，并随着社会经济的发展和市场形势的变化而发展变化。在西方市场经济高度发达的社会里，企业的市场经营观念有生产观念、产品观念、推销观念、市场营销观念、社会市场营销观念、大市场营销观念和全球营销观念七种，依次占据主导地位。

（一）生产观念

生产观念或称为生产导向，是一种传统的经营思想，在西方发达国家，于20世纪20年代初期以前占支配地位。当时，西方各国普遍的情况是，国民收入普遍很低，生产落后，整个社会的产品不太丰富，工厂只要通过提高产量，降低生产成本，就可获得巨额利润。

所谓生产观念，就是卖方的一切经营活动以生产为中心，"以产定销"。生产观念的假设前提是：消费者可以接受任何买得到和买得起的商品，因而企业的主要任务就是努力提高效率，降低成本，扩大生产。

生产观念产生和适用的条件是：市场上商品需求超过供给，卖方竞争较弱，买方争购，选择余地不大；产品成本和售价太高，只有提高生产效率，降低成本从而降低售价，方能扩大市场。也就是说，当市场的主要问题是产品的有无或贵贱问题，即当人们是否买得到或买得起成为市场主要矛盾时，生产观念适用。因此，随着科学技术和社会生产力的发展，以及市场供求形势的变化，生产观念的适用范围必然越来越小。

（二）产品观念

产品观念或称为产品导向，是一种与生产观念类似的经营思想。它片面强调产品本身，而忽视市场需求，认为只要产品质量好，技术独到，功能最多，就会顾客盈门。有些企业认为，消费者会喜欢做工精巧、结实耐用、性能最好、功能最多的产品，并愿意为这些额外的品质付更多的钱。

许多企业常常投入巨大精力生产这样"高质量"产品，而没有得到市场对这些产品的"认可"，它们往往抱怨自己的洗衣机、收录机或高级组合音响质量是最好的，但市场为何并不欣赏。这种观念在商品经济不甚发达的时代或许有一定道理，但在现代市场经济高度发达的条件下，则肯定不适用。因为：第一，现代市场需要变化很快，并且是多层次的，如果不适合市场需要，再好的产品也不会畅销；第二，现代市场竞争激烈，如果没有适当的营销活动，再好的产品也不可能持久地占领市场。产品观念会导致"营销近视症"，它过于重视产品本身，而忽视市场的真正需要。因此，不应过分夸大生产的作用，而忽视市场营销。

生产观念和产品观念都属于以生产为中心的经营思想，其区别只在于：前者注重以量取胜，后者注重以质取胜，二者都没有把市场需要放在首位。

（三）推销观念

这一阶段约为 20 世纪的 30 年代和 40 年代。由于当时已从生产不足开始进入了生产过剩，竞争差不多席卷了所有的工业部门，竞争迫使那些过去实际享有垄断地位的企业，现在必须去推销它们的产品。特别是 1929 年开始的经济大萧条，使大批产品供过于求，销售困难，竞争加剧，人们担心的已不是生产问题而是销路问题。于是，推销技术受到企业的特别重视，推销观念成为企业主要的指导思想。

推销观念或称为推销导向，是生产观念的发展和延伸。推销观念较生产观念不同的是：后者是以抓生产为重点，通过增加产量，降低成本来获利；前者则是以抓推销为重点，通过开拓市场，扩大销售来获利。从生产导向发展为推销导向是经营思想的一大进步，但基本上仍然没有脱离以生产为中心，"以产定销"的范畴。因为它只是着眼于既定产品的推销，只顾千方百计地把产品推销出去，至于销出后顾客是否满意，以及如何满足顾客需要，达到顾客完全满意，则并未给予足够重视。因此，在科学技术高度发展、产品更加丰富的条件下，它就不能适应客观需要了。

（四）市场营销观念

这一观念是从 20 世纪 50 年代开始的。所谓市场营销观念，是一种以顾客需要和欲望为导向的经营哲学。它把企业的生产经营活动看作是一个不断满足顾客需要的过程，而不仅仅是制造或销售某种产品的过程。简而言之，市场营销观念的基本思想是，必须以消费者和用户的需求作为推动企业活动的轴心，加强市场营销调研和预测，了解顾客的需求和欲望。据此制订有效的市场营销计划，生产出比竞争者能更好地满足消费者需求和欲望的产品，在满足市场需求中获取利润。这就是"以消费者为中心"的市场营销观念，在企业经营管理中的具体体现是："顾客需要什么，企业就经营什么"。

市场营销观念的理论基础就是"消费者主权论"，即决定生产何种产品的主权不在于生产者，也不在于政府，而在于消费者。在生产者和消费者的关系上，消费者是起支配作用的一方，生产者应当根据消费者的意愿和偏好来安排生产。生产者只要生产出消费者所需要的产品，就不仅可以增加消费者的利益，而且可使自己获得利润，否则他们的产品就没有销路。

这显然是在买方市场的前提下产生的，在卖方占支配地位的供不应求的市场上，很难有真正的消费者主权。

市场营销观念的形成和在实践中被广泛运用。对西方企业改善经营起了重要作用。美国的可口可乐、宝洁、IBM、麦当劳等公司都是运用市场营销观念并取得成功的范例。因此，在西方有人把这一经营思想的变革同产业革命相提并论，称为"营销革命"。甚至还有人说这是企业经营思想方面的"哥白尼日心说"。这虽然未免夸大其词，但这一经营思想的重要性及其影响之大，的确不容忽视。不过，近年来也有人提出，不应过分夸大营销革命的作用而忽视技术革命和新产品开发，新产品毕竟是占领市场的物质基础。

虽然市场营销观念强调满足顾客需要是企业的最高宗旨，但也有许多企业为了牟取暴利，往往置消费者利益和社会利益于不顾。例如，虚假的广告宣传，冒牌的或有害的商品，不择手段的推销，等等。于是，20世纪60年代以来，消费者保护运动在西方发达国家更加发展壮大。在这一运动的推动下，许多国家的政府也加强了保护消费者利益的立法和执法。这一切表明，市场营销观念需要补充和修正，需要一种更加完善的营销管理哲学。

（五）社会营销观念

社会营销观念是20世纪70年代以来市场营销观念的一种新发展。它的产生背景是，70年代以后，西方市场出现了一些重要的变化。一是部分企业在经营中没有真正贯彻市场营销观念，为牟取暴利，以次充好，以虚假的广告欺骗消费者。二是有些企业在主观愿望上愿意维护消费者的利益，但却忽略了他们的长远利益。比如，人们指责美国麦当劳的汉堡包，能满足人们对廉价、味美、快捷的需求，但因脂肪含量过多，长期食用，不利于人们的身体健康。三是企业在经营中造成了环境污染、物质浪费等社会现象。比如，一些清洁用品的使用造成河流污染，破坏了水产资源的生态平衡；过量的小轿车生产和使用不仅严重地污染了环境，而且是交通事故增加的重要原因之一。为了解决这些现实问题，市场营销学提出了社会营销观念。

所谓社会营销观念，就是不仅要满足消费者的需要和欲望，并由此获得企业的利润，而且要符合消费者自身和整个社会的长远利益，要正确处理消费者欲望、企业利润和社会整体利益之间的矛盾，统筹兼顾，求得三者之间的平衡与协调。这显然有别于单纯的市场营销：一是不仅要社会市场营销观念迎合消费者已有的需要和欲望，而且还要发掘潜在需要，兼顾长远利益；二是要考虑社会的整体利益。因此，不能只顾满足消费者眼前的生理上或心理上的某种需要，还必须考虑消费个人和社会的长远利益。社会营销观念不是对市场营销观念的取代或否定，而是对市场营销观念的发展。

（六）大市场营销观念

大市场营销观念是 20 世纪 80 年代以来市场营销观念的新发展，它是指导企业在封闭型市场上开展市场营销的一种新的营销思想，其核心内容是强调企业既要适应外部环境，又要在某些方面可以改变外部环境。从理论上看，依据系统论的观点，企业应是一个开放的组织系统，其经营管理是与外界环境不断交换信息的过程。从这一观点出发，企业经营既受资源、市场等环境的影响和制约，又通过企业的市场营销活动传递信息、提供产品或劳务，来影响外部环境朝着有利于企业的方向发展。但是，上述一般的市场营销理论只看到了外部环境对企业市场营销活动影响和制约的一面，却忽视了企业经营活动也可以影响外部环境的一面，克服一般市场营销观念的局限，这就导致了大市场营销观念的产生。

从实践中分析，大市场营销观念正是企业在新的市场条件下试图改变外部环境的产物。20 世纪 80 年代以来，世界上许多国家和地区加强了对经济的干预，实行贸易保护主义，造成了国家之间或地区之间的市场"壁垒"或市场封锁，使企业在进入目标市场时遇到了许多有形或无形的"障碍"。例如，提高关税、征收反倾销税、不友好的销售渠道、拒绝合作的态度，等等。这些问题的出现迫切需要有一个新的战略思想来加以解决，于是大市场营销观念应运而生。

与一般营销观念相比，大市场营销观念具有以下两个特点：一是大市场营销观念打破了可控制要素和非可控制要素之间的分界线。强调了企业营销活动可以对环境发生重要的影响，使环境有利于实现企业的营销目标。二是大市场营销观念强调必须处理好多方面的关系，才能成功地开展常规的市场营销，从而扩大了企业市场营销的范围。

（七）全球营销观念

全球营销观念是 20 世纪 90 年代市场营销观念的最新发展，它是指导企业在全球市场进行营销活动的一种崭新的营销思想。全球营销观念在某种程度上完全抛弃了本国企业与外国企业、本国市场与外国市场的概念，而是把整个世界作为一个经济单位来处理。

近十几年来，企业营销国际化已成为市场营销发展的主流趋势。但是，过去企业营销遵循的原则，首先是适应当地市场或本国市场的营销环境，然后才去区别其他国家市场的特殊性与不同的需求去选择目标市场，制定相应的营销战略去占领目标市场，因此，就其实质讲，国际营销活动是分散的。全球营销观念则突破了国界的概念，它要求企业的生产、流通等全部营销活动都从整个世界的角度去考察，不局限于一件完整的产品都由一个企业独立生产和分配，实现最终消费。全球营销观念强调营销效益的国际比较，即按照最优化的原则，把不同国家中的不同企业组织起来，以最低的成本、最优化的营销去满足市场需要。

全球营销观念的形成及迅速发展是由全球营销环境的变化决定的。随着通信、情报、旅行、购买力等在世界范围内的迅速扩大，世界上消费者的需求与欲望也在向同质化发展。研究表明，目前美国、日本、欧洲的消费者的需求有惊人的趋同倾向。可以肯定，全球营销观念在今后的经济发展中，将为越来越多的企业，特别是被那些拥有国际竞争力的企业所重视和运用。因为，随着国际经济联系与交往的紧密化和世界规模企业的出现，全球营销的集中化和统一化，可以使企业大幅度降低成本，提高整体营销效益。

案例 1　迪斯尼乐园——游客满意的乐园

一、案例介绍

迪斯尼乐园自 1955 年 7 月 17 日开园以来，每年接待着数百万慕名而来的游客。人们来到这里，仿佛到了童话般的世界。游客们惊讶不已，流连忘返。然而，人们更为称赞的是这里的服务质量，环境清新洁净，氛围高雅欢乐，员工热情友好。事实上，迪斯尼乐园的成功之处，不仅在于其由高科技所提供的娱乐硬件，更重要的在于其服务质量管理的经验和软件。

（一）经营理念一：给游客以快乐

"迪斯尼乐园"包括魔术王国、迪斯尼影城和伊波科中心等若干主题公园。整个乐园拥有大量娱乐设施，32000 余名员工，1400 多种工作（角色）。如此众多的员工和工种，一年 365 天每天要接待成千上万的游客，夏季高峰时，气温常达 36°以上。确保服务质量的确不是件易事。因此，必须形成全员管理上的共识，即经营理念和服务承诺。

40 多年前，迪斯尼乐园的奠基人——沃尔特·迪斯尼先生首先明确定义了公司的经营理念，即通过主题公园的娱乐形式，给游客以欢乐。

通过主题公园的形式，迪斯尼致力提供高品质、高标准和高质量的娱乐服务。同时，还提供餐饮，销售旅游纪念品，经营度假宾馆、交通运输和其他服务支持行业。迪斯尼品牌、米老鼠、唐老鸭、古非等动画人物均享有极大的影响力和商誉，包含着巨大的经济利益。然而整个迪斯尼经营业务的核心仍是"迪斯尼乐园"本身。迪斯尼乐园生命力在于能否使游客欢乐。由此，给游客以欢乐成为迪斯尼乐园始终如一的经营理念和服务承诺。

迪斯尼懂得不能让游客失望，哪怕只有一次。如果游客感到欢乐，他们会再次光顾。能否吸引游客重复游玩，恰是娱乐业经营兴旺的奥秘和魅力所在。其实，游客对欢乐的体验，客观上是对员工们服务质量的一种评价。所以员工们提供的每一种服务，都是迪斯尼服务圈整体的各个关键时刻，游客们在一系列关键时刻中体验着服务质量，并会记住其中最好的和最差的。因此，"公司给游客以欢乐"的经营理念必须转化落实到每一员工的具体工作中，成为员工们的工作理念和服务承诺。为了实现服务承诺，迪斯尼公司花大力气，对员工工作表现进行评估和奖励。凡员工工作表现欠佳者，或将重新培训，或将受到纪律处罚。

此外，迪斯尼公司在经营中力求完善，不断改进和提高。无论任何时候，整个乐园中都有10%—20%的设施正在更新或调整，以期给予游客新的刺激和欢乐。尽管追求完美永无止境，但通过追求完美的努力，可将工作推进到更高的境界和标准。

（二）经营理念二：营造欢乐气氛

由游客和员工共同营造迪斯尼乐园的欢乐氛围。这一理念的正向推论为：园区的欢乐氛围是游客和员工的共同产品和体验，也许双方对欢乐的体验角度有所不同，但经协调是可以统一的；逆向推论为：如果形成园区欢乐祥和的氛围是可控的，那么游客从中能得到的欢乐也是预先可度量的。

在共同营造园区氛围中，员工起着主导作用，具体表现在对游客的服务行为表示上。这种行为包括微笑、眼神交流、令人愉悦的行为、特定角色的表演以及与顾客接触的每一细节上。

引导游客参与是营造欢乐氛围的另一重要方式。游客们能同艺术家同台舞蹈，参与电影配音，制作小型电视片，通过计算机影像合成成为动画片中的主角，亲身参与升空、跳楼、攀登绝壁等各种绝技的拍摄制作，等等。

在迪斯尼乐园中，员工们得到的不仅是一项工作，更是一种角色。员工们身着的不是制服，而是演出服装。当他们在游客之中，在"台上"时，他们表现的不是他们本人，而是一具体角色。根据特定角色的要求，员工们要热情、真诚、礼貌、周到，处处为客人的欢乐着想。简而言之，员工们的主体角色定位是热情待客的家庭主人或主妇。

（三）经营理念三：把握游客需求

为了准确把握游客需求，迪斯尼致力于研究"游客学"，了解谁是游客、他们的起初需求是什么。在这一理念指导下，迪斯尼站在游客的角度，审视自身每一项经营决策。在迪斯尼公司的组织构架内，准确把握游客需求动态的工作，由公司内调查统计部、信访部、营销部、工程部、财务部和信息中心等部门分工合作完成。

调查统计部每年要开展200余项市场调查和咨询项目，研究成果提供给财务部。财务部根据调查中发现的问题和可供选择的方案，找出结论性意见，以确定新的预算和投资。

营销部重点研究游客们对未来娱乐项目的期望、游玩热点和兴趣转移。

信息中心存贮了大量关于游客需求和偏好的信息，具体有人口统计、当前市场策略评估、乐园引力分析、游客支付偏好、价格敏感分析和宏观经济走势等。其中最重要的信息是游客离园时进行的价格或价值随机调查。正如沃尔特·迪斯尼先生所强调的：游园时光决不能虚度，游园必须物有所值，因为游客只愿为高质量的服务而付钱。

信访部每年要收到数万计的游客来信，其工作是尽快把有关信件送到责任人手中；同时，把游客意见每周汇总，及时报告管理上层，保证顾客投诉得到及时处理。

工程部的责任是设计和开发新的游玩项目，并确保园区的技术服务质量。例如，游客等待游乐节目的排队长度、设施质量状况、维修记录、设备使用率和新型娱乐项目的安装，其核心问题是游客的安全性和效率。

现场走访是了解游客需求最重要的工作。管理者经常到各娱乐项目点上，直接同游客和员工交淡，以期获取第一手资料，体验游客的真实需求，同时，一旦发现系统运作有误，及时加以纠正。

研究"游客学"的核心是保持和发展迪斯尼乐园的特色。作为迪斯尼公司的董事长，埃尔斯特先生时常念叨的话题是："迪斯尼的特色何在，如何创新和保持活力。"从这一点上说，恰是游客的需求偏好的动态变化促进了迪斯尼数十年的创新发展。

（四）经营理念四：提高员工素质

1. 管理者应具备创新能力和高超的领导艺术。领导对未来发展应规划全新的蓝图，并以此激励员工。迪斯尼的管理者努力使员工们懂得，这时所做的一切都将成为世界娱乐业的主流和里程碑。迪斯尼制定5—10年中长期的人力资源规划，并每年更新一次。每年都拨出足够的经费预算，进行人员培训。

2. 明确岗位职责。迪斯尼乐园中的每一工作岗位都有详尽的书面职务说明。工作要求明白无误，细致具体，环环紧扣，有规可循，同时强调纪律、认真和努力工作。每隔一个周期，严格进行工作考评。

3. 统一服务处事原则。服务业成功的秘诀在于每一员工对待顾客的正确行为和处事。基于迪斯尼使游客欢乐的经营理念，公司要求所有员工都学会正确地与游客沟通和处事。为此，公司提供统一服务处事原则，其要素构成和重要顺序依次为安全、礼貌、演技、效率。游客安全是第一位的。仅与安全相比，礼貌则处于次一等的地位。同样，公司以此服务处事原则，考察员工们的工作表现。

4. 推进企业文化建设。公司经常对员工开展传统教育和荣誉教育，告诫员工：迪斯尼数十年辉煌的历程、商誉和形象都具体体现在员工们每日对游客的服务之中。创誉难，守誉更难。员工们日常的服务工作都将起到增强或削弱迪斯尼商誉的作用。

5. 由游客评判服务质量优劣。迪斯尼认为，服务质量应是可触摸、可感受和可体验的，并且游客掌握着服务质量优劣的最终评价权。公司指出：游客们根据事先的期望值和服务后的体验，加以比较评价，然后确定服务质量之优劣。因此，迪斯尼教育员工：一线员工所提供的服务水平必须努力超过游客的期望值，从而使迪斯尼乐园真正成为创造奇迹和梦幻的乐园。

（五）经营理念五：完善服务系统

1. 必须完善整个服务体系。迪斯尼乐园的服务支持系统，小至一架电话机、一台电脑，大到电力系统、交通运输系统、园艺保养中心、售货商场、人力调配、技术维修系统等，这些部门的正常运行，均是迪斯尼乐园高效运行的重要保障。

2. 岗位交叉互补。管理者对园区的服务质量导向有重大影响。管理者勤奋、正直、积极推进工作，员工们自然争相效仿。在游园旺季，管理人员放下手中的书面文件，到餐饮部门、演出后台、游乐服务点等处加班加点，这样，加强了一线岗位，保证了游客服务质量，与此同时，管理者也得到了一线员工一份新的友谊和尊重。

（案例来源：苏珊·豪娜：《国际旅游管理案例分析》，辽宁科学技术出版社2005年版）

二、案例分析

迪斯尼能风靡全球几十年长盛不衰，它的成功与经营理念和质量管理模式是分不开的。只有满足了消费者需求，商品才有存在的理由；只有游客满意，才有迪斯尼的未来和发展。给游客以欢乐、营造欢乐氛围、把握游客需求、提高员工素质和完善服务系统等经营理念，思路连贯，内在统一。这些经营理念，阐明了在市场经济环境下服务性企业应该如何运作，如何求生存和求发展。迪斯尼的这些经营理念和管理方式无不体现着以人为本。

三、思考·讨论·训练

1. 迪斯尼乐园奉行什么样的市场营销管理哲学？

2. 请借鉴迪斯尼乐园的经营理念和质量管理模式，为您所熟悉的某个酒店、商场、度假村等服务行业提出建议。

案例 2 请别买我的啤酒

一、案例介绍

1993 年 8 月 27 日，中央电视台"新闻联播"播放了这样一则消息：荷兰海内肯啤酒公司正在回收它已投放在澳大利亚、瑞士、英国、香港等 8 个国家和地区市场上的一种玻璃瓶装啤酒。原因是海内肯啤酒公司在这种啤酒生产过程中检测出了混有玻璃碎渣的产品，于是怀疑已经投放到国外市场的这种啤酒可能有漏检的"危险品"。在回收这种啤酒的同时，该公司还大力进行宣传，请上述市场的消费者不要买他的啤酒！

海内肯公司是世界第二大啤酒公司，其产品长期以来雄踞国际市场，此番要回收已经投放到 8 个国家和地区的啤酒，可想而知，对其来说，经济损失是十分巨大的，而且也冒着极大的市场风险，大力宣传不要买他们的啤酒。也许有人会说，此举没有必要，即使有残存玻璃碎渣的啤酒漏检，其数量相对来说，也是微乎其微的，按通常的做法，对买到这种不合格啤酒的消费者（即使他饮用后受到伤害），给予适当的赔偿就可以了，如此兴师动众，付出偌大的代价，真是"傻"。

其实，海内肯公司并不傻。海内肯啤酒是世界名牌啤酒。名牌具有其本身的价值，在竞争日益激烈的今天，保住名牌比创造名牌更难。保住名牌的形象，让其在消费者心目中的地位不受丝毫动摇，是海内肯公司关注的焦点所在。此番劝告人们别买海内肯啤酒，是为了让消费者从今往后对它绝对放心。等到回收后，新的海内肯啤酒重新在市场上出现时，消费者此时购买海内肯啤酒时，掏钱的态度必然是毫不犹豫的了。比起因回收啤酒所付出的代价来，海内肯公司赢得的收益肯定会更多更大，只是这种收益是潜在的、长远的。如果不懂得市场法则及消费心理，目光短浅、急功近利者往往会做一些自以为"聪明"的事来掩盖自己的失误，绝不能像海内肯公司那样做。

由此不禁联想到类似的一件事情。一年前，在国内某省最大的一家啤酒厂投放市场的瓶装啤酒中，屡屡被发现瓶内有碎木屑等异物，消费者购买后，反应极为强烈。于是该啤酒厂主管生产的厂长在接受记者采访时，一再强调，这是由于产品供不应求，增加产量后所导致的疏忽失误，该啤酒厂厂长在讲了一番诸如厂内人手紧、设备落后等客观原因后，又宣告，凡是买到该厂啤酒瓶内有异物的不合格啤酒的消费者，厂里一律负责调换和退赔。事出有因，厂方处理得当，态度诚恳，也许令新闻界同行们对"厂里的难处"动了恻隐之心，手下留情，未将此事揭露于报端。然而，市场是无情的，该厂的啤酒内有异物这一消息在消费者中不胫而走，传播开来，导致该厂啤酒销售量严重下滑，省内市场丧失大半，损失惨重，至今尚未恢复元气。

同样都是啤酒，事故原因相似，但是，两者产生的后果却是大不相同。前者付出偌大的代价回收啤酒；后者则是给予不合格的啤酒调换和退赔，可谓"精打细算"，聪明得很。相形之下，前者岂不是"傻"得很吗？这留给我们的思考是很沉重的。

（资料来源：清华大学经济管理学院工商管理研究组：《MBA 工商管理800 例》，世界图书出版公司 1998 年版）

二、案例分析

在许多产品已经形成买方市场的今天，产品质量对消费者的选择无疑有着最重要的影响。海内肯公司在发现已经投放于 8 个国家和地区市场上的啤酒可能存在质量瑕疵后，毅然决定斥巨资进行回收，忠告消费者不要买他的啤酒，这一冒着极大市场风险的举动反映了一个企业对消费者高度负责的信念，企业的这种信念通过这一事件传达给消费者后，必将引发消费者对海内肯啤酒的青睐，海内肯公司必将能长期占领市场，获取更大的经济利益。

三、思考·讨论·训练

1. 你如何看待海内肯公司的"傻"举动？

2. 在企业发现投放市场的产品存在质量问题后，一般可采取哪些方法补救？这些补救方法的效果如何？

案例 3　万绿之宗　彩云之南

一、案例介绍

1996 年年底，云南省负责人亲赴巴黎扛回了举办世博会的大旗。最初云南省政府只是把这次大会作为提高云南省知名度的活动来看待。等到筹备工作正式开始后不久，世博局发现此事远非想象的那么简单：不仅会期长（共 184 天），投资巨大，资金短缺，时间紧迫，经验匮乏，而且只能成功，不能失败，绝无退路。如此庞大的项目，指望用边设计、边施工、边修改的传统方式运作，将会非常困难。对于如何把主办一个会议当作一个项目来经营心中没底，担心单靠云南省烟草的财力很难支撑，搞不好此会将成为一个填钱的"无底洞"，成为全省人民的沉重包袱。

1997 年 7 月，为了以超常思路办好世博会，云南省政府邀请王志纲工作室作为世博局聘请的经营及形象策划顾问介入世博会。1997 年 8 月，工作室项目组成员和旅游、金融专家抵达昆明，开始实地考察工作。

在世博会的历史上，主办地大多是发达国家中经济实力雄厚的中心城市，而我国第一次主办世博会，主会场就放在偏远的内陆城市昆明。如果仅仅是为办世博会而办世博会，这对于经济落后、综合经济实力较弱的云南省来说，将是一个沉重的负担。但办好 20 世纪最后一届世博会是中国政府向全世界做出的庄严承诺，是一项不容推脱的政治任务。

云南作为烟草大省有一定的财政积累，基础设施，尤其是机场的建设在西部地区也是比较领先的，但随着烟草行业的日渐势衰，沿海诸省的迅猛发展，差距的不断拉大，也面临着危机和挑战。所以，主办世博会这样一个世界级的活动，可以说是天赐良机。从天时来说，云南经过改革开放以来 20 年的发展，正好到了产业升级换代、二次创业的关键时期，正处于"丑小鸭变成白天鹅"

的前夜；从地利来讲，更具有先天的优势，云南拥有世界上独一无二的自然地理条件，巨大的生物资源宝库、丰富多彩的少数民族风情。这些潜在的生物资源和旅游资源具有极大的开发价值；从人和来讲，世博会正是一次超级的聚集人气的机会。

通过对云南世博会各方面情况更深入的了解和分析，王志纲工作室认为，首先要搞清云南"为什么要承办世博会"的问题。这个问题貌似简单，其实奥妙无穷。如果按政府主办、包办的思路和传统的做法，以场馆建设和招展宣传为主，以财政出钱、企业赞助、社会捐款、政府花钱办会的纯政府行为来办世博会；按目前场馆建设、招商宣传、招商经营各自为政，"铁路警察各管一段"的做法，虽然最终可以办完世博会，但可能因没有充分利用世博会所创造的各种难得的机会，很有可能达不到理想的效果。

为办世博会而办世博会的做法只是一种短期的政府行为，没有充分考虑到各种利益主体的利益要求，不是各利益主体自愿的投资行为。因此，这种方式所能汇聚的能量不仅是极其有限的，同时也无法带动世博会的经济运作，因而也就无法获得可能由世博会本身所形成的有形和无形资产带来的巨大收益。

在过去的 20 年里，云南虽然创造了经济高速发展的辉煌成就，也有在短短 300 天里成功举办昆交会的奇迹，但绝不能轻率地认为只要拿到了世博会的举办权，只要在 500 天建好场馆，就能成功举办世博会、就能够带动云南经济和社会的发展。如果按原有的思路走下去，即使大家竭尽全力，也只可能是门票多卖一些，人多来一点，而无法从"质"上发生转变与突破，扭转经营上的被动局面。最终很可能使云南财政负担加重、各级负责人劳而无功、老百姓也会很不满意。因此，简单地完成办世博会的任务，绝不是云南所期望的结果。

对云南来说，承办中国昆明世界园艺博览会的意义，不单关系到一个边疆省份能否代表国家成功举办一次国际性活动的问题，而且在于能否通过科学的策划整合云南省及国际、国内的各种相关资源要素，把世博园作为一个超级支点，把长达上百天的世博会作为杠杆，以全新的思路和绝妙的经营手法，撬动起云南这个经济板块。在展示云南全新形象的同时，促成它的经济转型和升级，从而为中国中西部地区的发展闯出一条令人耳目一新的、超常规发展的道路来。

把一个单纯的园艺博览会活动升华为一种撬动区域经济板块腾飞的产业化模式；把一个政治任务式的园艺博览会变成云南省调整产业结构的契机（从以烟草等为主导，转变为以绿色产业、旅游产业为主导）；把世博会培植成新的主导产业的超级"招商会",实现"把云南送出去,把世界请进来"的目标,使云南省提前跨入新时代。

经营要想取得成功有赖于前期的准确定位,只有在这个前提下,才能有效地启动、营造、拓展、引导市场。因此,会前的市场启动工作,要宣传先行。面对云南省现有的各种资源状况及我国传统的宣传机制,用常规的思路来作宣传不可能带来令人满意的效果——托起云南。这首先是因为,浅土难生深根大树,单靠云南自身的力量来搞宣传将会力不从心;其次,传统的新闻机制、办事作风,都会极大地局限宣传效果,从而达不到预期目标。

要实施"反弹琵琶",送出云南,请回中国和世界的宣传策略。"进军北京",举办'98金秋北京"云南月"——世博会国庆进京献礼预展。伴随预展,可使广大消费群体对世博会由未知到感知、到认识,产生强烈的参与冲动,从而有效地唤醒目标市场,扩大世博会影响,进而可以掀起云南各地区旅游资源的联动效应,同时又为开展有效的公关、宣传活动创造了舞台。

场馆建设,要从大经营的思路出发,合理规划,埋好预留管线,更要储备充足的土地,为后续的扩展和大规模开发做好准备。

要实现效益延伸,应以世博会为依托成立世博集团,统筹经营世博会。可以延伸发展成为以绿色产业、旅游业、会展业为主的多元化企业集团。

"世博集团"应是总公司、控股公司的概念,并以绿色、旅游、会展产业为重点,吸收国内外的投资者,特别是港澳台企业、金融机构以及国内上市公司,联合组建相关产业的股份公司,并取得政府的支持,列入股份制改革的试点。

以世博会的场馆为基础,建设"昆明绿色产业交易市场",使之成为永不落幕的绿色产业(包括花卉、药材、园艺等)的展销会;以市场为龙头,整合绿色产业的相关资源,形成种植、加工、销售的完整体系,使世博集团成为云南"18工程"的领头雁。

世博会作为云南的一篇大文章、大项目,做过以后应该有无形资产沉淀下来,延伸开去。也就是说,从一开始就要围绕办会的宗旨提出一个鲜明的理念,并浓缩成一句口号,向全中国乃至全世界宣扬云南的全新定位和形象,使其随着世博会声名远扬并沉淀下来。

为此,在世博会原有主题:"人与自然"的基础上,王志纲提出了向世界展示云南形象的核心理念——"万绿之宗,彩云之南"。既体现了人与自然的神韵,更突出了云南的特色和特有的文化底蕴,同时明确了云南绿色产业、旅游产业新的产业定位,并给人留下无限遐想和延伸的空间。这个理念已被众多媒体作为宣传的主题,世博会也将之作为对世界进行宣传的形象口号。更有精明的公司把它抢注为公司的商标。随着世博会的举行,作为一个旅游大省的实力和形象已被国内外所认同。上述定位的理念亦在潜移默化中沉淀为云南的无形资产和金字招牌。

1997 年 10 月 14 日,提交策划报告时,王志纲和项目组成员与负责此项目的省领导进行了深层次的探讨。

1997 年 10 月 27 日,中共云南省委办公厅发文将省委书记令狐安同志 10 月 16 日就世博局策划组顾问王志纲《万绿之宗,彩云之南——'99 昆明世博会策划报告》的批示印发全省各有关部门和领导。云南省委书记令狐安对策划报告的批示是:"基本构思可行,以世博会的筹备为契机,把全省动员起来,在整个云南开展塑造形象工程的活动。"

世博会已成功闭幕,这次盛会不仅在政治和经济上获得空前成功,更为重要的是,由于思路清晰,准备得当,利用此次契机,实现了把一个新云南、新昆明成功送进世界视野的目的。并极大促进了云南产业的升级换代,世博会策划的意义还在于,它为正在探索经济腾飞之道的中西部各省市提供了宝贵的经验和启示。

(资料来源:方明编著:《100 个市场营销管理案例》,机械工业出版社 2004 年版)

二、案例分析

中国区域经济的发展从改革开放前的计划、指令性经济、区域政策倾斜、允许部分地区优先发展,到现在,已进入了一个群雄逐鹿,各展其长的时代。谁能在百舸争流中脱颖而出,抢占先机,谁就将掌握 21 世纪竞争的主动权。这是大大小小的区域首脑们共同面对的世纪命题。如何发挥本地区优势,利用某个时机推动地区经济发展,是地方政府最关心的事情。完全依靠地方政府决策的时代已经过去,许多地方的政府逐渐认识到:借助外脑往往可以改换思路,获得意想不到的收获。

三、思考·讨论·训练

1. 本案例对你的启示有哪些?
2. "他山之石,可以攻玉"。我们应如何延伸本案例的思路进入到许多企业的经营理念中去?

案例 4　与奥运共振

一、案例介绍

2004 年雅典奥运圣火 6 月 8 日抵达北京。作为雅典奥运火炬传递的主赞助商可口可乐公司提前数月已经启动了"雅典 2004 奥运火炬传递 ——中国火炬手/护跑手选拔"活动，在中国的 20 多个城市里选拔火炬接力选手和护跑选手。因此，很多普通的消费者得以通过可口可乐和奥运零距离贴近。

6 月 9 日，奥运圣火在北京城传递，此时，准备充分、声势浩大的可口可乐公司成功地在北京城掀起了一场红色旋风。可口可乐公司在 6 月 5 日推出的240 万罐奥运火炬接力纪念罐在很多地方销售一空。

8 月 4 日下午，可口可乐（中国）公司在北京组织了一场以"为奥运喝彩，为中国加油"为主题的大型新闻发布会。即将出征奥运会的刘翔、滕海滨、马琳三位体育明星，成为雅典奥运会期间可口可乐新的形象代言人。以他们为主角拍摄的可口可乐新的广告片在奥运会期间反复播放，同时，分别以这三位体育明星形象设计的"要爽由自己"可口可乐奥运包装，也开始在全国市场限量销售。

奥运会过后，可口可乐还通过中央电视台展开了"后奥运营销"，在 8 月31 日"奥运特别节目"和 9 月 4 日"庆祝奥运健儿凯旋归来"两个特别节目中签订贴片广告，抓住了难得的品牌传播机会。

借着奥运的热度，可口可乐公司 2004 年还精心设计了"要爽由自己——2004 可口可乐奥运中国行"大型巡回路演活动，并在全国范围内举行。与此同时，可口可乐公司在奥运期间还将其麾下的可口可乐、雪碧、芬达、醒目、酷儿作为促销产品，以 100% 中奖率回报消费者。

上述营销活动的开展，使可口可乐公司在销量大升的同时，在 2004 年夏天占领了品牌宣传的战略高地，成功地遏制了老对手百事可乐的追赶风头。

可口可乐公司是世界上最早认识到体育营销的巨大价值，并实现体育营销长期化和系统化的企业之一。

从赞助 1928 年阿姆斯特丹奥运会开始，可口可乐公司和奥运会已经成为一对攀附而生的伙伴。奥林匹克运动的精神是"更快、更高、更强"，这正好吻合了可口可乐"乐观奔放、积极向上、勇于面对困难"的核心品牌价值。作为大众消费品，可口可乐奥运营销的原则就是将"奥运精神、品牌内涵、消费者联系"三点连成一线，"如何将营销活动、品牌和消费者达成契合，这是企业赞助奥运会成败的关键"。"可口可乐奥运营销的定位不是在运动员和赛事本身，这些都是次要的，它的宗旨是让普通的消费者来分享奥运会。"

体育营销最基本的功能就是成为卖方（企业）和买方（消费者）改善或重建彼此关系的重要工具，双方借体育运动产生共振，共同的焦点是让人热血沸腾的体育运动。

然而，与消费者的联系，成为体育营销中最难被把握，也最易被忽略的重点。业内专家称："赞助失败的原因其中有一条就是由于过度以品牌为中心，而不是以消费者为中心。"

可口可乐公司则在奥运营销的各项活动中，将与消费者的"分享"理念奉为天理。从奥运火炬手的选拔、奥运中国行的路演到迷你奥运会的街头活动等，无不强调消费者的参与。成熟的战略加上人性化的战术，让可口可乐公司的奥运营销得到了消费者的深度认同。

以传闻中的 30 余万元预先签下奥运最热门的冠军刘翔，可口可乐公司利用"时间差"，用最少的投入获得了巨大的传播效应。

在奥运营销启动之前，可口可乐公司的竞争对手百事可乐公司已经先发制人，找到了新的广告主题"突破渴望"，除了很好地继承了 2003 年"渴望无限"的主题外，起用风靡港台八大明星阵容，演绎传奇故事，在广告争夺上略占上风。

对此，2004 年，可口可乐公司推出了"要爽由自己"的品牌主题，用这个积极的信号，表达了关注年青一代消费者的战略意图。

可口可乐公司起用的新星刘翔和滕海滨，不仅继续了"要爽由自己"的品牌主题，而且二人传奇般的夺金经历，让世人瞩目。当刘翔终于以 12 秒 91 的成绩完成奥运传奇，当滕海滨也在失利后重新赢得一块体操金牌时，可口可乐公司在这次奥运宣传战中彻底胜出。

刘翔和滕海滨广告中"去雅典奥运"，并且实现了金牌梦想这样的事实，已经很好地诠释了"要爽由自己"的内涵——"用自信赢得成功"的品牌精神。

而百事可乐公司因为没有推出与奥运相关的广告，自然败下阵来。可口可乐公司在这一回合中，抓住机会，大大提升了品牌影响力和推动终端销售。刘翔夺得奥运冠军后，以刘翔名字命名的"刘翔特别版"可口可乐在各地几近脱销。

可口可乐公司在雅典奥运期间被公认为是广告策略的最大赢家。最被业内人士称颂的是，可口可乐公司在选择体育明星作为广告片代言人时的独到眼光。选择刘翔、马琳和滕海滨三位年轻的运动明星作为奥运代言人，并且他们都夺取了奥运金牌。

虽然也会有运气的成分，但这与可口可乐公司事前周密的调查和客观的评估密不可分。"早在一年多以前，可口可乐公司就开始布置奥运战术策略，然后跟相关的政府机构了解信息。我们当时选出了20多个最有希望夺冠的领域，从这里面又要选择出合适的运动员。要有良好的形象，又能很好地传达品牌内涵，而且是能拿金牌的运动员，同时也要考虑到一些在国际被关注，而中国现在还没有突破的项目，像田径。""拿不到金牌或比赛失败的可能性我们也考虑过。我们不仅考虑这一届，还考虑到未来。他们都很年轻，滕海滨才18岁，刘翔21岁，这是放长线，不光是2004年雅典奥运会这一次，还有2008年的奥运会。"

（资料来源：方明编著：《100个市场营销管理案例》，机械工业出版社2004年版）

二、案例分析

可口可乐公司借奥运营销改变了与对手相持的局面，超然胜出。之所以能够通过奥运营销决胜市场，正是因为其强调与消费者联系，借助奥运会进行体育营销，用整合行销的方式传播"与民共享"的理念，同时采用与奥运策略相符的品牌策略，运用体育营销的长期战略和长线手法，这和大部分国内企业急功近利心态、缺乏长期规划以及实际运作中策略能力的缺失完全不同。

任何企业从事市场营销活动，正确经营观念的树立，对市场营销环境的了解和研究十分重要，如果可口可乐公司没有符合奥运精神的经营理念，不了解如何使消费者融入奥运之中，不掌握竞争对手百事可乐公司的广告主题，墨守成规，不敢大胆起用滕海滨、刘翔等新人，即使有再强大的销售手段、再先进的销售技巧，也无法永保世界饮料界霸主的地位。

三、思考·讨论·训练

1. 可口可乐公司的经营理念属于哪种市场营销观念？

2. 结合实际谈谈我国企业应该如何运用正确的市场营销观念开展市场营销活动？

案例 5　乐购进军美国市场

一、案例介绍

乐购（Tesco）是世界第三、英国第一的大型零售商，占有英国本土市场的 1/3 以上，连沃尔玛都向英国政府抗议乐购的市场垄断地位。1999 年沃尔玛以 108 亿美元购入英国第二大零售商 ASDA，杀入英国市场，剑指乐购，意图将其挑落马下，没有成功。2006 年，乐购宣布将进入美国市场，在沃尔玛的家门口再次上演龙虎斗，成为人们最期待的一场商场战事。

（一）偏向虎山行

这场战事如同"诺曼底登陆"一样充满神秘，乐购之前对各种细节都守口如瓶，并布下洽购美国第二大食品连锁店艾伯森（Albertsons）的迷阵。首席执行官特里·莱希（Terry Leahy）非常希望竞争对手对自己一无所知，因此一切行动都在隐秘中进行。当乐购在圣莫尼卡（Santa Monica）的模拟商店测试超市布局时，就藏在一个从外面看起来像仓库的地方。它把从美国东海岸运来的食物上货架时，却告诉人们那只是电影胶片。乐购还聘请了著名的市场分析公司 A. C. 尼尔森公司，对美国市场潜心研究了近三年时间，终于确定以"新鲜、便利"（fresh & easy）为主打概念，在传统大型超市与食品连锁店开辟一个新的利基市场。

出乎人们的预料，乐购没有首先选择在繁华的大城市开店。2007 年 11 月 8 日，乐购食品便利店的第一家店在美国加州小镇赫梅特正式营业，主要经营绿色食品，规模约为美国传统超市的一半，根据该公司 11 月初发布的消息，未来数周将有 122 家乐购食品便利店相继在拉斯维加斯、凤凰城和圣地亚哥相继投入运营。为了支撑这第一步，乐购 2008 年计划投入 2.5 亿英镑（5.21 亿美元）以拓展美国业务。

对乐购在美国市场的"处子秀"，人们褒贬不一，乐购不愿发布美国市场的营业数据也使人们议论纷纷。美国最成功的投资家之一，华伦·巴菲特公布他的 Berkshire Hathway 公司已经持有了乐购几乎 3% 的股份，并成为其最大的股东之一，巴菲特先生对乐购的精心策划赞不绝口。而吉姆·普雷费尔（Jim Prevor）——美国最有影响的日用品市场评论家，则在 1 月份对乐购食品便利店提出了尖锐的批评，认为乐购并不了解美国消费者的需求、库存管理不善、没有亲身践行绿色环保的宗旨等。这是一场豪赌，曾蝉联2004年和2005年"英国最受尊敬的商业领袖"的首席执行官特里·莱希很清楚这一点，并有了充分的心理准备："很明显这是很高的风险，但我们已经很小心的平衡了风险。如果失败的话我们会有失颜面，但职业生涯里避免不了失败的，而且乐购可以很轻易支付这笔损失——如果你喜欢，就称它为10亿英镑罢。可一旦我们成功了，零售业就会天翻地覆。"

（二）独立潮头我为先

德鲁克先生说过：企业的基本职能有两个，一个是营销，一个是创新。乐购从一个在英国排名第三的零售商发展成为英国第一、世界第三的零售巨人，在营销与创新方面都有突出的表现。莱希的前任首席执行官伊恩·麦克劳伦（Ian Mclaurin）曾经借鉴了英国历史最悠久的超市森宝利（Sainsbury）的成功经验，在莱希担任首席执行官后，又充分学习了沃尔玛的长处。企业的发展势头正猛，但莱希却在某天被一个发现惊醒了，在一个市场调查中，乐购的顾客表明他们不喜欢乐购模仿其他竞争对手。莱希说："过去我们只是抄袭对手的招数，虽然可以赚钱，但不会成为市场第一。于是，有一天，我们决定，停下来，放弃跟随市场，开始追随我们的顾客。"乐购开始了自己的探索，成为世界上实施数据库营销和顾客忠诚营销最成功的大型零售企业，有人评价说，沃尔玛是世界上最优秀的采购者，而乐购则是世界上最优秀的销售者。

在美国市场乐购是个后来者，这是个劣势，但是它对这个市场没有成见，为它的创新开辟了广阔的空间，这又是一个优势。在美国市场前期的营销表现可圈可点：

1. 巧妙的事件营销。作为经营绿色产品、倡导环保理念的企业，乐购投资1300万美元，在其位于美国加州里弗赛德（Riverside）的分销中心的屋顶上安装80万平方英尺的太阳能屋顶，据说这是目前世界上最大的太阳能屋顶。这是一个非常优秀的事件营销创意，向美国社会和消费者传递了一个清晰的信息，乐购是一个有社会责任的、有环保意识的世界级企业。它的商店采用低能耗的LED灯，而且它的冷藏卡车也是按省油标准设计的，这些细节都被当地的媒体所关注，其正面影响也是明显的。

2. 独立的品牌策略。乐购进入美国市场，并没有沿用Tesco的商标，也没有采用主副商标策略。而是设计推出了全新的Fresh & Easy注册商标，与Tesco的红色标记全然不同，Fresh & Easy是绿色的，两个单词之间还有一个时钟与绿叶的组合标识，这完全彰显了乐购在美国市场的战略定位。这种品牌策略与日本丰田在美国推出高档车雷克萨斯的手法如出一辙，既摆脱了原有品牌的束缚，推出了一个全新的概念，又通过消费者自然的联想巧妙地借用了原有品牌的影响力。

3. 独特的产品组合。大多数 Fresh & Easy 店面积在 1 万平方英尺左右，和大多数美国食品零售店比，它要么是显得太小了，6 家 Fresh & Easy 店才能等于一家典型的超市，10 家才相当于沃尔玛超市的平均大小；要么是显得太大了，每一家都相当于 7 – 11 便利店面积的 3 倍。它提供的商品品种只有 4000 多种，而沃尔玛则提供将近 3 万种。它的产品有点类似我国超市中提供的"净菜"和"配菜"，产品与其他商店相比，更精挑细选，适中分量，特别适合一个家庭的需要。

4. 彻底的本土化战略。乐购进入美国市场之前，花费了数年时间，收集从美国人日常生活的每个方面的详细信息。很多零售商在进行了常规的目标顾客群和市场调查后，就认为万事大吉了，但乐购所做的要多得多。调研人员，包括一个由顶级管理层组成的统计小组，花了两周时间和 60 个美国家庭生活在一起。他们深入美国人的厨房和碗柜，看他们做饭并跟着他们购物。乐购大量雇用当地员工，实施本土化采购，并向当地社区进行捐款。它提出了"neighborhood market"的概念，在 Fresh & Easy 商标下方，清楚地写着"neighborhood market"，向人们表明，它是社区的一员，它充分关注邻居和环境。

目前，世界零售巨头都在不遗余力地开展国际化扩张，与沃尔玛、家乐福在日本、韩国市场的失败相比，乐购近年来表现特别抢眼，它采取灵活的合作方式，充分信赖本土合作伙伴，不断创新，取得了骄人的成绩。

（案例来源：中国营销传播网，http：//www. emkt. com. cn,2008 年 3 月 19 日）

二、案例分析

在越来越挑剔的消费者面前，在越来越激烈的零售市场的竞争条件下，乐购进入美国市场的壮举说明，没有肯定的失败。国际化扩张，向领军者的市场发起挑战的成功得益于市场营销的创新。准确的定位、巧妙的事件营销、独立的品牌策略、独特的产品组合、彻底的本土化战略等系列组合让乐购的美国之行走得顺畅、成功。

三、思考·讨论·训练

1. 乐购的营销创新体现在哪些方面？
2. 试分析营销创新对其他行业的影响。

第二章　市场购买行为

　　成功不是永恒的，很多作为开创者的公司，往往很快就在将要成
功的时候消失了，这似乎难以置信，其实关键是忽略了顾客。

——［美］杰夫·贝索斯

　　在购买时，你可以用任何语言；但在销售时，你必须使用购买者
的语言。

——［美］玛格丽特·斯佩林斯

　　企业从事市场营销活动的主要目的，是出售它们生产和经营的产品。而产
品能否出售，关键在于它是否适销对路，即消费者对它是否有购买欲望。从企
业角度看，一种产品或劳务的所有潜在消费者的需求总和即为市场。市场需求
包括消费者、购买力和购买欲望三大要素。企业研究市场，即是研究消费者的
购买行为，也就是研究影响消费者购买的各种因素，消费者购买行为的表现过
程，从而有针对性地制定市场营销策略。

　　市场可分为消费者市场和组织市场两大类。

一、消费者市场

　　消费者市场，是指所有为了个人消费而购买物品或服务的个人和家庭所构
成的市场。消费者市场是市场营销理论研究的主要对象，成功的市场营销者总
是对消费者市场的特点、主要影响因素及购买决策过程进行全方位的认识、了
解，进而开展有效的市场营销活动。

　　消费者市场的特点是：供应的人数多、范围广，消费者购买的次数多、数
量少，非基本生活资料的需求弹性大，消费者购物时容易接受宣传诱导。

　　消费者在购买物品时，其购买行为常受以下因素影响：

　　1. 文化因素。文化是人类欲望和行为最基本的决定因素，它决定着人们
的价值观，使人们在知觉、偏好、行为等方面具有不同程度的差异。文化、亚

文化和社会阶层等文化因素，对消费者的行为具有最广泛和最深远的影响。

2. 社会因素。每一消费者都属于不同的生存群体，参照群体、家庭、社会角色与地位等一系列的社会因素，都使消费者产生不同的购买行为。

3. 个人因素。消费者购买决策也受其个人特性的影响。特别是受消费者年龄所处的生命周期阶段、职业、经济状况、生活方式、个性以及自我观念的影响。

4. 心理因素。消费者购买行为还要受到动机、知觉、学习以及信念和态度等主要心理因素的影响。

消费者在购物时可以扮演不同的角色，实施不同的购买行为。通常消费者的购买行为有习惯性购买行为、寻求多样化购买行为、化解不协调购买行为和复杂购买行为四种类型。

二、组织市场

组织市场，是指由各种组织机构形成的对企业产品和劳务需求的总和。它可分为产业市场、转卖者市场和政府市场三种类型。其中产业市场具有一定的代表性。产业市场的购买者通常数量较少但规模较大，往往集中在少数地区；产业市场的需求是引申的需求且缺乏弹性，不易波动；产业市场的购买者为专业人士，一般采取直接购买、互惠、租赁等方式进行。产业购买者常用的购买方式有新购、直接重购和修订重购三种。在购物时，对其购买决策产生影响的主要因素是：

1. 环境因素。即一个企业外部周围环境因素，如国家的经济前景、市场需求、技术发展变化、市场竞争、政治等情况。

2. 组织因素。即企业本身的因素。如企业的目标、政策等。

3. 人际因素。主要指参与购物的人际关系。

4. 个人因素。即参与购买者的年龄、受教育程度等。

案例 1　从豆浆到维他奶

一、案例介绍

一碗豆浆、两根炸油条是三顿美餐中的第一餐，这是长期以来许多中国人形成的饮食习惯。豆浆，以大豆为原料，是豆腐作坊的副产品，在中国已有两千多年的历史。它的形象与可乐、牛奶相比，浑身上下冒着"土气"。以前，喝它的人也多是老百姓。

但是，现在，豆浆在美国、加拿大、澳大利亚等国的超级市场上都能见到，与可乐、七喜、牛奶等国际饮品并列排放，且价高位重，有形有派。当然，它改了名，叫维他奶。

豆浆改名维他奶，是香港一家有50年历史的豆品公司为了将街坊饮品变成一种国际饮品，顺应不断变化的价值和现代人的生活方式，不断改善其产品形象而特意选择的。"维他"来自拉丁文 Vita，英文 Vitamin，其意为生命、营养、活力等，而舍"浆"取"奶"，则来自英语 soybean milk（豆奶，即豆浆）的概念。50年前，香港人的生活不富裕，营养不良，各种疾病很普遍。当时生产维他奶的用意，就是要为营养不良的人们提供一种既便宜又有营养价值的牛奶代用品——一种穷人的牛奶。在以后的20年中，一直到20世纪70年代初期，维他奶都是以普通大众的营养饮品这个面貌出现的，是一个"廉价饮品"的形象。

可是到了20世纪70年代，香港人的生活水平大大提高，营养对一般人来说并不缺乏，人们反而担心营养过多的问题。如果此时还标榜"穷人的牛奶"，那么喝了不就掉价了吗？难怪豆品公司的职员发现，在马路边的汽水摊前，喝汽水特别是外国汽水的人喝起来"大模大样"，显得十分"有派"，而喝维他奶的人，就大多站在一旁遮遮掩掩，唯恐人家看到似的，因而，豆品公司的业务陷入低潮。

20世纪70年代中期，豆品公司试图把维他奶树立为年轻人消费品的形象，使它能像其他汽水一样，与年轻人多姿多彩的生活息息相关。这时期的广告便摒除了"解渴、营养、充饥"或"令你更高、更强、更健美"等字眼，而以"岂止像汽水那么简单"为代表。1983年，又推出了一个电视广告，背景为现代化城市，一群年轻人拿着维他奶随着明快的音乐跳舞……可以说，这时期维他奶是一种"消闲饮品"的形象。

然而，到了20世纪80年代，香港的年轻人对维他奶怎么喝也喝不出"派"来了，于是，从1988年开始的广告便重点突出它亲切、温情的一面。对于很多香港人来说，维他奶是个人成长过程的一个组成部分，大多数人对维他奶有一种特殊的亲切感和认同感，它是香港本土文化的一个组成部分，是香港饮食文化的代表作，维他奶对香港人如同可口可乐对美国人一样。由此，维他奶又开始树立一个"经典饮品"的形象。

在同一时期，维他奶开始进入国际市场。这一时期，太多的脂肪成了美国等国公民的一大问题。在美国，维他奶标榜高档"天然饮品"。所谓天然饮品，就是没有加入人工的成分，如色素和添加剂等，可以使消费者避免吸收太多的脂肪，特别是动物脂肪。标榜天然饮品，当然受美国人的欢迎。于是便出现了这样历史性的趣事：维他奶创始之初，标榜穷人的牛奶，强调它与牛奶的相似之处，并且价格比牛奶要低；今天在美国市场，维他奶强调的是与牛奶不同的地方（维他奶具有牛奶所有的养分，而没有牛奶那么多的动物脂肪），其价格也比牛奶高。

（资料来源：清华大学经济管理学院工商管理研究组：《MBA 工商管理800 例》，世界图书出版公司 1998 年版）

二、案例分析

从豆浆变成维他奶，直至国际饮品的过程，揭示出这样一个道理：同一种产品，在不同的时代或社会，应以不同甚至截然不同的形象出现，即使其物质产品的内容、性能毫无改变，也能找到正确的市场定位，成为畅销商品。这是因为，在不同的时代或不同的社会，人们的价值观和生活方式是逐步发展变化的，而且存在着巨大的差异。企业应该以消费者的需要和欲望为重点，了解和掌握消费者的真正需求，顺应消费者的愿望，从而长期占领市场。

三、思考·讨论·训练

1. 为什么豆浆更名为维他奶后，能长期占领市场？
2. 香港的豆品公司是如何根据时代的变迁，来调整经营策略的？
3. 随着时间的推移，你认为维他奶的市场前景如何？为什么？
4. 人们的怀旧情绪对企业的市场营销活动有什么影响？举若干实例进行分析。

案例 2　忽视市场　误入歧途

一、案例介绍

泛美航空公司是美国境外的一家航线最广、历史最久的航空公司。至1980 年初已成为全美第三大航空公司，职工达 3 万多人，拥有 130 多架各种型号的飞机，航线遍及五大洲 50 多个国家的 100 多个城市。然而好景不长，14 年后却以宣布破产而告终。是什么导致泛美航空公司的失败呢？

从 20 世纪 70 年代末期开始，世界航空业竞争日趋激烈，加之世界经济不景气、交通量减少以及燃料价格上涨等原因，泛美航空公司陷入财务困难。仅 1981—1982 年，就累计亏损达 10 亿美元。该公司在纽约华尔街证券交易所的股票每股从 1978 年的 10.8 美元降到 1981 年的 2.5 美元。巨额亏损迫使泛美航空公司不得不以 5 亿美元卖掉下属的大陆酒店连锁系统，以摆脱财务困境。

同时，该公司总经理威廉·西卫尔被迫于 1981 年引咎辞职。1982 年伊始，艾克尔出任泛美航空公司总裁。但他没有采取什么实质性的措施，只是对外要求债权人允许该公司延付贷款及其利息，对内也只是开源节流。这种平淡无奇的经营决策，根本无法挽救濒于危难之中的泛美航空公司。在此之际，泛美航空公司在机型的选择上，仅凭自我直觉，错选了机型，使公司的竞争力受损。

早在 20 世纪 70 年代，泛美航空公司就着手淘汰机队中陈旧而且费油的波音 707 客机。当时，与波音 707 客机的载客容量、续航力相当的同类型机种几乎还没有问世，泛美航空公司决策层没有征求有关专家的意见，仅进行了粗略的比较，就选择了美国洛克希德公司改良的 L1105－500 型三引擎宽体客机。

1980 年以后，这种 L1105－500 型三引擎宽体客机逐渐代替了波音 707 飞机，成为泛美航空公司机队中的主机。但就在这个时候，与波音 707 飞机性能相似且更先进的其他新型飞机也纷纷上市。这些新型飞机只有双引擎，而且经核准，只需用两名驾驶员就可以飞行了。相比之下，泛美航空公司的 L1101－500 型飞机单位飞行成本无论在油耗还是员工费用上都比那些新飞机高。泛美航空公司的竞争力因此而大打折扣。1983 年，洛克希德公司宣布停止制造 L1101 的各型飞机，艾克尔领导下的泛美航空公司的 L1101－500 型飞机的维修立即成为难题，过不了几年，这种飞机就将成为一堆废铁。

泛美航空公司为了争夺国内航线，领导层又投资购买了国家航空公司，这样又带进了一批 DC10－30 型飞机。为了使公司实行现代化，艾克尔不惜花 10 亿美元巨款购买了西欧空中客车公司制造的 A300 型飞机。同时，又出售和交换了一批飞机，这样公司共拥有 5 个生产厂家生产的十多个不同的机种。这正是经营航空业的大忌，因为繁杂的机种，使航空人员的培训、零部件的储备、引擎的维修以及机场管理等负担加重，无形地增加了飞行成本。

一个企业的兴衰成败，往往与企业领导有极为密切的关系。不幸的是，泛美航空公司的艾克尔是一个全凭直觉无视市场需要来决策的当家人，这使得泛美航空公司雪上加霜，不能自拔。

一位泛美航空公司离职职员形容艾克尔开辟一条新航线时说："艾克尔仅仅与路线规划员小谈片刻，立刻决定是否飞行这条航线，财务部门的计划、操作部门的机员安排等，根本不在他的考虑范围之内，所以造成泛美一片混乱。"

泛美航空公司过去在美国民航局的控制下，一直经营着大规模的海外航运业务，从没被批准经营美国国内的航运业务。公司虽经多年努力，但由于在华盛顿的政客势力不足而未有结果。20 世纪 80 年代初，泛美航空公司通过向各债权人告贷，收购了国家航空公司，从而取得了国家航空公司在美国境内的航线和航权。正当泛美得意洋洋之时，美国政府突然宣布，解除对美国国内航空市场几十年来的管制，开放天空，让各航空公司去自由竞争。这样，美国国内航空公司不费任何代价，轻而易举地取得了国内航线的营运权。

更为糟糕的是，解除国内航空禁令后，泛美航空公司又无力与其他航空公司竞争。泛美航空公司由于历史悠久，有大量年资颇高的职员长期享受高薪和高福利，合并国家航空公司后，艾克尔又慷慨地让国家航空公司的职员增加薪金，与泛美航空公司职员享受同等待遇，加之泛美航空公司机型复杂，飞行成本偏高，完全失去了竞争能力。

亏损额越滚越大，创下了世界航空公司的新纪录。公司的资金也快消耗殆尽，实际上已经敲开了破产的大门。为此，公司不得不出售位于纽约的总部大楼，大规模地削减职工的薪金与福利待遇。同时，它借着发行 15% 的高利率债券，筹募了 1.5 亿美元，银行方面也勉强同意延期还贷，条件是利率从 10% 上升到 13.5%。

1983 年，由于世界石油价格下降，使得航空公司在华尔街证券交易所的股票价格普遍上涨。同年五六月份，美国经济也开始复苏，乘机的顾客也明显增加，各航空公司纷纷将各种机票加价 10—15 美元。在低燃料成本和高营业收入的双因素促使下，泛美航空公司经营状况虽有一定改善，并在 1983 年第二季度出现了 5000 万美元的盈余。但这是偶然因素所致，也只是昙花一现。油价下跌并没有持续很久，继之而来的是 1984 年的劳资纠纷。

1984 年，泛美航空公司的劳工方以公司盈利为依据，要求公司加薪，恢复原来的待遇。该公司拖欠职工退休金总计达 4.5 亿美元。但决策者不顾职工的反对，预备冻结年金的支付，这次又宣布不加薪，使全体职工愤怒不已。1985 年 3 月 1 日，泛美航空公司的机械工人首先宣布罢工，并获得职员、机员、驾驶员的支持。这次罢工长达一个月，给公司造成 7000 万美元的损失。

这时，美国国内市场恶性削价竞争又卷土重来，使得泛美航空公司的股票每股降至 4 美元。在这种逆境下，公司的亏损如不设法弥补，则公司将会倒闭。1985 年 4 月，美国联合航空公司以 9 亿美元的巨款，购买了泛美航空公司在太平洋地区的航线和航权，以及飞行在这些航线上的 18 架客机。实际上，这些航线是有利可图的，但泛美航空公司为了解燃眉之急不得不忍痛割爱。至此，泛美航空公司正式撤离了它苦心经营 20 多年的远东黄金市场。此后，泛美航空公司节节败退，溃不成军，1994 年终于宣告破产。

（资料来源：清华大学经济管理学院工商管理研究组：《MBA 工商管理 800 例》，世界图书出版公司 1998 年版）

二、案例分析

市场需求是一个企业经营的指挥棒，你若对指挥置之不理，那么你必然迷失方向，误入歧途。泛美航空公司的悲惨遭遇并非偶然，对市场变动趋势反应迟钝，只凭借主观的感觉做出决策，最终必然自食苦果。一个企业的核心决策的做出应该是领导集团共同决策，而不应由一个人独断专行。原泛美航空公司总裁在制定几项重大决策时，不注重与其他领导磋商，不征得专家组的意见就匆匆做出决策，这对导致公司破产有着直接的责任。协调好劳资双方的关系，对于一个企业抵御外部不确定性，保持公司的竞争力，起着至关重要的作用。泛美航空公司在最艰难时，没有取得员工的支持，是其破产的另一重要因素。

三、思考·讨论·训练

1. 新任总裁艾克尔对泛美航空公司采取的措施产生了哪些负面影响？
2. 如果让你出任总裁，面对当时的环境，你将采取什么措施？

案例 3 "泛洋城市度假村"的经营推广

一、案例介绍

俗话说："三流企业做产品，二流企业做技术，一流企业做品牌"，而真正超一流的企业，面对激烈的市场竞争，它却是在制定行业的游戏规则，成为产业的开创者，规避竞争进入无竞争领域，如入无人之境般尽享市场的"头啖汤"。这对于一个休闲娱乐项目，在当今"各领风骚三五年"的休闲娱乐市场，通过创新一种业态，从而创造一个潮流，引导一种时尚，则显得尤为艰难与关键。

1998 年，云都作为国内首家日式温泉浴场，开创了综合性大浴场新业态，在上海引起轰动，商家纷纷效仿使得沪上沐浴业得以超速度地蓬勃发展。泛洋沐浴城，地处上海市中心的静安区，总投资 1500 万美元，营业面积达 3.2 万平方米，是上海规模最大、档次最高的综合性大浴场之一。

针对沪上休闲产业进行深入的市场调查研究是破译该产业成功的不二法门，是正确地为项目选择经营定位、拟定经营模式、设计营销战术、制订经营计划的前提，是确保项目迈向成功的基础。

经调查发现，近些年来消费者的消费观念发生了变化，越来越青睐于那种高雅而又正规的休闲场所，崇尚健康消费的人越来越多，而大浴场能够营造这种环境和氛围。

与传统的歌舞厅、KTV、保龄球馆等休闲方式来缓解精神压力不同，洗浴自然而又放松，是一种真正能够缓解生活压力，使人轻松下来的休闲方式，充分迎合了生活节奏越来越紧张的现代人士。

与传统洗浴行业相比，新兴的大浴场发生了巨大的变化。大浴场是一种集餐饮、休闲、健身、娱乐、洗浴为一体的休闲场所，除了最基本的洗浴间外，还有表演舞台、餐厅、美容美发厅、健身房、影视厅以及棋牌室、保龄球馆、高尔夫练习场、射箭房、网吧、陶吧、阅览室等附属设施，不仅消费种类多，而且大都是上规模、上档次，各类设施齐全，服务也十分完善，有自己独到的特色。

为此，在开业期间，企业采用"体验营销"的方式，规划设计了系列化的活动与独特服务方式，如针对会员入会的欢迎会，布置欢迎旗、荣誉榜、集体的欢迎活动、高规格的接待与摄像摄影留念，又如组织与引入当前流行的"开心词典"、"财富大考场"等热门的参与性高、娱乐性强的活动，以有助于营造顾客体验，维系顾客忠诚，缔造"泛洋"品牌。

（资料来源：http：//www.emkt.com.cn/article/116/11651－2.html）

二、案例分析

80% 的战略失败在于对"购买者行为"判断有误，正因为"万事开头难"所以通常导致"从头错到尾"，这里的"头"即顾客。我们必须以"千里之行始于足下"的严肃态度来面对这个看起来简单实则危机重重的问题。一般意义的休闲已无法满足顾客日益提升的需求，度假概念正大行其道；一般人又承受不起自备交通工具、高昂的会员费的野外度假要求；如果我们能让他们既享受度假的概念又只用付出一般休闲的代价，那么，这种消费方式必将大受追捧，使企业取得经营成功。

三、思考·讨论·训练

1. 结合本案例讨论影响购买者实施购买行为的因素。
2. 市场营销者研究购买者行为有何意义？

案例4　"明珠步行街"的销售

一、案例介绍

湖南娄底市的"明珠步行街"自2001年开始投资建设，在将近三年时间里，商铺只销售了60%，销量每月还在递减。在对商铺进行招商时，半年时间竟然连一个商家都没有招到。究其原因，发现：

1. 地段偏。地段是明珠的致命伤，明珠步行街位于娄底市北部，距离火车站只有80米，但娄底传统商圈和居民区都在南边，离明珠步行街还有700米之遥。娄底的消费者除了坐火车以外一般是不到火车站附近来的，也就是说，明珠基本上没有自然人流。

2. 知名度低。这个项目在娄底开发已有三年，但我们在调查中的一个感觉就是明珠的知名度低。很多老百姓竟然没听说过明珠，连很多的士司机都不知道它在哪里。

3. 市场容量有限。娄底是位于湖南中部的一个地级市，市区人口只有30万，消费水平不高。

4. 竞争对手强大。八亿步行街地理位置相对较好，位于娄底传统商圈边缘；在产品规划方面，明显强于明珠；在广告宣传方面请来了奥运冠军做形象代言人；营销手段也较为丰富和成熟；加上该公司一些秘密的炒作手段，10月2日开盘时，八亿步行街竟出现了排队抢购、抢租的火爆势头。

5. 商家和消费者对明珠信心严重不足。90%以上的商家对明珠没有信心。

认为明珠位置偏，人流少，生意估计难做起。

6. 消费者也大多认为明珠位置太偏，表示如果里面卖的东西跟别的地方差不多的话，不会专程去购物。

（资料来源：http://www.emkt.com.cn/article/160/16062.html）

二、案例分析

顾客在购买和租赁商业物业时，极其重视的是区位、所处的总体商业环境、交通便捷程度、建筑质量、店面的小环境、店面自身的配置等因素，一个商业物业处在或临近城市的中心商业区，或处在有商业发展潜力的地段，购得后进行经营活动往往容易获利。但本案例我们阅读后会发现"明珠步行街"这一商业物业不符合其中的任何一条，正如案例所讲，存在明显的"致命伤"。如何采取相应的房地产营销手段，帮助经营者取得自己的各方面优势，是该企业应亟待解决的头等大事。

三、思考·讨论·训练

1. 案例中所涉及的房地产物业类型属于哪一种？
2. 应该怎样认识"明珠步行街"在招商和发售过程中遇到的问题？

第三章　市场营销环境

为了能拟订目标和方针，一个管理者必须对公司内部作业情况以及外在市场环境相当了解才行。

—— [日] 青木武一

企业成功的关键在于认清哪些特色能使自己免于竞争。你必须强调这些特色，经常重申重要性，绝不能让它稀释淡化。

—— [美] 罗蒂克·安妮塔

营销环境是指直接或间接影响组织营销投入产出活动的外部力量，是企业营销职能外部的不可控制的因素和力量。如经济、政治、法律、技术、文化、竞争者、消费者、提供商等。在营销活动中，企业必须根据环境的实际与发展趋势，自觉地利用市场机会，扬长避短，在市场竞争中求得生存和发展。任何企业的营销活动都不可能脱离周围环境而孤立地进行。环境是企业不可控制的因素，但企业可以认识和预测环境因素，主动研究市场营销环境及其变化，努力去影响外部环境，使其朝着有利于企业生存的方向发展。

根据影响力的范围和作用方式，营销环境可以分为宏观营销环境（或宏观环境）和微观营销环境（或微观环境）。微观环境是指与企业紧密相连，直接影响企业营销能力的各种参与者，包括企业本身、市场营销渠道企业、消费者、竞争者以及社会公众。微观环境直接影响与制约企业的营销活动，多半与企业具有或多或少的经济联系，也称直接营销环境，又称作业环境。宏观环境是指影响微观环境的一系列巨大的社会力量，主要是人口、经济、政治法律、科学技术、社会文化及自然生态等因素。宏观环境被称作间接营销环境。宏观环境一般以微观环境为媒介去影响和制约企业的营销活动，在特定条件下，也可直接影响企业的营销活动。宏观环境因素与微观环境因素共同构成多因素、多层次、多变的企业市场营销环境的综合体。营销环境具有不可控性、多变性、差异性、关联性等特点。

一、宏观市场营销环境

（一）人口环境

人口环境是指目标市场在人口方面的各种状况。这些不同的状况必然影响到目标市场购买者的消费需求及其购买行为。人口环境对市场营销的影响具有整体性和长远性，特别是对人们所需求的生活必需品的影响十分巨大。因为市场是由有购买欲望同时又有支付能力的人构成，人口的多少直接决定着市场的规模，因此，企业必须十分重视人口环境研究。

1. 人口总量。一个国家或地区的总人口数量，是衡量市场潜在容量的重要因素。目前，世界人口环境正在发生明显的变化，主要趋势是全球人口持续增长，人口增长首先意味着人民生活必需品的需求增加；发达国家人口出生率下降，而发展中国家出生率上升，90％的新增人口在发展中国家，使得这些国家人均所得的增加以及需求层次的升级受到影响。

2. 人口年龄结构。人口年龄结构是指人口总数中各年龄层次的比例构成。它主要在以下方面影响市场营销活动：一是不同年龄层次的购买者的收入状况不同。二是不同年龄层次的购买者家庭的大小不同，其购买力的主要投向不同。三是不同年龄层次的购买者对商品价值观念的不同影响着其购买行为。随着老年人口的增加，银发市场需要会迅速增加，这样给经营老年人用品的行业提供了市场机会。另外，出生率下降引起了市场需求变化。发达国家人口出生率下降，这对经营儿童食品、儿童用品等行业是一种威胁，同时，许多年轻夫妇有更多闲暇和收入用于旅游、休闲和娱乐，促进了第三产业的发展。

3. 家庭组成。家庭是社会的细胞，也是商品采购和消费的基本单位，因而有些商品特别是以家庭为单位进行消费的商品的购买行为受家庭状况的影响比较大，如住房、家用电器等。与家庭组成相关的是家庭人数，而家庭平均成员的多少又决定了家庭单位数，即家庭户数的多少。一个市场拥有家庭单位和家庭平均成员的多少以及家庭组成状况等，对市场消费需求的潜量和需求结构，都有十分重要的影响。随着计划生育、晚婚晚育的倡导和实施，职业妇女的增多，单亲家庭和独身者的涌现，家庭消费需求的变化甚大。

4. 人口地理分布。人口的地理分布是指人口居住地区上的疏密状况，它对市场营销的影响主要表现在两个方面：一是不同地区的人由于消费习惯和消费支出的结构不同，对商品的基本需求就不同。人口处在不同的地区，其消费需求千差万别。俗话说："十里不同风，百里不同俗。"居住在不同地区的人群，由于地理环境、气候条件、自然资源、风俗习惯的不同，消费需求的内容和数量存在较大的差别。二是城乡居民由于生活环境的差异其对商品的需求也不同，如针对同一个商品，他们对其在档次、花色、品种、功能的各个方面都有不同的评价。

5. 人口性别结构。男性和女性由于生活和工作的特点不同，以及自身的生理、心理等方面的差别，导致男性和女性对于商品的需求以及购买行为都有很明显的差别。受传统思想的影响，购买家庭日常用品者多为家庭主妇，购买家庭耐用的大件商品如家用电器等则多为男性购买者。

6. 人口流动状况。由于地区经济发展的不平衡，社会的进步、科学技术水平的提高产生了大量农村剩余劳动力和城镇剩余劳动力，这些劳动力对就业机会的寻找客观上要求有充分的流动性。另外，随着我国城镇化建设速度的加快，劳动者为了实现自身价值的需要，只有让劳动者自由流动，才能让劳动者找到充分实现自身作用的位置，满足劳动者收回投资和致富的需求。

7. 地区间人口的流动性。在市场经济条件下，会出现地区间人口的大量流动，对营销者来说，这意味着一个流动的大市场。而人口流动的总趋势是，人口从农村流向城市、从城市流向市郊、从非发达地区流向发达地区、从一般地区流向开发地区。企业营销者应及时注意人口流动的客观规律，适时采取相应的对策。

8. 其他因素，包括人口出生率、增长率、职业、籍贯、民族等，都对市场营销产生很大影响。

（二）政治法律因素

政治法律环境是强制和约束企业市场营销活动的各种社会力量的总和。一家企业总是在一定的政治法律环境下进行市场营销活动的，政治法律环境的变化对企业的经营活动有着十分重大而深远的影响，尤其是进行国际市场营销的企业更要注重目标市场的政治法律环境。因而，企业在分析市场营销环境时，必须把对政治法律环境的分析放在十分重要的地位。一般而论，政治法律环境包括一个国家的政治形势、经济政策、贸易立法和消费者权益保护组织等。

1. 政治环境。政治环境是指企业营销时所处的国内政体稳定与否的状况以及国际政治气候等。在某一时期，各国政局的差异会导致该国对内、对外一系列经济政策的相应变化，进而影响着企业的市场营销活动。在西方发达国家，大型财团往往关注着何人、何党派上台执政，政治权力的争夺有时夹杂着激烈的经济竞争。在国内，安定团结的政治局面，不仅有利于经济发展和人民收入的增加，而且影响群众心理状况，导致市场需求的变化。党和政府的方针、政策，规定了国民经济的发展方向和速度，也直接关系到社会购买力的提高和市场消费需求的增长变化，而且政治形式的变化，往往引起产业结构的变化和某些实力财团之间的力量对比的变化。因此，企业必须研究目标市场的政治环境，以避免政治上的风险，减少经济损失，甚至可以利用政治环境的变化，创造良好的市场机会。对国家政治环境的分析，应了解"政治权力"与政治冲突对企业营销活动的影响。政治权力影响市场营销，往往表现为由政府机构通过采取某种措施约束外来企业，如进口限制、外汇控制、劳工限制、绿色壁垒等。政治冲突指国际上的重大事件与突发性事件，如"9·11"事件、美伊战争等，对企业市场营销工作影响或大或小，有威胁，也有机会。

2. 法律环境。法律环境是指国家或地方政府颁布的各项法律、法令和条例等。各国由于社会制度不同，经济发展阶段和国情不同，体现统治阶级意志的法制也不同。为保证本国经济的良好运行。各国政府都颁布有相应的经济法律来制约、维护、调节企业的活动。从事国际贸易活动的企业，必须对贸易国家或地区的相关法律和法规、国际惯例和准则进行学习研究，并在实践中遵循，以保护自身合法权利。近些年来，我国颁布了许多经济法规，有保护市场公平竞争的法律，有保护消费者利益的法律，有保护社会长远利益的法律，如消费者权益保护法、价格法、广告法、专利法、计量法、知识产权保护法和反不正当竞争法等。

（三）经济环境

经济环境一般是指影响企业市场营销方式与规模的经济因素，如经济发展阶段、地区与行业的经济发展状况、社会购买力水平等。市场规模的大小不仅取决于人口的多少，还要取决于社会购买力的大小。因此应当密切注意购买力的变动所带来的环境机会和环境威胁。社会购买力是一系列经济因素的函数，总的说来，社会购买力取决于国民经济的发展水平以及由此决定的国民平均收入的水平。而整个社会购买力则直接或间接地受消费者收入、价格水平、消费者支出状况、储蓄和消费信贷等经济的影响。

（四）自然环境

企业营销的自然环境是指影响企业生产和经营的物质因素，如企业生产需要的物质资料、生产过程中对自然环境的影响等。自然环境的发展变化会给企业造成一些环境威胁和市场机会，所以，企业营销活动不可忽视自然环境的影响作用。分析研究自然环境的内容主要有两个方面：一是自然资源的拥有状况及其开发利用；二是环境污染与生态平衡。

1. 自然资源的拥有及其开发利用。地球上的自然资源有三大类：第一类是"取之不尽，用之不竭"的资源，如阳光、空气等。第二类是"有限但可更新的资源"，如森林、粮食等。第三类是"有限又不能更新的资源"，如石油、煤、铀、锡、锌等矿产资源。目前第一类资源面临被污染的问题。第二类资源由于生产的有限性和生产周期长，再加上因森林乱砍滥伐，导致生态失衡、水土流失、灾害频繁，影响其正常供给，有的国家需大量进口。企业应尽可能通过建立原料基地或调节原料储存的方式来减轻不利影响。第三类资源都是初级产品，且政府对其价格、产量、使用状况控制较严。对市场营销来说，面临两种选择：一是科学开采，综合利用，减少浪费；二是开发新的替代资源，如太阳能、核能。

2. 环境污染与生态平衡。工业污染日益成为全球性的严重问题，要求控制污染的呼声越来越高。这对那些污染控制不力的企业是一种压力，它们应采取有效措施治理污染；同时，又给某些企业或行业创造了新的机会，如研究开发不污染环境的包装、妥善处理污染物的技术等。由于生态平衡被破坏，国家立法部门、社会组织等提出了"保护大自然"的口号。一些绿色产品被开发出来，营销学界也提出了"绿色营销"的观念。企业的营销活动必须考虑生态平衡要求，以此来确定自己的营销方向及营销策略。

（五）科技环境

科学技术是企业将自然资源转化为符合人们需要的物品的基本手段，是第一生产力。人类社会的文明与进步是科学技术发展的历史，是科技革命的直接结果。科学技术对企业市场营销的影响是多方面的。

1. 一种技术一旦与生产相结合，都会直接或间接地带来国民经济各部门的变化与发展，带来产业部门间的演变与交替。随之而来的是新产业的出现，传统产业的改造，落后产业的淘汰。

2. 科学技术的发展为市场营销管理提供了更先进的物质技术基础。如电子计算机、传真机、办公自动化等提高了信息接收、分析、处理、存储的能力，从而有利于营销决策。

3. 科技发展为消费者提供了大量的新产品。同时，使现有产品在功能、性能、结构上更趋势于合理和完善，满足了人们的更高要求。

4. 科技发展影响到企业营销策略的制定。新材料、新工艺、新设备、新技术使产品生命周期缩短，企业需要不断研制开发新产品；先进通信技术、多媒体传播手段使广告更具影响力；商业中自动售货、邮购、电话订货、电子商务、电视购物等引起了分销方式的变化；科技应用使生产集约化和规模化、管理高效化，这些导致生产成本、费用大幅度降低，为企业制定理想价格策略准备了条件。

5. 科技发展直接引起了自然因素的变化。科技应用使人类提高了对资源勘探、开采和综合利用的能力，减少浪费；科学技术还有助于人类开发替代资源，以弥补稀有资源的不足，如太阳能、地热能、火山温泉、核能等。

（六）社会文化环境

社会文化是人类在创造物质财富过程中所积累的精神财富的总和。它体现着一个国家或地区的社会文明程度。社会文化环境因素主要通过影响消费者的思想和行为，间接地影响企业的营销活动。市场营销对文化的研究一般从以下几方面入手：教育情况、语言文字、宗教信仰、价值观念、风俗习惯、审美观念等。

1. 教育状况。教育是按照一定的目的和要求，对受教育者施以影响的一种有计划的活动，是传授生产经验和生活经验的必要手段，反映并影响着一定的社会生产力、生产关系和经济状况，是影响企业市场营销活动的重要因素。处于不同教育水平的国家和地区的消费者，对商品有着不同的需求，而且对商品的整体认识存在很大的差异。如商品包装、商品的附加利益等。企业的商品目录、产品说明书的设计要考虑目标市场的受教育情况，是采用文字说明，还是文字加图形来说明，这都要根据消费者的文化来作相应调整。教育水平对市场营销的促销方式也有很大的影响。教育程度比较低的地区，产品的宣传工作，尽量少用报纸、杂志做广告，而采用电视机、收音机、展销会等形式。要考虑不同文化层次的消费者接近媒体的习惯。

2. 语言文字。语言文字是人类表达思想的工具，也是最重要的交际工具，它是文化的核心组成部分之一。不同的国家、不同的民族往往都有自己独特的语言文字，即使语言文字相同，也可能表达和交流的方式不同。语言的差异代表着文化的差异，语言文字的不同对企业的营销活动有着巨大的影响，一些企业由于其产品与产品销售地区的语言等相悖，给企业带来巨大损失。因此，语言文字的差异对企业的营销活动有很重大的影响，企业在开展市场营销尤其是国际市场营销时，应尽量了解市场国的文化背景，掌握其语言文字的差异，这样才能使营销活动顺利进行。

3. 宗教信仰。宗教是历史的产物，是构成文化因素的重要方面。不同的宗教信仰有不同的文化倾向和戒律，从而影响人们认识事物的方式、价值观念和行为准则，影响人们的消费行为，带来特殊的市场需求，与企业的营销活动有密切的关系，特别是在一些信奉宗教的国家和地区，宗教信仰对市场营销的影响力更大。宗教不一样，信仰和禁忌也不一样。这些信仰和禁忌限制了教徒的消费行为。某些国家和地区的宗教组织在教徒的购买决策中有重大影响。因此，企业应充分了解不同地区、不同民族、不同消费者的宗教信仰，提倡适合其要求的产品，制定适合其特点的营销策略，否则，会触犯宗教禁忌，失去市场机会，造成经济损失，有时甚至会造成政治影响。

4. 价值观念。价值观念是人们对社会生活中各种事物的态度、评价和看法。价值观念的形成与消费者所处的社会地位、心理状态、时间观念以及对变革的态度、对生活的态度等有关。例如，我国人民随着生活水平的提高，对时间的价值观念正在改变，速溶咖啡、半制成式食品等越来越受欢迎。不同的文化背景，人们价值观念的差别是很大的，而消费者对商品的需求和购买行为则深受其价值观念的影响。我国人民普遍有节俭的美德，所以反映在产品寿命周期曲线上。成熟期特别长，也喜欢把钱或珍贵的东西存起来。而西方国家的人，比较注重现实生活的舒适，"及时行乐"的思想占主导地位。

5. 风俗习惯。风俗习惯是人们根据自己的生活内容、生活方式和自然环境，在一定的社会物质生产条件下长期形成，并世代相袭而成的一种风尚，以及由于重复、练习而巩固下来变成需要的，行为方式等的总称，它在饮食、服饰、居住、婚丧、信仰、节日、人际关系等方面，都表现出独特的心理特征、伦理道德、行为方式和生活习惯。不同的国家、不同的民族有不同的风俗习惯，它对消费者的消费嗜好、消费模式、消费行为等都具有重要的影响。企业营销者应了解不同国家、不同民族的消费习惯和爱好，做到"入乡随俗"，可以说，这是企业做好市场营销尤其是国际经营的重要条件，如果不重视各个国家、各个民族之间的文化和风俗的差异，就可能造成难以挽回的损失。

6. 审美观念。审美观念是指人们对事物的好坏、美丑、善恶的评价。处于不同时代、不同民族、不同地区的人有着不同的审美观和美感。这将影响人们对商品及服务的看法，必须根据营销活动所在地区的审美观设计产品，提供服务。结合审美观念的不同，市场营销一般从以下几个方面进行分析：一是对产品的要求。不同的国家、民族和区域及文化素养不同的人有着不同的欣赏角度，对事物的褒贬有着明显的差别。二是对促销方式的要求。主要表现在对广告和其他经销方式上的特殊要求与禁忌。因为不同的审美观对消费的影响是不同的，企业应针对不同的审美观所引起的不同的消费需求，开展自己的营销活动，特别要把握不同文化背景下的消费者审美观念及其变化趋势，制定良好的市场营销策略，以适应市场需求的变化。

在营销过程中，企业不能改变市场营销的宏观环境，但可以认识这种环境，并通过经营方向的改变和内部管理的调整，适应环境变化，实现营销目标。

二、微观市场营销环境

微观营销环境又称为直接营销环境，是指与企业紧密相连，直接影响企业为目标市场顾客服务的能力和效率的各种参与者，包括企业内部营销部门以外的企业因素、供应商、营销渠道企业、目标顾客、竞争者和公众。

（一）企业内部环境

除市场营销管理部门外，企业本身还包括最高管理层和其他职能部门，如制造部门、采购部门、研究开发部门及财务部门等，这些部门与市场营销管理部门一起在最高管理层的领导下，为实现企业目标共同努力。正是企业内部的这些力量构成了企业的内部营销环境。而市场营销部门在制订营销计划和决策时，既要考虑到企业外部的环境力量，还要考虑到与企业内部其他力量的协调。

首先，企业的营销经理只能在最高管理层所规定的范围内进行决策，以最高管理层制定的企业任务、目标、战略和相关政策为依据，制订市场营销计划，并得到最高管理层批准后方可执行。

其次，营销部门要成功地制订和实施营销计划，还必须有其他职能部门的密切配合和协作。例如，财务部门负责解决实施营销计划所需的资金来源，并将资金在各产品、各品牌或各种营销活动中进行分配；会计部门则负责成本与收益的核算，帮助营销部门了解企业利润目标实现的状况；研究开发部门在研究开发新产品方面给营销部门以有力支持；采购部门则在获得足够的和合适的原料或其他生产性投入方面担当重要责任；而制造部门的批量生产保证了适时地向市场提供产品。

（二）供应商

供应商是向企业及其竞争者供应原材料、部件、能源、劳动力等资源的企业和个人。供应商是能对企业的经营活动产生巨大影响的力量之一。其提供资源的价格往往直接影响企业的成本，其供货的质量和时间的稳定性直接影响了企业服务于目标市场的能力。所以，企业应选择那些能保证质量、交货期准确和低成本的供应商，并且避免对某一家供应商过分依赖，不至于受该供应商突然提价或限制供应的控制。对于供应商，传统的做法是选择几家供应商，按不同比重分别从他们那里进货，并使他们互相竞争，从而迫使他们利用价格折扣和优质服务来尽量提高自己的供货比重。这样做，虽然能使企业节约进货成本，但也隐藏着很大的风险，如供货质量参差不齐，过度的价格竞争使供应商负担过重放弃合作等。认识到这点后，越来越多的企业开始把供应商视为合作伙伴，设法帮助他们提高供货质量和及时性。

（三）营销中介

营销中介是协助企业推广、销售和分配产品给最终买主的那些企业，包括中间商、物流机构、营销服务机构和金融机构等。

1. 中间商。中间商是协助企业寻找顾客或直接与顾客进行交易的商业组织和个人。中间商分为两类：代理中间商和商人中间商。代理中间商是指专业协助达成交易，推销产品，但不拥有商品所有权的中间商，如经纪人、代理人和制造商代表等。商人中间商是指从事商品购销活动，并对所经营的商品拥有所有权的中间商，包括批发商、零售商。除非企业完全依靠自己建立的销售渠道，否则中间商对企业产品从生产领域成功地流向消费领域有至关重要的影响。中间商是联系生产者和消费者的桥梁，他们直接和消费者打交道，协调生产厂商与消费者之间存在的数量、地点、时间、品种以及持有方式等方面的矛盾。因此，他们的工作效率和服务质量就直接影响到企业产品的销售状况。如何选择中间商并与之合作，是关系到企业兴衰成败的大问题。

2. 物流机构。物流机构也叫实体分配机构，是帮助企业储存、运输产品的专业组织，包括仓储公司和运输公司。物流机构的作用在于使市场营销渠道中的物流畅通无阻，为企业创造时间和空间效益。近年来，随着仓储和运输手段的现代化，实体分配机构的功能越发明显和重要。

3. 营销服务机构。营销服务机构包括市场调研公司、财务公司、广告公司、各种广告媒体和营销咨询公司等，他们提供的专业服务是企业营销活动不可缺少的。尽管有些企业自己设有相关的部门或配备了专业人员，但大部分企业还是与专业的营销服务机构以合同委托的方式获得这些服务。企业往往比较各服务机构的服务特色、质量和价格，来选择最适合自己的有效服务。

4. 金融机构。金融机构包括银行、信贷公司、保险公司等对企业营销活动提供融资或保险服务的各种机构。在现代社会里，几乎每一个企业都与金融机构有一定的联系和业务往来。企业的信贷来源、银行的贷款利率和保险公司的保费变动无一，不对企业的市场营销活动产生直接的影响。

供应商和营销中介都是企业向消费者提供产品或服务过程中不可缺少的责任力量，是价值让渡系统中主要的组成部分。企业不仅要把他们视为营销渠道成员，更要视为伙伴，以追求整个价值让渡系统业绩的最大化。

（四）目标顾客

目标顾客是企业的服务对象，是企业产品的直接购买者或使用者。企业与市场营销渠道中的各种力量保持密切关系的目的就是为了有效地向其目标顾客提供产品和服务，顾客的需求正是企业营销努力的起点和核心。因此。认真分析目标顾客需求的特点和变化趋势是企业极其重要的基础工作。

市场营销学根据购买者和购买目的来对企业的目标市场进行分类。包括：

1. 消费者市场。它由为了个人消费而购买的个人和家庭构成。

2. 生产者市场。它由为了加工生产来获取利润而购买的个人和企业构成。

3. 中间商市场。它由为了转卖来获取利润而购买的批发商和零售商构成。

4. 政府市场。它由为了履行政府职责而进行购买的各级政府机构构成。

5. 国际市场。它由国外的购买者构成，包括国外的消费者、生产者、中间商和政府机构。

每种市场类型在消费需求和消费方式上都具有鲜明的特色。企业的目标顾客可以是以上五种市场中的一种或几种，企业必须分别了解不同类型目标市场的需求特点和购买行为。

（五）竞争者

任何企业都不大可能单独服务于某一顾客市场，完全垄断的情况在现实中不容易见到。而且，即使是高度垄断的市场，只要存在着出现替代品的可能性，就可能出现潜在的竞争对手。所以，企业在某一顾客市场上的营销努力总会遇到其他企业类似努力的包围或影响。这些和企业争夺同一目标顾客的力量就是企业的竞争者。企业要在激烈的市场竞争中获得营销的成功，就必须比其竞争对手更有效地满足目标顾客的需求。因此，除了发现并迎合消费者的需求外，识别自己的竞争对手，时刻关注他们，并随时对其行为做出及时反应也是成败的关键之一。从消费需求的角度划分，企业的竞争可分为以下四个层次：

1. 愿望竞争，即消费者想要满足的各种愿望之间的可替代性。当一个消费者休息时可能想看书、进行体育锻炼或吃东西，每一种愿望都可能意味着消费者将在某个行业进行消费。

2. 类别竞争，即满足消费者某种愿望的产品类别之间的可替性。假设前面那个消费者吃东西的愿望占了上风，他可以选择的食品很多，如水果、冰激凌、饮料、糖果或其他。

3. 产品形式竞争，即在满足消费者某种愿望的特定产品类别中仍有不同的产品形式可以选择。假设消费者选中了糖果，则有巧克力、奶糖、水果糖等多种产品形式可满足他吃糖的欲望。

4. 品牌竞争，即在满足消费者某种愿望的同种产品中不同品牌之间的竞争。假如消费者对某个品牌的奶糖感兴趣，该品牌的产品在竞争中赢得了最后的胜利。

品牌竞争是这四个层次的竞争中最常见和最显在的，其他层次的竞争则比较隐蔽和深刻。有远见的企业并不仅仅满足于品牌层次的竞争，而且会关注市场的发展趋势，在恰当的时候积极维护和扩大基本需求。

（六）公众

公众是指对企业实现其市场营销目标的能力有着实际的或潜在影响力的群体。公众可能有助于增强一个企业实现目标的能力，也有可能妨碍这种能力。企业的主要公众包括以下七种：

1. 金融界公众。它是指关心并可能影响企业获得资金的能力的团体，如银行、投资公司、证券交易所和保险公司等。"资金是企业的血液"，在现代社会，金融对企业的作用尤为重要。

2. 媒介公众。它是指报社、杂志社、广播电视台等大众传播媒介。这些组织对企业的声誉具有举足轻重的作用，它们的一条消息或一则报道可能使企业产品营销声名大振，也可能使企业产品营销一败涂地。因此，现代企业都十分重视媒介的作用。

3. 政府公众。它是指有关的政府部门。营销管理者在制订营销计划时必须充分考虑政府的发展政策，企业还必须向律师咨询有关产品安全卫生、广告真实性、商人权力等方面可能出现的问题，以便同有关政府部门搞好关系。

4. 群众团体。它是指消费者组织、环境保护组织及其他群众团体。如玩具公司可能遇到关心子女安全的家长关于产品安全的质询。1985 年 1 月 12日，我国批准成立"中国消费者协会"，目前，全国各地"消费者协会"发挥了越来越大的作用，消费者的自我保护意识逐渐增强。

5. 当地公众。它是指企业所在地附近的居民和社区组织。企业在它的营销活动中，要避免与周围公众的利益发生冲突，应指派专人负责处理这方面的问题，同时还应注意对公益事业作出贡献。

6. 一般公众，即普通消费者。一个企业需要了解一般公众对它的产品和活动的态度。企业的"公众形象"，即在一般公众心目中的形象，对企业的经营和发展是很重要的，要争取在一般公众心目中树立良好的企业形象。很多企业不惜花重金做广告，开展公益赞助活动，一个重要的原因就是在消费者心目中树立良好的企业形象，从而间接促进产品的销售。

7. 内部公众。它是指企业内部股东、董事会的董事、经理、技术工人、普通工人等。在现代社会，企业越来越意识到内部公众的重要性。很多企业领导人认为：一切竞争归根到底就是人的竞争，如何调动职工的积极性、主动性和创造性，是企业领导人应首先关注的一个重要问题。一些公司提出的"领导心中有职工，职工心中有企业"等口号都是关心职工、重视职工的很好例证。

案例 1　寻找市场空白的"丑小鸭"

一、案例介绍

1977 年，一位 63 岁的前保险推销员汤姆·达克用他 1 万美元的储蓄开始实行一项他视为娱乐性的退休计划。他携款来到一个小车场，在那儿买下了 9 辆运行良好而外观整洁的汽车。加上了 4 辆他自己的车，达克将这一小队车辆在位于亚利桑那州图森乡村的自家门前一字排开，同妻子朱尼娅一道，以比赫尔兹得维斯低得多的价格开始了出租旧车业务。

当同行中的巨头们以 15 美元、20 美元，甚至 25 美元一天的标准收费时，他们却以 4.95 美元一天和 5 美分一英里为起点收费标准出租"旧车"。达克回忆说："区别显然在于，他们用的是新车而我们的是旧车。但据我估计，如果能节省开支，人们不会介意租用安全、实用的旧汽车。"

"我脑海中突然闪现出一个以前从来无人问津的好主意。我们的许多辆旧车停在我们自己的 12 英亩土地上，它们一直是我们不错的交通工具。因此有一天我想到，如果我们出租这种汽车供人驾驶，就像我们自己驾驶它们一样，这有何不可呢？"

结果证明，美国公众都认为达克的主意丝毫没错。不仅是他的租价收费在精打细算的乘客中引起共鸣，而且他的这个出租旧汽车的主意，引起了那些寻求新的经营机会的企业家们的注意。在租出第一辆车以后的几个月内，达克一直收到人们的咨询，想了解如何在诸如阿尔伯克基、得梅因或皮奥里亚之类的地方开办类似的业务。的确，达克处在了一个特许经营的行业之中。从创业初起不到 10 年，他那个家庭前院企业已变成全国第五大的汽车出租联号，在除少数州之外的其他所有地区拥有近 600 个特许联号。

以"丑小鸭"命名的该公司给人最深刻的印象就是它的发展速度。"雷·克罗克花了 5 年时间才使他的第二百个特许联号投入使用，而 5 年之内我们已拥有 300 个特许联号。所以你可以说，我们正跑在麦当劳快餐公司的前头。"这位公司创立者指出。

达克把这种快速的发展归因于下述事实，即他的"丑小鸭"在汽车出租市场中认定了一个特殊的位置作为目标，由于较大的汽车出租公司的经营重点放在那些有公务在身的旅客上，所以他们都忽略了市场中的一个层面或者说是空白区。"我们典型的顾客并非那些可以报销费用的公司高级管理人员，而是那些自己掏钱付租金并喜欢低价的一般美国人，他们可能是那些自己的汽车在维修的人，或许是正打算到另一城市去度假的一家子。"

"我们主要是在许多小城镇活动，其中的一些人口不超过几千。我们针对的主要是中年美国人——还有妇女。我们的主顾中有 40% 是妇女——是该行业平均数的 4 倍。她们没有 IC 卡向公司报销汽车费。"

在他开业后的第一年底，达克首次意识到他已成了"重要人物"。早些时候，当地的图森全国广播公司（NBC）分部一心要为达克夫妇及其简朴无华的出租汽车制作一档特别节目。节目在 5 点钟的新闻里播出后，那些未来的主顾们的电话立刻纷至沓来。

"这档关于我们的电视节目播放了几个月，"达克说："人们会把我们的事告诉另一些人，于是，不久我们就不得不迁往城里的一个商业点。从那时起，我们发展得更快了。"

公司因为所在州是个旅游热点而获益匪浅。达克的许多早期主顾都是度假者，他们需要的是一辆汽车以便游览亚利桑那州和西南地区沿途的风景点。他的第一笔汽车出租生意是与一对夫妇做成的，他们驾车去新墨西哥州的阿尔伯克基进行了一次往返旅游。他们花了 300 多美元的租金，但他们清楚，这要比从一家全新式的汽车出租公司租车节约一大笔钱。

当驾车去别的州的主顾们返回家后，他们经常把他们的这笔便宜"交易"告知亲朋好友。达克说，"丑小鸭"公司最早的特许经营就此开张了。

到 1977 年年底，达克夫妇已售出了 7 份特许联营权，都是主动联系的。一年以后，即 1979 年 1 月 1 日，他们组建了"丑小鸭"汽车出租系统有限公司，用以出售和批准特许联营权。

最初，大多数新的特许联营分号陆续通过口头形式被吸收进"丑小鸭"集团。汤姆和朱尼娅·达克几乎没有对其旧车出租机构进行积极的宣传，而仅仅在《汽车时代》上刊登过一则广告。但随着生意日益兴隆，显然在特许权的出售方面需要更大胆和积极的努力。因此，达克夫妇，现在又加上他们的儿子小汤姆，建立了一个全国性的销售组织，它主要是由已经拥有"丑小鸭"公司各个特许联号的个人组成的。

每个新的特许联号要一次性地预付 3500 美元。一旦机构开始运行，联号将把其全部利润按每月 6% 的比例以特许权使用费的名义支付给母公司。

到 1984 年，"丑小鸭"公司已有 500 多个特许联号，年交易额合计 4970

万美元，这给汤姆·达克带来庞大的个人财富，而他曾一度希望在一生中的这一段日子里过一种舒适但却是朴素的退休生活。

汤姆·达克 73 岁时，他为公司确定了长远目标，首先是把经营范围扩展到比居本行业首位的赫尔兹公司更多的城市，其次是要在全美国建立 6000 个"丑小鸭"公司的经营点。

达克也并不特别担心近年来在旧车出租市场上急剧冒出的大量竞争者。首先"丑小鸭"公司有一个能提供合适的旧汽车的稳定来源，因为公司联号的多数经营者本身就是汽车商，他们可以把自己折价换进来的旧汽车转而用来出租。这一安排是精心设计的，对出租商和汽车租户都有利。其次，在一辆旧车被准许加入"丑小鸭"公司的车队以前，它必须经过 K. 马尔特汽车检修中心的安全检查。达克还与 K. 马尔特签订了一份汽车保养合同。根据该合同，汽车检修中心保存了有关"丑小鸭"公司所有车辆的电脑化检修和保养记录。另外，汤姆·达克注重汽车的外表及其内部装潢，"我们强调车的内外都必须清洁，因为在我们的主顾当中，妇女占了一个很大的比例——而妇女是不愿进那些看上去很脏的汽车的"。

"我们的车受到妇女喜爱的另一个原因，"他补充说，"是我们的丑小鸭标识。我们所有主要的联号都有这一标识，它引得许多人对之评头论足。"

（资料来源：清华大学经济管理学院工商管理研究组：《MBA 工商管理800 例》，世界图书出版公司 1998 年版）

二、案例分析

市场处处存在机会，谁能发现它、利用它，谁就能取得进军市场的机会；谁能驾驭它、掌握它，谁就能占领市场。"丑小鸭"的成功说明市场处处有机会，只要你用头脑和眼睛去发现、去开发。汤姆·达克先生从最初的十几辆车发展到全美国"丑小鸭"公司拥有 500 多个特许联号，只用了约 10 年的时间，在这 10 年中，达克先生不断发现新的市场机会，不断根据新的市场机会调整自己的经营战略，73 岁时，他为公司确定了长远目标，首先是把经营范围扩展到比居本行业首位的赫尔兹公司更多的城市，其次是要在全美国建立6000 个"丑小鸭"公司的经营点。

三、思考·讨论·训练

1. 汤姆·达克先生的成功说明企业在市场营销工作中要研究什么问题？
2. 针对我国已经加入世界贸易组织的现状，我国企业应该怎么做？

案例 2 追求挑战的"百事可乐"

一、案例介绍

在美国饮料市场上，作为防御者的可口可乐长期处于领先地位，而作为进攻者的百事可乐则处于第二，始终没有超过可口可乐。但有人断言，如果没有可口可乐，百事可乐也绝没有今天。原因很简单，可口可乐的存在为百事可乐提供了竞争目标和市场的压力，而压力又成为企业前进的动力。事实上也正是如此，百事可乐一直不停地挑战可口可乐，并取得了几个回合的胜利，百事可乐也就随着发展壮大了。

百事可乐公司自 20 世纪 50 年代开始，在恩瑞可的主持下，改革了该公司原来的经营方式，实行了 5 个方面的改革：一是改良本牌子饮料的口味，使其不逊色于可口可乐；二是重新设计玻璃瓶型及公司的各种标识，发挥整体广告宣传的作用；三是重新策划广告，提高本公司品牌形象，这当然要增加广告投入；四是集中力量攻占可口可乐所忽视的广大市场；五是集中兵力攻占市场据点，选定本国的 25 个州和国外的 25 个地区为重点攻占目标，与可口可乐开展争夺战。到 1955 年，百事可乐公司已克服了自己各方面的弱点，营业额有了较大增长，市场占有率有所提高。

在取得初步成功后，百事可乐希望运用各种强有力的竞争手段，与可口可乐争个高低，直接攻占可口可乐的市场，只是苦于抓不住可口可乐的弱点。但偶然发生的一件事为百事可乐提供了机会。1985 年，可口可乐在迎接其诞生 100 周年的时候，该公司突然宣布改变沿用了 99 年之久的配方，采用新的研制配方。可口可乐为研制这个新配方，花了几百万美元，满以为可以获得新的成功。岂料使用该新配方的产品上市后，引起了市场的轩然大波，消费者纷纷抗议这一改变，可口可乐的形象一时为之大挫。

百事可乐的老板们此时乐得不可开交，特地让公司员工们放假一天。同时，花了几百万美元制作了一个电视广告节目，在众多电视网络上反复播放一个月。其内容是这样的：一个眼神急切的姑娘对着镜头说："有谁能出来告诉我可口可乐为什么这么做吗？他们为什么要改变配方？"然后，镜头突然转变，姑娘说："因为他们变了，因此我要开始饮百事可乐了。"紧接着，她喝了一大口百事可乐，满意地说："嗯，嗯，现在我知道了。"经此一下一上，百事可乐形象开始鲜明起来。

可口可乐公司虽然因改变配方的错误决策带来上千万美元的损失，并失去了一些市场，但它不愧是老牌大企业，并未因此一蹶不振，他们迅速纠正了失误，大做广告向广大消费者承认错误，表示尊重顾客的意见。而百事可乐公司也并不因此放松进攻，乘势开展各种促销活动和针对可口可乐的各种广告活动。最突出的一个例子是，1987年间，可口可乐公司为夺回失去的部分市场，投资250万美元和雇聘了1000多人，拍摄了一个60秒钟的电视广告，由英国一位著名导演做策划。百事可乐公司获悉可口可乐公司这一举动后，于1991年初利用当今最走红的歌星——美国好莱坞的迈克尔·杰克逊制作广告，单支付演唱酬金就是500万美元，可谓世界最大手笔的广告。

但是，百事可乐公司这样做，绝非为了争口气，而是为了通过广告行为树立企业的形象，以压倒竞争强手而获得消费者的认可，最终达到抢占市场的目的。

百事可乐公司在第二的位置上向强手挑战，敢于开创可口可乐公司未曾涉及的"真空地带"，不断创新是公司特定的风格。公司总裁韦恩·卡拉维说："百事可乐公司与其他公司不同，其他公司是随着消费者增多而发展，我们则认为，市场发展到一定程度就要考虑另辟市场。"他认为，"只要还没有失败就要坚持下去的想法是错误的，在当今社会中，知道要失败就要赶快改变战略，否则早晚会完蛋"。因此，百事可乐公司没有死心眼地把鸡蛋放在一个篮子里，从20世纪60年代起公司就打破单一的业务种类，迅速发展其他行业，并一举成为多角化经营企业。在快餐业，百事可乐又创造了一个新的奇迹。

自1977年百事可乐公司闯入快餐业后，以其优质、低价的食品，高效、多样的服务赢得了顾客的青睐，成为当今世界上盈利情况最好的公司之一。百事可乐公司的销售额和收入年年创纪录——许多老牌快餐公司已在百事可乐公司咄咄逼人的攻势下败落。公司所属的3家快餐公司——必胜客、肯德基和特柯贝尔快餐店，甚至使最负盛名的快餐大王麦当劳公司也感到巨大威胁。麦当劳公司的年利润率为8%，而百事可乐快餐公司的年利润率却高达20%。

奇迹是怎样产生的呢？卡拉维常对下属说："如果你所在的市场不能发展，那么你就得不断反思，直到找出一条发展的道路。而且即便在情况良好时也要不断设法创新，要进一步有所变化。"因此，"力争成功"成为每一个身在百事可乐公司的经理的座右铭。

必胜客、肯德基和特柯贝尔在未被百事可乐公司兼并之前只有些时冷时热的餐店，仅仅在自己狭隘的市场范围内略有优势。百事可乐公司对它们实行兼并后，就立即提出目标和竞争对手："不应再是城里的'另一家'炸鸡、比萨店，而应是伟大的麦当劳！"于是在这个新的战场上又开始了一场角逐。

过去几年由于通货膨胀，麦当劳的食品不断涨价，百事快餐看准了这一突破口开始了攻势。公司不断设法降低成本，制定了"简化、简化、再简化"的原则。当然这绝非是降低食品质量，而是减少非食品经营支出。如预先炸好玉米饼，切好洋葱，在店外烧烤牛肉……尽量减少厨房占地和降低人工成本；修改菜单，把做工快的菜放在首位等。结果每天高峰期，经营额超过以前两倍以上，而人力只有一半。因而实现了价格降低，利润上升，就餐者大大超过麦当劳，并带动了百事可乐饮料的销售。

百事可乐公司还开创了餐馆业的新潮流——送货上门。卡拉维说："如果只等着忙碌的人们到餐厅来，我们是繁荣不起来的。我们要使炸鸡、比萨饼的供应如同看时间那样方便。如今美国百事可乐公司拥有15万个销售网点，保证了迅速、准时地把百事可乐的比萨饼、炸鸡送到千百万个家庭、学校、办公室、足球场、飞机场……"

这些还不能满足百事可乐公司变革、创新的欲望，卡拉维经常对各经营机构进行经理人员大换班，甚至是经营状况优异的机构也不能例外。其目的是打破因人所设的框框。百事可乐公司就像奔驰前进的战车，永不减速，永无止境。总裁卡拉维总是在制定雄心勃勃的新目标，让他的下属们忙得不亦乐乎。

虽然，百事可乐仍没有超过可口可乐。但要知道，百事可乐将其与可口可乐产品销售量之比从1:12提高到1:2。到1988年，百事可乐公司荣登全美十大顶尖企业榜上第七名，成为称雄百年的可口可乐公司的最强劲的竞争者，令全世界的企业家和经济学家刮目相看，也使可口可乐公司上下深感不安。

（资料来源：清华大学经济管理学院工商管理研究组：《MBA 工商管理800 例》，世界图书出版公司 1998 年版）

二、案例分析

进攻的关键在于找到防御者的薄弱点。尽管可口可乐公司营业额十分巨大，甚至可以说近乎完美，但百事可乐仍敏锐地抓住了两个突破口，即可口可乐公司改变产品配方和有未涉及的真空地带予以进攻，百事可乐公司进攻的结果是取得了快速增长。进攻者先要打好自己的基础，如果百事可乐公司在未打好自己的基础时，贸然向可口可乐公司挑战，无疑是以卵击石。百事可乐公司进攻成功的关键就在于通过对企业经营方式改革的重视，奠定了挑战可口可乐公司的基础。

三、思考·讨论·训练

1. 从百事可乐公司对可口可乐公司的挑战中我们可以看出什么问题？
2. 这个案例给我们的启示是什么？

案例 3　　通用电器公司在匈牙利

一、案例介绍

在 1989 年年末东欧的动荡岁月里，通用电气公司在匈牙利扩展业务，主要是收购唐斯兰姆公司（Tungsram）51% 的股份，价值 1.5 亿美元。唐斯兰姆公司生产照相设备，被誉为匈牙利工业的一颗宝石。通用电气公司对唐斯兰姆感兴趣基于两个原因：一是匈牙利廉价的劳动力；二是唐斯兰姆公司向西欧出口照相产品的有效销售网络。

通用电气公司立即将几位管理精英派到唐斯兰姆公司，然后便开始等待奇迹发生。直到现在，他们仍在等待！而损失与日俱增，通用电气公司美好的希冀与残酷的现实发生冲撞。此种现实源于浪费、低效、对顾客冷淡，对质量漠然的根深蒂固的文化之中。

美国管理者抱怨匈牙利人懒散、消极；匈牙利人则认为美国人一意孤行。公司的管理体系富有生机依靠的是员工和管理层的有效沟通，而旧的体制却禁止这种交流。事实证明，改变唐斯兰姆公司员工的态度绝非易事。美国人需要强有力的销售和营销队伍，必须迎合顾客需求。而匈牙利人，过去一直生活在中央集权计划经济体制之下，认为这些是自然而然的事无须特殊努力，匈牙利人希望得到西方水平的高工资，而美国通用电气公司到匈牙利发展正是看好了当地的低工资。

在回顾此事时，通用电气公司的管理者承认他们低估了扭转唐斯兰姆局面需要花费的时间以及所需付出的昂贵代价。正如唐斯兰姆公司美方总经理查斯·皮帕所说："管理人的工程艺术比搞生产工程技术要难得多得多。"现在通用电气公司已转危为安，达到这一步他们付出的代价是很大的：辞退了唐斯兰姆公司 2 万名员工中的半数，其中包括 2/3 的管理人员。此外，通用电气公司追加了 4 亿美元的投资购买新厂房和设备，并用来对留下的员工和管理人员进行再培训。

（资料来源：管理人网：www. manaren. com）

二、案例分析

因各国经济和法律制度大不相同，跨国经营比国内经营更为复杂。因各国的经济发展水平不同，文化迥异，国民受教育和技能培训水平差异也很大。这些因素对跨国经营者来说不容忽视，影响着他们在不同国家的利润、成本、风险、经营方式和营销策略。国际性企业的管理者如果对这些差异视而不见，就像一个傻瓜在疯狂失控、肆意狂奔的牛群面前信步，早晚会被撞得头破血流。

三、思考·讨论·训练

1. 通用电气公司失败的根本原因是什么？
2. 市场营销如何应对经济全球化？

案例 4　金牌老店"同仁堂"

一、案例介绍

同仁堂是我国中药行业的金牌老店。迄今已有三百多年的悠久历史。在长达三个多世纪的岁月里，同仁堂历经无数的风风雨雨，逐渐发展壮大，并以 1997 年在深圳证券交易所挂牌上市为标志，又开始了其崭新的发展历程。

同仁堂的创始人是清代名医乐显扬，他尊崇"可以养生，可以济世者，惟医药为最"的信条，把行医卖药作为养生、济世的事业，创办了同仁堂药室。他说："同仁，二字可以命堂名，吾喜其公而雅，需志之。"在随后的经营中，他也一直遵循无论贫富贵贱，一视同仁的原则。

俗话说在商言商，那么商家逐利当是无可争议的道理。但同仁堂却不是一个只言商逐利的商家，而更像一个救死扶伤、济世养生的医家。实际上，商与医的结合正是同仁堂历经数百年磨难而不衰的秘密。同仁堂利用了医家的优势，将"同修仁德"的中国儒家思想融入日常点滴之中，形成了济世养生的经营宗旨，并在此过程中创造了崇高的商业信誉，形成了同仁堂独树一帜的企业文化。

1988年，我国上海等地突发甲肝疫情，特效药板蓝根冲剂的需求量猛增，致使市场上供不应求，有些企业趁机抬高药价。当时，到同仁堂购买板蓝根冲剂的汽车也排起了长队，存货很快销售一空。为了尽早缓解疫情，同仁堂动员职工放弃春节休假，日夜加班赶制板蓝根冲剂。这时，有人议论：这下同仁堂可"发"了。其实，他们哪里知道，同仁堂不但没有"发"，反而是在加班赔钱。因为生产板蓝根冲剂所必需的白糖早已用完了，一时又难以购进大批量平价白糖，只好用高价糖作为原料，以致成本超出了售价。出于企业承受能力的考虑，也有人提出应适当提高板蓝根冲剂的出厂价。但同仁堂的领导坚决否定了这个建议。道理很简单，"同修仁德"是同仁堂的传统，乘人之危不符合"济世养生"的宗旨。他们坚持将用高价白糖作原料生产的板蓝根按原价格批发出厂，甚至还派出了一个由8辆大货车组成的车队，一直把药品送到上海。

在这场疫情中，同仁堂虽然赔了钱，却赢得了良好的商誉，在南方地区又新交了许多忠实的朋友。可以说，这是几十万元广告所达不到的效益。一大一小两本账，同仁堂的上层领导其实算得非常高明。

现在，北京同仁堂药店内又开办了同仁堂医馆，聘请了20多位全国知名的老中医坐堂就诊，每天到这里看病购药的患者多达数百人，相当于一个中型医院的门诊量。这又是同仁堂的一个高招：一方面弘扬了中华医术，实行了济世养生的古训，至于另一方面经济上的实惠，这里就不必多说了。

康熙四十五年，乐显扬之子乐凤鸣依照《乐氏世代祖传丸散膏丹下料配方》一书的序言中"炮制虽繁必不敢省人工，品味虽贵必不敢减物力"的古训，为同仁堂制作药品建立了严格的选方、用料、配比、工艺乃至道德的规范。此后，同仁堂在长期的制药实践中，又逐步形成了"配方独特，选料上乘，工艺精湛，疗效显著"的特色。

在同仁堂，诸如"兢兢小心，汲汲济世"、"修合（制药）无人见，存心有天知"等戒律、信条，几乎人人皆知。如果谁有意或无意违背这些信条，他不仅要受到纪律的制裁，还将受到良知的谴责。比如同仁堂炒炙药材，规定操作人员必须时刻守在锅边，细心观察火候，不时翻动药料。有一次，一位职工由于对这一要求的真谛认识不深，在装料入锅后暂时离开了一会儿。老师傅发现后，大发雷霆："像你这么干，非砸了同仁堂的牌子不可！"全组6个人，也轮番地批评他。此后几十年中，他当班作业总是兢兢业业，再也不敢有丝毫马虎，当然也就从未出现过丝毫纰漏。

"亲和敬业"是同仁堂的服务宗旨。同仁堂作为商家，当然要获取利润；

同仁堂作为医家，又负有对患者负责的天职。特别是在药品流通到患者手中的过程里，琐碎点滴都十分重要，需要经销部门有非同寻常的敬业精神。

一次，同仁堂药店接到一封山西太原的来信，说一位顾客从同仁堂抓的药缺了一味龟板，并附有当地医药部门的证明。同仁堂不敢怠慢，立即派两位药工风尘仆仆地赶往太原。经查验，药中并不少龟板，只是在当地抓药龟板是块状的，而同仁堂为了更好地发挥药效，把龟板研成了粉末。误会消除了，同仁堂又一次用真情赢得了顾客的信赖。

如今的同仁堂药店，购药环境早已现代化：自动滚梯、外币兑换、计算机管理……但同仁堂的传统服务——十项便民服务措施，如外配加工、邮寄药品、送药上门等，不仅没有丢，反而进一步健全。

同仁堂从创办起就十分重视企业形象的树立。如设粥场，为穷苦百姓舍粥；挂沟灯，方便过路人；赠平安药，帮助各地进京赶考的人。通过这些具体的行善活动，在老百姓心目中树立起了同仁堂的良好形象。而这些长期的形象和品牌积累工作并没有白做，经过上市前的资产评估，"同仁堂"这块金字招牌及其所蕴涵的无形资产已经上亿！

我们相信，同仁堂这家历经三百多年沧桑的老字号，必将一步步走向更辉煌的明天！

（资料来源：清华大学经济管理学院工商管理研究组：《MBA 工商管理800 例》，世界图书出版公司 1998 年版）

二、案例分析

我国有一批像同仁堂这样的老字号，它们在长期的发展过程中，逐步形成了自己独特的经营魅力。它们的经营服务理念中充满了中国儒家的礼、义、仁、德思想。他们货真价实、言无二价；诚信可靠、童叟无欺。许多百年老店的取名中国味道都非常浓，如同仁堂、全聚德、内联昇、瑞蚨祥……这些名字寓意深长，又朗朗上口，带着一股厚重的古风古韵。

三、思考·讨论·训练

1. 同仁堂这家历经三百多年沧桑的老字号发展到今天的诀窍是什么？
2. 在同仁堂的经营中包含着哪种企业文化内涵？

案例 5 "格兰仕"大战微波炉市场

一、案例介绍

20 多年前,改革开放的春风吹到了珠江三角洲,也吹到了顺德桂洲这片荒芜贫瘠的土地上。当时还是镇工交办副主任的梁庆德毅然接过了镇政府交给的重任,组建了一间简陋的羽绒制品厂(格兰仕集团公司前身),义无反顾地开始了艰难的创业。

这间最初的简陋小厂一步一步地发展壮大,逐渐摆脱了原始的困境而开始驾驭现代企业的战车。1985 年,桂洲畜产品工业公司宣布成立,1986 年,合资经营华丽服装,1987 年,合资经营华美实业公司……今天的格兰仕集团已是一家集家电、羽绒、服装、毛纺、工贸等多行业为一体的大型企业集团公司,公司下属 10 家企业,总公司占地面积 12 万平方米,员工总人数为 2000 多人,固定资产 4 亿元人民币,年创汇 3500 万美元。

1993 年,经过长达两年的市场考察和可行性论证,格兰仕高层领导做出了这样一个惊人的决定:投产微波炉。自 1993 年第一台格兰仕微波炉面世以来,这匹"黑马"便以其惊人的速度超常规发展,以迅雷不及掩耳之势在微波炉行业力挽狂澜,在短短的三年内,格兰仕已发展成年生产能力达 150 万台微波炉的大型企业集团公司,形成了一个初具规模的"微波炉王国"。格兰仕微波炉也成为中国微波炉行业的"领头雁",被誉为"中国微波炉第一品牌"。

中国微波炉市场的繁荣引起早已虎视眈眈的海外大财团的注意,日本的松下、夏普、日立、三洋、三菱,韩国的三星、大宇、乐喜,美国的惠普、通用电气,法国的万能等公司纷纷在华投资设厂,并开始大规模吞食国内品牌,利用合资、兼并、控股等方式,使自己的牌子凭借资金优势以及国内给予的优惠政策,并借用原合资中方的销售渠道和网络,大举进军,抢占市场份额。

国产名优品牌面临着严重威胁,国产微波炉的地盘不断收缩,要么市场份额被挤占到苟延残喘的地步;要么改换门庭,大打合资牌。与此同时,又出现了国内一哄而上,盲目上马,重复引进的局面,微波炉行业由原来的不到 10 家,猛增至 80 余家,其中除了少数几家能够形成批量生产以外,绝大多数年产销量不超过 4 万台。

1996 年，在市场空前发展的同时，市场竞争也日趋白热化。许多知名洋品牌不甘心输给一个小小的格兰仕：日本一财团就曾在其高层业务会上放出风来，即使亏 3 年，也必须夺回中国微波炉市场；而韩国三星等大公司以点带面，在部分区域内以巨大广告投入铺底，展开了来势凶猛的销售行动。

面对海外财团的大举侵入，面对国内企业的蜂拥而上，面对微波炉市场的无序化，广东格兰仕毅然关掉了自己年产值 8000 万元，利税近 800 万元，有着相当规模的羽绒制品厂，全面投入微波炉的生产中。1999 年 8 月，格兰仕微波炉在全国范围内降价 40%。这一举动引起了微波炉行业和众多消费者的广泛关注。

梁庆德认为，格兰仕此番降价的意义在于：一是可以大大激发潜在市场活力，提高市场占有率，稳固自己的市场地位；二是可以使企业实现集约化生产，形成规模经济；三是可以迫使一些不成气候的企业退出微波炉市场。

同其他家电产品一样，洋货之所以能在中国市场大出风头，除了技术、质量、品牌优势以外，就在于资金的优势。格兰仕在这些跨国集团面前，显然力不从心，犹如一条小船与一支联合舰队抗衡，实力相差悬殊。

1999 年的头几个月，格兰仕在某些地区的市场份额出现了略微下降的形势。各大集团采取了区域性重点突破的策略，松下在北京，三星在天津，而格兰仕无更多的物力、财力全面抗战，只能集中兵力保持华东、西北地区的优势。

梁庆德说："我们这场仗打得确实很艰难，人家已有几十年甚至几百年的历史，一年的广告投入就足以买下一个国内中型企业，在品牌树立上已经赢了，在元器件供应等方面又赚了一把。而我们只有十几年的发展史，人家有年息 5%—8% 的优惠融资环境，而我们能拿到 12% 年息的贷款就算万幸。人家进来有'二免三减'，甚至'三免五减'，我们的产品还没出厂就要打税。这样不公平的竞争，我们怎能不吃力？"

随着格兰仕微波炉风靡大江南北，格兰仕这一品牌也逐渐树立起来，格兰仕人清楚地认识到，如果没有自己的品牌，只能沦为洋品牌的"打工仔"，格兰仕为了创品牌，在引进国际先进技术和管理的基础上，进行消化提高，创出自己独特的风格，并跨入国际先进行列。

为了生产出国际领先的产品，格兰仕拿出建厂 14 年来所有的积累，一次性投入巨额资金，从日本、美国全套引进具有国际先进水平的微波炉生产技术和设备，并以优胜劣汰的方法采用国际最优质的元器件。在生产上，严格按照国际质量体系标准规范。在强有力的程序规范下，加强精品意识。为此，格兰仕制定了"100%优等品率"的质量目标，并顺利通过了 ISO9000 国际质量体系认证，使得格兰仕微波炉的品质达到了世界一流先进水平。

有了好的产品，还必须有好的营销质量，为此格兰仕制定了"努力，让顾客感动"的企业口号。展开全方位的质量营销策略，不断推出为顾客服务的措施，实实在在地让顾客感动。如在 150 家报刊编发《微波炉使用大全及美食 900 例》，连同《如何选购微波炉》免费赠书几十万册，耗资近百万元。"得人心者得天下"，格兰仕产品畅销已是必然。

（资料来源：方明编著：《100 个市场营销管理案例》，机械工业出版社 2004 年版）

二、案例分析

面对激烈的市场竞争，格兰仕为了集中力量进行微波炉的经营，毅然关掉了据以起家的羽绒制品厂。这需要极大的勇气，同时体现了格兰仕人的大气魄。与此同时，格兰仕加快了在微波炉市场上的步伐：全国范围的降价促销；引进先进技术设备以提高生产效率和产品质量；严格质量管理；开展全方位的营销活动等。相信格兰仕必能不负众望，再创辉煌！

三、思考·讨论·训练

1. 格兰仕进军微波炉市场的背景是什么？
2. 面对竞争对手，格兰仕采取了哪些经营策略？

案例 6　非常可乐的战斗

一、案例介绍

当可口可乐和百事可乐控制了中国可乐市场 80% 的市场份额，并以其强大的品牌影响力和深厚的文化底蕴为可乐市场树起了一道无形的坚壁时，中国可乐品牌在两乐的围剿下消亡殆尽，可乐市场被视为饮料行业的禁区。

然而，娃哈哈集团却不信这个邪，于 1998 年 6 月隆重推出非常可乐，短短半年之内就卖出了 25 万吨，占领了中国可乐市场半壁江山。

非常可乐的成功，在很大程度上取决于其出色的事件营销能力。

事件营销通俗地说就是营销策划者在对产品进行推广时，制造一些能够引起媒体关注的事情，使事件成为媒体热衷报道的题材，利用媒体的力量免费为产品进行宣传。

1998年6月非常可乐推出之初，以"中国人自己的可乐"为诉求，虽说毁誉参半，但却引发了批评者与赞誉者之间如潮的讨论，一时间非常可乐成为众多媒体追逐的对象，在报纸杂志上频频曝光，以至于许多从没看到过非常可乐广告的人都知道娃哈哈集团出了非常可乐。毫不夸张地讲，媒体当时为非常可乐进行的免费宣传所造成的影响并不比非常可乐自己做的广告宣传所造成的影响小。正是由于媒体的介入，非常可乐才得以在很短时间内在神州大地建立了广泛的知名度。

2001年岁末，娃哈哈集团以2015万元的价格，"独霸"了2002年1—2月份新闻联播与天气预报之间的黄金广告时间，再次成为央视广告竞标的状元。大手笔的投入让人们看到了娃哈哈集团的魄力与实力，更让人们看到了娃哈哈誓将"非常"进行到底的决心。"你乐我乐大家乐，有喜事当然非常可乐"，一时间非常可乐的广告传遍了大江南北，媒体也纷纷以非常可乐对可口可乐、百事可乐的新一轮攻势为题大肆渲染，推波助澜，使得这则非常可乐春节版的广告又一次成为众多媒体的宠儿和人们茶余饭后谈论的焦点。这则广告所产生的影响，并不亚于1998年娃哈哈刚刚推出非常可乐时的那则"非常可乐，中国人自己的可乐"的广告所产生的影响。地方媒体也没闲着，非常可乐的广告时时出现。央视的热播和各地方媒体的配合使这新一轮的广告攻势再次引起轰动。尤其是此次推出的广告语让人耳目一新，似乎非常可乐已经告别了"中国人自己的可乐"的广告诉求，这一变化再次被媒体广泛关注，各报纸杂志对此的评论不计其数，非常可乐又受益匪浅。

（案例来源：http://www.795.com.cn/wz/47897_3.html）

二、案例分析

娃哈哈以一个弱者的身份，去挑战饮料业的禁地。尽管企业自身的力量都是有限的，但弱者与强者的区别只在于，弱者总是依靠自身微薄的力量单打独斗，而强者善于整合社会各种力量为自己服务。正如在一个装满石头的玻璃缸里还可以加入沙子，加入水，加入色素等一样，市场空间永远没有饱和的时候，饱和的只是经营决策者的思维。突破传统思维的局限，可以在一个激烈竞争的市场中找出新的路子，又是一片宽广天地。

三、思考·讨论·训练

1. 娃哈哈非常可乐的营销核心是什么？
2. 试对娃哈哈的非常可乐进行 SWOT 分析。

案例 7　剥"壳"夺食

一、案例介绍

目前，中国有 4000 余家润滑油企业，其中 93% 的企业已濒临亏损，而美孚、壳牌、福斯、埃索、道达尔、BP、嘉士多等凭借强大的规模实力和国际品牌优势，却在中国润滑油市场上如鱼得水。这些位于世界 500 强前列的石油巨头们已经占据了 78% 以上的中国高端润滑油市场，攫取着占整个车用润滑油市场 80% 的高额利润。

英荷壳牌长期雄霸安徽市场，尤其在皖南地区的市场占有率达到 80% 以上。2002 年 5 月，中国石油旗下的主打品牌昆仑润滑油从零开始进入安徽市场，通过制定差异化的终端和服务策略，频频发起了对市场领导者壳牌的争夺战。如今，昆仑品牌知名度在行业中已达到 90% 以上，皖南的市场占有率已超过 30%，其中以出租车为主的品种 SG15W/40 已占有 60% 以上的市场份额。

昆仑润滑油在聚焦终端的经营方针指导下，运用朴实、真切的服务性经营策略，从终端入手寻找出竞争对手的弱点，并有针对性地创造出更多的产品附加值，实现了与国际石油巨头壳牌共舞的目标。昆仑润滑油如何只用了不长的时间来与英荷壳牌平分秋色？

现在都在讲终端为王，好像只要和终端建立了良好的关系，一切营销问题就可以迎刃而解了。殊不知，由于中国各个城市的地域文化、城市规模和消费习性不同，随着时间的推移、市场的演变和竞争对手变化，终端的经营空间竞争程度也会产生改变，其营运模式也会随之变化。经营者必须能够预见和洞察到这种变化，尽早改进和调整自己的营销策略。因此，率先进行细致认真的市场调查，感知终端状况，寻找竞争对手的软肋才是同竞争对手过招的第一步。

在昆仑润滑油进入安徽市场之前，安徽乃至整个华东区域市场上的润滑油基本上由英荷壳牌、美孚和中国石化的海牌等把持着。壳牌公司由于进入市场的时间较长，凭借其强大品牌力和先入为主等综合优势，几乎占有了 80% 以上皖南的润滑油市场，成为安徽乃至整个华东区域的市场领导者。昆仑营销人员从一开始就针对竞争品牌壳牌、美孚和海牌等在终端市场及其经营服务上的情况做调查，对竞争对手的营销价值链进行分析，彻底了解了终端状况。

昆仑华东营销中心规定，所有业务人员必须每天深入到修理厂、换油点、厂矿企业等，按日期、分地区做好访谈调查记录，每周每月做出市场分析小结。昆仑皖南区域员工通过三个月的调研工作，基本分析和寻找出了竞争对手的市场优劣势、产品长短处。昆仑华东营销中心结合自身产品特征及其所面对市场的竞争态势，进行了优势、劣势、机会和威胁（SWOT）分析。

优势：①昆仑拥有位居世界 500 强第 81 名中国石油的实力和优势；②无人能敌的基础油资源优势；③众多国家级的中国石油战线科研技术机构支持，拥有阵容齐全的博士后工作站；④昆仑润滑油将充分利用依托中国石油遍布全国、数量众多的加油站，来展示昆仑品牌和实行有效的营销战略布局；⑤昆仑拥有目前中国最为先进的润滑油制造设备，如加压加氢异构脱蜡装置等。

劣势：①新入润滑油市场的昆仑品牌品牌力还很弱，知名度很低；②昆仑产品结构不尽合理，尤其是利润较为丰厚的小包装油比例过小；③昆仑打造中高端品牌形象的工作，必将非常艰辛和耗时费力；④昆仑的经营管理有时要受制于体制的掣肘；⑤由于历史的原因，昆仑润滑油公司在地域分布上的不尽合理，华东等市场容量较大的地区销售网络几近空白。

机会：①随着我国汽车消费市场高速增长，润滑油市场容量的扩大；②壳牌等许多国际大品牌都是简单地通过经销商代理运作，品牌成熟期已过，价格透明，经销商利润较薄；③英荷壳牌等国际大品牌提供的产品附加价值很少，以服务为导向的产品经营特色表现不充分；④使用壳牌润滑油的有些司机反映产品产生油泥较多，有积炭生成现象出现；⑤整个车用润滑油市场正呈现向民品化发展的趋势；⑥新形成的消费者更注重服务和产品的综合价值。

威胁：①壳牌在皖南市场具有强劲的国际品牌力；②壳牌是皖南地区主要车型奇瑞的装车用油；③诸多消费者具有迷信洋品牌的消费观念；④所有跨国石油公司已进入中国市场多年，并已建立了长期稳定客户群；⑤竞争品牌如美孚、壳牌、BP 等在西方市场的民品化营销模式已经较为成熟，有成功经验可资借鉴、复制。

分析竞争对手的长处和软肋，扬长避短就势在必行，问题是如何充分挖掘出能够有力打击竞争对手，而又切实可行成本较低的营销策略。很多时候，竞争对手的欠缺之处往往不易被人发现，只有深入终端市场进行充分的市场调查，切实地感知市场的冷暖变化，研究竞争对手的营销策略，才能找出竞争对手在终端经营上的弱点，从而有针对性地研究和发掘出真正能够打动客户的经营策略。昆仑润滑油华东营销中心针对已是市场领导者的竞争对手英荷壳牌润滑油的种种市场现象，制定出了一系列进攻方略。

1. 针对壳牌积碳多的缺点，在终端市场上全力推出昆仑 SG15W/40 这一可以有效祛除积炭的产品，从产品上直逼壳牌的软肋。

2. 针对壳牌比昆仑价格高 10% 左右的事实，强化宣传中国石油因自己拥有油田而成本低廉的优势，充分利用价格优势抓住消费者的心。

3. 针对壳牌每 5000 公里换一次润滑油，昆仑诉求最高极限 8000 公里换油，并通过质量承诺，争取挤占壳牌的市场份额。

4. 在壳牌尚未重视并占有较大市场份额的卡车用润滑油方面，针对调查中发现的卡车司机依赖口碑宣传这一特点，在他们的主要集散地各停车场进行宣传促销，以便争取长期稳定的客户群。

5. 通过各类营销会议快速启动昆仑产品市场，提升昆仑品牌知名度。由于昆仑品牌处于市场导入期，大量运用各种类型的营销会议，对抗衡壳牌和市场的启动会有事半功倍的效果。

6. 成立"昆仑"俱乐部，使皖南昆仑营销工作中心成为建立终端目标客户友情的纽带，俱乐部可以提升昆仑品牌的知名度和美誉度。

当上述营销策略得到代理商的认可之后，昆仑公司立即采用"授信铺货出样"的方法将货快速铺向终端。在一个月不到的时间，昆仑润滑油在皖南市场的出样率就已达 70%，这一结果为以后进行的一系列"昆仑"的品牌推广活动打下了坚实的基础。

通过调查昆仑公司发现，壳牌由于进入皖南市场时间较早，在缺少竞争对手的环境中所提供的产品附加值很少，在以服务为导向的经营方面几乎空白。因此，昆仑将皖南市场的第二战场定位在服务上——从整个价值链过程中强调改善至为关键的人性化服务。

作为市场最重要的终端——汽车修理厂的换油工人对润滑油的了解和推介非常重要，这些人大都是农村进城务工者，很少得到社会的关怀，更没有哪个厂商关心过他们，他们属于社会的弱势群体。运用服务性经营策略，提供人性化服务，打动换油工的心，可以使昆仑能够超越竞争对手赢得更多的终端经营商和消费者。

昆仑华东营销中心赵坚东经理把皖南各地的换油工人各自组织起来，建立了俱乐部性质的"换油工人之家"。由昆仑出资出力定期把他们组织起来，给他们讲解润滑油和汽车修理常识，组织进行象棋比赛和聚餐等活动。

昆仑安徽分公司管理者为争取更多的消费者和搜集更多的市场信息，第一个在行业内成立了"昆仑俱乐部"。"昆仑俱乐部"分为客户会员和用户会员两种，通过发放会员卡、登记会员资料，获取了会员的有效的资讯。同时，通过举办俱乐部的各种聚会，如"昆仑俱乐部修理工象棋比赛"（针对客户会员）及各地范围内的"昆仑"杯汽车修理工技术大赛等公益性活动，促成客户及用户对昆仑品牌忠诚度的提高。

这些活动满足了终端产品直接销售人员的内心需求，效果十分突出。他们通过切身感受昆仑的企业文化，增加了对昆仑的感情。这些活动确实比直接给他们更高的销售提成要好得多。实践证明，"换油工之家"和"昆仑俱乐部"培养了大批昆仑品牌的"隐形促销员"。

新生产品昆仑润滑油要快速地启动市场，关键在于快速而有效地提高产品和品牌的认知度，作为刚开始导入市场的昆仑品牌，如何快速有效地提高品牌认知度是启动市场的关键。针对壳牌市场推广平淡、量少的情况，昆仑华东区域管理者不失时机地以较低的成本，遵循品牌启动过程的基本模式："认知—试用—偏好—忠诚"，来推动品牌知名度扩大和品牌价值的提升。

在传播方式上，摒弃大众传播的策略，采取针对性非常强的小众传播策略，把每一分钱花在终端目标消费群体身上，使所有的传播活动都瞄准司机与车主展开，就像精确制导导弹一样，对准既定目标后再发射，这些方法初看拙笨，却对提升品牌知名度和美誉度有明显作用。具体方法如下：

1. 最大限度地发挥有价传播物的作用。加印登有昆仑产品品牌广告的《大江晚报》，在相当长的一段时间内，直接把这一当地发行量最大的报纸派送给所有汽车司机。请礼仪小姐，身披印有昆仑标识的授带，配合昆仑小礼品沿街派发。此方法效果不错，活动结束以后，昆仑品牌认知度已达到50%以上。

2. 精确制导式地打动目标消费群内心世界，针对当地司机最喜爱听的《经济台》节目，由昆仑出资组织播出关爱司机家庭和身心健康的节目，举办保养汽车和润滑油专题讲座，中间穿插昆仑广告。《经济台》20分钟专题这一媒体的选择对昆仑皖南争夺战至关重要，因其对应性强，出租车司机大约有95%以上收听此节目，并且，由于此类交通性质栏目反映的都是出租车司机的心声，在他们心中非常有亲和力。昆仑由于选择此媒体投放，迅速拉近了和他们的心理距离，同时品牌的可信度也得到了巩固。

3. 为配合《经济台》的汽车润滑油的专题讲座广告，昆仑安徽分公司还组织了热天走上街头给司机送昆仑毛巾的活动。在有效的时段内，高频率、目标集聚地进行相关营销传播活动，司机们休息时喜欢看看报纸聊聊天，在热天司机们尤其是货车司机们一般都是毛巾不离手的，这样一来满足了司机们的实际需要，在无形之中又拉近了同他们的距离，并从口碑和实物两方面宣传了昆仑品牌。活动使昆仑的知名度迅速飙升至 90% 以上，并完成了认知到偏好的过渡，为进一步的"初步试用"打下了基础。

（资料来源：中国气体分离设备商务网，http：//www.cngspw.com/）

二、案例分析

很多企业的营销传播策略屡屡失误，是因为没有认真细致地分析、寻找出竞争对手的弱点。昆仑的聪明之处正是在于企业认真做了 SWOT 分析，非常清楚产品的优势、劣势、机会和威胁在哪里，并利用了竞争对手的弱点，有针对性地制定了有效的策略。尤其是通过这个弱点，来"制造"和强化自己的优点——加强昆仑的服务策略。

另外，昆仑也没有忘记在直接消费者头脑中占位的工作，他们运用少量资金，通过策划细致的营销运作启动了"夹报宣传"、"换油工俱乐部"、"昆仑俱乐部"和各种礼品派发活动，并取得了不错的成绩。

三、思考·讨论·训练

1. 昆仑公司 SWOT 分析的内容？
2. 企业为什么要进行 SWOT 分析，其作用有哪些？

案例 8 比服务本身更重要的是公关

一、案例介绍

现在一提起麦当劳，人们就自然会想到汉堡包、炸薯条。熟悉它的人，还会联想到遍布全球 115 个国家或地区的 2.5 万多家连锁店，联想到地球上每天都有 1% 的人正在品尝着一模一样的汉堡包、炸薯条和苹果派。

麦当劳是怎样一步步成长为全球餐饮业的霸主呢？

毋庸讳言，麦当劳以其优良品质、快捷服务、清洁环境和物有所值而闻名，这些既是其品牌个性，又是它长期奉为经典的经营信条。根植于此，麦当劳的形象广受世界各地人们的喜爱和欢迎。

然而，更为重要的是麦当劳与众不同的公关策略。这样的优秀国际化大企业，却在取得斐然经济效益和国际声誉的同时，仍不忘记向曾呵护过它们的公众投以关爱，还没有一点儿"巨人"或"成功者"的架子和故作姿态。麦当劳早已把公关最本质的理念发挥到了极致，而且是那么游刃有余，那就是：企业需要社会公众的理解和支持，而公关活动正是企业与社会联络感情，增进了解的有效手段。

最近，北京的麦当劳食品有限公司推出一项新举措，在所属 57 家麦当劳餐厅内代售公交月票。麦当劳在对北京发售月票网点的调查后知晓，北京有 600 多万人使用月票乘公交车，而发售月票的网点只有 88 处，乘客深感不便。于是他们便"拾遗补缺"干起了"代售月票"的营生，为广大乘客创造便利条件。此举一推出就吸引了大批食客络绎而来。

其实，这种"好人好事"麦当劳做了不少并且一直在做。早在去年高考前夕，在麦当劳宽敞明亮的餐厅里就坐着不少手拿书本只要一杯饮料就呆上好几个小时的考生，面对此景，麦当劳不但未赶他们走，反而特意为这些学子延长了营业时间。

无偿地为学子学习延长营业时间，为普通公众代售公交月票，两则案例都是麦当劳自找麻烦，如此做法，不能不让人由衷地感叹赞赏，其实这正是麦当劳与众不同的高明之处。在别人看来，拒之唯恐不及，麦当劳却视为己任，这就是一个跨国企业在中国"讲述"的一系列平凡而可贵的经典商业故事。在这种独创思维支配下采取的营销举措，无疑给我们留下了极为深刻的现实启示。

（案例来源：元妙企业管理网，http：//www.yuanmiao.com）

二、案例分析

企业为公众服务实际上一个很重要的方面就是方便公众，而公众对于为他们便利着想的企业，不论大小都是照顾的。古人云："处处留心皆生意"，说的就是这个道理。麦当劳留给我们的一个最重要启示就在于：任何一个行业都可以凭借方便公众而创造竞争优势。

三、思考·讨论·训练

1. 麦当劳是如何适应营销环境的？
2. 本案例中主要体现出营销环境哪些方面的内容？

案例9 充满爱心的雀巢食品公司

一、案例介绍

雀巢是瑞士最大的食品工业公司，也是世界第三大食品公司。在雀巢产品名称旁边，总别出心裁地点缀着一个鸟巢，让人一看到这个商标，看到母雀悉心哺喂幼雀的鸟巢，便想到嗷嗷待哺的婴儿，想到安全营养的雀巢奶粉，它象征着母爱，象征着温暖与安全。雀巢公司也正是以它对全世界的爱心，博得了众人的青睐和信任。

但谁能想到这位在世界500家最大的工业公司中排名第26位的"世界食品业巨人"曾经历过一段艰难困苦的岁月。1977年，一场消费者抵制雀巢食品的运动由美国开始并且蔓延至10个工业国家；1975—1980年，公司的平均利润增长仅为2.2%，远低于同行业的美国通用食品公司的8.3%；1979年，雀巢公司所属的美国掬掬实营养公司，因销售假苹果汁被罚款200万美元；1980年，阿根廷公司破产，亏损额达9500万美元。面对一系列的经营失利，雀巢公司一筹莫展。

到底谁能唤醒这位"沉睡的巨人"？

1982年，61岁的赫尔穆·莫彻尔出任雀巢公司的总裁，采用适应全球食品业新需求的战略，取得了经营管理上的一系列成功。

第一，增加新品种，开辟新市场。为解决众口难调的问题，雀巢公司推出了适合于不同口味的多种咖啡品种。雀巢早在1938年就发明了速溶咖啡，是最早开发速溶咖啡的公司。近年来，雀巢制成了专为特级口味者制作的全脂咖啡，为嗜好厚重口味者制作的速溶咖啡，为不习惯咖啡苦涩味者制作的"咖啡伴侣"（用玉米糖浆、植物油、乳脂制成），还有不含咖啡因但保留有咖啡原味的特制咖啡等。在各地就地设厂产销，以适合不同地区当地人的口味。

第二，开发速冻餐。莫彻尔认为，在单身职工和双职工家庭日益增多的今天，速冻餐将会有一个很好的市场。在法国，为了提高速冻餐的口味，雀巢公司还聘请了闻名遐迩的烹饪大师担任其广受欢迎的"芬达斯"系列冷冻食品的监厨。

第三，购并海外同行。莫彻尔上任后，大胆启用公司在瑞士银行的一笔高达 16 亿美元的现金存款，大举收购海外公司。1985 年，收购美国三花公司，使其成为雀巢在美国的一个大分公司；1988 年，将英国的罗恩切公司及意大利的布笃尼公司收归旗下。这些收购行动加强了雀巢公司对世界食品业的控制。

第四，撤销文书作业，成立了新的报告体制。莫彻尔注重"面对面"的交流，认为管理情报应不局限于数字或报告，而必须直接观察并与有关人员面谈，才能了解实情。

第五，生产猫狗等"宠物"的食品。西方社会盛行养宠物，对宠物食品的需求非常旺盛，经营此类食品，必有利可图。现雀巢公司已占领世界"宠物"食品市场的 75%。

第六，开辟发展中国家市场。雀巢公司在向发展中国家提供更多的食品及就业机会的同时，也获得了新的市场。

这一系列激发式的管理决策，终于唤醒了这头世界食品工业的"沉睡的巨狮"。此外，雀巢公司下属的一家法国食品公司为了维持良好的公众形象，总是不厌其烦地处理消费者的来信，甚至对那些无理取闹的信件也极其认真。任何寄给这家公司的消费者服务部的投诉书都会得到回复，消费者在接到回信时除感到受宠若惊外，也增加了对公司的信赖。

为了实现雀巢的目标——"执食品及饮料业的牛耳"，雀巢在食品研究与开发方面不断地居领先地位。

在一百多年的发展中，雀巢始终坚持"质量第一"的宗旨，以科技为后盾，不断创新，推出了许多符合消费者要求的营养、卫生、安全的新产品。例如，适合于刚出生至 6 个月婴儿的力多精婴儿奶粉和能恩 I 奶粉，6 个月以上婴儿的纯谷类或含谷类系列辅助食品，不会引起过敏反应的婴儿奶粉，还有煮完之后不必清洗的"雀巢蒸馏壶"，等等。

此外，公司还在世界各地设立了近 20 个研究所，专门研究一两种适合当地居民口味的食品，还设置一个"基本研究"单位，专门研究营养成分与健康的关系。就像母雀关爱幼雀一样，雀巢公司对所有的"人"始终抱着关心、重视的态度。这里所说的"人"不仅指雀巢公司的职工，当然还包括顾客及雀巢在全球各分公司所在国家的人们。为了落实其基于人的哲学，以期取得广大消费者的支持，雀巢要求其产品、销售、员工、环境等都建立在良好的质量基础上，实现全面质量管理。

为贯彻这一"重视人"的企业哲学，雀巢从原料的选择开始，就有一整套的系统来负责监控，使制造程序、成品定期检验等都能系统化、制度化。为了让每一个职工了解质量的重要性，雀巢不仅要求直接面对消费者的员工具备相当的质量观念，其他各部门的人也应有相同的"满足消费者"的概念。雀巢各阶层的领导者均须以身作则，以质量为上，并使下属相信，质量关系着公司的未来和个人的职业的保障，并以此鼓励员工要勇于承担责任，克服困难，圆满完成工作。也就是说，雀巢的所有员工都是质量的监督与实施者。这也是雀巢全面质量管理哲学的一部分。

（资料来源：清华大学经济管理学院工商管理研究组：《MBA 工商管理800 例》，世界图书出版公司 1998 年版）

二、案例分析

任何事物只有适应周围环境的变化，才能得以生存和发展，企业也是如此。一百多年的历史，起起伏伏，波波折折。雀巢公司不仅生存下来了，而且规模之大已排在世界 500 家最大工业公司的前 30 位，这应归功于公司随机应变，在险境下善于寻找出路的能力。对于企业而言，产品就应是随着消费者需求的变化而有所改变，企业的组织也同样随环境的变化进行调整，在竞争激烈的今天只有不断努力的企业才是有活力的企业。

三、思考·讨论·训练

1. 面对经营失利，雀巢公司做了哪些努力？
2. 雀巢能够"执食品及饮料业的牛耳"的基础是什么？

第四章　战略计划过程

一个企业不是由它的名字、章程和公司条例来定义，而是由它的任务来定义的。企业只有具备了明确的任务和目的，才可能制定明确和现实的企业目标。

—— ［美］彼得·德鲁克

逆水行舟，不进则退。

——中国经商谚语

一、市场营销战略的含义

在完成市场环境分析和购买能力分析之后，市场营销者就可以着手市场营销战略决策。

战略是企业为之奋斗的一些终点（目标）与企业为达到它们而寻求的方法（政策）的结合物。这个定义强调：第一，战略是瞄向一定的目标的活动，因此首先要有目标，即目标决策；第二，要有实现目标的途径和方法，这就需要进行战略途径选择决策；第三，战略是目标、途径与方法有机结合的体系，是一个整体。

市场营销战略在公司战略体系中的地位，是由作为影响企业活动的核心因素——顾客而联系起来的。在此理念下，市场营销作为面向顾客和竞争的最前沿，它在企业中担当先锋军的职能。相应的，市场营销战略就成为企业战略体系的核心。

在概念上，市场营销战略与研究开发战略、生产战略、人力资源战略和财务战略等同为职能战略，但地位与作用各不相同，市场营销战略具有引导其他职能战略的意义。例如，市场营销战略中提出，"通过向顾客提供更为满意的产品和服务提高公司销售额、扩大市场占有率"，相应的，研究开发战略就要具体规划如何开发更为优秀的产品；生产战略则要规划如何提高产量和质量；

人力资源战略则要考虑与此相配合的人员招聘、培训和激励政策；财务战略则要为完成这样的营销战略目标而筹划资金。

市场营销战略作为一个职能战略，必须服从和服务于公司战略。服从于公司战略，要求营销战略必须要遵循公司的使命宗旨，高效地完成公司的营销目标，还要坚决贯彻公司的战略意图。

二、市场营销战略的类型

市场营销战略一般包括增长战略和竞争战略。

（一）增长战略

增长战略包括密集增长、多样化增长和一体化增长三种主要战略途径。它们主要是关于市场和业务扩张的战略。

密集增长战略就是在企业现有业务中寻找迅速提高销售额的发展机会的增长战略。

市场渗透战略是由企业现有产品和现有市场组合而产生的战略。在这种组合下，一个企业要提高销售量主要取决于其产品的使用数量和使用率两个因素。

产品开发战略是一种企业在原有目标市场上推出新一代产品的战略，这种战略比传统战略的产品发展战略向前迈进了一步。

市场开发战略是由现有产品和相关市场组合产生的战略。它是发展现有产品的顾客或新的地域市场从而扩大产品销售的战略。实行这种战略一般有三种方法：一是市场开发，即将本企业产品打入别的市场上去；二是在市场中寻找新的潜在用户；三是增加新的销售渠道。

多元化战略，也被称为多样化经营、多角经营和多样化增长战略，是指企业同时生产或提供两种以上基本用途不同的产品或劳务的一种经营战略。根据现有业务领域和新业务领域之间的关联程度，企业多元化战略的类型可分为相关多元化战略和不相关多元化战略。根据现有业务和新业务之间关联内容的不同，相关多元化战略又可分为同心多元化战略和水平多元化战略。同心多元化战略即企业利用原有的技术、特长、经验等开发新产品，增加产品种类，从同一圆心向外扩大业务经营范围。水平多元化战略是指企业利用原有市场，采用不同的技术来开发新产品。不相关多元化战略也称为集团多元化战略，这种战略是实力雄厚的大企业集团采用的一种经营战略。

一体化战略分为纵向一体化战略和横向一体化战略。纵向一体化战略也称垂直一体化战略，是指生产或经营过程相互衔接、紧密联系的企业之间实现一体化的战略形式。它包括前向一体化和后向一体化。前向一体化是指生产企业与用户企业之间的联合，目的是促进和控制产品的需求，搞好产品营销。后向一体化是指生产企业与供应企业之间的联合，目的是为了确保产品或服务所需的全部或部分原材料的供应，加强对所需原材料的质量控制。后向一体化是以企业初始生产经营的产品（业务）项目为基准，企业生产经营范围的扩展沿其生产经营链条向后延伸，发展企业原来生产经营业务的配套供应项目，即发展企业原有业务生产经营所需的原料、配件、能源及包装服务业务的生产经营。横向一体化也称为水平一体化，是指与处于相同行业、生产同类产品或工艺详尽的企业实现联合。

（二）竞争战略

在选定业务方向以后，还必须为每项业务开发竞争战略。简单地说，竞争战略就是如何取得竞争优势的战略途径。由哈佛大学教授迈克尔·波特在《竞争战略》和《竞争优势》两本书中系统地论述了竞争缘由和分析方法，并提出了总成本领先战略、差别化战略和集中战略三种基本竞争战略。

总成本领先战略，就是通过对成本控制的不懈努力，使本企业的产品成本成为同行业中最低者。总成本领先战略并不是只顾成本，不及其余。总成本领先战略也是顾客导向的，侧重于通过降低顾客成本来提高顾客价值。

从行业分析模型来看，某行业内存在着激烈的竞争，但具有低成本的企业却可以获得高于行业平均水平的收益。它的低成本地位使其能够抗衡来自竞争对手的攻击，因为当其对手通过削价同它竞争时，它仍然能在较低的价格水平上获利，直到将对手逼至边际利润为零或为负数。当敌人弹粮殆尽之时，它就可以吹响全面横扫的冲锋号了。低成本就像一堵高墙，使潜在的加入者望而生畏，为之却步。

同样，低成本可以强有力地抵御买方和供应方力量的威胁。买方和供应方的讨价还价能力使得行业内企业的利润减少，正如低成本企业可以抵御竞争对手的威胁一样，当由于行业内利润下降使得其他竞争对手都无利可图时，低成本企业仍然可以有相当的利润维持生存和发展。

最后，低成本也可以抵御来自替代品的威胁。人们购买替代品无非是看好替代品的性能或价格。替代品若是革命性的，那么整个行业被替代都在所难免，但若不是这样，而只是从价格上考虑，那么总成本领先的企业就可以在行业中蜗居到最后一个，而且它还可以同替代品展开成本和价格上的竞争。

差别化战略是提高竞争力的另一种思想，是设法向顾客提供具有独特性的东西（包括产品、服务和企业形象），并且同其他竞争对手区分开来，这种战略称之为差别化战略。

差别化的核心是向顾客提供独特价值，而这些独特价值的来源则存在于企业价值链的构成之中。然而，要提高差别化优势也要付出成本，因此权衡差别化所得与成本所失就成了差别化战略中的重要问题。

集中战略，就是在细分市场的基础上，选择恰当的目标市场，倾其所能为目标市场服务。其核心是集中资源于目标市场，取得在局部区域上的竞争优势。至于目标市场的大小、范围，既取决于企业的资源，也取决于目标市场中各个方面内在联系的紧密程度。如产品的接近性、顾客的接近性、销售渠道的接近性和地理位置的接近性。

选择集中战略的一个重要问题是这种战略的持久性。它是由三个因素决定的：一是相对于目标广泛的竞争者的持久性；二是相对于模仿者的持久性；三是相对于替代品的持久性。

相对于目标广泛的竞争者的持久性，主要取决于一个目标市场广泛的竞争者在服务其他市场的同时又服务于实行集中战略的厂商的细分市场时是否降低了单独为其中一个细分市场服务的能力。相对于模仿者的持久性，可以应用行业分析模型将模仿者看做是潜在的新加入者。模仿者的进入障碍主要来自细分市场内的企业所拥有的规模经济性、差别化、销售渠道，或对实行集中战略有利的其他障碍的独特性。集中战略对来自替代品的威胁最敏感。对一个细分行业而言，被替代的威胁要比整个行业大。因为对一个行业的替代过程是渐变的，目标市场广泛的企业可以有较长时间、较大的回旋余地，"东方不亮西方亮"，而奉行集中战略的企业对这种替代过程则可能束手无策。因此，实行集中战略的企业必须时刻关注其所赖以生存的细分市场的结构变化和发展潜力。

案例 1 伯瑞尔公司的市场战略

一、案例介绍

索斯·伯瑞尔公司是一家法国矿泉水生产厂家，该公司自 1976 年打入美国市场，在其后的十年内在美国的市场份额一路攀升，20 世纪 80 年代末期达到了顶点。

早在 19 世纪，索斯·伯瑞尔瓶装天然矿泉水就已经在欧洲一些高级餐厅和商店里成为人们熟悉的饮料了。在法国南部靠近尼迈的地方有一处泉水含有二氧化碳,这处泉水由于它的味道及含有对身体有益的元素已经享誉一个世纪。它第一次被商家销售是在 1863 年。到了 20 世纪中叶,它被装在人们熟悉的绿瓶中销往整个法国和西欧大部分地区。由于该矿泉水有药物功能,例如它能防治心脏病,使它大受欢迎。到了 20 世纪 70 年代,在欧洲市场上,伯瑞尔和其他一些矿泉水已经不仅仅作为一种对身体有益的饮料了,它还在那些本地水不很安全的地方作为生产软饮料的原料。

但直到 20 世纪 70 年代,伯瑞尔都没有登陆美国市场。因为此前美国人还没有为健康目的而饮用矿泉水的习惯。美国瓶装水的主要市场在西部,由于含有硫黄和其他矿物质,使当地的水很难喝。这一市场的最大生产商巴克莱特,是加利福尼亚的一家公司,它的水每桶 5 加仑。伯瑞尔没有希望在这一市场上进行竞争,从法国到这里的运费使饮水的价格太高了。

但是,自 1976 年后,伯瑞尔公司决定打入美国软饮料市场,毕竟美国是世界上最大最富裕的软饮料市场。尽管许多年前伯瑞尔矿泉水就曾小批量出口到美国作为一种软饮料和生产软饮料的原料,但是这对以 1 美元或更低一点的价格销售 23 盎司水的伯瑞尔公司来讲太少了。为此,伯瑞尔在纽约建立了营销组织,叫法国水公司。布鲁斯·纳宁受聘管理这家公司,其目的是建立伯瑞尔水作为软饮料和酒类替代品的地位。

伯瑞尔公司制订了详尽的计划,通过扩大出口把运输费用减少了 20%—30%,以便同其他较贵的饮料进行竞争。23 盎司一桶的水只卖 69 美分,低到了足可以吸引中等收入的消费者,而又不会失去那些它在美国市场上已经获得的、愿意以购买伯瑞尔水显示身份的顾客。

1976 年,伯瑞尔在美国的销售还不足 100 万美元,并且局限在几个较大的城市,当时采取的是把伯瑞尔水直接运到零售商手中的办法。1978 年,纳宁改变了这种做法,把伯瑞尔水卖给软饮料或啤酒批发商,因为批发商可以和零售商签订更多的合同。与此同时,伯瑞尔发动了强大的广告攻势,开始的广告等促销活动主要集中在纽约和洛杉矶两大城市,花费达到 200 万美元。1979年,这一预算达到 1100 万美元,广告被分为两大块:一块是电视广告,一块是在印刷品上做广告。电视广告的主持人向美国观众介绍天然含二氧化碳的伯瑞尔水,在印刷品上做的广告则强调伯瑞尔水只含有少量卡路里和人工添加剂。

经过一系列的促销活动,伯瑞尔的销售额直线上升,从 1976 年的不足100 万美元到 1980 年超过 1 亿美元大关。但就在伯瑞尔在美国市场份额直线上升的时候，它受到了另一家来自加拿大的蒙特莱尔公司的挑战。

蒙特莱尔天然矿泉水公司，自 1970 年起一直是加拿大最大的瓶装水销售公司。蒙特莱尔饮料和伯瑞尔水一样含有二氧化碳。蒙特莱尔是 1979 年 5 月开始进入纽约和迈阿密市场的，4 个月后销售额就逾 100 万美元，并且获得了纽约 71% 及迈阿密 83% 的消费者的认同，蒙特莱尔被认为是对身体有益的高纯度饮料，它把目标市场集中在收入为 1.5 万美元以上的家庭上。蒙特莱尔的管理人员声称，和伯瑞尔水相比，消费者更偏爱蒙特莱尔水，这也是他们决定进入美国市场的原因。

面对蒙特莱尔矿泉水的挑战，伯瑞尔公司首先分析和预测了市场竞争形势。结论是：美国瓶装水市场从 1976—1985 年已发生了很大变化，值得一提的是，瓶装水不再是软饮料市场上重要的一员了，当时美国瓶装水仅占软饮料销售额的 15% 和收益额的 16.9%。同时由于在美国喜欢喝软饮料的人口在收缩，所以整个 20 世纪 80 年代软饮料的销售增长缓慢，但因矿泉水对健康有益，所以矿泉水的消费在 80 年代仍会持续上涨。根据该预测，伯瑞尔公司采用了两条响应竞争、扩大市场份额的手段：一是继续以做广告为促销计划的中心。伯瑞尔公司认为，该行业一个成熟的标志就是除了产品分销渠道的增加以外，促销手段也发生了变化。为此伯瑞尔公司进行了大规模广告宣传，迫使其他竞争者也照着去做，这最终提高了销售成本。随着一些小地方竞争者的加入，促销转而强调对零售商的激励机制，越来越多的装瓶批发商直接把产品卖给零售商，以降低成本和保持零售商有较高的利润，从而保持了伯瑞尔在原有销售渠道上的成本优势。二是提供标准产品给零售商。它仍继续用软饮料和啤酒批发商把商品推销给零售商这条分销渠道。80 年代，伯瑞尔把精力集中在增加零售商的数量上，在 10 个最大的城市，伯瑞尔建立了促销机构，这些机构帮助零售商在销售网点上进行展销，并解释说公司的广告将帮助零售商销售伯瑞尔水。除了这些以外，该机构还为伯瑞尔寻找新的零售点如超级市场、餐厅等。最初他们很成功，在最大的 10 个市场增长率逾 10%。

除此以外，伯瑞尔公司还在产品差别化上做文章。

伯瑞尔于 1983 年和 1984 年开始试销风味矿泉水产品系列，因为市场调研已表明，人们喜欢加兑一些柠檬汁、橘子汁的伯瑞尔水。纳宁认为，新的产品系列将提高伯瑞尔水作为低卡路里饮料和有利健康的软饮料替代品的市场地位。

伯瑞尔公司 1976 年进入美国市场，1980 年销售额超过 1 亿美元，1990 年达 5 亿美元。同期，占该产品领域市场份额从几乎为零扩大到 80% 左右。

（资料来源：清华大学经济管理学院工商管理研究组：《MBA 工商管理800 例》，世界图书出版公司 1998 年版）

二、案例分析

市场进入策略主要有差别化产品、创新产品、低价格等方式。伯瑞尔正是通过大批量出口，设法降低了产品售价，从而进入美国市场的。市场份额的扩大是企业市场地位的上升，又是企业利润的保证。在竞争激烈的情况下，伯瑞尔主要通过广告攻势，扩大消费群体，增加零售商数量，增加销售渠道等方式提高了该公司产品的市场份额。

三、思考·讨论·训练

1. 伯瑞尔公司是怎样运用市场进入策略占领美国市场的？
2. 伯瑞尔公司在中国市场上应该怎么做？

案例 2　联手安徽新华"海归派"
贝发的本土"寻亲记"

一、案例介绍

2007 年 12 月 10 日，贝发集团，这家名列世界前三的中国文具生产商，与位列全国同行前 10 强的安徽新华书店发行集团（简称"安徽新华"）举行签约仪式，宣布双方缔结战略合作关系，共同成立"贝发新华文具连锁"，这意味着今后在安徽新华集团下辖的 300 余家门店中，贝发将成为其重点经营项目——文化用品的独家供应商。

据悉，像这样由一家文具企业"通吃"一个省份新华书店终端资源的做法，在国内还是第一遭，双方的合作开创了中国文具制造及流通领域两大领先品牌成功整合的先河。对于安徽新华来说，该项目意味他们在推行"混业经营"的业态创新方面，找到了一家具备中国全品类文具一站式采购服务优势的强大合作伙伴；而对于贝发来说，该项目则是其继在国内发展 628 家终端零售商和 300 多家加盟商之后的又一个重要"领地"。

早年从事纯外贸型生产的贝发集团，自 2005 年全面转战国内市场以来，就频频"寻亲交友"，与娱乐、体育、会展、渠道等各领域的知名品牌进行广泛合作。超女、08 奥运、上海世博会……所有热门事件，似乎都有贝发闪身而过的影子。通过一系列的布局和动作，贝发正在国内市场不断渗透其影响力。

（一）国内布网的"安徽试验"

牵手拥有 60 多年历史、下辖众多门店的新华书店，无疑将使贝发在安徽市场傲视同侪。

"贝发文具自此将增加与安徽消费者'亲密接触'的机会"，贝发集团高层表示。据其介绍，借助合作伙伴庞大的分销渠道和与之"排他性"的约定，他们将在该省迅速形成强有力的直控终端，带动销售取得突破性增长。这名高层预测认为，"仅安徽一省，明年全年可完成销售上亿元"。

但更令贝发看重的是，"安徽试验"对于正处渠道模式变革期的该企业的示范意义。因在其规划的"新贝发商业模式"里，贝发未来的发展方向已然非常清晰：利用成为 2008 年北京奥运会文具特许经营商、特许零售商和文具独家供应商的契机，着力打造品牌，整合产业链，吸引各类文具生产企业和零售店加盟，将贝发从原先制造商的单一身份向品牌供应链整合者过渡，从而打造中国文具行业的公众品牌和中国最大的文具供货销售集团。

为此，他们已确立了"以终端文具超市为载体，以集成供应链为手段，成为中国文具行业价值链的管理者"的战略目标，以及"经营一个文具产业、打造十个知名品牌，搭建百强企业平台，建设千家连锁分店，整合万家销售终端"的名为"个十百千万工程"的实务操作模式。而"借道"新华书店系统以快速拓展营销网络，不仅使贝发在安徽的销量和品牌均提升有期，而且无异于又开创了一种易于成功复制的渠道建设和商业合作新模式。

据透露，双方的接触和考察，始于半年前。贝发身上的三重属性，被安徽新华视为"合适的联姻者"：实力背景——中国规模最大、实力最强、出口创汇最多的制笔和文具集团；专业化水平——提供中国全品类文具一站式采购服务，包括学生用品、办公用品、礼品在内的 1 万多个品种文具产品能为顾客提供"一站式"采购，此外文具物流供应体系完全可实现"一站式"直达；品牌号召力——作为 29 届奥运会历史上第一家文具赞助商，也是奥运史上第一家集特许经营商、特许零售商和文具独家供应商三种身份于一身的品牌，能为商家带来可观的利益回报。

其上述优势，对于急欲提升全省各门店文具用品的经营专业化水平和盈利能力的安徽新华来说，极具吸引力。有资料显示，随着国内图书销售市场逐步开放，图书发行主体日趋多元化，全国 1.4 万个新华系统的图书网点，在 7 万多家民营书店以及香港联合出版集团等进入内地的外资的双重压力下，发展陷于困境。为谋求生机，各省的新华书店在经营图书、音像制品外，开始兼营适应市场需求的其他商品，纷纷探索"图书＋文化用品"、"图书＋医药"、"图书＋农资农药"等多种业态互相促进的经营模式。但现阶段，因其兼营的产品普遍存在"散乱差"的弊病，加之制造商不能在经营、管理、推广等诸多方面提供配套支持，导致终端销售业绩不佳。

因此，业内分析人士认为，引进像贝发这样的优势品牌，一举改变以往"多头采购"模式，统一标识、统一进货、统一配送、统一管理、统一服务、统一信息，实施连锁经营，不断提高专业化水平，这对于破解"新华书店'金字招牌'如何转化为现实竞争优势"、"新华书店作为具有双重任务的文化企业如何提高经济效益"等行业难题，不无裨益。

（二）梦想照耀"回乡路"

种种迹象表明，曾长期经历"墙内开花墙外香"局面的贝发，正在加快其在国内"合纵连横"的步伐。

正如儿歌所唱的那样："找呀找呀找朋友，找到一个好朋友，敬个礼，握握手，你是我的好朋友。"贝发集团也一直在寻找"朋友"——在不同领域能带动自己品牌进行捆绑销售和联合推广的成熟、强势品牌。

牵手2008年北京奥运，对贝发来说是一个千载难逢的大好发展机遇。一方面，利用奥运特许经营商、特许零售商资格，有利于贝发开拓国内市场，提升贝发在国内的品牌知名度；另一方面，贝发品牌将随着2008年北京奥运在世界范围内进行推广和传播，极大地提升贝发在全球的品牌地位。

为此，贝发砸下2亿元人民币的"推广费"，希望通过奥运会这一平台，将企业从原先制造商的单一身份向品牌供应链整合者过渡，最终发展为集强势品牌整合商、经营商、零售商、供应商"四位一体"的公司；同时，依靠文具连锁超市和信息化的电子商务平台，通过有效的品牌运营和资本运作，将贝发打造成为中国最大的全品类文具一站式采购服务商及中国连锁文具超市第一品牌。

"特许"身份目前已带来了连锁效应。北京奥运会的合作伙伴可口可乐、中国银行的文具采购，也不约而同地瞄上了贝发；乃至这次与安徽新华达成文具连锁合作，标志着贝发向着自己的梦想又靠近了一步。

该事件的影响远不止于此。据了解，目前国内办公用品市场的容量大致为3000亿元，并且以每年15%的增长率在快速扩容。但是，国内办公用品的市场格局一直处在"诸侯割据"的状况，近10万家文具生产商，但是没有一家市场占有率超过1%，市场竞争尚停留在低级的产品竞争和价格竞争阶段。行业专家表示，目前文具业已进入了后竞争阶段，文具业的竞争方式由单一的价格竞争向技术、管理等多方位的品牌化竞争转变。因此，贝发在品牌运营、产业转型、渠道创新等方面的许多创举，将转变为今后市场竞争的胜势。

据悉，在与安徽新华进行"排他性"合作之前，作为2008年奥运会独家文具供应商，贝发目前已经向600多家奥运特许商店特供文具类奥运商品；此外，作为奥运的特许零售商和经营商，贝发的自有和加盟店正在大规模扩张中。该企业的目标是在全国一、二线城市建立1000家左右的贝发品牌门店，未来五年里销售额突破200亿元。

专家进一步预测认为，目前已位居国内最大、全球前三的书写工具制造商的贝发，是国内最有望在未来引领国内企业抗衡国际巨头大举"入侵"的本土领袖品牌；其创新的业务模式，对于正因面临价格竞争激烈、出口退税下调、人民币升值、劳动力成本上升等不利因素而苦无对策的大多数文具品牌来讲，提供了一则倍速发展的企业成功案例。

（资料来源，中清企业培训网，http：//www.pxtop.com.cn）

二、案例分析

贝发与新华的联姻无疑是强强联姻的最佳案例之一，以往贝发与国际知名企业合作提高了自己的国际企业形象，这次与新华书店联姻为自己新营销方式的实施铺架了一条平坦、宽阔的阳光大道。这次联姻贝发构建了最佳的营销渠道，提升了企业在客户心目中形象，赋予企业新的形象附加值，为企业的发展奠定形象基础，迅速放大贝发在文具乃至办公产业的品牌影响力与市场占有率。

三、思考·讨论·训练

1. 如何看待贝发集团与安徽新华书店的战略合作？
2. 制定市场营销战略的意义有哪些？

案例3 "统一"企业的多角化经营

一、案例介绍

对于"康师傅"方便面我们都熟悉，但对于其后台老板之一即统一企业，我们或许比较陌生，殊不知统一原来的经营领域是纺织业，它是通过多角化进入食品行业的。

统一企业在 1987 年以前，是台湾地区财团中屈指可数的台南纺织集团的下属企业。台南纺织是一个集纺织、纤维加工、食品、水泥、渔业等于一体的多元化企业集团。台南纺织集团是由台南县出身的吴、侯两大家族经营、发展起来的，因而有人习惯于将其简称为"台南帮"。此后，南纺成为吴、侯两家合作关系的轴心，也成为企业集团的核心。

自 20 世纪 50 年代后期到 60 年代前期，台湾地区正处于以纤维工业及轻工业为中心的"出口导向型工业化"的初期阶段，在这一时期，台南纺织积极投资，使生产能力不断扩大，并主要依赖日本商社出口。

在发展台南纺织的同时，吴、侯两家在纤维相关领域设立了几家新公司，逐渐形成了一个以台南纺织为中心的企业集团。其中具有代表性的有：以化纤为主的新兴纺织公司，生产服装的德兴企业，专门从事织布业务的新复兴实业等。这些公司均由吴、侯两家的成员共同出资兴办，经营活动也由两家的成员分担，采用的是一种作为集团的协作体制。

这期间，吴、侯两家预料到，随着经济建设的进行，对水泥的需求会急剧增加，于是在 1960 年共同出资兴建了环球水泥公司，这是该集团向非纺织部门迈出的第一步。

20 世纪 60 年代后期到 70 年代，该集团在纤维相关领域设立了一系列新公司的同时，还在非纤维部门不断开拓新领域。1967 年创立了从事面粉制造与食品加工的统一企业，1970 年又创立了生产点心的可口企业，正式步入食品行业。热衷于在食品部门寻求多样化发展的吴修齐，出任统一、可口两家公司的第一任董事长。

在食品部门，后来又相继设立了统一实业和供应农畜产品的统一农畜实业两家企业，原有的统一企业也不断扩大生产规模，到 20 世纪 70 年代后期，统一企业已发展成为台湾地区最大的食品生产厂家，同时也成为南纺集团最有实力的企业之一。

20 世纪 70 年代以后，统一企业推行的事业多元化活动，开始向食品以外的部门扩展，相继设立了生产电池及塑料制品的统一工业、从事建筑业的太子建设、生产电子元件的统一电脑等集团企业。塑料制品的生产由于纤维、食品部门的大量需求而形成事业，建筑部门也是为扩大对环球水泥生产的水泥需求量而开拓的。

然而，多样化经营所具有的更为重要的意义，在于统一企业介入流通、服务行业，向超市、便民商店、快餐店发展即是其中一环。

此外，1978 年由集团内各公司共同出资创办了南联国际贸易公司，向贸易领域迈出了第一步。南联国际贸易公司的创立，主要是为了将在此之前集团内各个公司所承担的进出口业务统揽过来，并扩大该集团各个公司的出口业务。

20 世纪 80 年代后半期，南纺、统一集团发生了巨大的变化，又上了一个新台阶。对此，高清愿率领的统一企业及其集团的迅速成长起了很大的作用。这一时期，集团的第一代领导人吴三连、侯雨利等人相继去世。统一企业通过积极发展由食品到流通、服务行业的多元化经营，于 1987 年使股票公开上市，从而募集了大量资金，事业规模进一步扩大。相反，台南纺织、环球水泥等原有的集团企业，其经营则由于纤维行业的衰落等原因而陷入困境。在这种状况下，高清愿率领的统一企业及其下属公司，虽然继续同南纺集团保持着协作关系，但事实上已经独立出来，并于 80 年代末成立了新的企业集团"统一集团"。

新集团以从事食品加工的统一企业为骨干，属下有贸易部门的南联国际贸易、流通部门的统一超市、生产自行车和电池的统一工业、生产罐头的统一实业、生产电子产品的统一半导体等公司。独立时的事业规模与南纺集团相差无几，但没过几年，统一集团的营业额就达到南纺集团的两倍以上。

统一集团在台湾地区的事业，除食品、流通两个部门发展顺利外，1988 年起还通过统一投资、统一开发事业等下属企业，开始向娱乐业投资。统一半导体也通过引进美国 MTI 公司的技术生产半导体而迅速发展起来。

更加引人注目的是统一集团在海外的投资活动。1990 年，它以 3.35 亿美元的价格，收购了在美国的甜饼、饼干业界仅次于那比斯克、基辅乐两家公司的温德姆食品公司，正式打进美国的食品市场。

统一集团收购温德姆公司的目的，不仅在于将其作为在美国的活动据点，而且是想在台湾地区利用该公司的先进的物流管理和营销系统。

统一集团还通过子公司不断在美国开拓快餐食品市场，1992 年以后，曾几次有消息说，该集团有意在美国的食品加工业及娱乐业收购有实力的企业。

此外，从 20 世纪 80 年代末起，统一集团在菲律宾、印度尼西亚、泰国等东南亚国家向以食品加工为中心的几项事业投资，其中包括向泰国最大的面包制造厂参股 20%。

1990 年以后，该集团又在中国大陆积极开展投资活动，目前已在北京、上海、天津等几个城市建成了生产快餐面、乳制品及番茄制品的加工厂，并将其产品投放到中国大陆市场。另外，与法国加尔福尔公司合资在中国大陆开设大型超级市场的计划也在着手制定。对中国大陆的投资，到 1993 年中期已达 5000 万美元，预计还要追加投资 1.5 亿美元。

与在美国及中国大陆的投资相关联，统一企业于 1990 年发行了 1.1 亿美元的欧洲债券，1993 年又计划在香港发行 5000 万美元的商业债券，积极开展在海外的筹资活动。另外，面对台湾当局对向中国大陆投资的种种限制，统一企业又在探讨将其驻香港子公司的股票在香港上市。

从规模上看，统一集团 1993 年已跃居台湾地区企业集团的第 6 位。如将与其保持密切关系的南纺包括在内，则其规模或许仅次于台塑。从其积极开展多角化经营和海外投资这一点来看，预计它今后将继续迅速发展。

（资料来源：清华大学经济管理学院工商管理研究组：《MBA 工商管理 800 例》，世界图书出版公司 1998 年版）

二、案例分析

多角化经营可分散经营风险。进入 20 世纪 80 年代后，南纺、统一集团明确意识到纤维、水泥、建筑等行业走向衰落的趋势，逐渐将投资重点转移到以统一企业为中心的食品加工和流通领域。多角化经营往往可以与时代保持同步发展。统一企业之所以向快餐及超级便民连锁店方向发展，主要是由于它希望借此时的潮流，加入流通、服务行业，并通过引进外国资本和专业技术，走在时代的前列。

三、思考·讨论·训练

1. 统一集团是如何实行多角化经营的？
2. 结合本案例，谈谈企业在制订战略计划过程中应研究哪些问题？

案例 4　"春都"的经营得失

一、案例介绍

"春都"是我国肉食加工行业著名的企业集团，自 1986 年生产出我国第一根西式火腿肠开始，曾以"会跳舞的火腿肠"红遍大半个中国，是全国肉类加工行业的一颗明星。从 20 世纪 80 年代后半期至 90 年代前半期是春都最为辉煌的十年，在这一时期，他们创造了令人刮目相看的成绩。但进入90年代后半期，"春都"的经营却每况愈下，甚至在世纪之交之际，在经营上陷入了困境，形成了由盛到衰的局面。

春都集团的前身是始建于1958年的洛阳肉联厂，在计划经济体制下，平平淡淡几十年。直到20世纪80年代高凤来执掌企业经营管理后，企业才开始出现转机。1986年，在经过对国内外肉制品市场进行分析考察后，高凤来果断决定改变原来单纯从事生猪屠宰储藏业务的经营状况，对猪肉进行深加工，发展高温肉制品生产加工业务，在国内首家引进西式火腿肠生产线，生产出中国第一根火腿肠，迅速走俏市场，红遍大半个中国，企业生产经营规模迅速扩展，销售收入、利润连年翻番，获得了巨大的经济效益，企业也从此获得了迅速、持续地发展。到90年代初，"春都"已从一个经济效益不佳的地方小型肉联厂发展成为销售收入超过10亿元，利润过亿元的国内著名大型肉制品生产加工企业。

这个时期"春都"的成功，从表面上看得益于其成功的产品决策，选对了一个适合市场需求的产品，但从更深一层来分析，真正使企业迅速发展、取得优异绩效的是由于其正确的发展战略决策带来的。无论当时春都人是否真正认识到这一点，是否有意识地、系统地开展了战略管理，事实上他们做出的是一个与企业当时的外部环境及内部条件都极为匹配的正确的战略决策——前向一体化发展战略，这种前向一体化的发展战略适应了企业当时的外部环境要求及企业当时的内部资源条件。因此使企业的经营取得了成功，获得了发展。

进入20世纪90年代以后，在经营上取得一定业绩，企业获得了迅速发展并积累了一定实力的基础上，春都人在经营战略决策上变得不太谨慎了：急于想把企业做得更大，取得更快的发展。他们觉得单纯围绕火腿肠、肉制品经营所能实现的发展速度已不能满足其更迅速发展壮大的要求，必须新增更有市场、盈利更快的经营项目；同时，也受当时风行企业界的资本运营、低成本扩张、多元化经营等影响，在求"大"、求"快"、求"多"思想的驱使下，也在有关政府部门"优势企业兼并劣势企业"的号召下，春都在继续围绕肉类加工业务实施一体化发展战略——发展养殖、饲料加工、包装项目的同时，又选择了非相关多元化的发展战略。他们在较短的时间内，先后投巨资新增了医药、茶饮料、房地产等多个经营项目，并跨地区、跨行业收购兼并了洛阳市旋宫大厦、平顶山肉联厂、重庆万州食品公司等十几家亏损企业，使其经营范围涉及生猪屠宰加工、熟肉制品、茶饮料、医药、旅馆酒店、房地产、木材加工、商业等产业，走上了一条一体化与多元化同时并举的发展道路。企业经营项目繁杂，相互间关联度低，与其原主业之间也无任何关联，且投资时间集中。

这种企业战略导致了以下后果：

1. 企业资源分散、主业投入不足，难以满足维持市场竞争优势的需要。进入 20 世纪 90 年代，火腿肠、肉制品市场竞争加剧，行业内除了省内"双汇"、"郑荣"等后来者迅速壮大，与春都激烈竞争，抢夺市场，形成当时行业"三巨头"外，山东、江苏、四川、河北、东北等地又出现了多家火腿肠及肉制品生产企业都来抢夺这个市场，而就在其原有主业——熟肉制品市场竞争激烈，急需春都增加投入、提高产品及企业整体竞争力时，那些与主业无关的新增经营项目、新兼并企业分散了春都有限的资源，使春都在主业经营的各个方面（产品研发、市场营销、内部管理等）投入严重不足，甚至难以保证其正常运营的需要。比如，春都集团贷款额高达 12 亿元，但其中 6.6 亿元被新投资项目占用，2.3 亿元用来购并亏损困难企业，加上管理不善，外欠长期贷款又达 2 亿元，最终用于原有主业营运的资金不足 1/10，造成主业营运资金缺乏，生产经营受影响，企业整体竞争力下降，在市场竞争中处于劣势，在熟肉制品市场上从行业老大退居第 2 位，且与后来居上的"双汇"在市场竞争优势上相差甚远。到 1999 年年底，由于流动资金不足、市场营销衰退，使春都集团的 90 多条火腿肠生产线中 2/3 停产闲置（形成鲜明对照的是，此时双汇集团拥有的 200 多条火腿肠生产线却在昼夜生产，产品仍供不应求）。银行甚至暂时停止了对春都的贷款，外商也撤走了投资，企业经营面临困境。

2. 新上项目资本需求巨大，造成项目相互间资源争夺严重，多数项目投入不足，且因缺乏经营资金而不能正常营运，加上在技术、人才、经营、管理方面并不具备成功经营所必需的力量，不但主业经营大受影响，也使新上项目长时间不能形成市场优势，进入良性运营并产生收益，这都加重了企业的财务负担，使企业陷入"多元化陷阱"而不能自拔。

3. 盲目兼并使企业背上了沉重的包袱。兼并是企业追求发展的一种手段和途径，但必须正确运用，才能取得好的效果。至于一项兼并活动是否必要，要看其实施的结果是否对企业竞争能力的提高、市场竞争优势的增强有促进作用——从经济学意义上讲，是要看兼并活动是否有利于企业集团经营效率的提高，否则，兼并的合理性就值得怀疑。春都的上述兼并无论从目标企业、兼并时机、自身管理能力等方面来看都是不恰当的。因此，这些兼并活动非但没有对企业集团的发展起到促进作用，反而使其背上了沉重的包袱。

（资料来源：道中国网，http：//www.daochina.com/）

二、案例分析

企业在经营发展中出现失误和暂时的困难都是正常的，尤其是对于经验和经历都非常缺乏的我国企业来讲更是如此。重要的是要及时总结、发现和面对问题，借鉴国内外企业成功的经验，果断地制定恰当的战略，扭转企业经营的被动局面，使企业迅速步入正确的发展道路。

三、思考·讨论·训练

1. 导致春都集团陷入困境的主要原因是什么？
2. 对春都未来发展的建议。

案例5　谁说大象不可嫁给鲸鱼
——可口可乐与九城联姻

一、案例分析

可口可乐与第九城市计算机技术咨询（上海）有限公司（简称"九城"）战略合作，《魔兽世界》冰爽体验！2005 年以来，可口可乐不仅加大了在中国市场的投资力度，而且开始联合本地领先的、具有专业领域特色的合作伙伴，进一步强化本土化进程。可口可乐此次选择九城作为战略合作伙伴，将充分利用互联网这个在年轻人中广泛普及的沟通平台来加强可口可乐品牌与年轻消费者之间的联系，为年轻消费者提供更多更好的网上音乐、娱乐和其他网络休闲内容。此次合作进一步表明了可口可乐通过网络科技平台强化品牌与年轻消费者互动的战略方向，也是可口可乐公司继与奥运会、FIFA 世界杯、NBA 等体育和音乐领域长期合作后的又一品牌建设新举措。

可口可乐与九城在今年夏季共同推出主题为"可口可乐——要爽由自己、冰火暴风城"的市场活动，将为消费者带来全新的网络娱乐体验。其中最令人期待的是与九城合作推广的"魔兽世界"。"魔兽世界"是现今全球最先进及前卫的网络游戏商暴雪公司历时五年精心制作的游戏精品，它将为年轻人提供感受时尚、激情和快乐的机会，丰富青少年课余及暑期的文化内容。

"这是一次创新和双赢的合作。"可口可乐（中国）饮料有限公司市场战略及创新总经理苏柏梁先生表示，"长期以来，我们一直通过体育和音乐这两个平台与年轻人进行沟通，并取得了许多成功的经验，我们还将在这两个领域继续开展活动。随着互联网应用的迅速普及，这个新平台也自然成为我们另一个与年轻人接触的选择。我们相信与九城的合作将是传统营销模式与新兴互联网平台的完美结合。这样的结合可以为年轻的消费者带来具有震撼力的全新网络新体验"。

九城董事长兼首席执行官朱骏先生说："我们非常高兴能有机会与全球最知名的品牌可口可乐成为战略合作伙伴，共同利用各自在行业内的优势，在网络技术平台上创造新的奇迹，让年轻的消费者真正体验魔兽世界的魅力和震撼。'魔兽世界'在全球是一个非常时尚及极具有吸引力的网络游戏。它的到来，是一次网络时代里程碑式的发展。我们还将积极配合政府倡导健康及适度的网上休闲活动。"他补充道："'魔兽世界'鼓励青少年的团队精神、友谊和树立正义感，还锻炼参与者的策略思维能力。同时其系统内设定了休息奖励机制，鼓励网络爱好者在享受网络游戏时也有节有制。因此，我们期待'魔兽世界'能够成为中国网络游戏行业具有深远意义和发展的一个契机。"

传统行业和新兴网游贵族联手恋爱，共同宣传造势，你中有我，我中有你。如果把九城比作大象，那么可口可乐就是鲸鱼。大象嫁给鲸鱼，吨位大、重量级大、体积大，肯定吸引眼球。况且，二者联合，资源互补，能力互助，网罗所有水陆资源、染指天下。

在那些入选《魔兽世界》主题网吧的网吧，达到120台机器以上的，将由"可口可乐提供赞助装修网吧，包括门头、灯箱、KT板、货架、大幅喷绘写真、各类标志、窗贴和吊旗，等等"，网吧只要缴纳1000元的押金，可口可乐就将免费提供一台冰箱。所有这些设备上都印有《魔兽世界》和可口可乐的标志，在一年的合同期内，不能做任何修改，也不能去除。当然，在可口可乐提供的冰箱或货架上，也是不能摆放其他品牌的饮料的。一个游戏玩家在货架上随手取下一瓶可乐，付完钱后又匆匆走回座位。对玩游戏的人来说，恨不得能钻进去，渴了更是有啥喝啥。所以，网吧并不需要像普通商店一样，给消费者提供多种选择。专注的玩家对品牌并不敏感，这给了单一品牌独占的机会。

（资料来源：博睿管理在线：http://www.boraid.com）

二、案例分析

可口可乐和九城联姻的根本原因是因为它们有着共同的客户——年青一代

的中国公民。于是，异业整合、混业合作就有了可能。当两个或多个不同的行业有共同的消费群体时，不妨可以考虑整合在一起，开展联合推广和营销活动，这样原来需要自己做的成本就减至一半。如果合作顺利，还可以形成长期的战略伙伴关系，为企业更好地节约成本、打开市场、树立形象。可口可乐和九城的联姻战略究竟能给两者带来多大的成功，让我们拭目以待。

三、思考·讨论·训练

1. 可口可乐与九城能够合作的原因是什么？
2. 如何看待可口可乐与九城的联姻？

案例 6　利用整合实现管理权上收益与利益平衡

一、案例介绍

2000 年 10 月，中石化在香港、纽约和伦敦三地证券交易所上市时曾向海外投资者承诺，将按照国际股市规则改造和运作公司，保证其独立性，规避关联交易和系统内的同业竞争，同时也承诺将对下属的上市公司进行整合。

中石化股份有限公司原总裁王基铭曾表示："所谓重组，一方面要理体制；另一方面产业上要符合长远的发展战略，包括相互交织的多个层次，除了子公司的整合，也包括专业的整合、管理的整合，以及产业链的整合。"

油田勘探、炼油、化工、油品销售是中石化的四大业务板块。因此，除了对旗下子公司进行资产回购外，中石化还在同步推进的另一项工作，就是进行业务的整合。

2005 年 5 月 10 日，中国石油化工股份有限公司化工销售分公司在北京正式挂牌成立。至此，中石化的化工产品长期处于分散销售格局、没有形成统一化工产品营销网络的混乱局面将结束。此次，中石化将在北京、上海和广州分别设立三个区域性的销售分公司，建立以直销为主、直销与分销相结合的营销网络。

中石化这次整合的业务主要是针对化工产品，例如，聚乙烯等三大合成材料以及乙二醇等基本化工原料。过去，由于中石化底下有很多分公司，因此做了很多重复性的工作，这次成立化工销售分公司，实际上就是要进行一次整合。

中石化所进行的业务整合，对其整合产业链，突出核心业务，充分发挥集约化经营的整体优势，全面提升综合竞争能力，以及实现整体效益最大化具有重要意义。过去分散的经营模式导致"没有形成'中国石化'统一的品牌，产品优势没有转化为市场优势，制约了产品结构调整和新产品开发、市场开拓和资源配置、客户管理和营销网络建设、经营战略和营销策略等方面的统筹优化，影响了化工板块整体优势的发挥和中国石化市场竞争力的增强，同时也给客户购买中国石化产品带来诸多不便"。

（资料来源：中国气体分离设备商务网，http：//www.cngspw.com/）

二、案例分析

跨国公司近年在中国的石化市场上实施了战略布局，这些国外的能源巨头首先将中国纳入亚太市场这个大体系之中，并确定中国在这个大市场的地位；然后对中国市场进行布局规划，看准时机就按部就班地进入中国市场。随着时间的推移，跨国公司已不断在中国境内扩张自己的版图，中石化要想和这些世界级的对手竞争，首先就要将自己的内部资源整合好，否则，还像过去那样毫无章法的各自出击，其后果可想而知。

企业的经营战略是一个企业发展和前进的方向、总目标，企业的经营策略要围绕着企业经营战略来制定，要根据企业的经营战略去执行。中石化对长期处于分散销售格局、没有形成统一营销网络的化工产品进行业务整合，将在北京、上海和广州分别设立3个区域性的销售分公司，建立以直销为主、直销与分销相结合的营销网络，这种分销的整合策略是根据中石化的长远战略制定的，化工销售分公司的成立，实际上是中石化将管理权限上收的一个步骤。因为只有掌握了控制力，才能实现自己的战略意图。

三、思考·讨论·训练

1. 企业的经营战略有哪些？中石化的整合战略属于哪种战略类型？
2. 除对分销渠道进行整合外，中石化还要进行哪些方面的整合工作，才可与跨国公司在中国市场一争高低？

案例 7　LG"马拉松"式体育营销战略

一、案例介绍

2004 年，欧洲杯、美洲杯、亚洲杯及奥运会等大型体育赛事接踵而至，这些赛事在吸引全球观众目光的同时，也引起无数企业的关注。阿迪达斯、耐克、可口可乐等品牌通过各项体育赛事早已深深地印在人们的脑海里。LG 电子就是凭借出奇制胜的体育营销战略在中国树立了良好的品牌形象。

（一）"马拉松"式的体育营销战略

体育营销作为以体育活动为载体来推广自己的产品和品牌的一种市场营销活动，是市场营销的重要组成部分。每当体育大赛来临时，电视、广播、报纸、网络等媒体上铺天盖地的都是有关赛事的报道和图片，给人带来了强烈的视觉冲击感，越来越多的厂商认识到体育赛事已经成为品牌最好的广告载体。

LG 电子 1993 年进入中国，从建立之初的"乐金"电子到 1995 年全球统一 CI 标识后定名的"LG"电子，如何能够让中国的消费者尽快了解这个企业并从心底里真正接受这个企业，也是 LG 电子曾经面对的困难。

1998 年的法国世界杯在中国掀起了一股足球热浪，借此机会，LG 电子选中足球作为突破点，在 1998 年先后赞助举办了"中韩足球友谊赛"、"中韩足球对抗赛"等多项足球赛事。随后，1999 年的第二届"中韩足球友谊赛"、"2000 年 LG 杯中荷足球对抗赛"、连续五年"LG 杯中国足球超霸赛"的举办、2001 年的"LG 迎 2008 世纪之旅"足球奇人金光振先生从北京到广州颠球 2008 公里的申奥活动、2003 年为"LG 杯女足四国锦标赛"冠名出资赠物……到处可见 LG 电子灿烂的笑脸 LOGO。这些持久的体育赞助和深入人心的体育活动使 LG 的笑脸标识迅速为中国消费者所熟知。

2003 年 LG 更是牵手中国乒乓球队，在短短的一年中，与中国乒乓球队共同出征了世界杯、中国公开赛、国际乒联职业巡回赛、第 47 届世界乒乓球锦标赛（团体赛）、中韩国际对抗赛等赛事，处处都留下了 LG 那熟悉而可爱的笑脸，不久后，这个笑脸又将陪伴着中国乒乓球队征战雅典赛场。由于国人对国球的关注，LG 的品牌知名度再一次得到全面提高，LG 已经在消费者心目中建立起一种健康、积极、拼搏的品牌形象。

体育营销作为一种营销方式，更是一种长期而连贯的营销战略，是迅速提高品牌知名度的手段，但更是树立企业长久品牌形象的投资。所以，成名不等于成功，在体育营销的道路上是一场旷日持久的"马拉松"。

（二）促进营业的另一道杀手锏——体育营销

体育营销作为营销方式的一种，拥有一整套完整的营销手段，同时其所要达到的目的也要服从整个营销系统，能够促进企业产品销售。在这方面，作为世界500强的LG电子可谓经验丰富，通过体育营销与目标顾客展开激情互动，促进了产品的销售，不仅使LG的品牌形象深入人心，更重要的是维护了顾客对LG的品牌忠诚度。

在2002年日韩世界杯期间，中国足球队首次打入决赛圈，正当全国人民为之欢欣鼓舞时，LG策划了历时4个月的"2002 LG全国球迷总动员"的精彩活动。此次大型球迷活动包括"LG全国球迷代表团口号、绰号大征集"、"LG全国球迷代表团选拔大赛"及"LG全国球迷代表团形象设计专家工作室"等几大项内容。活动在社会上引起了广泛的反响，来自30个省、市及自治区的7万多人参与了此次活动，其中有很大一部分是LG的忠实用户，LG对这些特殊的球迷也是格外关照。通过活动选拔出来的"龙魂拉拉队"出征韩国，为中国国家足球队加油助威，其统一的服装、整齐的动作、高昂的精神风貌和热烈的呐喊助威，在世界杯赛场上掀起了一浪高过一浪的来自中国的"红色波澜"。此次韩国之行，球迷和LG用户充分享受了足球的快乐，同时也使他们真正认识了这支融于中国血液的企业，产生了由衷的亲切感和认同感。

（案例来源：中国管理传播网，http：//manage.org.cn）

二、案例分析

LG电子在中国的成功并非偶然，除了其本地化战略和革新精神外，其体育营销等营销策略功不可没。LG电子将品牌形象与体育相结合，产生了独特的"LG体育文化"。由这样的例子可以看出，真正执行体育营销的企业，销售的并不是产品，而是一种文化，一种与消费者针对体育产生共鸣的情感。这种消费者与品牌间产生共鸣的情感，才能真正使品牌转化为情感品牌。

三、思考·讨论·训练

1. LG营销战略成功的原因是什么？

2. 如何理解体育营销作为一种营销战略而存在？

案例 8 不同战略，两种命运

一、案例介绍

10 年前，万科和金田两家公司的股票几乎同时在深圳交易所上市，股票代码分别是 0002 和 0003。当时，这两家深圳的公司同样是主营房地产，同样走的是贸易商社多元化战略，同样在上市头两年取得飞速发展。以至于许多人把它们比作兄弟企业。

然而，到了新世纪，万科已经发展成为中国房地产业的一面旗帜，而金田继 1998—1999 年两年亏损之后，2000 年继续亏损，亏损额达 60527 万元。两家企业呈现出极大的反差，与它们实施不同的经营战略有直接的关系。下面从企业成长角度，将万科与金田的战略历程进行比较、分析。

（一）相似的基础——综合商贸多元化企业

上市的头两年，万科和金田都取得了飞速的发展，万科 1993 年实现营业收入 10.84 亿元，税后利润 1.53 亿元，同比分别增长 64% 和 129%；金田也相差无几，1993 年实现主营业务收入 10.54 亿元，税后利润 1.17 亿元，同比增长 33.8% 和 122.8%。当时，中国不少行业都处于卖方市场的情况，大量的企业都走多元化发展的道路。万科和金田也不例外，也是什么赚钱就做什么，同样属于以房地产为主的综合商贸多元化企业。

万科 1993 年从 B 股市场上筹集 4.5 亿元。资金多了之后就跨地域、跨行业经营，地产项目遍及全国 12 个城市，涉足的行业从大处说就有商贸、工业、地产、证券和文化五大类。截至 1994 年底，万科拥有的子公司有 24 家，具体包括房地产开发、物业管理、商业贸易、咨询服务、影视文化、饮料及食品生产、广告经营、印刷品设计、电分制版等若干行业。

金田更是在 1993 年 28 个子公司的基础上增加到 1994 年的 33 个子公司，横跨房地产、纺织、磁盘生产、零售、外贸、汽车出租、印刷和酒店等行业。

1994 年，两家企业的战略思想已经出现分化的迹象。由于 1993 年年底国家开始进行宏观调控，实行紧缩银根、控制信贷规模等抑制经济过热的政策，原来能轻易取得高额利润的房地产业受到了剧烈的冲击。为了应对这种情况，金田和万科采取了不同发展战略：金田提出"继续朝着多元化、集团化、现代化的跨国公司目标迈进"，希望利用多元化分散经营风险；万科却以"本集团以房地产为核心业务，重点发展城市居民住宅……对发展潜力较小的工业项目将重组或转让，以集中资源"的专业化经营战略。结果，1994 年万科和金田都保持了利润的一定增长，但万科的房地产业务收入占总收入的 56.92%，而金田的房地产收入只占总收入的 31.92%，比纺织和商贸的比例还小。

（二）万科专营与金田多营的两种结果

遵循不同的发展战略，1994 年后，金田和万科走了两条截然不同的道路：在"坚持规模经营，多元化发展，跨地区扩张，专业化协调的经营方针"的指导下，金田不断地拉长战线，追加在房地产主业以外的各项投资，在纺织、磁盘生产、零售业、能源和运输业等多条战线上疲于奔命。在其年报中公布的子公司数量由 1993 年的 28 家、1994 年的 33 家一直增长到 1995 年的 40 家、1996 年的 47 家，每年以 20% 以上的速度递增，然而子公司的营业收入和利润却以更大的比率下降，并于 1996 年出现亏损。到了 1997 年，金田又进入新的行业，收购了林洲火电厂和青海水泥厂，以求扭亏为盈，与此相对应的是，金田的主业更进一步萎缩。虽然 1997 年有少量盈利，但 1998—1999 年却产生巨额亏损，2000 年继续亏损，亏损额达到 60527 万元。房地产业务几乎停滞，其他业务如纺织、巴士运输和超市等也都风光不再。同时，金田官司缠身，诉讼案达数十起，涉及金额上亿元。成为 ST 股后，2001 年戴上了 PT 的大帽子。

与金田相反的是，万科按照专业化的发展战略对非核心业务进行了调整。开创了万科著名的"减法理论"，也就是对非核心企业关、停、并、转。转就是卖，盘活存量。例如，万科 1996 年转让深圳怡宝食品饮料有限公司、北京比特实业股份有限公司及汕头宏业股份有限公司等的股权，1997 年转让了深圳万科工业扬声器制造厂及深圳万科供电公司的股权。

事实上，万科的战略性调整包括三个方面：一是从多元化经营向专营房地产集中；二是从多品种经营向住宅集中；三是投放的资源由 12 个城市向北京、深圳、上海和天津集中。也就是说，万科走的不仅是经营领域的专业化，也是地域专业化战略之路。结果，万科的业绩和主营房地产业务不断发展，到 2000 年，万科实现净利润 30123 万元，同比增长 31.46%。

（三）功成与功败的比较

1. 优势与劣势。正如前面所述，万科和金田有许多相似的优势，它们都发迹于中国第一个经济特区——深圳，高速增长的区域经济为它们的发展奠定了良好的基础；在企业制度上，两家企业都是早期上市的股份制企业，陆续筹款几亿元，按理说它们的大型投资都应受到约束而谨慎行事；20 世纪 80 年代和 90 年代初期，它们都在卖方市场的情况下实行多元化获得了超额利润。就劣势来说，金田明显缺乏一个能根据市场情况变化制定正确经营战略的管理层，而万科则不然。据说，万科董事长王石 1992 年从一个企业管理培训班回来后就开始思考企业的发展战略问题了，万科时常召开由中上层管理者参加的"务虚会"，探讨各种新兴理论和企业发展战略。王石说："我们的专业化探索从 1992 年就开始了，一直进行到 1999 年，一共用了 7 年时间。"

2. 规模经济、范围经济与核心能力。规模经济，是指通过不断增加生产规模，形成单位成本优势来获取经济上的利益；范围经济，是指通过充分利用现有经营资源的潜力，在较少投入的条件下获得较大的经济收益。核心能力，是企业独有的、竞争者难以复制的多种技术和技能相组合的整体掌握，是企业竞争优势的核心和基础。

目前，尚没有房地产企业达到规模经济的具体数据，但无疑它是一个急需资金、人力、经验等资源集中的行业。例如，香港新鸿基房地产公司，1996年补交政府外转内差价费用后，地价款为 100 亿港币，利润大概是 160 亿元。在这个激烈竞争的行业里，如果不集中资源是很难获得范围经济和竞争优势的。

原本金田在上海经营的大上海花园是一个相当不错的项目，当时销售情况良好，但是由于资金和人力已经转向其他项目当中，使得后期许多配套没有跟上，很多业主进行了投诉，但公司无暇顾及，造成长时间的纠纷，对金田房地产的声誉形成严重的负面影响。

反观万科却集中资源将房地产品牌做大做精，不断在深圳、北京和上海推出经典的楼盘，受到各城市居民的青睐。而且万科意识到，要扩大规模经济，光靠自身的力量是不够的，万科已经让香港华润集团入股。相信此举能为万科的发展更进一步起到关键的作用。

3. 经营资源剩余及相关性。所谓剩余，是相对于企业现经营领域而言的，相关性是指不同行业之间在经营资源方面的相关程度。多元化经营的"大数法则"告诉我们，多元化经营的成功率与经营资源剩余量及相关性正相关。

金田的失败从反面说明了这一点：从房地产业的角度来看，金田并没有足够的经营资源剩余，再者，金田新投资的项目与房地产业的关联性极差，例如，运输、火电厂、纺织；相反，万科把许多相关性差的项目（如食品和电器）转让出去，保留了相关的物业管理和超市项目。

4. 专业化与多元化的风险。表面上看，金田当年多元化的原因是房地产市场疲软，单一业务经营风险较大，通过多元化经营以求"东方不亮西方亮"，"把鸡蛋放在多个篮子里更安全"的效果。其实，专业化与多元化均是有风险的：对专业化而言，它的风险主要来自现有行业市场或技术的变化，而不存在进入新行业的风险；对多元化而言，它的确可减低来自现有行业市场或技术变化的风险，但其进入新行业本身就是风险，新行业市场或技术变化带来的风险也成为企业的风险来源。企业采取专业化还是多元化策略，应充分估计到不同的风险，在综合评估基础上进行选择，同时应加强不同风险的防范。企业发展战略，作为一种全局性的、长远性的决策，直接决定着企业发展、决定着企业未来前景。任何一个企业不仅要制定战略，而且战略制定得好坏，将与企业的命运息息相关。然而，长期以来，我国许多上市企业，或者没有战略，或者没有好的战略，所以，大量公司上市后不久就沦为 ST 股、PT 股，而有好战略的企业却脱颖而出。金田和万科就是典型的例证。

（资料来源：清华大学经济管理学院工商管理研究组：《MBA 工商管理800 例》，世界图书出版公司 1998 年版）

二、案例分析

"金田"和"万科"的基础一样，但同宗不同果。究其原因，主要还在于两个企业的高层领导对形势认识上的不同，进而制定了大相径庭的企业战略。可见，企业战略对企业的导向作用。

三、思考·讨论·训练

1. 两个企业分别制定了哪种类型的战略？
2. 如果你是企业的主管，结合当前房地产业的新形势，为金田和万科制定下一步的战略决策。

案例 9　银麦——迂回战略游刃有余

一、案例介绍

银麦啤酒股份有限公司，位于山东省蒙阴县，地处沂蒙山腹地，境内不通火车，是山东省经济落后地区。令人难以置信的是，它从 1987 年才建成投产的小厂，经过十五年的单打独斗，发展成了年产量 23 万吨，利润总额 1900 万元的区域强势企业，它是如何在区域强势品牌如林的山东省生存下来，并走向全国的呢？

对此，银麦前任老总任友昌有一句十分形象的比喻："即使再寒冷的冬天也有青草生长的地方。"面对目前啤酒市场的竞争态势，有着强烈忧患意识的任总说："我们现在正处在浪尖上，虽然我们无法与那些老牌啤酒厂家抗衡，但我们有我们的优势和特色，我们不会与他们一起厮杀，我们的策略就是：避开锋芒，发展自己！"

"道可道，非常道"，银麦的迂回战略在营销模式上体现最为典型，从品牌传播方式，到渠道策略、促销策略都有一套独特的做法。

首先，它回避广告宣传。企业认为银麦的主要市场不在大中城市，影视媒体广告费用支出巨大，却不能使市场销量同步提升，白白浪费投资。多年来，他们依靠人员推广进行的品牌传播，取得很好的效果。

见缝插针式的网络渠道使银麦市场竞争游刃有余。山东是中国啤酒产量最大的省份，也是中国啤酒行业最敏感的地区，全省产量10万吨以上的啤酒企业有十几家，在15万平方公里的区域内到处都是区域强势品牌。他们各霸一方，又彼此争夺，今天袭扰人家后院，明天又被端了老窝。唯独银麦静观其变，当主要参与竞争者两败俱伤之时，恰恰是银麦杀人之机，同行感觉银麦就像当年进行游击战术的八路：到处都是银麦，到处又都看不到银麦。其实银麦产品不仅覆盖山东各地，而且还重点分布全国多个省市，并有一定数量出口。

银麦的促销方式也机动灵活，其200多名销售人员分布全国各地，他们一反大厂家统一的促销方式，一切都随市场而定，就连促销品的制作，商标的确定也是客户决定占主导，银麦的营销人员一切都围绕经销商转。因为每一个市场的情况，经销商最了解，因此他们共同制定的促销办法一定是最适宜的。除通过批发商打通销售渠道外，银麦还在重点销售区域设立了几十个啤酒直销店，直接掌控终端。

成功的营销依赖蕴涵优良品质的对路产品，银麦的产品创新也别具一格。其火锅啤酒的开发就值得称道，它首创了以饮食方式命名的啤酒品牌，其独特的配方赋予的温润口感适宜冬季饮用，有效地弥补了淡季的销量。而早在2001年开发的"梦地纯生"啤酒在当地的高端市场占有绝对优势。

银麦啤酒实施单一品牌多品种的产品策略，根据产品的内涵及商标包装进行品种区分，以产品内涵区分的主要有银麦干啤酒、银麦纯生啤酒、银麦苦瓜啤酒、银麦芦荟啤酒、银麦超爽啤酒、银麦冰爽等，以产品商标、包装区分的品种就更多，同一瓶形同一酒体在同一市场根据不同的经销商采用不同颜色的商标进行包装，同时价格一样，促销政策等一样。这样做，既有利于市场产品价格及秩序的维护也有利于市场的渗透。

连续六年银麦的产量、利润水平稳居山东第二，仅次于老大青啤。被浅薄之人讥笑的"土包子"战术所以取得丰硕成果，处处闪烁着战略的光辉。

（资料来源：中国营销传播网，http：//www.emkt.com.cn）

二、案例分析

战略管理大师迈克尔·波特认为，企业成功的机会存在于三种基本竞争战略之中，即总成本领先、差异化和目标集聚。这里引述的案例属差异化竞争战略的典型案例，在品牌经营、产品线设计、管理制度、营销模式等方面都采用了特立独行的创新方式，其成功的结果印证了竞争战略理论的普遍适用。

中国啤酒市场具有多层面、多区域的特点。区域消费差异及民风习惯等因素也会延缓行业集中的过程，而消费者口味的差别将长期影响区域品牌，这也为地方企业进行战略调整争取到了空间。

三、思考·讨论·训练

1. 如何理解银麦啤酒的迂回战略？
2. 竞争战略的类型有哪些？

第五章 市场营销管理过程

> 管理从思想上来说是哲学的，从理论上来说是科学的，从操作上来说艺术的。
>
> ——余世雄

> 营销本质上不是"卖"而是"买"。
>
> ——张瑞敏

企业营销管理的目的在于使企业的营销活动与复杂多变的市场营销环境相适应，其作用是帮助实现企业战略总目标。所谓市场营销管理过程，就是企业识别、分析、选择和发掘市场营销机会，以实现企业的战略任务和目标的管理过程。它包括发现和评价市场营销机会、研究和选择目标市场、设计市场营销组合与管理市场营销活动四个步骤。

一、发现和评价市场营销机会

发现和评价市场营销机会，是企业市场营销人员的主要任务，也是企业市场营销管理过程的首要步骤。所谓市场营销机会，就是未满足的需要。根据国内外经验，企业可以运用询问调查法、德尔菲法、课题招标法、头脑风暴法以及通过阅读报刊、参加展销会、召开座谈会、研究竞争者的产品、运用产品/市场发展分析矩阵、市场细分化等方法来寻找与识别市场营销机会。但这样客观存在着的市场营销机会还只是"环境机会"，并不等于某一企业的"企业营销机会"。"环境机会"成为"企业营销机会"是有条件的，那就是：它必须与企业的任务与目标相吻合；企业具有利用该机会的资源、经济实力和能力；利用该机会能较好地发挥企业的竞争优势，且使企业获得较大的差别利益。与企业任务、目标不一致或企业无力利用的环境机会就不能成为企业营销机会；有能力利用，而不足以发挥竞争优势、获得较大的差别利益的环境机会也不是合适的企业营销机会。因此，企业营销人员必须对已发现的环境机会进行分析评估，从中选出对本企业最适合的营销机会。

二、研究和选择目标市场

市场是由多种类型的顾客构成的，这些顾客在需要和欲望、购买动机与购买行为、地理位置及经济收入等方面显然存在着差异。任何企业不管规模多大，技术有多先进，实力有多雄厚，营销管理能力有多强，都不可能满足整个市场所有购买者的所有需求，为所有购买者提供服务。因此，企业在寻找、识别和选择了恰当的市场机会之后，还要进一步选择目标市场，这是企业市场营销管理过程的第二个主要步骤。包括市场细分、确定目标市场和市场定位三项内容。

市场细分是将市场分为具有不同需要、特征或行为，因而需要不同产品或营销组合的不同购买者群体的过程，被称为市场细分。营销人员可根据地理、人口、心理和行为因素把购买者分成若干部分，即把市场分成若干部分。市场的每一个细分部分或称子市场，都是由那些对一定的营销刺激具有相似反应的购买者群构成的。

确定目标市场是企业在市场细分的基础上，选择一个或多个子市场作为自己的服务对象，叫确定目标市场。企业选择的目标市场应是那些企业能在其中创造最大顾客价值并能保持一段时间的细分市场。

市场定位是企业为使自己的产品在目标消费者心目中相对于竞争产品而言占据清晰、特别和理想的位置而进行的安排，叫市场定位。因此，营销人员设计的位置必须使他们的产品有别于竞争品牌，并取得在目标市场中的最大战略优势。一旦企业选定理想的位置，就必须采取强有力的措施，把该定位交付和传递给目标消费者。企业的整个营销方案应支持选中的市场定位战略。

三、制定市场营销组合

在选择了目标市场和确立市场定位以后，企业就该制定综合营销方案——市场营销组合，这是企业市场营销管理过程的第三个主要步骤。

市场营销组合，亦称市场营销因素组合，是市场营销学理论中一个十分重要的概念。这个术语是 1964 年由美国哈佛大学教授鲍敦（Borden）首先提出来的。所谓市场营销组合，就是企业对自己可控制的各种市场手段，优化组合和综合运用，以便更好地实现营销目标。鲍敦认为，一个企业运用系统方法进行营销管理，管理人员应当针对不同的内外环境，把各种市场手段进行最佳的组合，使它们互相配合起来，综合地发挥作用。企业经营的成败，在很大程度上取决于市场营销组合的选择和运用。市场营销组合体现现代市场营销观念指导下的整体营销思想。

市场手段多种多样，美国营销学家麦卡锡把它分为产品（Product）、分销地点（Place）、促进销售（Promotion）和价格（Price）四大类。这几个词的英文字头都是 P，所以简称 4P'S 的组合。

市场营销组合有以下几个显著特点：

（一）市场营销组合指的是企业可以控制的因素

市场营销组合是企业本身可以控制的因素，也即企业有选择的自主权。例如，企业可以根据市场分析，针对消费者的需求，选择自己的产品结构和服务方向；企业可以自己决定选择销售渠道；企业可以根据产品特点，选择广告宣传手段；企业可以根据市场竞争状况，自行决定产品的销售价格。但这种自主权是相对的，不能随心所欲，可控因素是要受到不可控制的微观环境和宏观环境因素的影响和制约。企业营销管理者的任务是适当安排市场营销组合，使之与不可控环境因素相适应，以确保企业经营成功。

（二）市场营销组合是一个变数

在动态的市场营销环境中，营销组合并不是固定不变的静态组合，而是变化多端的动态组合，用数学的术语说，叫做变数。市场营销组合的整体效果是一个函数。其自变量就是 4P'S 中的每一个项目内容。企业根据内外环境确定组合时，只要其中某一个因素发生变化，就会出现一个新的组合，产生不同效果。市场营销组合效果 = f（P，P，P，P）。

（三）市场营销组合由许多次组合组合而成

营销组合是 4P'S 的大组合，而每一个 P 又包含许多因素，形成每一个 P 的次组合。因此，营销组合是至少包括两个层次的复合结构。企业在确定营销组合时，不但应求得四个 P 之间的最佳组合，而且要注意安排好每个 P 内部的搭配，使所有这些因素达到灵活运用和有效组合。

在理论方面，市场营销组合的出现给市场营销学注入了强烈的"管理导向"，成为整个营销学理论体系的中坚和主要内容之一。然而，在国际市场竞争激烈、许多国家政府干预加强和贸易保护主义盛行的新形势下，仅采用4P'S组合策略，机械地适应企业外部环境，已不能打开封闭的市场。针对以上情况，菲利普·科特勒早在 1984 年就提出了一个新的理论，他认为，企业能够影响自己的营销环境，而不应单纯地顺从和适应环境。因此，市场营销组合的 4P'S 之外，还应该再加上两个 P，即政治权力（Political Power）和公共关系（Public Relations），成为 6P'S。这就是说，要运用政治力量和公共关系的各种手段，打破国际和国内市场上的贸易壁垒，为企业的市场营销开辟道路。他把这种新的战略思想成为"大市场营销"。"大市场营销"概念的提出，使对现代市场营销核心理论的新发展，大大开阔了营销人员的视野。

四、管理市场营销活动

市场营销管理过程的最后步骤是对营销活动的具体管理，它包括市场营销计划的制订、实施和控制。

企业的各项营销活动，通常要按产品（或品牌）作出具体计划。市场营销计划是企业整体战略规划在营销领域的具体化，是企业的一种职能计划。切实可行的市场营销计划应在企业的营销部门深入调研的基础上，根据企业的营销目标和营销战略的要求，结合企业本身的有关情况，运用适当的方法而制订。市场营销计划的制订只是营销工作的开始，更重要的在于市场营销的实施与控制。

通过实施，企业将战略及营销计划转变为能够实现企业战略目标的行动。要切实地实施企业的市场营销计划，一是要建立合理的营销组织，使营销组织系统中的各个子系统协调运转；二是企业营销部门与其他部门密切配合，协调一致；三是企业营销部门应该制订更为详细的行动方案，明确应完成的任务，由谁来完成及何时完成；四是要合理地调配人才资源，提高营销工作效率；五是要建立行之有效的管理制度及科学的管理程序，充分调动营销人员的积极性，以便于圆满地完成企业的市场营销计划。

由于企业内外因素变化的影响，在企业市场营销计划实施过程中，可能会出现许多预料不到的情况。因此，企业需要运用营销控制系统来保证市场营销目标的实现。营销控制主要包括年度计划控制、盈利率控制和战略控制三种，通过这些控制系统可及时发现计划实施中存在的问题或计划本身的问题，诊断产生问题的原因并及时反馈给有关的决策者和管理者，以便采取适当的纠正措施。

案例 1　农村市场,大有可为

一、案例介绍

(一) 唐山自行车总厂

唐山自行车总厂的主要产品是"燕山"28 加重自行车。该厂从 1969 年下半年开始生产 28 标定型整车，到 1978 年的 10 年间，企业连年亏损，面临倒闭。水不激不活，人不激不奋。到这个时候，厂领导总结了前阶段办企业失败的教训，明确提出了办企业要有明确的营销目标和目标市场，要研究市场情况。

为了确定企业的营销目标和目标市场，他们派出了市场调查组去了解全国自行车的产销形势。调查结果是：①标定自行车，已有"飞鸽"、"永久"和"凤凰"三个名牌稳固地占领着城市市场；②各大厂还更多地着眼城市消费者变化了的需求，向小型、轻便发展；③农村对能驮货的加重自行车的需求量很大，购买潜力更大，但没有专厂生产，加重车是自行车业的"冷门"；④唐山厂的设备、技术力量和生产经验，可以生产出优质的加重车。

根据市场调查的结论，企业提出生产"燕山"28加重自行车的营销目标，以广大农村消费者为目标市场，拟订了可行性方案。方案规定：①自行车的载重量要大；②自行车的式样要美观大方；③自行车的装配要坚固耐用；④自行车的价格要便宜。并且提出要开展产品宣传和做好销售服务工作，选择好营销渠道。

唐山自行车厂从1979年开始，停止"标定"和"大链套"自行车的生产，全部转产"燕山"28加重车。"燕山"28加重车载重量大、价格便宜、式样美观，很合农民口味。产品投放农村市场后，备受欢迎。1979—1982年，"燕山"自行车的产销量四年翻了两番多，为国家提供税利累计5000多万元。

（二）飞鹿电视机厂

飞鹿电视机厂是全国电视机定点生产企业之一，产品包括14英寸、17英寸黑白和18英寸彩色的"飞鹿"电视机。该厂共有6个生产车间，4条装配流水线，其中一条为彩电专用装配线，另外3条为黑白和彩色兼容线。该厂由于重视质量，并利用20世纪80年代初市场上电视机供不应求的形势，获得好的效益，并且利润额逐年上升。

当该厂正准备在新的一年里再上一个新台阶时，1986年开春全国黑白电视机市场便出现了全面"萧条"，各大城市百货商店与交电商店的黑白电视机急剧积压，黑白电视机生产业出现了自发展以来第一次也是最严重的一次"产大于求"的情况。市场的压力从第二季度开始明显地作用于飞鹿电视机厂的3条装配线，产成品库存大量增加，优质的飞鹿电视机也不例外地在各地遭受冷遇。新的订货没有了，原有协议被取消，各销售网点也因流动资金发生困难而无法向企业偿付货款，飞鹿电视机在新形势下面临着亏损的危险。

面对突如其来的市场萎缩，企业领导开始重新面对市场，因为所有滞销的电视机几乎全部都是集中在城市销售网点上，所以，他们把眼光放到了农村，并开始收集资料。

调查结果表明，随着商品经济的发展，农村的产业结构有了很大变化，许多农民的收入状况从以农业收入为主变成了以乡镇企业工资收入、第三产业劳务收入为主，收入水平有了很大提高，并呈持续上升趋势。农村产业结构变化后，农村购买力投向也出现了如下变化：

其一，购买力重点投向生活资料。由于农民收入增长速度较快，引起了消费结构、消费传统、消费习惯的改变。在使用上，升级换代，逐渐由低档向中档过渡，家用电器、民用灯具需求迫切；在玩上，电视机、录像机、半导体收音机成了主要娱乐工具，半导体收音机基本普及，需求转缓，电视机需求量大，个别农民还要购买彩电。

其二，对于生产资料，购买力投向变化也很大。基于以上调查，企业决定把农村确定为目标市场，并采用相应的营销策略。由于把农村作为目标市场，销售有了季节性，因为收入和习惯使农村在秋冬季节处于消费的高峰，所以，企业在秋冬季把电视机大量投入农村市场。由于农村供销社资金比较缺乏，储备大量生产资料已占用了很多流动资金，像电视机这样高档消费品很难进入供销社渠道，企业也给予一定的支持和优惠政策，如采用分期付款方式销售。由于农村交通不便，企业加强了产品质量管理，提高了产品的性能。

此外，由于农村的广告宣传与城市相比大不一样，口头传播及村内新闻中心的作用很大，企业也改变了促销策略，使产品在价格上、在售后服务上深入人心，打开了农村市场。企业在确定农村目标市场的同时，也未放弃城市市场，并逐步做好产品的更新换代，适应社会需要。

飞鹿电视机厂把注意力投向农村市场后，不久就打开了销路，使企业起死回生。

（资料来源：清华大学经济管理学院工商管理研究组：《MBA 工商管理800 例》，世界图书出版公司 1998 年版）

二、案例分析

唐山自行车总厂和飞鹿电视机厂在经营困境中，通过市场调查，以地理因素为依据细分市场，做出了相同的目标市场选择，即面向农村。根据农村的消费特点，制定了相应的营销策略，走出了困境。我国是一个有着 10 亿多农民的大国，农村是一个广阔的市场，有着巨大的潜力；同时，农民的收入水平、消费习惯、消费结构与城市居民存在较大的差异，一些在城市"过时"的商品，在农村却是旺销的产品。在农村市场上，企业可以大有作为。

三、思考·讨论·训练

1. 以农村为目标市场，对企业的市场营销组合策略提出了怎样的要求？
2. 企业制定目标市场的依据是怎样得到的？

案例 2 稀世宝矿泉水的营销组合

一、案例介绍

在武汉，稀世宝矿泉水供不应求，成为湖北省矿泉水第一品牌。在北京，稀世宝矿泉水跻身水市 5 强。稀世宝矿泉水在中小学生中异常风靡，孩子们亲切地把它昵称为"格格水"。这是武汉国有资产经营公司旗下的湖北稀世宝矿泉水有限公司与北京匹夫营销策划公司审时度势，经过快速垄断稀缺资源，抢先礼聘明星赵薇和大胆"借东风"合作实施的一场精彩的市场营销战役。

（一）市场背景介绍

1. 市场背景。

（1）饮料市场竞争激烈饮料市场品种和品牌众多，市场推广投入大，利润薄。新品种、新品牌果汁、功能饮料不断涌现，饮料市场不断被切碎细分，瓜分着消费者的钱袋，挤占着饮料水的市场。

（2）品牌繁多的饮料水分为纯净水（包括太空水、蒸馏水）和矿泉水两大类。全国有纯净水和矿泉水生产企业各 1000 多家。在武汉市场，有纯净水 29 种，矿泉水 21 种。

（3）纯净水各方面较之矿泉水占上风，从广告宣传、营销水平、品牌号召力到消费者选择偏好，整体上矿泉水不敌纯净水。纯净水利用的客观优势是成本低廉，消费者现阶段对饮料水选择上的误区。

（4）矿泉水前景良好，潜力巨大，在发达国家，饮用矿泉水才是讲健康、有品位的标志。世界知名水饮料品牌都是矿泉水，如法国"依云"。矿泉水在世界上已有近百年的悠久历史。我国消费者对矿泉水的认识有较快的提高，饮水已不仅仅是解渴，同时还追求对身体有益。我国矿泉水质量有大幅度提高，合格率从 1992 年的 34.5% 上升到 1997 年的 78.2%，部分品牌矿泉水销量也相当大。

2. 竞争者状况。第一集团军：乐百氏、娃哈哈和康师傅，它们是领先品牌；第二集团军：农夫山泉、怡宝、小黑子和获特满，它们是强势品牌；其他40余种水饮料是杂牌军，是弱势品牌。第一名康师傅30.64%，第二名乐百氏28.56%，第三名娃哈哈15.74%。特点：品牌知名度高，企业实力强大，广告投入大，其中乐百氏既生产纯净水又生产矿泉水，既靠纯净水低成本赚钱，又靠矿泉水树形象从长计议。乐百氏、娃哈哈相继在湖北抢滩登陆建分厂，实施本土化战略，降低成本，强化竞争力。

3. 消费者状况。消费者已形成购买饮用水的习惯，经常购买者占48.89%，偶尔购买者占48.15%，只有2.96%的人从来不购买。年龄结构明显偏轻。消费行为特征：重品牌，重口感，对矿泉水、纯净水概念模糊，但已有一部分消费者认识到，长饮纯净水无益，开始留意选择优质矿泉水了。

4. **市场潜量。**武汉是四大"火炉"之一，饮料水销量极大。武汉市750万人，经常购买饮料水的人夏季日均购买1瓶（600mL，1.20元）以上，销量是3.96亿瓶。偶尔购买的人夏季周均购买1瓶，销量5572.88万瓶。其他季节暂忽略不计，武汉市饮料水实际潜量至少为4.5亿元，即使再打五折也有2个多亿的潜量。

5. 稀世宝市场表现知名度、美誉度不高。在武汉，稀世宝原市场占有率仅1.70%。消费者对"稀世宝"不了解者占87.41%，了解者占12.60%；品牌知名度为16.20%。销量极低，1998年共生产1700吨，各地总销售额不足400万元，武汉地区年销售额仅80万元左右。稀世宝有特点，但表现不突出。稀世宝富硒特点区别于其他纯净水、矿泉水，但较少人知。售价高，在消费者不知是好水的情况下，价格缺乏竞争力。铺货工作很不好，购买不方便。包装设计极差，瓶贴显得陈旧，无档次，无品位。有品牌生存基础。稀世宝在武汉靠人际关系销售了三年，维持住了品牌生存基础。企业诊断稀世宝矿泉水公司成立于1992年10月，生产地在湖北省恩施州建始县，1995年产品试销，1997年3月公司设立销售总公司，设计生产能力为年产2万吨。稀世宝上市已三年，市场占有率、美誉度、销售总量还处在一个很低的水平上，到底是哪些因素影响了稀世宝，经调查研究发现，其主要问题是：第一，经营管理粗放随意。尤其在销售系统上，不适应现代市场竞争环境，没有建立起一套科学的、统一的、权威的销售指挥中心和专业高效的销售队伍。武汉分公司和商贸公司各自为战，互相扯皮。第二，人员布局失衡。做管理的多，做业务的少；闲着的人多，干事的人少。第三，营销人才短缺。由于营销专业人才不足，造成只知道埋头生产，却不知怎样打市场；只知自己和产品是好东西，以为会人见人爱，不知人家凭什么非得爱你；只知在生产设备上勇敢地投入，却不敢在广告宣传上大胆地花钱，等等。第四，无明确定位。稀世宝无市场定位，无产品功能定位，缺乏独特的销售主张（USP），产品形象模糊。没有给消费者一点利益，人家凭什么买。第五，无市场调查，无广告宣传。无市场调查就像让瞎子打前战，无广告宣传，消费者怎么敢喝从没听说过的水。因此，消费者对它无兴趣，经销商也没信心。第六，铺货工作极不到位。商场、超市、旅游景点、街头摊头很少见到稀世宝的影子。矿泉水这种即买即饮的商品铺货差到这个程度绝不可能卖得好。因为谁也不会为一瓶水跑细了腿。第七，营销乏术。由于营销人才短缺，造成稀世宝的营销水平很低，没有市场研究，无战略策划，无长远规划，营销策划不连贯、不系统。广告定位模糊，广告力度不够，手法落后。盲目开拓市场，无重点无主次等。第八，包装设计极差。瓶贴看上去显得陈旧、无档次、无品位。包装就是产品的脸，脸不干净，极难看，消费者还会有兴趣吗？第九，外部竞争环境恶劣。饮料水行业是市场竞争最激烈的行业之一，而矿泉水面对的最强劲的竞争对手——纯净水，非常强大，他们以低成本，依仗大品牌和雄厚的资金支持，在对路的市场策略指导下，占据着饮料水的霸主地位。打开矿泉水市场对谁来说也不是一件容易的事。

（二）营销策略

针对市场背景的分析，稀世宝公司营销团队对自己的产品的营销提出以下几个方面的营销策略。

1. 营销理念。

（1）品牌理念：出售水，同时出售健康，给您好视力。

（2）品牌基础：不仅满足生理基本需求，同时提供其他品牌无法提供的超额价值；并且以上利益能在方便、愉快的情况下得到满足。

（3）概念支持：以稀世宝硒矿泉水生成地的自然地理构造为科学依据，创造稀世宝硒矿泉水"连升三级"概念。第一级：地上循环16年，水质干净，富硒含多种微量元素；第二级：山下深层十公里处涌出半山腰；第三级：超脱一般矿泉水，实现多种元素特别是硒、锶、低钠重碳酸钙含量全线达标。

（4）营销理念：以现代最新整合营销传播理论为基础，结合匹夫策划理念与经验，传统与创新相结合，调动一切可以调动的手段，如广告、公关、事件营销、促销、新闻宣传、CI等，协调一致地为产品打开市场树立名牌服务。

2. 营销组合。

（1）产品。

旧瓶换新装：改换瓶贴。稀世宝是在武汉已上市三年的产品，名可不改，水不必换，但原来陈旧的形象必须改变，原瓶贴给人以落伍、低档的印象，水无色无味，富含矿物质又看不到，那么瓶贴就代表着水，它必须要能替水"说话"，设计思想：首先要设计一个品位很高的 Logo，作为 VI 系统的核心，其他元素与之和谐搭配，彰显品牌。重新组合产品说明，明示产品特点。

规格组合：仅有 600mL 不够。产品规格的个性化、差别化和系列化，是方便顾客、取得竞争优势的重要手段。增加 330mL 和大桶 5L（家用装）。

（2）价格政策零售价。600mL，2.50—3.00 元；330mL，2.00—2.50 元。这个价格比乐百氏等矿泉水略高，比依云等高档品牌略低，以显示了产品本身的价值。

（3）广告与促销策略。

广告创意策略原则：以理性诉求为主，以感性诉求为辅。

广告诉求目标：中小学生。

广告表现策略：借星出名。借星要新、准、巧。开拓市场最先需要的就是产品知名度，水这种低关注度高感性的消费品尤其如此。在中国，打开知名度最迅捷的办法就是请名人明星作广告。借星出名，屡试不爽。而新星托新品最相宜，就是说要寻找最新明星。《还珠格格》中主演小燕子的赵薇是首选：第一，绝对新星，其他企业产品没用过；第二，人气正旺火爆异常，深受普通消费者的喜爱；第三，"小燕子"赵薇尤其在中小学生中风靡，这正是稀世宝主要目标对象；第四，她有一双出奇的大眼睛，水灵诱人，与产品主打功效吻合。正是由于以上种种原因，稀世宝形象代言人选择了赵薇。

广告发布原则：以硬广告为主，以软广告为辅；以地区性媒体为主，全国性媒体为辅；硬广告以电视、报纸为主，发布系列专题广告，其他媒体为辅；软广告以报纸为主，发布系列科普文章。以电视专题片、广播专题、DM、宣传册为辅。电视广告发布要借力使力，让赵薇主演的稀世宝广告搭乘《还珠格格》和《还珠格格》续集 1999 年度最火爆的顺风车，火上加火。片中是小燕子，片外又是小燕子演的稀世宝广告，轮番强化记忆，使之成为一个社会热点话题。

促销策略原则：正合为主，奇术争雄。用常规方法，加大产品的市场采纳广度；用出奇制胜的手法，从众多竞争对手中凸显出来，加大市场采纳深度。

（4）渠道规划。

主推代理制：武汉地区要批发、直销相结合；优先给旅游景点、学校附近、运动场所、街头大小商店、平价超市和大型商场布货；对小摊小店小批发，以张贴稀世宝招贴画为条件，开始时送其 3—5 瓶稀世宝烘托气氛，吸引进货。

渠道战术：①销售稀世宝送摊点冰柜。交押金领取印有稀世宝 Logo 和广告语的冰柜，销售稀世宝达标后冰柜即归摊贩主所有。②旅游景点垄断销售。借关系营销，在重点旅游场所使稀世宝成为指定饮品。稀世宝出资为各景点印制门票，同时在门票上印制稀世宝广告，形成一对一的营销效果。③累积分奖励批发商。为批发商确立几个界限，每达到一个界限就能达到相应的奖励。④建社区直销站，全线覆盖武汉市场。

（5）事件营销。

活动目的：塑造品牌形象，扩大知名度，提高美誉度。

活动创意原则：创新，双向沟通，参与互动，紧紧把握时代脉搏，制造或引发社会热点，引导消费时尚。

稀世宝矿泉水仅用不到半年的时间，在市场竞争最激烈的饮料行业，一举打开了武汉市场，使稀世宝成为家喻户晓的知名品牌，知名度达到 90%，美誉度达到 75%，取得了销售比上年同期增长十多倍的骄人业绩。稀世宝高举纯天然矿泉水大旗，带头倡导绿色健康新概念，在全国掀起一股喝水要喝矿泉水的消费时尚，树立起了稀世宝鲜明的品牌形象，为平淡的矿泉水市场描绘出了灿烂的前景。

（资料来源：中国营销传播网，http：//www.emkt.com.cn）

二、案例分析

矿泉水的市场竞争是十分激烈的，稀世宝矿泉水供不应求，在较短的时间内蹿升成为湖北省矿泉水第一品牌，这一切都要归功于它的市场营销策略组合搭配得当。通过对市场环境的分析，稀世宝矿泉强调了自己新产品的研发与整体产品包装。分级定价，使自己产品更符合消费者的需求。合理渠道分配，多渠道选择，并采取有效措施，鼓励最终端的零售商。多样的促销组合，并且选择最贴近自己产品的明星作代言，等等。最终的成功表明，市场竞争激烈并不可怕，关键是要有成功的营销策略。

三、思考·讨论·训练

1. 市场营销组合的含义是什么？
2. 该案例中稀世宝矿泉水公司采取的市场营销组合策略有哪些方面？

案例3　可口可乐跨国企业本土化精髓

一、案例介绍

可口可乐公司虽于2001年才确立其全方位饮料公司的定位，但其从进入中国开始，一直不遗余力地在中国推进其本土化策略。无论在区域开发、建装瓶厂、与几大合作伙伴进行无隙合作，还是新产品推广、本土管理人员聘用、广告内容民俗化和本土化等方面都为国际品牌企业做出了表率。

但可口可乐公司也并不是在中国所向披靡，可口可乐公司的茶饮料一直在中国冲杀，推出了好几个品牌，却仍未有突破。作为前可口可乐公司的非碳酸饮料产品经理，一直希望可口可乐公司能打破这个被动局面，补上这块短板。

2005年夏天，我们在市场上惊奇地发现：可口可乐公司终于有了机会，在茶饮料市场上打了一个大胜仗。"雀巢"绿茶上市不久，就已经在北京好几次卖断货了！可口可乐公司能补上这块短板，并不是运用了什么秘密武器，而是一次本土化的成功运用！可口可乐公司原来销售的不是挺贵的不符合国情的"天与地"饮料、定位不清的"阳光"茶，就是舶来的日本"岚风"蜂蜜茶、号称西式茶打西式概念的"雀巢"红茶，而这次，可口可乐公司推出了真正的本土茶——绿茶。

我们都在听许多国际品牌企业在媒体上滔滔不绝地表述它们如何在中国进行本土化的培植，但真正全面推广或者说彻底应用的却鲜有之，大多还没真正找到本土化的精髓和"本土式"的运作方法就已经身陷重围，不能自拔了。

本土化真的有那么难吗？本土化与企业文化有关，本土化与领导的决心有关，本土化与管理人员对当地的熟悉程度有关，本土化与灵活性有关……看上去，本土化要思前顾后很多东西，其实，本土化只与两个紧密相连的方面有关，那就是市场和消费者！

实施本土化，必须对原引进产品完全改头换面，"痛改前非"，切实针对当地消费者。可口可乐公司与雀巢公司成立BPW（全球饮料合作伙伴）时，首先推出的是雀巢PET瓶即饮茶（非袋泡茶和茶粉）。而在2002年上市时，双方明确的概念是，西方是没有绿茶的，雀巢公司只提供红茶口味的产品销售。并且当时BPW还着重要培植一个新的茶的定位："西式青年、西式生活、西式茶"，BPW 不会去卖绿茶，我们 BPW 就是要走不同的路，将西式红茶概念建立，并在市场上杀出一条血路来！

因为酷儿果汁与水森活（又名冰露）纯净水在中国短期内的大获成功，BPW 负责"雀巢"茶品牌的人员一直非常着急：BPW 的雀巢茶本应该是更受双方宠爱的"宝贝儿"，更应该是所向披靡，但西式茶的概念推广不力以及红茶在中国的影响力不及绿茶，雀巢茶一直都是 BPW 两合资巨头的痛——卖得不愠不火！虽然 2004 年推出了雀巢"冰极"，仍未能牢牢地吸引消费者的眼球，让消费者心甘情愿地掏钱购买雀巢茶饮料。

无论是阳光茶、岚风茶，还是绿茶出来以前的雀巢西式红茶，都是因没实施本土化而注定不会在"茶文化最浓厚、茶饮料是最本土的好"的中国消费者面前取得成功。2001 年曾经在与统一中国公司市场部的策划人员交流时，他们说他们的领导特别关注红茶的发展，最终市场表现却还是统一绿茶抢了先，占了更高的份额，而从市场调查来看，中国消费者也是更喜欢绿茶的口味。这次可口可乐公司在原来雀巢红茶、冰极的基础上，推出绿茶，是地地道道的本土化实施和推广。

可口可乐公司并不绝对信奉超级巨星（或许因为可口可乐公司自己能造星），就像宝洁公司也很少用超级明星做广告一样，广而告知并不是自古"超级明星一条路"。在近期的广告里面，可口可乐公司的本土化实施力度越来越大，成果非常突出，吸引消费者效果明显。无论是刘翔还是滕海滨，在国内，最终风头都盖过了贝克汉姆、珍妮·杰克逊等大牌国际体育和娱乐明星的广告效应。

当然，最近在电视中热播的刘翔、潘玮柏、余文乐系列情景广告剧，都是邻家大男孩、大女孩的老百姓最喜闻乐见的一些情节安排，非常有感染力，非常贴近民众。其实，可口可乐公司的本土化还有更深一层的含义，那就是无论是产品、代言人，都与各地的消费者没有距离！同时，可口可乐公司还在每年元旦春节前后运用了人见人爱、体现中国民俗的阿福形象，节庆之日，贴在家门口，握在手心上，那份浓浓的本土文化之情，有谁能挡得住呢？

无论是酷儿果汁饮料还是冰露，甚或是美味橙果粒饮料，虽然都是国际品质、国际品牌，但在消费者的眼里，却永远是邻家风范，完全没有遥不可及的感觉。当酷儿形象玩偶进校园，"酷儿"与小孩子们一起学英语，并且街头巷尾都是酷儿形象制成的 T 恤、玩偶、气球时，酷儿还有自己的中文标识而不仅仅是"QOO"时，我们谁想到它是一个国外品牌？在任何一个销售的终端里，可口可乐公司也要求必须是中文标识而不是英文标识正对着消费者！

推广只有以本土形象、文字、活动为依托，本土化才能渗透到骨子里。2003 年的奥运会火炬接力，虽然在北京有好几个奥运会 TOP 合作伙伴，但真正做到深入民心的可能只有可口可乐公司一个。除开现场的气氛营造、活动开展、人手一面中国的小国旗外，可口可乐公司还制造了一批纪念罐来纪念这次盛大的中国国内的火炬接力活动，可口可乐北京公司的宋泰山总经理甚至还担当了火炬接力手！

国际化意识下的本土 VI 展示及形象，并不会抹杀国际品牌的国际形象，反而是相辅相成。"最本土的就是最国际的"，如果再加上一句："最国际的一定也可成为最本土的"，那么，企业离品牌营造的最高境界也就不远了。

可口可乐公司是国际大公司，但同样关注本土的竞争者，无论是统领果汁饮料行业的统一、康师傅（顶新）公司，还是纯净水行业的娃哈哈与乐百氏，还是其他国内饮料企业，可口可乐公司始终给予高度关注。这在很多跨国企业是不可思议的，在它们的市场调查中，根本就没有国内企业的任何资料！

记得金伯利（中国）投资有限公司总裁邵青峰于 2004 年《环球企业家》高峰论坛上的感慨："中国市场可能是世界上竞争最厉害的地方，竞争的立体感、复杂性，以及成本的残酷性都首屈一指。因此，如果没有对中国市场有敬畏的心态，那么就无法对消费者、对竞争者、对市场有充分的了解。事实上，我认为不少跨国公司已经缺乏一种学习的心态……中国这本书很深很深，10年5年可能不一定学得到，需要50年的时间才能学好。最重要的还是学到对消费者的理解、对市场的理解。日本、韩国、新加坡的市场变动都没有中国这样'波澜壮阔'，很多跨国公司特别希望自己特别有中国特色，但其实前提还是对这个市场充分了解，才能把中国这盘棋融入到公司里面去。我们公司到现在用了 10 年时间，差不多花了 1 亿美金，都在学这个东西。"是的，跨国企业如果在中国没有学到对消费者的理解，对市场、对竞争的理解，都没有做到有中国特色，结果都在中国吃了亏，都尝到了失败的滋味。

当然，本土化的本质还有大胆启用本土人才，绝大部分使用本地的原材料，也就是可口可乐公司提出的"THINK LOCAL, ACT LOCAL"本土化思想。这些本土化思想与本土化的营销手段相配合、相辉映，使可口可乐公司的本土化甚至有了升级版，那就是近期可口可乐公司开始与完全本土的一些小公司进行合作。如 2005 年 4 月份可口可乐中国公司与第九城市网络游戏公司的合作。

可口可乐公司与雀巢公司、与麦当劳快餐、与迪斯尼这些国际巨头合作，这个大家都能理解，并且还可能会认为理所当然。但是，可口可乐公司与一个本土的网络游戏公司合作，这个大家可就难以理解了，是可口可乐公司自贬身价呢？还是确实"有病"，刻意让一些本土企业傍大树，让他们成长？应该说，可口可乐公司在具体执行时，也很少把自己当作一个大公司——可口可乐公司层级简单，没有官僚主义，只是把公司视为一个大家庭。可口可乐公司与九城的合作，其实不单纯是两个企业之间的合作，而真正的是为开拓市场、满足消费者而走到了一起。可口可乐公司作为传统行业的企业，借力新兴行业的资源，做现代渠道网吧，贴近最具活力的青少年消费者，这也是再正常不过的。

很多企业将战略看得很高，觉得战略应该是高层制定而由下面去执行的东西，而可口可乐公司将战略看得很平实——满足本土的消费者的需求；很多企业将合作考虑得很慎重，怕吃亏，怕自贬身价，只在同档次的企业里找合作伙伴，而可口可乐公司将合作当作将来无处不在的经营哲学，并且敢于大胆尝试，看得更高，当然走得更远。

（资料来源：中国营销传播网，http：//www.ks178.com/）

二、案例分析

企业销售产品时，必须迎合市场，迎合消费者的需要。无论你的产品在国际上是多么畅销，多么有影响力，离开了本土的市场现状与消费者的喜好，要成功，很难！

跨国公司本土化的精髓在哪里？在战略上，不只是竞争战略，还要有大胆的合作精神；在竞争上，不忽视、不轻视任何一个对手；在市场研究上，不只是照搬国外经验，而是自有的现场走访、调查公司的、国际合作调查机构等的互相支持；在产品上，适时推出市场适销产品，并进行本土化运作（深度分销等本土味极浓的操作）；在策略上，绝对的应用适合中国国情的模式（如快速消费品的车销、大篷车、锣鼓队、农村赶集营销等模式）；在广告与推广上，完全运用本土消费者喜闻乐见的形式（如"阿福"、"对联"、灯笼等方式）；在心态上，将自己当作一个本土公司；在运作上，不仅仅承袭国外的成功方案，运用国外的研究调查和思考方法，始终贴近地面市场，将本土的市场和消费者研究透了，敢于对国外总部并不一定适用的好方案说"不"，大胆应用本土方法和技术，这才是本土化成功的基点！

三、思考·讨论·训练

1. "雀巢"绿茶成功上市的主要原因是什么？
2. 一个产品怎样才能被顾客真正接受？

案例 4　宝洁在中国市场的多品牌市场细分

一、案例介绍

美国宝洁公司（P&G），是世界上最大的日用消费品制造商之一。其总部设在美国俄亥俄州，拥有员工 10.3 万人，资产为 249.35 亿美元，是美国最大的化工公司之一，也是美国最大的跨国公司。该公司于 1837 年由普罗克特和甘布尔共同创办，因此，宝洁公司又叫普罗克特·甘布尔公司。

刚开始，宝洁公司只是一家生产肥皂和蜡烛的公司，经过 160 多年的奋斗，它已成长为一个家喻户晓的跨国公司。宝洁公司成长的过程，既充满传奇，又伴随着梦魇般的厄运。这一切令宝洁公司的名字更耐人寻味。到目前为止，宝洁在全球已拥有超过 300 多个品牌，产品覆盖洗涤用品、保健品、药品、食品、饮料、妇女用品等多个领域。

20 世纪 80 年代，宝洁公司在中国广州成立了第一家合资公司，从此宝洁正式进军中国这个大市场。十几年来，宝洁在中国日化行业占据了半壁江山，其品种之多之细，让人叹为观止。从香皂、牙膏、漱口水、洗发精、护发素、柔软剂、洗涤剂，到咖啡、橙汁、烘培油、蛋糕粉、土豆片，再到卫生纸、化妆纸、卫生棉、感冒药、胃药横跨了清洁用品、食品、纸制品、药品等多种行业。

1998 年，据国内贸易部全国工商市场信息网对全国 133 家大型百货商场 3 月份的商品销售量和市场覆盖面的最新排序，在护发、美发品的排行榜中，相对市场份额居前 10 名的品牌排名顺序依次为飘柔 34.8%、海飞丝 16.3%、潘婷 15.6%、力士 9.2%、雅倩 6.0%、诗芬 5.8%、雅黛 3.9%、首乌 3.4%、舒蕾 2.5%、丽花丝宝 2.5%。也就是说，前 10 名的品牌中的前 3 位是出自宝洁公司。

在世界公认的市场法则中，有这样一种说法：产品市场占有率达到 40% 的为领先者，达到 30% 的为挑战者，达到 20% 的为跟随者，10% 以下的为补缺者。这样算起来，飘柔、海飞丝、潘婷的市场占有率总额已经达到了 66.7%，实质上已经达到了垄断者的地位。

一家公司拥有如此多的成功品牌，这在全球企业里也并不多见。宝洁公司同时拥有数量如此之众的品牌，在很大程度上得益于公司制定了一个高品质的品牌战略。

品牌代表企业的信誉、产品质量及风格特点，通过品牌可以显示出自己产品与竞争者的差异。商品的品牌，也可称为商品的品名，它好比是一篇文章的题目，一个贴切生动的题目，会让整篇文章增色不少。对于商品来说，品名是否贴切和恰当，对突出商品的特色和加强对顾客的吸引力都有密切的关系。

宝洁公司一直都很注重创造自己的品牌，无论是在国内市场的开发，还是在国外市场的开发，宝洁公司一直都把自己的品牌视为公司宝贵的无形资产，当作其进攻市场的有力武器。

有很多公司都是因为有某一个响亮的品牌而闻名的，这种单一品牌延伸策略便于企业形象的统一，资金、技术的集中，减少营销成本，易于被顾客接受，但也有其劣势，那就是单一品牌不利于产品线延伸和扩大，而且单一品牌一荣俱荣，一损俱损。比较而言，多品牌虽营运成本高、风险大，但灵活，也利于市场细分。

宝洁公司进军中国之初就制定了多品牌战略，宝洁没有把"P&G"作为任何一种产品的商标，而是根据市场细分为洗发、护肤、口腔等几大类，各以品牌为中心运作。在中国市场上，香皂用的是"舒肤佳"，牙膏用的是"佳洁士"，卫生巾用的是"护舒宝"，洗发精就有"飘柔"、"潘婷"、"海飞丝"等5种品牌。洗衣粉有"汰渍"、"洗好"、"欧喜朵"、"波特"、"世纪"等9种品牌。要问世界上哪个公司的牌子最多，恐怕非宝洁公司莫属了。多品牌的频频出击，使公司在顾客心目中树立起实力雄厚的形象。

宝洁公司的原则是：如果某一个种类的市场还有空间，最好那些"其他品牌"也是宝洁公司的产品。因此，不仅在不同种类产品设立品牌，在相同的产品类型中，也大打品牌战。洗发水在中国销售的就有"飘柔"、"海飞丝"、"潘婷"、"伊卡璐"、"润妍"、"沙宣"等，这几种洗发水占据了中国洗发水市场一半以上的份额。虽然同是宝洁公司的产品，这几种洗发水的定位人群也各不相同。

"海飞丝"品牌承载的利益分配信息：去头屑；满足人群：有头皮屑的消费者。以"就是没有头屑；头屑去无踪，秀发更干净"为主要利益诉求。为了能在去屑的细分化市场里成为领导品牌，"海飞丝"又在去屑的利益基础之上进行更为深入的细分，不断推出不同的配方、不同的香型、不同的包装来讨好不同层次的消费者，从而在去屑的细分化市场里面，控制更多的可利用品牌资源，争取更多的忠诚消费者，不断提升"海飞丝"这一主体品牌在去屑的细分化市场里的品牌权力。这是宝洁公司根据市场变化和需求，中国人的生活习俗和文化背景等而深斟细酌，最后才敲定的，意欲领导消费潮流。"海飞丝"以其洗头清洁并去头屑为特点，当时一经推出就给人以全新的感觉。推出仅三个月，产品知名度就迅速提高。

"飘柔"品牌承载的利益分配信息：二合一洗发水，令头发柔顺；满足人群：需简单柔顺秀发的消费者。以"含丝质润发素，洗发护发一次完成，令头发飘逸柔顺"为主要承载的利益信息的"飘柔"洗发水，同样推出了不同包装、不同配方、不同香型的洗发水，如红飘、绿飘等，来提升细分化市场的品牌权力。其少女甩动如丝般秀发的画面，征服了很多消费者，从而对"飘柔"的利益承诺更加依赖。

"潘婷"品牌承载的利益分配信息：富含维他命 B_5，可有效护发；满足人群：想保养头发的消费者。三千烦恼丝，健康新开始。以营养与健康为主要诉求的"潘婷"洗发水，吸引了注重品质与健康的众多消费者。而其利益承诺所传递的主要信息"瑞士维他命研究院认可，含有丰富的维他命原 B_5，能由发根渗透至发梢，补充养分，使头发健康、亮泽"，提升了"潘婷"在细分化市场里的品牌权力，得到了消费者的认可。

"沙宣"品牌承载的利益分配信息：专业用洗发用品；满足人群：对美发要求更高的专业人士。"沙宣"要的就是专业，要的就是个性，要的就是绝对有型，要的就是够酷，对追求个性的消费者来说，具有很大的吸引力。

"润妍"品牌承载的利益分配信息：乌黑亮泽；满足人群：追求自然健康的消费者。乌发亮泽，对于追求神秘美的东方女性来说，无疑具有一定的吸引力。

宝洁公司经营的多种品牌策略不是把一种产品简单地贴上几种商标，而是追求同类产品不同品牌之间的差异，包括功能、包装、宣传等许多方面，从而形成每个品牌的鲜明个性。这样，每个品牌都有自己的发展空间，市场就不会重叠。不同的顾客希望从产品中获得不同的利益组合，有些人认为洗涤和漂洗能力最重要，有些人认为使织物柔软最重要，有人希望洗衣粉具有气味芬芳、碱性温和的特征。于是，宝洁就利用洗衣粉的 9 个细分市场，设计了 9 种不同的品牌。利用一品多牌从功能、价格、包装等各方面划分出多个市场，满足不同层次、不同需要的各类顾客的需求，从而培养消费者对本企业某个品牌的偏好，提高其忠诚度。

宝洁公司的品牌细分经验在于不管是哪一个品牌，都会在品牌主体利益承载信息的基础之上，不断地推出新配方、新包装，对品牌利益不断地进行细分、细分再细分，以不断地在细分市场里提升品牌的权力，这是宝洁公司品牌战略长期不变的原则。同时，宝洁公司在宣传过程中始终避免宣扬购买某一件产品可以"包治百病"。如果宣扬产品可以"包治百病"，显然利益分配信息传达得过于分散，就变成了如同放在暗室里的一杯水与一杯羹，如果没有足够的光线让消费者看到这是一杯水还是一杯羹，或者无法用其他方式告诉消费者哪一杯是水，哪一杯是羹，那么，消费者在进行需求性消费时，就会产生困惑，水羹不分。同样的道理，如果没有将分配的利益表达得足够清楚，就不会被消费者认知、理解与消费，从而失去对品牌资源的控制权力，进而失去品牌的权力。当然，从消费者利益需求多样性的角度来看，也同样需要在进行品牌建设时，对利益分配信息进行综合处理，即使有时只是一个概念，但只要是消费者的真正需求，也可以进行尝试。宝洁公司在洗发水的宣传中提出了几个全新的洗发概念，如去屑、滋润、护发、黑发等，并以此为基础推出了相应的品牌，大获成功。

（资料来源：李志敏：《跟大师学营销》，中国经济出版社 2004 年版）

二、案例分析

宝洁公司在中国乃至全球大获全胜，与它们精心策划的多品牌市场细分战略是分不开的。所谓市场细分，就是对某种商品的消费者按照某种标准加以分类，使之成为具有不同需求特点的消费群体的过程。进行市场细分，选择目标市场是企业制定市场营销战略的前提条件，也是实施目标营销策略的首要步骤。细分的关键是了解消费者的特点，找出其需求上的差异性。因为需求的差异性是进行市场细分的基础。引起需求差异的因素很多，而且对不同的商品，其具体的因素又不尽相同。例如，地理环境，消费者的年龄、性别、受教育程度、家庭收入、心理因素等都会对消费者的需求产生影响，从而造成需求的差异。市场细分就是要根据这些差异将市场划分为若干个子市场。

就洗发水市场而言，由于洗发水消费者人数众多、散布广泛，而他们的购买要求又有很大不同。洗发水厂商尤其是实力较弱、研发能力也较弱的国产品牌不可能为这一市场的全体顾客服务，大而全不如小而精，与其笼统地生产一种大众化的洗发水不如仔细去研究市场，分辨出它能有效为之服务的最具吸引力的细分市场，集中资金和技术，生产出针对某一目标人群的产品，只有这样，才能扬长避短。

三、思考·讨论·训练

1. 宝洁公司用多品牌市场细分策略成功进入中国市场的基础是什么？
2. 宝洁公司多品牌市场细分策略的具体内容。

案例 5　百事可乐的"新生代"定位

一、案例介绍

百事可乐公司在与可口可乐公司的竞争过程中，将知彼知己、当屈就屈、能伸就伸、出奇制胜这几方面均做得运用自如、得心应手、恰到好处。

出奇制胜，让对方想不到，也是定位与创意难得的绝招。"出奇制胜"之计，或以出乎寻常的方式达到迷惑对方的目的，或利用人们喜欢新奇刺激的心理特点（如广告）来获取轰动的效果。

要想很好地运用"出奇制胜"之计，有两个要诀：第一，以独一无二的方法取胜。第二，"出乎其类、拔乎其萃"，即以奇才取胜。

谁都想争第一，但第一只有一个，做不成"第一"，那么做"第一"个"第二"也不错，这也就对"第一"构成了威胁，起到了平衡作用。同时，也沾了"第一"的光。做老二，首先要正确对待自己，全方位了解和观察对手，才有可能喧宾夺主，后发制人，非分之想是靠天时、地利、人和等内外因素同时起作用才能实现的。能做"第一"个"第二"——"新生代"的百事可乐公司真是乖巧透顶，是挑战但不伤"第一"，是"第二"也没有明显承认，好像是相提并论，平起平坐之中更显出卓尔不凡的姿态，起到了含沙射影的功效。做广告能达到这般田地实在不易，何乐而不为呢？不是说做任何事要"专"、要"绝"吗，百事可乐公司的定位贵在"新生代"三个字上，所以说一字值千金，在这里又何止是一字千金呢？这三个字可以决定百事可乐公司与可口可乐公司较量和挑战胜负以及今后在可乐界的生存空间。

可口可乐公司曾说过："百事可乐是穷人的可乐。"说这句话是贬低别人、抬高自己、自命不凡的表现。百事可乐的高层领导们自然听到了可口可乐公司的讥讽，但他们没有立即予以还击。他们在想出一个最高明的不战而胜的方略。

没有多久，百事可乐公司便想出了"新生代"的概念。同时也决定就把百事可乐公司定位于"新生代"。仔细推敲"新生代"的概念，我们便会豁然开朗，迷雾顿消，原来这一招实际上就叫"反弹琵琶"，表面标榜自己"有生机、有个性、新潮动感"，弦外之音却将可口可乐贬为"过时、落伍、没个性、不时髦"。至此，百事策划的外弱内强的绵里藏针计划的实施，使百事可乐挤占了可口可乐的市场份额。这就是独一无二的"新生代计划"，这一计划，既无伤大雅，又没有与可口可乐"明火执仗"。做到了有的放矢，暗藏不露，这是出奇制胜的定位。

百事可乐为了扼制可口可乐定位的攻心策略是：改变主攻对象，缩小包围圈，重新定位自己的目标消费群，即将把所有消费者改为以青年为主的消费者。

这个策略的指导思想是：缩小目标，重点进攻，避免浪费精力的四面出击，做到以击中目标为目的。定位越小、收益越大，百事深谙此道。

根据定位理论，企业给产品定位，不怕利益点小，就怕利益点滥，也就是在选择利益点时应该避免"大而全"。贪大求全，盲目出击，胡子眉毛一把抓。事实上总会适得其反，事与愿违，落得个空手而归。

其实，定位是没有真理可言的，只要不违背经济规律，无论是偷梁换柱、暗度陈仓或是摇身一变，给人温柔的一刀都不过分。而"不做最大，只做最好"常常是老二攀比老大的绝招，万不得已可来个"围魏救赵"的"曲线救国"方略。

企业要赢得定位策划的胜利，明智的办法是：不与领头羊品牌正面交锋，采取避实就虚，绕过障碍，这是定位的基本要领。

可乐的消费群体本来就是以青年人为主体，百事将原来的广告词——"现在，百事可乐献给那些认为自己年轻的朋友！"改为现在的"奋起吧！你们是百事年轻的一代！"百事此次重新定位消费目标等于量体裁衣，对症下药，有的放矢，自然深受消费者欢迎和喜爱。至此，"新生代"的定位已经开诚布公，百事军团在这块阵地，厉兵秣马、步步为营，视青年一族为真正的"上帝"，开始实施自己的"新生代计划"。

自"新生代计划"实施以后，百事可乐战绩辉煌，硕果累累。

之所以"新生代"定位如此成功，是因为"新生代"这个群体自身的特殊性：一是"新生代"象征着未来，拥有它就意味主宰世界。二是"新生代"对品牌忠诚度较低，不受领头羊品牌商品的影响。三是"新生代"不甘与成人为伍，他们往往选择百事来标榜自己与成人的不同，这是因"新生代"叛逆个性导致的必然结果。四是"新生代"是小皇帝，皇帝意志谁能左右？

百事可乐定位的成功也让市场上那些专门生产儿童商品的商家看到了契机，一时间市场上为儿童设计的商品几乎都在效仿百事营销之道成功定位。

有效占位，后来者也可居上，市场领先者在广告和促销方面能够得到更好的回报，并可以将产品价格定得比后来者高。在一般情况下，领先企业还是占有优势的。不过，市场后来者在树立自己的品牌时，能够免费利用领先者为开拓市场付出的努力。它们可以吸取领先者的经验教训，更加了解消费者对产品品质的要求。这是"老二"的优势，就那些有创新产品的企业而言，后来者可以少走弯路、减少成本因而盈利可能更大。

虽然市场领先者的优势确实存在，而且看上去好像不可逾越，但这并不意味着后来者就没有盈利的机会。只要采取合适的战略，市场后来者可以将不利条件变为有利条件，从而在市场上占有一席之地。

一个典型的"有效占位"策略就是小心缓慢地爬上别人占有的阶梯，紧挨着它，与它和平共处，最后达到让消费者认可的目的。想要在竞争中取胜，还必须找到突破口。假如你没有占到第一，又不甘居人之下，那就应该去顾客心里找一个未被占有的位子。即寻找一个漏洞，然后填满它，在那个位置，你依然是第一，因为你是未来的。

百事可乐公司仅以消费群体为参照物进行定位即"新生代"，这在广告史上开了先河，在定位理论上也是一个飞跃，仅此一招使可口可乐公司处于被动防守地位。百事可乐始终扮演着挑战者角色，挑战型的企业大多在行业中处于第2位。

可口可乐的独特魅力，在碳酸型饮料界独领风骚将近一百年。在20世纪80年代早期，尽管它仍是软饮料中的领先者，但其市场份额却慢慢地被占领了不少。可口可乐公司不得不采取行动，以停止市场份额的流失。它们首先想到的就是改变一下可口可乐近百年的味道也许消费者会喜欢新口味呢？

1985年，可口可乐公司在成功经营99年之后，又大胆地推出了这惊世骇俗的计划：改变沿用了99年的口味，推出新可乐。经过一段时间的经营，可口可乐公司发现新产品不仅没能打败百事可乐，还给自己带来不少麻烦。可口可乐公司无论如何也没有料到有那么多人喜欢原来配方的可乐，新可乐上市后，每天都可以接到1500多个愤怒的消费抗议电话，威胁可口可乐公司，要么改回原来配方，要么集体起诉。

众怒难犯，可口可乐公司只好又更新推出老式可乐，命名为"经典可乐"，这才避免了更大的灾难。

百事可乐是因为成功地模仿而取胜，"老大"却反过来效仿"老二"这无异于拿金饭碗乞讨。

可口可乐的优势是NO.1，意味着正宗、第一、品牌领头羊。定位一定要定在自己的优势上，一旦确定就贵在坚持。

（资料来源：李志敏：《跟大师学营销》，中国经济出版社2004年版）

二、案例分析

成功的广告原本是由准确的定位和独特的创意组成的。如果说广告像一棵大树，那么创意就是花，而定位就是根，根深叶才茂，根枯花凋零。在商业广告中，定位的实质就在于打局部攻坚战，垄断小市场，占有一片自己的天地，也就是说，找一块足够的市场空间，集中优势兵力于明确目标，在有限的范围内占有最大的市场份额，画地为牢，互不侵犯，公平竞争。

三、思考·讨论·训练

1. 百事可乐公司的市场定位是什么？其取胜的原因何在？
2. 可口可乐公司的新配方为何不受欢迎？

案例 6　市场细分永不停息

一、案例介绍

万豪酒店（Marriott）是与希尔顿、香格里拉等齐名的酒店巨子之一，总部在美国，其业务已经遍及世界各地。在广州，中国大酒店等已委托万豪进行经营。这家酒店的成功之道在于：针对不同的细分市场，成功地推出了一系列品牌。在高端市场上，Ritz – Carlton（波特曼·丽嘉）酒店为高档次的顾客提供服务方面赢得了很高的赞誉并备受赞赏；Renaissance（新生）作为间接商务和休闲品牌与 Marriott（万豪）在价格上基本相同，但它面对的是不同消费心态的顾客群体——万豪吸引的是已经成家立业的人士，而"新生"的目标顾客则是那些职业年轻人；在低端酒店市场上，万豪酒店由 Fairfield Inn（公平客栈）衍生出 Fairfield Suite（公平套房），从而丰富了自己的产品线；位于高端和低端之间的酒店品牌是 Towne Place Suites（城镇套房）、Courtyard（庭院）和 Residence Inn（居民客栈）等，它们分别代表着不同的价格水准，并在各自的娱乐和风格上有效进行了区分。

伴随着市场细分的持续进行，万豪又推出了 Springfield Suite（弹性套房）——比 Fairfield Inn 的档次稍高一点，主要面对一晚 75—95 美元的顾客市场。为了获取较高的价格和收益，酒店使公平套房品牌逐步向弹性套房品牌转化。

"万豪"会在什么样的情况下推出新品牌或新产品线呢？答案是：当其通过调查发现，在旅馆市场上有足够的、尚未填补的"需求空白"或没有被充分满足的顾客需求时，公司就会推出针对这些需求的新产品或服务。从某种意义上说，"万豪"的专长是对顾客需求的获取、处理和管理。

"万豪"一直致力于寻找其不同品牌间的空白地带。如果调查显示某细分市场上有足够的目标顾客需要一些新的产品或服务特色，那么"万豪"就会将产品或服务进行提升以满足顾客新的需求；如果调查表明在某一细分目标顾客群中，许多人对一系列不同的特性有需求，"万豪"将会把这些人作为一个新的"顾客群"并开发出一个新的品牌。

万豪公司宣布开发"弹性套房"这一品牌的做法是一个很好的案例。当时，万豪将"弹性套房"的价格定在75—95美元之间，并计划到1999年3月1日时建成14家，在随后的两年内再增加55家。"弹性套房"源自"公平套房"，而"公平套房"原来是"公平旅馆"的一部分。"公平"始创于1997年，当时，华尔街日报是这样描绘"公平套房"的：宽敞但缺乏装饰，厕所没有门，客厅里铺的是油毡，它的定价是75美元。现在的问题是："公平套房"的顾客可能不喜欢油毡，并愿意为"装饰得好一点"的房间多花一点钱。于是，万豪通过增加烫衣板和其他令人愉快的东西等来改变"公平套房"的形象，并通过铺设地毯、加装壁炉和早点房来改善客厅条件。通过这些方面的提升，万豪酒店吸引到了一批新的目标顾客——注重价值的购买者。但后来，万豪发现对"公平套房"所做的提升并不总是有效——价格敏感型顾客不想要，而注重价值的顾客对其又不屑一顾。于是，万豪考虑将"公平套房"转换成"弹性套房"，并重新细分了其顾客市场。通过测算，万豪得到了这样的数据：相对于价格敏感型顾客为"公平套房"所带来的收入，那些注重价值的顾客可以为"弹性套房"至少增加5美元的收入。

（资料来源：芮新国：《市场细分永不停息》，《政策与管理》2002年第7期）

二、案例分析

现在，酒店服务业也在发生剧烈的变化。酒店经营者必须经常问自己：我是准备在竞争中提升产品或服务以保护自己的市场，还是准备为新的细分市场开发新的产品？如果选择前者，要注意使产品或服务的提升保持渐进性，从而降低成本，因为现有的顾客往往不想支付得更多。如果选择后者，新的产品或服务必须包含许多新的目标顾客所期待的东西即需要有一个不同的品牌，而新的顾客能够接受这种新产品或服务并愿意为此支付更高的价格。万豪酒店通过创造出"弹性套房"成功地将一种"使价格敏感型顾客不满"的模式转换成为一种"注重价值的顾客"的模式，这是一个很典型的案例。

　　说到底，这其实就是营销上的STP战略，即市场细分（Segmentation）、选择（Targeting）和定位（Positioning）战略。品牌战略归根到底是围绕着细分市场来设计和开发的，清晰的品牌战略来自于清晰的STP战略。

三、思考·讨论·训练

1. 公平套房和弹性套房产生的细分标准是什么？
2. 万豪酒店产品创新的依据是什么？

案例7　善做产品定位的拜耳公司

一、案例介绍

　　每个人都知道，产品质量越好，往往其制造成本越高，因而大多数企业都从低价值切入市场，但德国拜耳公司却偏偏反其道而行之，并大获成功。

　　拜耳公司创立于1863年，1991年销售额达255.81亿美元，利润额1亿美元，雇员16.4万人，在世界500家最大的工业公司中排名第42位。

　　并不是每一个企业都能够而且敢于将产品定位在高质量、高技术市场上，因为高质量要求企业具有较高的研究开发能力，搞得不好，画虎不成反类犬。但拜耳公司则不同，它重视研究开发并具有高质量的研发能力。

　　拜耳公司的领导人认为，在化学工业领域，研究与制造和销售同样重要。拜耳公司的产品都是花大量研究力量研制的结果。至1990年，拜耳集团遍布世界各地的研究机构已获多达157670项研究专利。由此可以看出，拜耳集团的研究成果是巨大的。

　　1990年，拜耳集团用于研究开发的经费达27.38亿马克。1991年，这笔费用增加到30亿马克，占拜耳集团销售额的7%。一位资深的分析家对拜耳的产品进行分析后认为，在过去的十五年内，拜耳公司营业额的50%是靠科技投入获得的。

1990 年，拜耳公司的研究人员为 13206 人，到 1991 年增加至 13488 人。其中 8000 多人在德国境内的拜耳企业内从事基础和应用科学研究。研究经费的 2/3 用在德国的研究机构。同时，拜耳公司也重视其在国际上的研究力量，尤其是在美国和日本的公司着力研制新产品。

拜耳公司由于始终严格按照自己的定位策略去经营，所以一直致力于开发世界领先的新产品。自从阿司匹林成功后，该公司接连不断地研制出新的闻名于世的药物和化学产品。1939 年，拜耳公司的研究人员多马克因研究发现磺胺的药物作用而获得诺贝尔奖。据统计，该公司创立 100 多年来，研究发明的医药达 1300 多种，其中 20 世纪 70 年代以来新开发的药物就有 700 多种。80 年代起，随着化学工业和计算机技术的发展，拜耳公司的科研工作更上一层楼，又推出 20 多种世界闻名的新药，其中有对冠心病和高血压疗效显著的硝苯吡啶。

另外，拜耳化学公司的广告宣传，也一直把自己的产品定位在世界水平，定位于世界市场。拜耳公司为了履行自己的承诺，现在更加注重科研。该公司虽已有庞大的科研队伍，近年来，它仍在美国开设了两个生物工程研究中心，并准备在日本再建立一个研究中心。

（资料来源：清华大学经济管理学院工商管理研究组：《MBA 工商管理 800 例》，世界图书出版公司 1998 年版）

二、案例分析

在目标市场上实施产品定位，树立企业产品在消费者心目中的形象，是企业的经营战略。拜耳公司的产品主要得益于其高质量、高技术的定位。一般产品定位在低档品，因为消费群体大，有利于企业成功。但拜耳公司依据自身的实力，定位在高档品市场，也取得了成功，它表明了市场营销竞争没有不变的规则，见机行事才是不变的准则。

三、思考·讨论·训练

1. 拜耳化学公司实施高定位的基础是什么？
2. 拜耳化学公司是如何实现其产品定位的？

案例8　兰波布的市场定位策略

一、案例介绍

兰波布公司位于加拿大哥伦比亚省，其基本经营业务是从巴西等国进口咖啡豆，由所属的加工厂把咖啡豆经过烘烤、磨碎成细粒状再用纸袋装成半公斤包装出厂，然后分发给中间商，并通过他们再把产品分销给遍布本省的各零售商，最后再销售给普通消费者。

兰波布公司并不安于只做一家地区性的咖啡制造商，而是希望向加拿大其他的省份进一步发展。当时的情况是：公司对其他地区的市场状况所知甚少，而且，公司的产品甚至还面临速溶咖啡和其他软饮料的夹攻。

兰波布公司的管理人员因此展开了一系列有条不紊的营销步骤，对将要投放市场的主打产品——"新"兰波布咖啡的市场定位、市场形象等进行了一系列策划。

分析人员首先分析了兰波布公司的新产品可能会进入的市场区域。当时兰波布咖啡的市场区域是公司所在的哥伦比亚省和阿尔北塔省的一部分。可是哥伦比亚省的人口仅占加拿大总人口的12.5%，而阿尔北塔省的人口只占全国人口的9%，市场空间明显不足。

加拿大人口最多的省是安大略，约占全国人口的38.5%，位于公司所在地以东4700公里；人口第二多的是魁北克省，约占总人口的24%，这个省处在安大略的东边。尽管这些条件极为不利，兰波布公司还是坚持认为，要成为全国食品行业的成功者，除了在原有市场区域同竞争产品争夺市场份额以外，开拓新的更大的市场是当务之急，也只有这样才能提高本公司的销售量和利润。所以，他们决定，在将新产品投入哥伦比亚和阿尔北塔的同时，还要投入安大略的市场。至于法语区的魁北克省，由于语言等文化背景的差异，开辟新市场的困难要多一些，应当作为下一步的目标。

公司的领导层对新产品的市场定位也有很深刻的认识。兰波布公司的管理人员认为，要取得成功，必须调整产品在顾客心目中的地位，即通过产品重新定位，使顾客感到在与别的咖啡品牌和与速溶类咖啡的比较中，兰波布都是一种更高级的咖啡品牌。

为了进一步改善新产品的形象，公司还进行了广泛的顾客调查。结果促使新产品的包装发生了一次革命性的变化。原来的商品包装是这样设计的：品名"NABOB"这几个字用红色印在深绿色的底色上，双层纸袋普通封口。这种既不鲜艳又不吸引人的包装原封不动地使用了许多年。而这次受到顾客建议的启发，兰波布公司发明了一种新型的铝箔纸包装技术。这种新型包装技术用于粒状咖啡，比传统方式的包装成本稍高，但可提高单车的运输量；同时，铝箔包装的密封性也很好，这将从根本上改变纸包装粒状咖啡的商品存放寿命较短的缺点。更重要的是，用保鲜性好、成本也较高的铝箔纸包装，就有可能使顾客在饮用咖啡时，感受到更好的味道。这一点正是产品多样化、高档化的重要表现。

兰波布公司认为，促销是该新产品成败的重要因素之一。他们选择的信息传播媒体是电视广告。同样是在顾客调查的基础上，公司拟订了几种新的广告备选方案，然后用与包装设计选择类似的方法，进行了广告定位的概念试验。最后兰波布公司从众多的方案中选中了两种广告方案，以便减少在制作电视录像带和试播中的费用。

在新产品的价格与分销方面，兰波布公司认为，新包装的使用，使成本略有增加而运费却少许减少，这样就不必提高产品售价。这是维持现有价格，增加销量，实现巨额利润的有力措施。并且，鉴于各类咖啡都使用基本上相同的分销渠道，兰波布公司认为，还没有出现开辟新的销售渠道的机会。因此，他们把重点放在与分销网络中的关键人物保持良好关系和畅通的销售信息交流上。

试销也是开发新产品过程中很重要的一步，经验证明，每25项新产品投入市场，只有一项取得成功。最大的风险莫过于：生产了大量的产品，却大量积压在批发商和零售商那里，而实际上消费者并不购买该产品。为了减少这种风险，公司决定在安大略省选择两个试验市场进行试销。所选择的试验市场是两个人口约5万、相距数百英里的城镇。两个小城镇的规模适当、相距甚远，因此试验结果不会彼此干扰和相互影响。除了分别使用已设计好的两套电视广告中的一个以外，其他市场营销要素完全相同。

在新产品全面进入目标市场的6个月后，新包装的兰波布咖啡在安大略省和在西部两个省的市场占有率（与整个咖啡销量相比较）达到16%。资金回收和利润都大体上如原来预期的情况，而且其后的两年一直维持在较高的增长水平上。

（资料来源：清华大学经济管理学院工商管理研究组：《MBA工商管理800例》，世界图书出版公司1998年版）

二、案例分析

打开销售市场的关键是寻找市场上的空白区域。兰波布公司通过调研发现，市场上竞争对手的主要策略是：利用其产品的低价格和使用方便性吸引顾客。因此，兰波布公司决定对新产品实施新的市场定位，打开高档咖啡的市场。如何实现企业策略？产品别具一格是竞争优势的另一来源。在现有直接竞争产品和间接竞争产品的夹缝中，兰波布公司以其产品在包装和保鲜方面有别于其他产品的鲜明特点，取得了较高的增长水平。

三、思考·讨论·训练

1. 兰波布公司为什么要对其产品重新进行市场定位？
2. 兰波布公司是如何实现其市场定位的？

案例9 米勒啤酒的目标市场营销

一、案例介绍

菲利普·莫里斯公司买下了经营不善的"米勒"酿酒公司。仅仅一年半的时间，"米勒"啤酒已跃居美国啤酒市场占有率第一位。

"米勒"啤酒是怎样起死回生的呢？是目标市场营销使"米勒"啤酒获得了成功。

由于不少美国啤酒公司都来自欧洲，因此啤酒技师的思想在这些公司占据了统治地位。这些公司只注意产品本身而不注意市场，他们更关心产品的质量，而不太关心顾客从其产品中得到的实际价值。为了宣传啤酒的味道，这些公司在研制和广告方面花费很大，他们强调啤酒花的数量、水的质量、各成分的比例及发酵程序等。这些啤酒公司认为，普通的饮酒者也能像酿酒师一样辨别出各种牌号啤酒的不同味道。实际上，大多数的美国饮酒者并不能区分不同牌号啤酒的差别，人们在选择啤酒时也并非仅仅看中味道。

为了了解消费者购买啤酒的因素，新的米勒酿酒公司调查了美国的啤酒消费者，发现啤酒的最大消费群是男性年轻人，主要是蓝领工人。同时还发现，这些蓝领工人是在酒吧里和同伴一起喝酒，而不是在家里和妻子一起饮用。

在公司买下米勒啤酒公司以前，作为主要消费力量的蓝领工人几乎没有引起公司的重视。各啤酒公司所做的广告，刊登的是一些与蓝领工人生活格格不入的东西。例如，市场上居领先地位的巴德维塞公司在其广告上刊登这样的画面：在某宅邸幽雅的游泳池旁举行的社交舞会上，上流社会富有的绅士淑女们喝着"巴德"牌啤酒。为此，米勒公司抛弃了"香槟"的概念，推出了"米勒好生活"牌啤酒——一种适应工人口味的新啤酒。由于不少顾客在钓鱼或打猎时也要喝很多啤酒，米勒公司开始使用听装，并开始向超级市场供货。而且，公司还向全国各地的酒店和保龄球场销售其产品。

为了使人们问津"米勒好生活"啤酒，米勒公司设计了一个旨在吸引蓝领工人的广告宣传活动，并为此投入了大量财力。"米勒好生活"啤酒挤进了工人们的日常生活，人们下班后的时间成了"米勒"的时间。米勒的广告词对石油、铁路、钢铁等行业的工人的工作大加赞赏，把他们描绘成健康的、干着重要工作并为自己是班组的一员而自豪的工人。为了进入目标市场，米勒公司只在电视上做广告，这是蓝领工人们所乐于选择的传播媒介，并集中在他们所喜爱的体育节目时间播出。

在一年时间里，米勒公司的市场占有率从第八位跃居第四位，随后又逐步上升到第二位。

为再接再厉，米勒公司又推出了一种新产品——保健啤酒，该公司将它定位为低热量啤酒，命名为"米勒莱特"。该产品面向三个目标市场：年轻男性蓝领工人、老工人和妇女，结果很快就成为市场上的超级明星。

（案例来源：全球品牌网，www. globrand. com）

二、案例分析

米勒啤酒的成功应归功于市场细分和目标市场营销。市场细分是企业进行后续市场营销活动的前提，米勒公司正是因为这个原因才能起死回生。由此可见，正确地细分市场以及正确地选择目标市场是获取高市场份额的基础。

三、思考·讨论·训练

1. 米勒公司细分市场的标准是什么？

2. 细分市场的方法有哪些？

案例 10　《今日美国》的营销组合策略

一、案例介绍

《今日美国》(*U. S. A. TODAY*) 于 1982 年 9 月 15 日在华盛顿创刊，是一份较为成功的全国性大众趣味型报纸。它由美国最大的报业公司——甘尼特有限公司创刊发行。

该报内容简明，编排新颖，每周出 5 天，每天 40 版，分为新闻、体育和娱乐三大部分，新闻版和体育版图文并茂，彩色印刷。新闻报道十分简洁，不注重深度报道和评论，也不登连环画、分类广告，但是，每天都有气象预报。读者对象主要是来去匆匆的商人和成千上万的旅游者。报纸自发刊以来，在全国出了许多分版，并在加拿大等国发行。一年后，发行量就超过 100 万份。20世纪 80 年代末，已居全美日报的第 2 位，颇受社会各界瞩目。《今日美国》的成功归功于甘尼特公司的精心策划。

1981 年，甘尼特公司针对创办一份全国性报纸是否可行做了一次深入广泛的市场调查研究，其结果是肯定的。公司董事会也同意给予财力支持，于是《今日美国》得以诞生。

公司向公众推出这份全新的全国性报纸是一个宏伟工程，其风险与收益都是未知数，稍有不慎，上亿美元的投资就将化为乌有。公司领导人深知其中的利害关系，特意为《今日美国》制定了一整套营销组合方案，从市场定位、产品、价格、销售渠道到促销等各个方面都予以科学而明确的规定。在方案实施 7 年后，公司终于从这份报纸中盈利，《今日美国》也被西蒙斯市场调查报告评为"全美拥有读者最多的报纸"。

（一）产品组合策略

《今日美国》的营销组合是以预定的目标市场和市场定位为基础而展开的。《今日美国》的核心内容是用简洁的语言及时报道国内信息。它的有形产品就是报纸本身。它在质量水平、特色栏目、报纸名称和包装发送 4 个方面，都有自己的特色。

1. 质量水平。《今日美国》在报纸内容上属中上水平，但在印刷质量上堪称报业之最。彩色印刷的精美程度大大高于一般报纸，甚至可以与杂志相媲美。读者读完报后，根本不用担心手上会留有墨迹。

但是，人们对于该报的内容质量却评价不一。许多编辑认为，《今日美国》的报道太简洁，缺乏深度和实质性的内容，社论也写得空洞无物。但从整体上看，与大多数报纸相比较而言，它仍处于平均水平之上。

2. 特色栏目。报纸共分为四个部分：A 部分为新闻，B 部分为金融，C 部分为体育，D 部分为生活。还有 E 部分为定期赠阅部分。E 部分是 1988 年 1 月以后新增加的，主要刊登一些专题报道。报纸第一页上有标题索引，读者能很快了解内容概要。在 A 部分的最后一页上还附有彩色的气象图和气温表。

3. 报纸名称。报纸名称是《今日美国》，从名字上就可以看出报纸的内容范围。在名字的正上面写着"全国性报纸"，意味着该报新闻内容涉及全美国。它还试图成为"国家真正统一"的一种促进力量。

4. 包装发送。《今日美国》的自动售报机被称为无所不在的"电视机"，独特的设计使它在众多售报机中脱颖而出。这种机器看上去像一个放在底座上的 21 英寸电视机，每个方向都有蓝色的广告标志。这个机器装置上有一个透明的倾斜窗口，读者可以方便地看到报纸折叠向外那一面的全部内容。大约有 14.3 万个这样的售报机被安置在全国各地，装饰醒目的机器令读者在很远的地方就能看到，实际上也起到了广告牌的作用。

（二）销售渠道组合策略

《今日美国》并不是一开始就在全国范围内广泛销售，它是一个市场接一个市场地稳步推进，直至全面铺开。它首先进入的市场是华盛顿—巴尔的摩地区、亚特兰大和匹兹堡。无论进入哪一个市场，自动售报机和报摊总是首选销售渠道。然后再通过计算机优化组合，形成最佳销售网络。

《今日美国》最初的销售战略，重点在于零售，而把订购作为附属部分。最初预计是零售 85% 以上，订购和送报上门只占 15%。

但到 1983 年春天，公司开始逐渐重视订购和送报上门服务。1984 年第一季度送报上门服务和邮局征订占全部发行量的 29.8%，几乎是预计数字的两倍。

销售战略转移的一个重要因素是广告商偏爱邮局征订而不是零售，因为邮局征订数可以让他们清楚地了解读者的层次和地理分布情况。另外，报纸发行量审核局很难审核自动售报机售出的报纸数量，而这些数字与广告收入直接相关。

到 1988 年，销售形式进一步变化，批量卖给旅馆、航空公司、出租汽车公司等的比例奇迹般上升至 19%。

（三）价格组合策略

报刊业属于垄断竞争的行业。报纸是分类的，不同报纸的价格相差悬殊。《今日美国》在初入市场之际，采用了渗透性的价格战略。

从 1982 年 9 月 15 日至 1984 年 8 月 26 日，报纸单价为 25 美分，送报上门每周 1.5 美元。这种价格是可以与其他日报竞争的。到 1984 年 8 月 27 日，报纸单价上升到 35 美分，送报上门的价格每周为 1.75 美元。到 1985 年 8 月 26 日，该报每份单价增至 50 美分，送报上门每周定价为 2.50 美元。

其实，从一开始《今日美国》设定的价格就是 50 美分，每份 25 美分及 35 美分是一种创业时期的优惠。读者似乎也相信报纸价格就是 50 美分，因为在提价过程中，几乎没有读者中途撤出《今日美国》顾客的行列。

同一时期，其他新闻报刊的单价是：《萨克拉门托蜜蜂报》（地方报）25 美分；《华尔街日报》50 美分；《商业周刊》2 美元；《幸福》杂志 3.50 美元。

（四）促销组合策略

为了促销《今日美国》，甘尼特公司不惜花费数百万美元，所有促销手段，包括广告、人员推销、营业推广以及公众宣传都用上了。

1987 年 9 月《今日美国》创刊 5 周年之际，该公司开展了一场声势浩大的促销运动，使得该报一下子在全国受到瞩目。以艾伦·诺哈思为首的一支记者和摄影师队伍举行了为期 6 个月的"大巴士游历"活动。这项活动用一辆特别的印有《今日美国》字样的大巴士，共走访了 50 个州，得到的收获是 50 个新栏目和不计其数的义务宣传。他们每到一处，即对当地政府首脑进行独家采访，来扩大其影响力。

1988 年进行的"环球旅行"活动与上面的活动类似，诺哈思和他的队员在 8 个月内走访了全球 32 个主要国家。他们和各种各样的人交谈。"环球旅行"活动使《今日美国》在全世界的读者对它有了一个更为清晰、真实和精确的印象，也给该报海外版一次难得的展示机会。

另外，《今日美国》在促销方面还做了一些其他努力。例如，它是 1987 年举行的"全美棒球群星"球迷投票活动的发起人；它又是一次全国性征文大赛的发起人之一，当时美国总统里根亲自对大赛的获奖者表示祝贺；同时，它还出版发行了自己的传记《一份大报的成功之路》。

（资料来源：李志敏：《跟大师学营销》，中国经济出版社 2004 年版）

二、案例分析

《今日美国》的成功，归功于公司制定的营销组合战略，没有这套科学的营销战略,《今日美国》的成功是无法想象的。

《今日美国》的成功,使我们不难看出,企业在进行市场营销组合决策时,应该从组合策略的目的性、整体性和动态性等特点出发,系统地进行。由于行业不同、产品不同和市场不同,组合策略也不尽相同,组合策略应根据环境的不同而不断变化、调整,从而实现最优化平台,以实现其经济效益。

三、思考·讨论·训练

1.《今日美国》是如何成功的?
2.《今日美国》成功的基础是什么?

案例 11　猫人国际保暖内衣品牌定位战略

一、案例介绍

早在 2001 年,猫人国际进入这个行业时,保暖内衣行业早期的"质量战"、"价格战"、"口水战"等,使董事长游林敏锐地认识到,没有品牌定位战略来实现品牌差异化,就只能被动地随着市场竞争及环境的改变而调整、变化。相应的,每年的广告没有一个持续贯穿的主题,"推广一时一个主题,品牌一年一副面孔",每次都等于将品牌建设推倒重来,消费者自然也很难对某个品牌形成鲜明、独特的认识,品牌的建立也就无从谈起。

同时,猫人国际认识到,随着国内生活水平的提高,消费者必定对"时尚"的关注越来越高,因此,猫人国际明确提出了"时尚内衣"的品牌战略,并且在这个品牌战略的指导下,进行了一定的营销整合,如代言人选取年轻、时尚的舒淇,并在渠道上一反保暖内衣简陋、临时租用的终端形制——在内衣行业引入化妆品行业终端做法,在全国建立强大、整齐划一的"时尚"形象专柜。

（一）保暖内衣业的"时尚"观

定位,就是要与竞争者区隔开来。因此,在竞争者方面,评估检验"时尚内衣"定位是否成立的关键是:"时尚内衣"定位没有被占据,猫人国际有机会占据。由于任何品牌都要通过传播,才能将区隔概念,植入消费者心智,并在应用中建立起自己的定位。因此,判断保暖内衣各品牌在消费者心智中可能存在的概念，主要是研究各品牌的宣传推广内容。

在保暖内衣业发展的早期，以俞兆林、南极人、北极绒为代表的品牌，一味追求"保暖"，对"时尚"基本不考虑，大多数保暖内衣膨松、臃肿，即不便于活动，又缺乏美感。当时，保暖内衣的广告推广也只强调保暖和保健，而对内衣的美观、舒适避而不谈，一方面，是当时产品面料本身，无法解决保暖与美观的冲突；另一方面，众多企业将保暖内衣当功能性极强的"保健品"操作，而忽视了其服装属性的自然结果。

转折点是 2001 年 3 月份，针织内衣行业（絮类）质量标准的出台。从此，保暖内衣业普遍注重面料品质的提高和新材料的使用，原来采用的三层保暖（絮类），纷纷改成单层保暖（加厚针织类），并广泛使用了莱卡等，使内衣的舒适性、时尚性都有所提高。

特别是 2001 年纤丝鸟首推"美体内衣"大获成功，使苦于缺乏热点的众多保暖内衣企业，发现了盈利新大陆。2002 年，几乎所有品牌，以及不甘心自己首创"美体修形"概念被借鉴的婷美集团，纷纷提出美体、保暖"二合一"概念，又衍生出"薄暖"概念，如南极人的毛缎内衣等，"时尚"一词开始在各大品牌的推广中被广泛、高频率使用。

由于保暖内衣正是满足现代消费者"减法穿衣"而诞生的，因此企业很容易得出结论，"更轻、更薄、美体"就是保暖内衣的"时尚"方向。因此，各品牌纷纷推出时尚的"超薄抗寒内衣"、"瘦暖保暖内衣"、"薄暖保暖内衣"等。

同时，保暖内衣企业非常清楚，"保暖"是保暖内衣的重要生存基础。但在今天面料等没有出现重大突破的前提下，"美体、轻薄"与"保暖"存在必然矛盾，主要是内衣纤维无法足量使用羊毛、棉等，且无法保证服装面料的空气含量、厚度等，从而影响到保暖性。

在猫人国际进行的全国消费者调查中，消费者始终认为美体内衣，以及各种"轻、薄"型"保暖内衣"，"薄就肯定不会保暖"，只适合在秋季和初冬穿着，在最冷的日子，还是南极人为代表的传统保暖内衣能够御寒。

因此，这场全行业的"时尚运动"，由于丧失了保暖内衣的基本属性"保暖"，催生了一个与保暖内衣完全独立细分市场，"更轻、更薄、美体"并没有带来保暖内衣的真正时尚。但是，随着这场运动展开，各品牌的保暖内衣，在色彩、新型面料如莱卡的运用以及在包装、终端展示等各个方面的"时尚表现"，的确上了一个新的台阶。

最为重要的是，保暖内衣业年年"新概念"，从质量战、价格战、口水战、广告战、促销战，各品牌从未聚焦在一个"概念"上，更没有专注于"时尚"的品牌。因此，成美研究认为，在保暖内衣业中，没有竞争产品占据"时尚内衣"的定位，即猫人国际有机会占据该定位。

结合对于猫人国际的评估，特别是其 2001 年就率先提出了"打造时尚内衣第一品牌"、渠道等系列整合，以及猫人国际的整体实力等，得出了结论：猫人国际保暖内衣的品牌定位"时尚"成立。

（二）消费者眼中，什么是保暖内衣的"时尚"？

要在消费者心智中建立"时尚内衣"定位，研究人员必须要明确，现阶段，中国消费者眼中，何谓保暖内衣的"时尚"。首先，研究从消费者的保暖内衣穿着习惯入手：

（1）保暖内衣的适用时间为：一年中最冷的两三个月，春节前后为主。

（2）保暖内衣的穿法：贴身穿着，外套一件羊毛衫（随着保暖内衣的流行，消费者改变了过去几件羊毛衫叠穿的习惯），在最外面是羽绒服或大衣；在北方室内暖气环境下，除去大衣或羽绒服，仅穿着羊毛衫与保暖内衣；睡觉时，由于闷热、太厚，消费者脱去保暖内衣。

掌握了消费者穿着习惯后，研究人员决定，通过消费者对保暖内衣不同样式的偏好，来继续了解消费者眼中的时尚。研究结果显示，消费者对样式的关注集中在"领型"、"色彩"和"剪裁"三个方面。在各种领型中，以中低圆领最受消费者欢迎，因为在隆冬季节，其比低领更保暖，又不致露出羊毛衫、衬衫一小截，影响美观；在各种颜色中，不同消费者有不同的选择，有的喜欢浅色不容易从羊毛衫中透色，有的认为深色耐脏；而在"剪裁"上，消费者普遍提出越紧身越好搭配外衣，其顺序依次为束身、贴身、随身、宽松。结合四个方面的偏好，显然，消费者对于保暖内衣的"时尚"认知，主要为"更好体现外衣（主要是羊毛衫）的款型"。

同时，研究人员发现，消费者对南极人、北极绒等品牌的"剪裁"存在明显不满，主要是"保暖不时尚"，认为南极人等过于宽松、臃肿，不适合穿在衬衫，紧身一点的羊毛衫里，不仅不美观还不易行动。因此，消费者的观念中，普遍认为南极人等更适合怕冷、不关注美观的老年人穿着。

至此"时尚"定位，落实到猫人热力卡产品层面，现阶段主要突出"贴身剪裁"，不臃肿。由于消费者的需求是复合的"保暖 + 时尚"，即"时尚内衣"定位，必须在同样满足"保暖"的基础上诉求"时尚"，而不能像"更轻、更薄、美体"一样，违背消费者对"保暖"的认知。

因此猫人国际提出的"日本发热纤维"，并不符合消费者对"保暖"的固有认知，且需要大量的、复杂的说明教育，而大肆宣传"日本发热纤维"，并不符合"时尚内衣"定位；而澳洲羊毛是消费者容易接受的保暖概念，吻合消费者对保暖的固有认知。因此，否定了主推"日本发热纤维"的做法，认为通过"澳洲羊毛"的信息提及，让消费者明白猫人热力卡是保暖内衣即可。

（三）猫人热力卡，"时尚"定位之下的营销整合

猫人确立了"时尚内衣"这一定位战略，就指明了营销各方面改善的方向，能有效地促进企业运作的提升。

首先，谁是猫人热力卡的目标消费者？猫人保暖内衣产品的目标人群，主要分现有猫人用户，和从南极人等"臃肿型"保暖内衣抢夺两部分。

其次，在"时尚内衣"定位之下，成美结合"时尚 + 保暖"的复合需求，提出"贴身抗寒"概念，产品名相应为"贴身型抗寒内衣"，简单直白，利益明确，既能支持"时尚"，又与众不同。

同时，考虑到消费者的购买行为中，主要通过翻看领口处的吊牌等了解内衣的面料等信息，成美建议、设计了猫人热力卡领口处悬挂"澳洲羊毛"、"莱卡"、"日本三菱发热纤维"、"可机洗不变形"等系列吊牌，方便消费者更好了解产品特点。

包装在猫人专柜终端的陈列作用明显，而提供具体信息作用弱，这主要是因为消费者一般都是直接通过内衣样品了解信息，消费者接触到包装往往是在购买行为发生后。因此，成美对包装做出的规范主要是，设计与猫人专柜设计风格相协调，并着力体现时尚感、国际品牌，规范香港背景、产地等信息。同时，包装正面明确突出"贴身型抗寒内衣"、"澳洲羊毛"、"适合在0℃及以下穿着"等简单的提示信息。

在价格方面，由于猫人热力卡更"时尚"，产品更优越，加之澳洲羊毛、日本发热纤维等新型面料的使用，成美建议价格要高于保暖内衣的平均价格。

在渠道方面，由于"猫人"的品牌名以及过往的推广，都有"女性内衣"的印记，因此建议在现有终端基础上，注意男装、女装产品在陈列上适当组合，提示消费者有男装销售。

在推广方面，考虑到对比广告能更清晰传达"贴身时尚"，并引起消费者的关注与共鸣，将广告语定为"今冬不做企鹅人"，依此发动了广告宣传。在电视广告创意上，通过对比，突出舒淇身着猫人热力卡保暖内衣"贴身时尚"。

在终端导购小姐的销售说辞上，也改成"来自香港的时尚内衣，跟传统保暖内衣比，更能搭配时装，贴身不臃肿，适合搭配衬衫，穿在衬衫里面不显

形，也不影响外面衣服的款型"来详细说明"时尚"；强调保暖，则通过"外层是澳洲羊毛，柔软，里层是日本三菱公司专利防寒纤维，特别保暖，最适合在气温 0℃以下时候穿"。

这种诉求直观明确"贴身抗寒"的广告运动，直击消费者"时尚 ＋ 保暖"需求，及时迅速地拉动了销售；同时，随着品牌推广进行下去，一步步加强消费者的认知，逐渐为品牌建立起独特而长期的定位"时尚内衣"——真正建立起品牌。

目前，猫人在中国十个以上的城市已经做成了销售第一的业绩，在全国范围内也进入了前三名，增长率高达 800％，不仅逃脱价格战泥潭，最重要的是猫人国际真正确立了"时尚内衣"的品牌定位战略，走上了一条属于自己的"树品牌"之路。

（资料来源：成美营销顾问公司中国专业市场网，http：//www.em.com.cn）

二、案例分析

从保暖内衣价格大战的结局中可看出，在消费者面临太多品牌选择的今天，作为"Me Too"的跟风品牌，无法形成"独特的购买价值"，仅仅靠满足消费者的功能性利益需求和感性利益需求，去诉求"更保暖"，"更大品牌"，投入再大，明星再红，都是远远不够的。一个品牌只有在消费者心中发掘并占有合理性定位，才能有效地形成差异化，在这个残酷的市场中生存下去，否则只有被淘汰掉。正如杰克·特劳特最新著作所指出的那样——"区隔或死亡"。

定位理论明确指出：区隔不是空中楼阁，定位需要明确的支持点，才能真实可信。而产品是一切营销手段的基础，没有"时尚的产品支持"，"时尚内衣"定位的建立，显然缺了最重要的一环。猫人国际的成功就在于其完美地演绎了"时尚内衣"的产品定位。

三、思考、讨论、训练

1. 猫人国际的"时尚内衣"定位是如何体现的？

2. 如何理解定位在市场营销过程中的作用？

第六章　产品策略

企业的出路在于产品更新换代。

——［日］土光敏夫

伟大的设计在实验室产生，而伟大的产品在营销部门产生。

——［美］威廉·H.达维多

产品是市场营销组合中的一个重要因素。产品策略直接影响和决定其他市场营销组合策略，对企业市场营销的成败关系重大。

一、产品整体概念

通常人们所说的产品是市场上出售的物质实体。市场营销所指的产品，是指在市场上能够引起消费者注意并取得消费的一切要素的总和，产品整体概念包括形式产品、核心产品和附加产品三个层次。

（一）形式产品

所谓形式产品，是指构成产品形态的内容。它是产品在市场上与消费者接触，使消费者产生印象的因素。主要包括品种、质地、用途、样式、品牌、包装等。

（二）核心产品

所谓核心产品，是指产品的实质性内容。这里所说的实质是指产品使消费者受益的内容。主要包括精度、效能、功用、方便等。

（三）附加产品

所谓附加产品，是指消费者在购买有形产品时所获的全部附加服务，从服务中消费者获得了附加利益。在未来的竞争中，产品性能和质量越来越接近，消费者对服务的体验就更加敏感。因而有人将企业在服务方面展开的竞争称为"二次竞争"。

二、产品组合策略

（一）产品组合概念

产品组合是指一个企业生产或经营的全部产品线和产品项目的结合方式，也即全部产品的结构。在这里，产品线是指同一产品种类中密切相关的一组产品，又称产品系列或产品类别。所谓密切相关，是指这些产品或者能满足同类需求（即这些产品以类似的方式发挥功能），或者售给相同的顾客群，或者通过统一的销售渠道出售，或者属于同一的价格范畴等。产品项目是指在同一产品线或产品系列下不同型号、规格、款式、质地、颜色的产品。例如，海尔集团生产冰箱、彩电、空调、洗衣机等，这就是产品组合；而其中冰箱或彩电等大类就是产品线，每一大类里包括的具体的型号、规格、颜色的产品，就是产品项目。

产品组合包括产品组合的宽度、长度、深度和关联度四个变数。产品组合的宽度又称产品组合的广度，是指产品组合中所拥有的产品线的数目。产品组合的长度是指一个企业的产品组合中，产品项目的总数。产品组合的深度是指每一产品线中包括的不同品种规格的产品项目数量。如以产品项目总数除以产品线数（即长度除以宽度），就可以得到产品线的平均长度。产品组合的关联度是指各条产品线在最终用途、生产条件、分销渠道或其他方面关联的程度。

产品组合的宽度越大，说明企业的产品线越多；反之宽度窄，则产品线少。同样，产品组合的深度越大，企业产品的规格、品种就越多；反之深度浅，则产品的规格、品种就越少。产品组合的深度越浅，宽度越窄，则产品组合的关联度越大；反之则关联度小。

合理的产品组合对市场营销活动具有重要意义。企业可以增加新产品线，从而拓宽产品组合宽度，扩大业务范围，分散企业投资风险；加强产品组合的深度，占领同类产品的更多细分市场，增强行业竞争力；加强产品组合的关联度，使企业在某一特定的市场领域内加强竞争和赢得良好的声誉。

（二）产品组合策略

产品组合策略是指企业根据市场状况、自身资源条件和竞争态势对产品组合的宽度、广度、深度和关联度进行不同的组合。主要包括产品项目的增加、调整或剔除；产品线的增加、伸展和淘汰；产品线之间关联度的加强和简化等。一个企业产品组合的决策并不是任意确定的，而应遵循有利于销售和增强企业利润总额的原则，根据企业的资源条件和市场状况进行灵活选择。一般可供选择的产品组合策略有：

1. 扩大产品组合策略。它是指扩大产品组合的宽度或深度，增加产品系列或项目，扩大经营范围，生产经营更多的产品以满足市场的需要。对生产企业而言，扩大产品组合策略的方式主要有如下三种。（1）平行式扩展，是指生产企业在生产设备、技术力量允许的条件下，充分发挥生产潜能，向专业化和综合性方向扩展，增加产品系列，在产品线层次上平行延伸。（2）系列式扩展，是指生产企业向产品的多规格、多型号、多款式发展，增加产品项目，在产品项目层次上向纵深扩展。（3）综合利用式扩展，是指生产企业生产与原有产品系列不相关的异类产品，通常与综合利用原材料、处理废料、防止环境污染等结合进行。

2. 缩减产品组合策略。它是指降低产品组合的宽度或深度，删除一些产品系列或产品项目，集中力量生产经营一个系列的产品或少数产品项目，提高专业化水平，力图从生产经营较少的产品中获得较多的利润。具体又可以采用以下几种方式。（1）保持原有产品的广度和深度，增加产品产量，降低成本，改变经营方式，加强促销。（2）集中发挥企业的优势，减少生产的产品系列，只经营一个或少数几个产品的系列。（3）减少产品系列中不同品种、规格、款式、花色产品的生产和经营，淘汰低利产品，尽量生产适销对路、利润较高的产品。

（三）高档产品策略

高档产品策略是指在同一产品线内增加生产档次高、价格高的产品项目，以提高企业和现有产品的声望。

（四）低档产品策略

低档产品策略是指在同一产品线内增加生产中低档次、价格低廉的产品项目，以利用高档名牌产品的声誉，吸引因经济条件所限，购买不起高档产品但又羡慕和向往高档名牌的顾客。

应该指出，无论采用高档产品策略或低档产品策略，都存在着一定的风险。因为，在中低档产品线中推出高档产品，难以树立高档产品的独特形象；而在高档产品线中推出低档产品，容易损坏高档产品甚至企业的形象。

三、产品生命周期策略

所谓产品生命周期，是指产品从研制成功投入市场到最后退出市场所经历的全部时间。任何产品在市场上都有其诞生的时候就有其衰亡的时候。总想让某一产品保持永不衰退的销售势头，这种营销思想必将把企业引入困境。只有不断开发新产品，及时实现产品更新换代，才能保持企业活力。

产品生命周期不是产品的使用生命周期。产品使用周期是指产品的耐用程度，产品生命周期是指产品的社会经济周期。决定经济寿命的不是使用强度、自然磨损和维修保养等因素，而是科学技术的发展和社会需求的变化。

产品生命周期也不是指某一种类的产品，而是指某一种类中的具体产品。就某一种类产品而言，如煤炭、钢材、车辆、食品等，其市场生命会长久延续下去，而其中的某一品种产品在市场上的生命都是有限的。

（一）产品生命周期阶段划分

按照产品销售量在不同时期的变化情况，产品生命周期可分为四个阶段，从产品开始投入市场到销售量渐渐增加为介绍期，这是产品的初销阶段。产品开始盈利，随着销售量迅速增长，产品进入成长期，这是产品的畅销阶段。当产品的销售量增长速度缓慢下来，稳定在一定水平上，产品进入成熟期，是产品的稳销阶段。当产品销售量迅速下降，就开始了产品的衰退期，这时就到了产品的淘汰阶段，需要有换代产品或新开发的产品来替代。

（二）介绍期的市场营销策略

在介绍期，产品刚刚进入市场，消费者对产品不甚了解，往往对产品持保守态度，购买不够踊跃，产生对产品的拒绝性。这时，产品的性能还处于完善过程，需要通过用户反馈意见不断改进。由于生产不够熟练，废品较多。成本较高，从财务上看，在盈亏平衡点以下，存在着一定程度的亏损。消费者的拒绝性会引发企业经营的风险，如果营销措施跟不上，会使产品进入市场的努力失败。在产品介绍期，企业需注意的问题是：

1. 努力开发市场。介绍期实际上是企业新产品的市场开发阶段，它需要企业投入一定的资金、人力和物力。许多企业在产品研制成功后，推向市场缺少经费，结果搁置，其他企业接了过去打开了销路，占领了市场。自己研制产品所花的费用为别人垫了底。

企业必须明确认识到，开发市场是一项独立的创造活动。不能只注意开发产品不注意开发市场。开发市场也不仅是一般性的宣传，而是要特别注意研究和开发产品用途。这里所说的用途主要是指具体能满足消费者什么需要，能解决消费者什么困难和问题。这也是企业重要的科研项目。

2. 加强广告宣传。在研究用途的基础上，应有针对性地开展宣传。这时企业会出现亏损，主要是广告费用大。广告宣传要集中力量，连续不断地重复进行，在市场上造成强烈影响。这一时期的宣传，重点在于产品的性能和用途，激发消费者的购买欲望。

3. 从多方寻找机会，这时要注意社会重大活动和能造成广泛影响的事件，适时推出产品以引起社会轰动效应。寻找机会同样是一项创造性的活动。

4. 注意控制产量。在产品还没有在市场上推开之前，产量要适当控制。由于产品还需改进，生产线不要固定死，应留有可调整余地。

（三）成长期的市场营销策略

在成长期，产品逐渐为用户熟悉，销售量迅速增长，盈利增加。这一阶段所遇到的问题是会引来竞争者。企业要保持住自己在市场上的优势，必须尽快提高产品质量，突出产品特色，多方面满足消费者需求。此时投资成为突出问题。应采用一些专用设备，迅速形成较大的生产能力。成长期企业营销需要做的主要工作有：

1. 宣传厂牌商标。此时仍要重视广告宣传，但宣传的重点应转为厂牌商标，要提醒消费者注意本企业产品的特点。各种公关活动也要跟上，努力塑造企业在社会上的良好形象。如果企业不能及时地转变宣传策略，那么就等于前一段是在给竞争对手开辟市场。

2. 提高和保持市场占有率。要根据自己的实力开辟市场，采取必要的措施稳定基本用户。这时企业不能把注意力都放在盈利目标上，只有保住市场，以后才会有长远稳定的利润。但不要将市场面铺得太大，否则顾不过来就会失去信誉，从而会影响未来的营销工作。这一阶段最重要的工作是追求形成自己的稳定市场。

3. 努力创名牌。这阶段是企业创名牌的最佳时机。这时产品的鲜明特征能使消费者在对比中留下深刻印象。当产品不好卖的时候，消费者的心目中已经有了明显倾向性，再创名牌就变得十分艰难。同类产品后进入市场的企业也有不少成功的先例，那就必须使产品有新的特色，或者营销策略与众不同，使消费者明确感到有优于其他产品的地方。

（四）成熟期市场营销策略

此时，产品的生产量与销售量扩大到相当规模，竞争厂家增多，社会需求量稳定下来，市场已趋于饱和。一般来说，这一阶段是产品经历的最长时期。在成熟期还应宣传厂牌商标，但更应当注意保持市场占有率。因为市场规模已经稳定下来，市场需求量虽然不小，但不再增长。因而竞争具有你死我活的特征。如果本企业市场占有率有所提高，表明竞争对手的市场占有率降低；相反则说明自己的市场并入了竞争对手的势力范围。创名牌工作也不能放松。除此之外，还要做好以下工作：

1. 尽量回收资金。这一阶段一定要少投资，更不要上新的生产线，最多搞一些填平补齐的工作，要尽量发挥该产品的效益。在成熟期，虽然销售量不再增长，但销售量还是很高的。由于生产的时间长了，生产效率在提高。产品质量也稳定下来，废品率则在下降，管理上也积累了经验，生产成本能控制在较低的水平。时间一长，设备也折旧得差不多了。综合以上各种因素，会使产品利润率提高，这就给人又好销又赚钱的感觉。如果仅凭感觉就进行决策，就会重复使用新生产线。产品产量成倍提高，而市场需求已经饱和，新增加的产量没有销路，而该赚钱的时候反而出现亏损。许多企业都是在该阶段出了同样的问题，因而要特别引起注意。

2. 开发新产品。回收的资金不要再投入老产品，而是用来开发新产品，准备实行产品更新换代。开发新产品要特别注意提高其中的科技含量，如能掌握其中的某种专用技术，不但能提高产品的附加值，而且能使产品长期保持市场竞争优势。新产品与老产品保持良好的衔接关系，企业才有生命力。

3. 延长这一阶段。这一阶段是产品效益最高的时期，延长得越久对企业越有利。这就要改进产品性能，加强服务，调整营销策略，提高竞争力，使稳定销售势头尽量保持下去。

在这一阶段，社会需求量达到最高峰之后，就会逐渐下滑。这时，有些实力较弱或竞争力不强的企业，效益下降较快，有可能转产退出竞争领域。这时，如能采取有力的营销措施，使消费者更多地受益，完全可以形成新的销售高潮，并使自己企业产品成熟期延长。

能够延长成熟期的另一重要措施就是转移生产场地，将产品转移到劳动力较便宜的地区去生产。由于生产成本下降，在价格上可以保持竞争力，因而可使稳销状况多保持一段时期。

（五）衰退期市场营销策略

在这一阶段，产品已经没有生命力，到了淘汰阶段。这时，销售量迅速下降，维持下去将会使企业处于极其被动的局面。衰退期到来会有一些迹象，但到来时还是较突然。因此，衰退期的到来是一个重要的预测点，根据预测要及时采取措施。当察觉产品已进入了衰退期，就要毫不犹豫地撤退，果断地将产品处理掉。要迅速实现产品更新换代，否则会失去传统市场。

四、品牌策略

品牌俗称牌子，是用以识别卖主的产品的某一名词、术语、标记、符号、设计或它们的组合。其基本功能是把不同企业之间的同类产品区别开来，使竞争者之间的产品不致发生混淆。品牌是一个集合概念，包括品牌名称、品牌标志、商标。品牌实质上代表着卖主对买主的产品特征、利益和服务的一贯性的承诺。品牌可以帮助消费者识别产品的来源或产品的生产者，从而有利于保护消费者利益。品牌一旦拥有一定的知名度和美誉度后，企业就可利用品牌优势扩大市场，形成消费者的品牌忠诚，保护本企业的利益不受侵犯。同时还有利于企业进行市场细分，可以在不同的细节市场上推出不同品牌，以适应消费者的个性差异，更好地满足消费者需要。另外，还有助于塑造和宣传企业文化，提高员工的凝聚力；好的品牌是企业宝贵的无形资产，具有极高的价值。

一般来说，使用品牌对大部分商品可以起到很好的促销和保护作用。企业决定使用品牌以后，就要涉及采用何种品牌。一般有三种选择：①采用本企业的品牌。这种品牌叫企业品牌、生产者品牌、全国性品牌。②中间商品牌。也叫私人品牌，也就是说，企业可以决定将其产品大批量地卖给中间商，中间商再用自己的品牌将货物转卖出去。③一部分产品使用生产者品牌，另一部分使用中间商品牌。

企业究竟应该使用自己的品牌还是中间商品牌，必须全面地权衡利弊。如果制造商具有良好的市场信誉，拥有较大市场份额，产品技术复杂，要求有完善的售后服务等条件时，大多使用制造商品牌。相反，在制造商资金实力薄弱，市场开拓能力较弱，或者在市场上的信誉远不及中间商的情况下，则适宜采用中间商品牌。尤其是新进入某市场的中小企业，无力用自己的品牌将产品推向市场，而中间商在这一市场领域中却拥有良好的品牌信誉和完善的销售体系，在这种情况下利用中间商品牌往往是有利的。近年来，西方国家许多享有盛誉的百货公司、超级市场、服装商店等都使用自己的品牌，这样可以增强对价格、供货时间等方面的控制能力。

（一）品牌统分策略

1. 个别品牌名称。即企业的每一种产品分别使用不同的品牌名称。这种品牌策略的优点是：企业不会因某一品牌信誉下降而承担较大的风险；个别品牌为新产品寻求最佳市场提供了条件，有利于新产品和优质产品的推广；新产品在市场上销路不畅时，不至于影响原有品牌信誉；可以发展多种产品线和产品项目，开拓更广泛的市场。个别品牌策略的最大缺点是加大了产品的促销费用，使企业在竞争中处于不利地位。而品牌过多也不利于企业创立名牌。

2. 统一的家族品牌名称。即企业将所生产的全部产品都用统一的品牌名称。单一的家族品牌一般运用在价格和目标市场大致相同的产品上。运用家族品牌策略有以下优点：建立一个品牌信誉，可以带动许多产品，并可以显示企业的实力，提高企业的威望，在消费者心中更好地树立企业形象；有助于新产品进入目标市场，因为已有的品牌信誉有利于解除顾客对新产品的不信任感；

家族品牌有许多产品，因而可以运用各种广告媒体，集中宣传一个品牌的形象，节约广告费用，收到更大的推销效果。在一个家族品牌下的各种产品可以互相声援，扩大销售。但企业采用家族品牌策略是有条件的，这种品牌必须在市场上已获得了一定的信誉；采用统一家族品牌的各种产品应具有相同的质量水平。如果各类产品的质量水平不同，使用统一家族品牌就会影响品牌信誉，特别是有损于较高质量产品的信誉。

3. 分类家族品牌名称。企业经营的不同种类的产品分别使用不同的品牌。分类家庭品牌名称可以使需求具有显著差异的产品区别开来（如化妆品与农药），以免相互混淆，造成误解。

4. 企业名称与个别品牌并用。即在每一种个别品牌前面冠以公司名称。好处是可以使新产品享受企业的声誉，节省广告促销费用，又可以使品牌保持自己的特色和相对独立性。

（二）品牌延伸策略

品牌延伸策略是指一个现有的品牌名称使用到一个新类别的产品上，即品牌延伸策略是将现有成功的品牌，用于新产品或修正过的产品上的一种策略。品牌延伸的优势为：可以加快新产品的定位，保证新产品投资决策的快捷准确；有助于减少新产品市场风险；品牌延伸有助于强化品牌效应，增加品牌这一无形资产的经济价值；品牌延伸能够增强核心品牌的形象，能够提高整体品牌组合的投资效益。品牌延伸策略的缺点为：如果某一产品出现问题就会损害原有品牌形象，一损俱损，有悖消费心理，实行延伸会影响原有强势品牌在消费者心目中的特定心理定位；容易形成此消彼长的"跷跷板"现象。

（三）品牌重新定位策略

某一个品牌在市场上的最初定位即使很好，随着时间的推移也必须重新定位。这主要是因为情况会发生变化：①竞争者推出一个品牌，把它定位于本企业的品牌旁边，侵占了本企业品牌的一部分市场，使本企业品牌的市场占有率下降，面对这种情况要求企业进行品牌重新定位。②有些消费者的偏好发生了变化，他们原来喜欢本企业的品牌，现在喜欢其他企业的品牌，因而市场对本企业的品牌的需求减少，这种市场情况变化也要求企业进行品牌重新定位。企业在作品牌重新定位策略时，要全面考虑两方面的因素：一是要全面考虑把自己的品牌从一个市场部分转移到另一个市场部分的成本费用。二是还要考虑把自己的品牌定在新的位置上收入了多少。

（四）多品牌策略

多品牌策略是指企业为同一种产品设计两种或两种以上相互竞争的品牌。

例如，宝洁公司为洗发水设计了多个品牌：飘柔、潘婷、海飞丝、沙宣等。这种策略有助于壮大企业声势，适应消费者不同的需求，挤压竞争者产品；有利于提高市场占有率，分散企业风险。企业实施多品牌策略要考虑企业的盈利水平，因为品牌建立需要一定的资源投入，若不能获得相应的市场份额，就会影响企业的经济效益。同时，还要注意协调好多品牌之间的矛盾。

五、包装策略

在现代企业的市场营销中，包装必须作为产品的一项重要内容加以考虑。它不但对促进产品销售有着重大作用，而且在一定程度上体现着企业的经营管理水平。除少数产品之外，绝大多数商品都需要进行包装。随着包装材料和包装技术的日新月异，包装已成为一种专门技术，形成了一种新的学科和事业。包装具有保护商品、便于运输、美化商品、有利消费、传递信息等作用。人们在市场上购买产品，首先是从包装上产生对产品的最初印象，从看包装来确定产品的高低贵贱。包装赋予了产品个性，充实了产品的生命，进而直接地影响着消费者对产品的评价和购买行为。包装的设计对产品销售量的增长具有至关重要的作用。

制定包装策略的目的在于更有效地满足消费者的需要从而产生促销效果。在产品刚投入到市场的时候，包装重点应放在与消费者沟通和突出宣传厂牌商标上。一旦产品进入成长期，开拓市场就成为一项重要任务，就要推出差异化策略，以适应不同层次的消费。而当产品发展到成熟期，为保住市场占有率，实现稳定销售，要着重在方便顾客使用上下工夫。到后期，应努力降低成本，包装以保护产品为主，以使产品在市场保持竞争力。经常采用的包装策略有以下几种：

（一）类似包装

企业所生产的各种产品采用统一的外形进行包装。由于图案相同，色彩近似，使顾客很容易联想起是同一厂家所生产的产品。采用这种包装策略有利于降低包装成本，扩大企业的声势，特别是对促进新产品迅速打开销路，有着明显的作用。

（二）多种包装

这是指各种有关联的产品放在同一容器中，使顾客在一次购买中可以满足多种消费，或者能为顾客提供较多的方便。例如，家用小型工具箱、家庭常备卫生箱，还有将许多产品组合起来的"旅行包装"、"礼品包装"、"配套包装"等都属于多种包装。采用这种包装策略可以起到促进销售的作用。有的将新产品与老产品包装在一起，有利于新产品推广。多种包装策略除了从实用性方面考虑之外，还可以从趣味性设计上吸引消费者。

（三）再使用包装

这是指产品使用之后，包装还有其他用途。如包装蜂蜜的瓶子，蜂蜜用完了可以做茶杯，酒瓶可以用来当花瓶，有的在布料的包装纸上印有服装的式样和剪裁说明。这样做既可以引起消费者重复购买的欲望，还可以起到广告宣传的效果。

（四）附赠品包装

这是指包装中附加一些赠品以引起消费者的购买兴趣。某企业生产的"芭蕾牌"珍珠霜，每盒附赠一颗珍珠别针，如果购买50盒以上，可以穿成一条珍珠项链，在市场很受欢迎。

六、服务策略

服务是产品功能的延伸，有服务的销售才能充分地满足消费者的需要，缺乏服务的产品不过是半成品。未来的市场竞争日趋集中在非价格竞争上，非价格竞争的主要内容就是服务，因此服务的竞争也可称为二次竞争。

销售服务按照服务过程，可分为售前、售中和售后服务；按服务性质，可分为技术服务与业务服务；按照技术服务的特征，可分为固定服务与流动服务。此外，按照保修情况，可分为免费服务与收费服务。

服务作为市场营销活动的组成部分，服从于营销战略。从短期看，服务是一种投入，而从长期看，服务将给企业带来巨大效益，而且服务本身就能使企业获得巨大收益，服务甚至可以成为企业收益的主要来源。

销售服务的主要策略包括：建立健全服务的网点和体制、帮助用户安装、调试、检修设备、保证零配件供应、搞好对用户的技术培训、帮助用户提高竞争能力、保证和缩短交货期，编好使用说明书、做好用户咨询工作、尽量接受一些特殊订货、为用户开展代办业务等。

七、新产品策略

企业在市场营销活动中要不断地推出新产品。新产品开发是满足需求，改善消费结构，提高人民生活素质的物质基础，也是企业具有活力和竞争力的表现。

新产品是从市场和企业两个角度认识的，不仅包括科学技术上的新产品，还包括对市场来说第一次出现的产品和对企业来说第一次销售的产品。因此，市场营销学中的新产品有四种类型：①全新产品——应用新的技术、新的材料研制出的具有全新功能的产品；②代产品——在原有产品基础上，采用或部分采用新技术、新材料、新工艺研制出来的新产品；③改进产品——对老产品的性能、结构、功能加以改进，使其与老产品有较显著的差别；④仿制产品——对国内或国际市场上已经出现的产品进行引进或模仿，研制生产出的产品。

新产品开发的过程比较复杂，包括开发新产品的设想、形成产品概念、制定市场营销战略、描述目标市场的规模、估算新产品的价格、计算目标利润和不同时间的市场营销组合、营业分析，对销售额、成本及利润额进行估计等步骤。

新产品上市能否被消费者接受主要看其接受新产品的心理过程。消费者因其接受新产品快慢程度不同可分为创新采用者、早期采用者、早期大众、晚期大众和落后使用者五种类型。这五种消费者在采用新产品的时间上有先有后，但其心理过程大体相同。营销人员要根据购买者的个人因素、社会因素和沟通行为因素等使其认识新产品，然后进入说服阶段，使其对新产品的相对优越性、适用性、复杂性等方面有所认识，其后通过对产品特性的分析和认识，促成购买者做出决策，做出购买决定。

案例1　"雪莲"牌羊绒衫的产品整体观念

一、案例介绍

北京羊绒衫厂（以下简称"京绒"）建于1963年，经过多年的发展，该厂已成为我国羊绒衫生产和出口的重要企业之一。该厂生产的"雪莲"牌羊绒衫于1981年、1983年曾获全国"银质奖"，在国内外具有一定的声望，不少客户和消费者都竞相订货或购买。

1963年以前，我国一直出口羊绒原料，自己不能生产羊绒衫。1963年以后，北京和上海同时开始研制羊绒衫。1963年"京绒"以"雪莲"牌羊绒衫打入国际市场，上海生产的羊绒衫也已向外出口，直到1980年，全国只有北京和上海能够生产羊绒衫。

1980年开始，日本和香港地区的商人与新疆维吾尔自治区合资开办羊绒衫企业。由于合资企业资金实力雄厚，又处在羊绒的产地，再加上设备先进，并采用科学的管理方法，使之形成了较大的生产能力，年产量已达 27 万—28 万件，先后超过上海和北京，成为"京绒"和上海羊绒衫厂在国内外市场上强有力的竞争者。在这种情况下，"京绒"要想打败竞争者，就必须对自己的优劣势进行具体分析，从而在产品发展上做出明智的决策，提高自己的竞争能力。

羊绒衫首先是一种生产工序多、工艺复杂、技术要求高的产品，这就要求有一套自上而下的生产调度指挥系统，形成一环扣一环的生产流程。"京绒"是全能厂，调度指挥系统健全统一，这是"京绒"的优势之一。其次是生产实践经验丰富，不但有一套指挥系统和有经验的技术人员，还有一大批具有丰富操作经验的熟练工人，这是比新疆和内蒙古羊绒衫厂优越的地方。再次是地理位置好，"京绒"地处首都，无论是从交通、产品销路、产品的市场调研、信息反馈等方面来说，"京绒"都具有很大的优势。第四是牌子较有声望。"雪莲"牌羊绒衫自 1965 年开始出口，产品质量比较稳定，在一些消费者心目中已有较深印象。第五是有效的销售渠道。"京绒"已有多年的历史，在国内外一些主要市场上已形成了一套有效的销售渠道系统。

除上述优势外，"京绒"还有一些劣势。首先是原料问题。"京绒"的原料主要靠外地供应，购进的原绒有时不合要求，这是企业无法控制的因素。原料不好，纺出的纱条不匀，分梳绒制成率低，这就相应增加了成本。其次是设备问题。由于"京绒"是个老厂，设备较陈旧，这对增加产量和提高质量都有一定影响。

通过以上分析可见，"京绒"要进一步发展，必须具有产品整体观念，以产品为中心，对构成产品质量和产品形象的关键因素做重大改进。

1. 不断提高产品的内在质量。羊绒衫是服装中的高档商品，具有轻薄、柔软、滑爽、舒适的特点，外加做工精细、款式讲究，因而在质量上要求比较严格。国际羊毛局对羊绒衫制定了一套质量指标，与国际羊毛局规定指标相比，"京绒"羊绒衫还有一定的差距。"京绒"对以下方面进行了改进：

（1）为了解决容易变形和增加产品柔软、滑爽的程度，在 1980 年从意大利进口了一批干洗机，用干洗缩毛代替传统的水洗缩毛工艺，不仅增强了羊绒衫柔软、滑爽、手感好等特点，还解决了容易变形的难题，同时也解决了羊绒衫容易腐烂的问题。

（2）防虫蛀是顾客最关心的问题之一。为了解决防蛀问题，"京绒"进行了反复研究，多次试验，终于解决了这一问题，并已经做到了大批量生产。

（3）为了提高毛纱条干的均匀度，"京绒"着重对工人进行技术培训，对青年挡车工进行技术考核，即使在原料较差的条件下也能纺出高档纱，使羊绒衫的外观大大改善。

（4）与科研单位合力攻关，提高分梳绒制成率，经过两年的研究，已取得重大突破。

经过以上几个方面的改进，"京绒"羊绒衫的质量有了显著的改进，按国际羊毛局质量指标检验，该厂一等品合格率从1980年的94%提高到1983年的96.5%。

2. 不断增加新品种、新款式。服装的产品寿命周期很短，要想使企业获得发展，就必须经常增加新品种，设计新款式。为此，该厂设立了专门的新产品设计试制组，有成员25人，由副总工程师亲自抓。仅1983年，他们就设计出400个新品种、新款式，绝大多数受到了顾客的欢迎。如他们根据国外流行式样设计的蝙蝠衫，穿着舒适、大方，有特色，一位香港客户一次就订货2万件。1982年，世界流行细纱羊绒衫，他们就抓紧试制，纺出了26支和32支纱线，做成旗袍、连衣裙、两件套、三件套等夏令服装。美国一客户一次就订购26支V领男套衫8万件。"京绒"首先开创了以羊绒原料做夏令服装的新领域，走在了同行业的前列。

"京绒"为了增加新品种，还试制成功了以羊仔毛、驼绒、牦牛毛、兔毛与羊绒混纺的产品，既保持了高档产品的特色，又使价格降低了30%以上，受到了国内消费者的欢迎，其中兔毛与羊绒混纺毛衫1983年获全国"银质奖"。

3. 改进染色工艺，增加产品花色。羊绒衫讲究"流行色"。"京绒"的羊绒衫过去只有灰、米、驼、蓝等几种颜色，近年来增加了豆绿、米橙、米黄、紫等鲜艳而雅致的颜色。同时，"京绒"还把过去纺成纱后染色改为散毛染色工艺，使羊绒衫的颜色既丰满又自然，同时又降低了染花率，提高了产品的外观质量。

4. 改进包装。"京绒"羊绒衫的包装，原来是一件装一塑料袋，塑料袋上印有"雪莲"图案，每十件装在一大纸盒内。这种包装与羊绒衫的高档特点很不相称。后来对包装进行了改进，用比较精致的长方形浅绿色纸盒包装，盒上有凸出来的金色雪莲花，上半部开一"天窗"，透过玻璃纸可以清楚地看到羊绒衫的颜色和商标。1980年，"雪莲"牌羊绒衫获全国"金质奖"，又在每件羊绒衫上挂一个金属吊牌，上面标有金奖等字，更衬托出羊绒衫的高贵。

5. 扩大"雪莲"的知名度。雪莲象征纯洁、高雅，是一个好牌子。为了扩大雪莲的知名度，"京绒"除在国内设立一些广告牌和进行电视广告等以外，还利用外商在国外进行宣传。1983年，日本富士电视台两次来京，拍了"羊绒衫生产和产品"以及"驼绒产品"两部电视片，在日本放映后效果很好，当年就订货 10 多万件。

6. 及时交货。羊绒衫是季节性很强的商品，能不能按时、按质、按量交货，对于商业信誉和商品价格都会产生很大影响。多年以来，"京绒"一直很重视研究出口国家的气候、穿着习惯等情况，及时交货，客户对此比较满意。

7. 提供售后服务。羊绒衫价格较高，提供适当的售后服务是必要的。"京绒"开展这项服务的内容包括：每件羊绒衫上附有一小支本色纱和一枚纽扣，以便修理或换用；由于个人保存、穿着不当造成的破损，工厂给以无偿修补、整理。出口产品如有问题，可按合同规定退货和提供索赔，但至今并未发生此类问题。

由于"京绒"紧紧抓住了以上 7 个构成产品质量和产品形象的关键因素，不断进行改进和改革，使羊绒衫质量不断提高，产量稳步上升，市场进一步扩大，销量不断增加，利润大幅度上升。

（资料来源：李强：《市场营销案例选粹》，东北财经大学出版社 1998 年版）

二、案例分析

产品整体概念把产品分为产品的核心、产品的形体和产品的附加利益三个层次。"京绒"正是注意到了产品的整体观念，使这三个层次相结合，使购买者的需求和消费得到了最大满足。由此可见，作为一个生产企业的决策者，首先要辨明购买者在购买产品时所追求的核心利益是什么，同时必须在产品的形体和附加利益上符合消费者所追求的利益。

三、思考·讨论·训练

1. 如何理解产品的整体概念？

2. 为更好地符合国际市场的要求，北京羊绒衫厂在产品整体改进方面还应注意哪些问题？

案例 2　从"今日"到"乐百氏"

一、案例介绍

品牌策略必须根据企业经营环境、发展战略的变化做出适时调整，"今日集团"改成"乐百氏集团"，便是企业根据实际发展做出的成功范例。

（一）"今日"的源起

今日集团的前身是广东省中山市乐百氏保健制品有限公司，1989年创业的时候，向广州乐百氏租用了奶类十年的商标使用权。而后，中山乐百氏锐意进取，经营有道，不到两年时间，实力就远远超过了"老子"——广州乐百氏。但是，由于商标不是自己的，中山乐百氏一直难以大展手脚。

1991年，公司管理层决定着手推广属于自己的新品牌。因仰慕北大"将一泓清灵名之为未名湖那样蕴意无穷的灵感"，到北大征寻公司名称。当时的着眼点是将企业发展成一个庞大的大产业、多元化的集团公司，因此公司名称征集书上写道："未来的集团公司将投资开发生产其他系列轻工产品（如食品、服装、电子、印刷、塑料制品等），新的公司名称要预见性强，当产业愈趋多角化时，公司名称要畅通无碍，魅力无穷。"结果在上万个名称中挑中了北京大学88届学生袁莹创意的"今日"。觉得今日内涵丰富，积极向上，因为"今日是最现实的，无法回避的，代表着脚踏实地的实干精神，当明天到来的时候，又是一个新的今日开始，永不停息进取才会有企业的勃勃生机"，这与今日创业者希望企业永续经营，创百年金字招牌的思想十分吻合。

（二）环境变化，战略调整

20世纪90年代初，中国企业界出现了企业家心态浮躁，以为任何事都能干，乱铺摊子，大干快上的经营环境。今日集团的高层领导审时度势，及时察觉到了多元化的风险，于是在1993—1994年果断地对企业战略做了重大调整，由原来的多元化发展改为专业化发展，把企业定位在专业化的发展方向上，即在饮料食品业做大、做强，争取成为中国的"达能"、"雀巢"。

既然选择了专业化生产食品饮料，相比较而言，乐百氏品牌就比今日更适合了。因为今日固然是一个十分大气、内涵积极向上的名称，由此而演绎出来的理念极具感召力，能有力地凝聚员工的向心力，对经销商、媒介与企业研究者等高关联群体也有较强的震撼力。但这么一大堆理念，普通消费者难以理解，全国消费者记得住今日理念的不到1‰。所以说，今日品牌的作用更多的是对内部与高关联群体产生引力，对促进产品卖给普通消费者意义不大。何况，今日品牌内涵十分适合于综合性企业集团、投资公司，由于过于硬气，用于食品饮料不很妥当。因为食品应该给人以"温馨、亲切、快乐、甜蜜"的联想，而"乐百氏"（Robust）无论中英文的含义都与食品有天然的吻合，标志也以"圆润、柔和"的线条为主要设计元素，散发着无尽的亲和力与绵绵情意。

可以说，既然选择了"中国雀巢"的定位，今日品牌名就没必要再用做对外宣传了，但那时乐百氏商标所有权还不是今日的。

（三）收购乐百氏商标所有权，使"今日集团"改为"乐百氏集团"

1997 年，今日集团以"仅有品牌，但没有营销、网络、资金和经验，无法延续乐百氏品牌的生命力"为理由，对乐百氏的商标持有人广州乐百氏晓以大义，说服广州乐百氏把商标所有权转让给今日。其后，公司利用企业名、品牌名二位一体的优势，在广告传播中得到了消费者的极大认可。

今日的首脑们毅然决定将"今日集团"改为"乐百氏集团"，是理性与科学的胜利。对乐百氏而言，其意义不亚于当年多元化转向专业化的战略转折。乐百氏品牌在食品饮料业有着极强的延伸力与扩张力，因为乐百氏所具有的"温馨、快乐、亲切"的个性气质对很多品种的饮料食品都有包容力，乐百氏完全可以塑造成一个高知名度、高威望和个性鲜明的食品品牌。当然，随着产品系列越来越多，创造性地运用副品牌、联合品牌也是很有必要的。待企业十分壮大后，还有必要为与现有产品门类较远的新产品发展独立品牌，但愿乐百氏作为总品牌会与新品牌共同出现在包装与广告宣传上。就像雀巢一样，无论是美极酱油、美禄高能饮料、奇巧巧克力、宝路薄荷糖上都会有那个温馨的"鸟巢"的图案如影相随。

如果在未来的日子里，在面临转折的重大关头时，乐百氏人仍能像今天这样理性而又果断，不再有 1000 万元买个配方一年实现翻几番的急躁与冲动，乐百氏，我们有理由相信，你会成为中国的"雀巢"与"卡夫"。

（资料来源：方明编著：《100 个市场营销管理案例》，机械工业出版社 2004 年版）

二、案例分析

拥有一个成功的品牌对企业来说，是迅速占领市场、获得市场，得到消费者认可的重要手段。但是，如何为企业、为企业的产品起一个恰当的名称，并能够以此带动企业、推动企业的发展，则需从事市场营销的人员根据营销环境和顾客的购买行为，制定相应的品牌策略。

三、思考·讨论·训练

1. "今日"为什么要更名为"乐百氏"？
2. "乐百氏"使用了哪种品牌策略？

案例3　王老吉包装记

一、案例介绍

2005年，"怕上火，喝王老吉"已响彻了中国大江南北，一时间喝王老吉饮料成了一种时尚，王老吉饮料成了人们餐间饮料的重要组成部分，而这句广告语也成了家喻户晓、路人皆知的口头禅。

所有的光环都笼罩在红色罐装王老吉身上，而在这光环之外，作为同胞兄弟的绿色盒装王老吉却一直默默无闻。

凉茶是广东、广西地区的一种由中草药熬制、具有清热去湿等功效的"药茶"。在众多老字号凉茶中，又以王老吉最为著名。王老吉凉茶发明于清道光年间，至今已有175年，被公认为凉茶始祖，有"药茶王"之称。到了近代，王老吉凉茶更随着华人的足迹遍及世界各地。

20世纪50年代初，由于政治原因，王老吉凉茶铺分成两支：一支完成公有化改造，发展为今天的王老吉药业股份有限公司；另一支由王氏家族的后人带到中国香港。在中国内地，王老吉的品牌归王老吉药业股份有限公司所有；在中国内地以外的国家和地区，王老吉品牌为王氏后人所注册。

红罐王老吉是中国香港王氏后人提供配方，经王老吉药业特许，由加多宝公司独家生产经营。盒装王老吉则由王老吉药业生产经营。

王老吉药业以生产经营药品为主业，作为饮料的盒装王老吉，其销售渠道、推广方式等均与药品千差万别，一直以来王老吉药业对其推广力度有限。而在红罐王老吉进行大规模推广后，盒装王老吉也主要采取跟随策略，以模仿红罐王老吉为主，没有形成清晰的推广策略，销量增长缓慢。

加多宝公司生产的红罐王老吉火了，从一个广东区域品牌，摇身变成了全国知名品牌；从2002年销售1.8亿元，提升到2005年销售20多亿元。此间，作为其同胞兄弟的盒装王老吉，却一直表现平平。同为王老吉品牌，却遭受了如此不同的待遇，着实让盒装王老吉的生产企业——王老吉药业备感焦急。

从2004年开始，经与加多宝公司协商，盒装王老吉也使用"怕上火，喝王老吉"广告语进行推广。通过一年时间的推广，王老吉药业感到，盒装王老吉以"怕上火，喝王老吉"为推广主题不够贴切，不能最大限度地促进销量。同时，王老吉药业隐约觉得，盒装王老吉的市场最大潜力应该来自于对红罐王老吉的细分。如果要细分，就一定要找到盒装王老吉与红罐王老吉的不同点，也许是不同的价格，也许是不同的人群，也许是不同的场合……

因此，2005年年底，王老吉药业向其战略合作伙伴成美营销顾问公司提出一个课题"盒装王老吉如何细分红罐王老吉的市场，以此形成策略指导盒装王老吉的市场推广"。

细分红罐王老吉，利大于弊还是弊大于利？

从消费者角度来看，盒装王老吉与红罐王老吉没有区别，是同品牌的不同包装、价格而已。虽然盒装王老吉与红罐盒装王老吉是两个企业生产的产品，但在消费者眼中它们不过是类似于瓶装可乐和罐装可乐的区别，只是将同样的产品放在的不同的容器中而已，是同一个产品系列，不存在本质上的差别。而盒装王老吉与红罐王老吉在价格上的差异，也是因为包装的不同而产生的。由此可见，消费者将盒装王老吉与红罐王老吉等同视之，如果一个品牌两套说辞将使消费者头脑混乱。

从产品本身来看，盒装王老吉因包装、价格不同，已存在特定消费群和消费场合。正由于包装形式的不同决定盒装王老吉与红罐王老吉在饮用场合上也存在差异。红罐王老吉，以红色铁罐的"着装"展现于人，显得高档、时尚，能满足中国人的礼仪需求，可作为同学聚会、宴请等社交场合饮用的饮料，故红罐王老吉在餐饮渠道表现较好。盒装王老吉，以纸盒包装出现，本身分量较轻，包装质感较差，不能体现出档次，无法与红罐王老吉在餐饮渠道竞争。

排除了盒装王老吉在餐饮渠道的机会，那么在即饮（即方便携带的小包装饮料，开盖即喝）和家庭消费（非社交场合）市场，是否存在机会？

即饮和家庭消费市场的特点是什么？价格低、携带方便，不存在社交需求。对于即饮市场，红罐王老吉每罐3.5元的零售价格，与市场上其他同包装形式的饮料相比，价格相对较高，不能满足对价格敏感的收入有限的消费人群（如学生等）。而盒装王老吉，同为"王老吉"品牌，每盒2元的零售价格，对于喜欢喝王老吉饮料的上述人群而言，无疑是最佳选择。家庭消费市场，则以批量购买为主，在家里喝饮料没有讲排场、面子的需求，在质量好的前提下，价格低廉，成为家庭购买的主要考虑因素。盒装王老吉同样满足这一需求。因此，在即饮和家庭消费市场，盒装王老吉可作为红罐王老吉不能顾及到的市场的补充。

从竞争者角度来看，开拓市场的任务仍旧由红罐王老吉承担。预防上火饮料市场仍处于高速增长时期，该市场还有待开拓。红罐王老吉已经牢牢占据了领导品牌的地位，成为消费者的第一选择，开拓品类的任务，红罐王老吉当之无愧，也只有它才能够抵挡住其他凉茶饮料的进攻。作为当时销量尚不及红罐王老吉十分之一的盒装王老吉，显然无法承担该重任。因此，从战略层面来看，盒装王老吉应全力支持红罐王老吉开拓"预防上火的饮料"市场，自己则作为补充而渔利，万不可后院放火，争夺红罐的市场，最终妨碍红罐王老吉"预防上火的饮料"市场的开拓，细分红罐王老吉必定会因小失大，捡芝麻而丢西瓜。

研究表明：消费者认为盒装王老吉与红罐王老吉不存在区别，开拓"预防上火的饮料"市场的任务主要由红罐王老吉承担，盒装王老吉不能对其进行伤害；盒装王老吉因价格、包装因素在即饮和家庭消费市场可作为红罐王老吉顾及不到的市场的补充。因此，盒装王老吉应采用的推广战略是作为红罐王老吉的补充，而非细分。

既然确定了盒装王老吉是对红罐王老吉的补充，那么如何具体实施呢？

首先，明确盒装王老吉与红罐王老吉的差异。在此必须指出的是，该差异是指消费者所感知到的差异，而非生产企业认为的差异。消费者认为盒装王老吉与罐装王老吉的差异是：同产品，不同的包装、价格。因此，在推广时一定要与罐装王老吉的风格保持一致，避免刻意强调一个是加多宝公司生产的红罐王老吉，一个是王老吉药业生产的盒装王老吉，让消费者产生这是两个不同产品的错觉。

随后，确定盒装王老吉的目标消费群。如前所述，盒装王老吉的主要消费市场是即饮市场和家庭，结合盒装王老吉每盒2元的零售价格及纸盒形式的包装，可以确定在即饮市场中将会以对价格敏感的收入有限的人群为主要消费群如学生、工人等。在家庭消费市场中，由于家庭主妇是采购的主力军，因此将家庭主妇作为盒装王老吉家庭消费的主要推广对象。

最终，确定推广战略。通过系统的研究分析，最终确定盒装王老吉的推广要达到两个目的：其一，要让消费者知道盒装王老吉与红罐王老吉是相同的王老吉饮料；其二，盒装王老吉是红罐王老吉的不同规格。据此，盒装王老吉的广告语最后确定为："王老吉，还有盒装。"

在具体推广执行中，影视广告场景在着重表现出家庭主妇及学生为主体的消费群的同时，要强调新包装上市的信息。而平面广告设计，在征得加多宝公司同意后，大量借用红罐王老吉的表现元素，以便更好地与红罐王老吉产生关联，易于消费者记忆。

策略制定后，王老吉药业据此进行了强有力的市场推广，2006年销量即由 2005 年的 2 个亿跃至 4 个亿，2007 年超过 8 亿元，年增长率高达 100%。

（资料来源：成美营销（中国）顾问有限公司，http：//www.anli5.com）

二、案例分析

一句"王老吉还有盒装"让王老吉药业的产品销量有突飞猛进的增长，由此可见，在现代营销战争中，制定和实施成功的品牌战略是赢得战争的关键，而目前仍让不少企业津津乐道的铺货率，强力促销等"制胜法宝"，在残酷的市场竞争中，将很快变得稀松平常，乏善可陈——只不过是使每个企业生存下来的必备条件而已，而制定正确的品牌战略才是企业制胜的"根本大法"。

三、思考·讨论·训练

1. 为什么两个王老吉最初的市场情况大相径庭？
2. 本案例中盒装王老吉最终成功的原因是什么？

案例 4　"无声小狗"便鞋在生命
周期各阶段的促销术

一、案例介绍

20 世纪 50 年代是流行旅游鞋的年代。然而，60 年代的美国，却是"无声小狗"猪皮便鞋风行一时的世界。回顾"无声小狗"便鞋从投入到衰退的整个产品生命周期和各阶段所采用的促销策略，会使我们获益匪浅。

（一）"无声小狗"便鞋生命周期的划分

"无声小狗"便鞋从 1957—1967 年间，各年的销售额、利润及计算的各年销售额增长率，如下表所示：

年份	销售额（万美元）	环比增长率（%）	利润（万美元）
1957	1092.5		12.5
1958	1137.6	4.0	34.1
1959	1526.4	34.2	59.1
1960	1792.9	17.5	65.8

年份	销售额（万美元）	环比增长率（％）	利润（万美元）
1961	2399.2	33.9	121.8
1962	3323.3	38.4	194.5
1963	3902.1	17.4	252.7
1964	4908.3	25.8	414.8
1965	5535.7	12.8	479.7
1966	5581.3	0.83	379.6
1967	5483.9	-1.75	285.7

从三项指标情况，特别是年销售额的环比增长率看，自然，"无声小狗"便鞋构成了一个完整的生命周期，投入期是1957—1958年，成长期是1959—1962年，成熟期是1963—1965年，1966—1967年是销售增长率剧减时期（以后年份可能还会跌下去）。

（二）"无声小狗"便鞋的诞生

美国澳尔·费林环球股份有限公司（以下简称费林公司），在1903年前是一个皮革、皮鞋的供应商，1903年以后，开始从事皮革和皮鞋的生产。1950年以前，其主要产品是马皮及马皮制作的鞋。后来，由于马皮减少，该公司决定开发猪皮来代替马皮。猪皮制作的鞋穿起来比较舒服，并且防汗、耐潮、不易变质，更重要的是猪皮资源充足。所以，费林公司凭借自己有制作各种皮革的经验，率先采用猪皮来制鞋。

但是，剥猪皮在当时是项困难的工作，不如剥马皮和牛皮那么容易。一个熟练的工人需要半个小时才能屠宰一头猪并剥下猪皮，而肉食加工厂每小时要加工600头猪，剥猪皮实在是时间太久。为此，该公司花费了200多万美元和相当长的时间对剥皮进行机试，改进了原有的猪皮加工机，终于攻克了剥猪皮这个难关，研制出了独特的高级剥皮机，每台机器一小时就能剥下猪皮460张。

公司根据潜在顾客的需要，决定将制鞋业投向穿着舒服的皮鞋市场。1957年，他们生产出有11种颜色、鞋底和鞋帮结合的男式便鞋，向农村和小镇试销，非常成功。到1958年，给鞋子起名为"无声小狗"，意指此鞋穿上去十分轻便，走起路来没有任何声响，同时，该公司还设计了一个长着忧郁的眼睛，耷拉着耳朵的矮脚猎狗作为广告标志。从此，这一新产品诞生了。

（三）投入期的促销策略

如前所述，1957—1958年是该产品的投入期，1957年"无声小狗"卖出了 3 万双,到了 1958 年,公司到了最初的市场开拓阶段。

一般来说,产品在投入期遇到的困难是知名度不高,市场占有率和销售增长率都很低。"无声小狗"也遇到了这一困难,同时,它还面临着目标市场和渠道转变的困难,因为该公司原来的产品主要是马皮鞋,卖给农民,鞋子的特点是结实、抗酸,现在"无声小狗"则强调舒适,消费对象是城市和郊区农民。因而原有的销售点、销售网及推销员都不能适应。

针对上述两大困难,费林公司采取了正确的促销策略。首先,它加强了广告宣传。其"无声小狗"便鞋广告,主要刊登在发往 35 个城市的《本周》杂志上,并通知销售经理:如果在 6 周内能在 35 个城市设立 600 个新零售点,公司即批准拿出销售额的 17% 用做其广告预算。其次,在 1958 年 8 月,该公司调回分散在各地的推销人员,集训 1 个多月后,再将他们派往 35 个城市,集中力量掀起了"无声小狗"的推销高潮。所有推销人员忘我地工作,每人都带着 11 种不同颜色的样品鞋,向潜在顾客表演猪皮鞋如何防酸、防雨和防污,一时各推销人员成了人们关注的中心人物,销路终于打开了。

(四)成长期的促销策略

1959 年,该公司进一步扩大了广告的范围,他们利用《旅行》杂志做广告,开拓了 50 多个市场。这一时期的广告预算,占销售额的 7%,是过去制鞋业平均广告费的 4 倍。但公司还继续增加广告费投入,又在《家庭周刊》的星期日副刊以及别的报纸杂志上刊登广告。与此同时,它又不断开发新款式男便鞋,销售额成倍地增长,广告费用也继续增加,到 1961 年,"无声小狗"便鞋在美国已成为名牌。

由于这一时期的生产远远赶不上需要,费林公司将价格由每双的 7.95 美元提高到了 9.95 美元,同时确定了重点经销商,发展了新款式。到 1962 年底,款式不但有女式便鞋,而且还开发了 5 岁以上儿童的各式猪皮便鞋。销售量在这一时期猛增,但仍供不应求,工人一天三班倒着干活,采购人员忙着采购更多的猪皮。

(五)成熟期的促销策略

1963 年,销售额的增长率趋缓,产品开始跨入成熟期,使公司和广告商开始较详细地调查消费者购买"无声小狗"便鞋的资料。通过调查,他们发现有 61% 的成年人知晓"无声小狗"便鞋,但只有 10% 的成年人买过一双。买主的平均收入较高,也有较高的文化水平,例如,所有购买"无声小狗"便鞋的调查对象中,年家庭收入在 5000—7500 美元的占 51%;7500—1 万美元的占 28%;1 万美元以上的占 21%(当时这种收入属高水平),他们当中大多数是专业人员或技术工人，购买的主要原因是由于"无声小狗"便鞋穿起来舒服、轻便和耐穿。从此，公司真正了解了人们购买"无声小狗"便鞋的主要原因以及买主的经济收入和教育水平情况。

于是，公司采取了以下策略：首先，继续扩大广告范围。从1964年起，开始采用电视广告，在"今日"和"今夜"两个黄金时间栏目内做广告宣传，同时还增加了13种杂志广告，将影响进一步扩大到新的目标市场。其次，强调"无声小狗"便鞋的特点是舒适，在1965年打出"穿上无声小狗便鞋，使人行道变得更柔软！"的宣传主题口号。再次，继续拓展销售渠道，发展新的零售点。这时，它已拥有1.5万个零售点，主要是鞋店和百货公司，同时还使一些实力非常强的竞争对手也成了费林公司的最大买主，"无声小狗"便鞋通过它们的零售店出售。

在这一阶段后期，由于成本提高，使产品价格涨到了11.95美元，但由于鞋子的质量好，比竞争对手的成本低，总销售量仍在上升，利润在1965年也达到了顶峰。

（六）销售增长率剧减时期的促销策略

从1966年开始，"无声小狗"便鞋的总销售量、利润开始逐年下降，特别是年销售增长率出现了急剧下降的势头，1966年比1965年下降了12个百分点，利润额也下降了21%，到了1968年，形势更加严峻。除了竞争更加激烈，原料成本上涨等因素外，更主要的是消费者很少重新购买，原因是穿过一段时间后的顾客不像刚买鞋的新顾客那样喜欢经常穿它，同时，鞋子质量很好，不易穿坏，因而影响再买新鞋。

公司对男鞋消费者的调查表明，购买"无声小狗"便鞋的原因，有60%的人认为舒适，而不愿购买的原因有47%的人是由于不喜欢它的款式，公司对女鞋的调查也得到了类似的结果。

该公司的经理们为销量的下降伤透了脑筋，他们仍认为"无声小狗"便鞋的特点似乎应该是舒适，从以前的促销经验中，他们对是否有能力重新唤起人们的购买热潮仍有信心，但采用什么样的广告形式还得考虑，有一点是肯定的，即产品款式是一定要更新了。

（资料来源：中国管理咨询网，http：//www.mba321.com/）

二、案例分析

产品在市场上存在一定的生命周期，企业要针对产品生命周期各阶段的特点进行营销活动，必须明确自己对产品生命周期所担负的责任：一是要缩短产品的投入期，促使消费者尽快接受自己的产品；二是要尽可能地保持和延长产品的增长阶段；三是要努力延缓产品的衰亡阶段。这样，企业制定营销策略时才有核心和方向。

三、思考·讨论·训练

1. "无声小狗"便鞋生命周期的划分依据是什么？

2. 为延缓"无声小狗"便鞋的生命周期，你认为应当采用什么样的营销策略？

案例 5　罗林洛克啤酒的包装策略

一、案例介绍

随着竞争的加剧和销售额的下降，美国的啤酒行业的竞争变得越来越残酷。像安豪斯·布希公司和米勒公司这样的啤酒业巨人正在占据越来越大的市场份额，把一些小的地区性啤酒商排挤出了市场。

出产于宾夕法尼亚州西部小镇的罗林洛克啤酒在 20 世纪 80 年代后期勇敢地进行了反击。

营销专家约翰·夏佩尔通过他神奇的经营活动使罗林洛克啤酒摆脱了困境，走上了飞速发展之路。而在夏佩尔的营销策略中，包装策略发挥了关键性的作用。

包装在重新树立罗林洛克啤酒的形象时，扮演了重要角色。夏佩尔为了克服广告预算的不足，决定让包装发挥更大的作用。他解释道："我们不得不把包装变成牌子的广告。"

该公司为罗林洛克啤酒设计了一种绿色长颈瓶，并漆上显眼的艺术装饰，使包装在众多啤酒中很引人注目。夏佩尔说："有些人以为瓶子是手绘的，它跟别的牌子都不一样，独特而有趣。人们愿意把它摆在桌子上。"事实上，许多消费者坚信装在这种瓶子里的啤酒更好喝。

公司也重新设计了啤酒的包装箱。"我们想突出它的绿色长颈瓶，与罗林洛克啤酒是用山区泉水酿制的这个事实。"夏佩尔解释道："包装上印有放在山谷里的这些绿瓶子。照片的质量很高，色彩鲜艳、图像清晰。消费者很容易从 30 英尺外认出罗林洛克啤酒。"

夏佩尔很喜欢用魅力这个词来形容罗林洛克啤酒的新形象。"魅力，这意味着什么呢？我们认为瓶子和包装造成了这种讨人喜欢的感觉。看上去它不像大众化产品，有一种高贵的品质。而且这种形象在很大程度上也适合啤酒本身。罗林洛克啤酒出品于宾州西部的小镇。它只有一个酿造厂，一个水源。这和安豪斯·布希啤酒或库尔斯啤酒完全不同，我们知道，并非所有的库尔斯啤酒都是在科罗拉多州的峡谷中酿造的。"

包装对增加罗林洛克啤酒的销量有多大作用呢？夏佩尔说："极为重要。那个绿瓶子是确立我们竞争优势的关键。"

（资料来源：中国改制策划网，http：//www.smartplan.com.cn/）

二、案例分析

人靠衣装，佛靠金装，商品靠包装。企业为自己生产经营的产品量身定做一个恰如其分的包装，可以向购买者传递企业信息、引导消费者实施购买行为。罗林洛克啤酒的生产者成功地运用了这一营销手段，对其生产的啤酒赋予与众不同的外在形象，使消费者感到"独特而有趣"，认为"这种瓶子里的啤酒更好喝"。

三、思考·讨论·训练

1. 为什么说绿瓶子确立了了罗林洛克啤酒的竞争优势？
2. 结合案例谈谈在进行产品包装时企业应考虑的相关因素。

案例 6　午后红茶：必须从雅致转向雅俗

一、案例介绍

1996 年麒麟午后红茶系列饮品进入中国市场。产品以奥黛丽·赫本为形象代言人，产品概念与 19 世纪中叶英国的午后茶的理念有机结合，平均终端价格高出统一、康师傅同类产品近 1 元。

2004 年，午后红茶系列饮品借由统一集团的渠道进行销售。直至 2006 年，午后红茶系列饮品延续正统的英式下午茶的定位及奥黛丽·赫本的形象代言，持续进行传播。

2007 年，统一麒麟推出了 PET 瓶装午后红茶。麒麟公司调整了销售战略，奥黛丽·赫本形象以及代言音乐停用，借新奶茶麒麟推出全新的 VI 识别系统。在破旧立新之时，统一麒麟午后红茶的品牌如何涅槃重生？

对于已传播了近十年的麒麟午后红茶，品牌形象的累积较为深厚，只有对已有的品牌资产进行系统的梳理，分清过往品牌建设中的良莠，才能够确保其在营销的二次创新中做出有效合理的取舍，从而确立正确的营销突围路径。

午后茶的概念源自 18 世纪的英国贵族，后在英国风靡开来，成为英国人生活中主流的餐饮调剂方式。从麒麟午后红茶的营销传播中不难看出，它力图向受众营造一种源自英国贵族，历久弥新百余年的高尚饮品。所以，麒麟午后红茶的品牌核心为"正统英国午后茶"，这其中有三个关键词"正统、英国、午后"，而在实际的营销中，核心价值只能有一个，不可能多点同时用力，所以，这三个关键词中，谁能为消费者提供最大的价值体验呢？以下逐一分析：

正统：正统是一种稀缺资源，但能够真正读解正统的人也同样稀缺。

正统涵盖了历史的厚重，工艺的讲究，文化的精深。从传播来看，每个企业都在说自己正统，所以就正统而言差异化不强。而作为一家日资企业，说自己卖的是正统的英国茶，也不太说得通。再者，要把正统说清楚实在太难，成本实在太高。

从受众来看，信息的爆炸，生活节奏的加速，消费者各个都是走马观花的高手，一个快销产品想让消费者平心静气地去读解，很难；从社会整体的价值观来看，在整体经济繁荣的大环境下，大众在追求"不同"。这一点从"超女"、"快男"的风光无限和色彩斑斓的 80 一代身上不难看出。综合以上几点，"正统"不能够成为麒麟午后红茶的品牌核心价值。

英国：外国品牌对于中国市场是有先天优势的，这与一段时期中国较为落后的生产力有着深刻的关系。但是，在国内市场外来品牌极大丰富和合资品牌的逐渐增多以及国内消费日趋理性的背景下，洋品牌背景的优势正在逐渐削弱，对跨国背景的放大已经很难支撑产品及品牌的长期发展，就饮料行业而言，单靠背景也很难很好地达成产品的动销。即便百威啤酒以"经典美国味"作为品牌诉求，也是为了让"美国"一词的在广告语中只起鉴别的作用。广告语的主干是经典的"味"，经典的什么味？——经典美国味！所以，"英国"不是麒麟午后红茶的消费理由，只是差异化的元素。是竞争中用来区隔的，不会直接产生动销力。

午后：在一个慵懒惬意的时刻，雅致的客厅里，悠扬的音乐，温和的阳光，精美的茶具，细致诱人的甜点，一群志趣相投的朋友，这就是一次英国下午茶的情境。是什么让英国人趋之若鹜地迷恋了她一百年？是因为下午茶与众不同的品质吗？不是，夜晚的酒会甚至周末的早餐也可以很精致。究其根本，是"下午"这个恰当的时间选择，与其说是英国人选择喝茶，不如说英国人选择了"下午"，喝茶变成了享受美妙下午的载体。

在午餐与晚餐之间，在正午的艳阳与黑夜之间，在工作和闲暇之间，无疑，午后是一个绝妙的选择。所以，茶还是那杯茶，只是午后的时光给了我们更多的消费理由。所以，麒麟午后红茶品牌真正的核心是"午后"！

品牌的突围路径：

1. 麒麟午后红茶——在"午后"价值支撑下的品牌优势。顾名思义，午后红茶是在午后大家分享的茶，"午后"带来的各种价值是麒麟午后红茶所独占的，具有独有的优势。在营销传播中要强化它！

饮料消费的一个高峰正是在中午到下午之间，正好处于午后红茶涵盖的时间范围。所以，以"午后"为品牌的价值核心，没有束缚产品的销售，反而通过品牌独占的差异化价值——"午后"，将消费者的消费境遇牢牢锁定。

在每一个午后，当你打开一瓶麒麟午后红茶，你永远都不会知道下一刻要发生怎样的惊喜和惬意，一段恋情？偶像从天而降？一次启迪人生的小叙？午后办公室的离奇事件？一次发自内心的感动？一场仲夏午夜的狂想？在午后这一品牌价值符号的统领之下，我们可以创作很多内核一致，形式各异的沟通工具，具有丰富的表现和延展空间。

2. "午后"在执行中的基本原则：整合作差异，事件作投机。用小投入，获得大回报的传播，是看天吃饭，加上绞尽脑汁的创意，可遇不可求，单靠企业自身是制造不出来这种机会的。所以，在营销当中，要先取其正，后求其异。先把以"午后"为核心的局布好，在通盘考虑的基础上，方可对可以攀附的事件进行甄别和利用，这样才能使企业的营销资源合理支出，收到实效。

统一麒麟午后红茶品牌对正统英式午后茶的坚持没有错，但是，一定要为它找到营销传播的落地点，必须向现实午后环境下，产品带给消费者的种种情趣的品牌体验上进行转变，虚实映衬，雅俗得当。

（案例来源：中国营销传播网，http：//www. emkt. com. cn）

二、案例分析

午后红茶是一种快销产品，因此一定要蕴涵着大众可以接受的某种"俗"。否则，不可能卖得又多又快。因此，此次成功则是品牌内涵转变的一个成功，是一种雅致营销向雅俗营销的转变！品牌形象的树立和转变对于一个产品的成功起着至关重要的作用。

三、思考·讨论·训练

1. 麒麟午后红茶品牌真正的核心是什么？
2. 该案例中品牌是如何由雅致转向雅俗的？

案例7　可口可乐原叶茶上市记

一、案例介绍

2008年年初，可口可乐公司在中国大陆又重磅推出了另一款非碳酸饮料——可口可乐"原叶"茶系列产品，以迎接即将到来的炎夏。本次推出的"原叶"茶系列包括"原叶"冰红茶和"原叶"绿茶，专门针对中国消费者的口味研发，突出的独特的销售主张（USP）是采用100%的真正茶叶泡制而成，而非市场上常见的茶粉调制。

（一）上市的背景

近年来，随着碳酸饮料市场份额的逐步萎缩，代表健康、自然的茶饮料和果汁饮料已成为时尚新宠。茶饮料在国际上被称为"新生代饮料"，被认为符合现代人崇尚天然、绿色的消费追求。在非碳酸饮料领域，成长最快、销售量最大的是茶饮料，根据广州左亮营销咨询有限公司的调研发现：华润万家超市去年茶饮料的销售额增长了40%，增长速度是碳酸饮料的一倍以上；而在沃尔玛，春节期间部分地区的非碳酸饮料占据了饮料类的半壁江山。

在中国，茶饮料市场起步自1993年，2001年开始进入快速发展期。近几年，中国的茶饮料几乎以每年30%的速度增长，占中国饮料消费市场份额的20%。在历经了几番大战后，目前，茶饮料市场的格局已经基本成熟，统一、康师傅、麒麟、三得利、雀巢等品牌基本占据了国内茶饮料市场的领头位置。根据左亮营销咨询有限公司的预测，2008年国内茶饮料市场总销量可达9.97亿标箱，总额将超过400亿人民币。

在亲眼目睹了国内茶饮料市场蓬勃发展之后的可口可乐公司，近几年陆续推出了冰红茶、冰绿茶及茶研工坊等一系列茶饮料，加入了茶饮料圈地者的行列。凭借其娴熟的快速消费品网络和经验，可口可乐硬是在国内近乎白热化的竞争中占据了一定的市场份额。于是，尝到甜头的可口可乐公司在经过前期的周密调研之后，在 2008 中国奥运年联合雀巢推出原叶系列茶饮料，大举进攻茶饮料市场。

（二）上市品牌整合营销方案

为营造原叶茶上市的强劲势头，可口可乐公司一方面不惜投入重金建设和改造生产线；另一方面，在营销上，更投入大量人力物力对上市进行精心策划。为了迅速制造高识别、高辨听、高传诵的传播效应，让竞争对手根本来不及反应过来，就以迅雷不及掩耳之势，形成强势品牌的气势，可口可乐原叶品牌采取了高举高打的强势整合营销传播策略对原叶进行推广：

第一，在广告方面，可口可乐公司沿袭了茶饮料巨头——统一和康师傅新品上市必请形象代言人的成功经验，花巨资邀请国际巨星成龙及其儿子房祖名代言原叶茶，透过他们健康的形象传递原叶"鲜爽茶滋味，原叶 100%"的品牌口号及健康百分百的品牌形象。在广告传播上，可口可乐对这一广告采用了类似宝洁的"无缝隙战略"，在全国 30 多家卫星电视和地方电视上进行多次滚动播出，基本覆盖大部分地区的黄金收视及高收视时间。通过这一高关注度的明星代言广告的频繁播出，原叶"鲜爽茶滋味，原叶 100%"的品牌口号及健康百分百的品牌形象迅速街知巷闻！

第二，在促销方面，可口可乐公司启动了在中国对 3400 万人群进行免费派样试饮，覆盖 30% 左右的目标消费者的庞大计划。这个庞大的计划在饮料行业里可以说史无前例的，因为从来没有一个茶饮料品牌针对如此大的目标人群进行试饮活动，足可见可口可乐对获取全面进军茶饮料市场最后胜利的信心和决心！为了保证促销活动的成功，可口可乐在所有促销活动的细节上对整合营销传播的理念进行了彻底的贯彻：在这次庞大的试饮中，不但在包括陈列架、纸杯、派发工具等的所有物品的视觉识别（VI）都与电视广告进行了统一，而且还让所有负责派发的促销人员在活动执行过程中都戴上了成龙及其儿子房祖名两位代言人的特制面具。通过这些将整合营销传播理念进行彻底贯彻的举措，极大地加深了消费者对广告的回忆和印象！北京、上海、广州、深圳、南京、武汉、重庆、杭州、昆明……原叶茶试饮促销活动所到之处都获得了极大的成功！

第三，在渠道推广方面，可口可乐公司首先在各地举办了声势浩大的新产品新闻发布会，邀请各地各级媒体到场采访，制造新闻传播效应，让各地经销商未见产品，先闻其声，让那些有意进货的经销商蠢蠢欲动；然后又趁热打铁在各地举办了推广会，邀请各地经销商参加订货会，通过成龙及其儿子房祖名两位代言人到场参与以及对产品营销方案的演示，使经销商迅速产生经销产品的兴趣，做出批量进货的决定！为了保证渠道推广的成功，可口可乐在所有渠道推广活动的细节上对整合营销传播的理念也进行了彻底的贯彻，极大地加深了经销商对原叶品牌的印象！

第四，针对茶饮料主流消费群体——14—35 岁之间的年轻人日常生活中大多数有喜欢上网的习惯，可口可乐公司在原叶品牌的上市推广中，镶入了网络推广：与国内最大的青年娱乐互动门户网——猫扑网共同举办了"原叶邀你秀出百分百时刻"活动。消费者只要登录活动官方网站猫扑网，上传与家人或朋友或同事的两人合影，表达您与他或她的 100% 时刻，参与投票，就有机会在上海与原叶品牌代言人成龙、房祖名"零"距离接触！这一符合主流消费群体兴趣爱好的活动立即引来众多网友的关注，点击率节节攀升，报名上传的人数不断增加，很好地配合了原叶品牌的上市活动。

除了综合运用整合营销的各种策略，为了增强原叶品牌的亲和力，让消费者迅速接受这个新的茶饮料品牌，瓦解消费者对竞争对手品牌的忠诚，可口可乐公司还在原叶品牌的上市推广中加入了公关营销！2008 年 3 月 29 日晚，主题为"和谐社会，100% 健康生活"的可口可乐原叶百分百生活榜样爱心义卖大型公益活动在海口市宜欣广场隆重举行；在南京，原叶上市后的第一个月（3 月 9 日—4 月 9 日），在南京所有的苏果卖场内，消费者每购买一瓶原叶，可口可乐就捐赠 0.2 元给南京市园林局，用于南京的绿化建设……类似的公益活动在众多的城市举办，"取之于消费者，回报于社会，投身于公益事业"，可口可乐在原叶上市中运用公关营销的这一举措不但为原叶品牌在建立高知名度的同时赢得了良好的美誉度，同时也为原叶在中国的成功奠定了坚实的外部环境基础。

（案例来源：有效营销网，http：//www. em - cn. com）

二、案例分析

成功的品牌塑造策略帮助身为国际知名碳酸饮料企业的可口可乐公司顺利地进驻茶饮料市场。从命名到包装，从产品到促销，可口可乐公司在原叶茶这个新产品身上下足了力气。当然也换来了高额的回报。好产品要有好名字，就如同原叶茶，名字就告知广大受众产品的制作工艺与众不同，因此才有后续更多的成功。由此可见，品牌策略运用得当无疑会帮助企业取得更大的成功。

三、思考·讨论·训练

1. 原叶茶采用的是哪种品牌策略？
2. 分析该品牌策略的好处是什么？

案例 8　放手去干

一、案例介绍

"放手去干"是美国著名的运动鞋生产商耐克的企业口号，也是其文化个性鲜明的体现——"体育，表演，洒脱自由的运动员精神"。

耐克的创办者菲利浦·奈特早在俄勒冈州大学田径队时即萌生了搞体育用品生意的想法。后来他与俄勒冈的田径教练比尔·鲍尔曼合作共同创办了蓝带体育用品公司，并于 1972 年更名为耐克。自此，他开始设计运动鞋，并在亚洲生产。

20 世纪 70 年代初，慢跑热正逐渐兴起，数百万人开始穿用运动鞋，因为运动鞋不仅穿着舒适，而且还是年轻的象征——这是多数人向往的形象。当时在美国运动鞋市场上占统治地位的是阿迪达斯、彪马和虎牌（Tiger）组成的铁三角，它们并没有意识到运动鞋市场的这一趋势，而耐克紧盯这一市场，并选定以此作为目标市场，专门生产适应这一大众化运动趋势的运动鞋。

1975 年，鲍尔曼在烤华夫饼干的铁模中弄出一种服烷橡胶，用它制成的新型鞋底有小橡胶圆针，比市场上流行的其他鞋底弹性更强，这有力地促进了耐克的事业，产品迅速打开市场。1976 年，销售额从一年前的 830 万美元猛增至 1400 万美元。耐克为挤进"铁三角"，迅速开发新式跑鞋，并为此花费巨资。耐克运用其雄厚的研究力量开发出 140 余种不同式样的产品，不少产品是市场上最新颖和工艺最先进的。这些式样是根据不同脚型、体重、速度、训练计划、性别而设计的。这些风格各异、价格不同和多用途的产品，吸引了成千上万的跑步者。1979 年，耐克通过策划新产品的上市和强劲的推销，其市场占有率达到 33%，终于打进了"铁三角"。

耐克是富有冒险精神的开拓型公司，其鲜明的反传统的企业文化，吸引着大批年轻人，而耐克还资助一些对正统派深恶痛绝的运动员，使耐克更充满挑战正统、进取活力的形象，而阿迪达斯即正统派。最终耐克打败了阿迪达斯。

耐克又将目标定在新的方向上。奈特认为，青少年的模仿能力极强，对品牌也极为敏感，校园里的明星人物的穿着经常会成为模仿的对象，因此只要设法让最有魅力的运动员穿上耐克，就能吸引全国为数众多的人模仿。最伟大的世界级篮球明星乔丹具有与耐克相称的精神气质，完美而充满活力的工作作风。耐克通过赞助这位"飞人"同时成了千百万喜爱运动者的偶像。耐克获得了进一步的成功，销售额达40亿美元。

然而，过去推动耐克成功的青少年消费者已纷纷放弃了运动鞋，他们厌倦了泛滥成灾的运动员参与的鞋类广告，他们在寻找新颖的少一点商业气的产品，同时阿迪达斯全线反击，将广告重点对准12—20岁年龄层的未来群体消费者，向广大青年人、学生和城市消费者大力推销；在一些电视广告上，一批体育明星穿上了阿迪达斯的运动鞋。此外，在美国大学生篮球联赛、1994年世界杯足球赛上，阿迪达斯都出尽了风头。而德国彪马这一耐克的老对手也在改革，把市场定位于那些有购买兴趣的流行追随族上，结果彪马又大肆流行。此时耐克似已陷入困境，销售额在下降，利润在下降，在近乎饱和的美国市场上再创造以前那种增长几乎不可能。这时耐克面临的问题是怎样才能既在国内外开始新的飞跃，又不丧失公司至关重要的创新、创业精神，大刀阔斧地进行改革的时候已经到了。耐克更新了"外观"技术，推出一系列新款跑鞋、运动鞋和多种训练用鞋，其户外运动部门则把销售的焦点对准了雅皮士和新一代未知的顾客，实际上销售方式不仅在户外运动部门而且在整个公司都进行了变革。它遵循的信条是：思路新颖。户外运动部门的成功证明了耐克的反应迅速。

针对欧洲市场这一阿迪达斯和彪马的大本营，耐克毫不犹豫地从饱和的美国市场中分身闯了进来。耐克巧妙地利用了欧洲人对美国超级球星出神入化的球技的崇拜心理来推销自己的产品。特别是在1992年巴塞罗纳奥运会上大出风头的"梦之队"，美国球星成了欧洲家喻户晓的人物后，耐克高薪聘请了美国的职业篮球巨星在欧洲大做推销广告，以各种形式加深欧洲人对耐克商标的印象。在瞄准欧洲广大市场后，耐克成功地使运动鞋从运动员脚下向普通人脚下转移，创造了以旅游鞋为时髦的风气。这一举措大见成效。耐克通过推销这种时髦的"美国形象"，1992年欧洲市场上耐克运动鞋销售额几乎是1987年的6倍。尽管如此，耐克还是看到欧洲市场仍有潜力可挖。美国年龄在25岁以下的青少年，平均每人拥有6—10双运动鞋，而欧洲同龄人则平均只有两双。因此，耐克像迪斯尼和美国电影一样，正利用美国形象继续塑造欧洲的

"运动鞋族"。

耐克，利用其敏锐的眼光去观察选择市场，放手去干，永远保持着领先。

（资料来源：清华大学经济管理学院工商管理研究组：《MBA 工商管理800 例》，世界图书出版公司 1998 年版）

二、案例分析

耐克作为一个全球品牌已享有很高的知名度，年销售额近 95 亿美元。然而，很多人并不知道它没有自己的生产基地，耐克只是一个中间商品牌。耐克的营销创新之处在于它的中间商品牌的路线和传播。它的成功在于，专注于做自己最擅长的事，把不擅长的事交给别人去做，选择好目标市场，这已成为一种新的竞争战略。

三、思考·讨论·训练

1. 耐克选择的目标市场是什么？
2. 耐克是怎样挤进"铁三角"的？
3. 耐克如何推出新产品？耐克是怎样获得成功的？

案例 9　"CT"的诞生

一、案例介绍

CT 技术，又称电脑断层扫描技术，是由英国科艺百代公司（EMI）的首席科学家戈德弗利·赫斯菲尔德首创的，这项技术为医疗诊断学开创了一条崭新的道路。与传统的 X 光技术相比，CT 技术拍摄的人体内部照片更清晰、更全面。因为 CT 扫描可以显示出 X 光照不到的柔软组织，并克服高密度物质（如骨骼）的遮盖效果，而这种高密度物质在传统 X 光照片中会遮住其后面的组织。CT 扫描也可利用迅速、无痛和安全的电脑侦测，取代漫无目标又危险的外科手术诊断方式。由于赫斯菲尔德的努力，医学界从此大量运用电脑，而不再受限于 X 光技术。更不可思议的是，CT 技术的开发是在不足 10 万英镑的科研资助下完成的。赫斯菲尔德本人因为对医学诊断所作出的巨大贡献，荣获了 1979 年的诺贝尔医学奖。

赫斯菲尔德是在无意间想到 CT 照相这一念头的。他早年做过戏院影片师、收音机修理工和工程制图员，第二次世界大战期间他又成为英国皇家空军的雷达技师。战后，他完成电机系学业，进入 EMI 公司。工作期间，他长期思考着有关人体透视方面的问题。在这个领域，X 光技术日益表现出来的诸多缺陷促使他寻找一条创新之路。他设想，如果利用射线将人体的纵向拍成一张张的"照片"，然后把这些射线"照片"输入计算机，由计算机对这些由数据组成的信息进行处理和转化，就可以得到人体内部组织的完整图像，将对医学透视和诊断大有裨益。

其实，赫斯菲尔德思考的问题是所谓"模式识别"的范畴，这在当时还属于理论科学，大量数学家和工程师正在寻求利用这种方法让电脑能像人的眼睛与大脑一样，迅速而有效地辨认图像，并产生反应。

EMI 公司于 1968 年拨出了一笔数额不大的经费资助赫斯菲尔德的 CT 计划，但公司同时要求，赫斯菲尔德必须证明 CT 机具有商业化的可能性，否则他便必须停止这项研究。这使赫斯菲尔德非常为难，因为在那时，没有几个医生愿意使用这种看起来还不成熟的技术，而同时，赫斯菲尔德自己也说不清楚 CT 技术到底能帮助医学界做些什么具体事情。他曾沮丧地说，医生肯定需要这项技术，但他们却不了解它；物理学家虽然了解这项技术，却不需要它。

当 EMI 公司提供的经费用完之后，赫斯菲尔德只好向英国健康与安全部求助，因为这个机构里有不少医生和物理学家。为了审查这项技术的可行性，健安部派骨骼放射专家窦尔对该技术的构想进行审查。窦尔对赫斯菲尔德的工作经过长时间的调查后，向上级提交了审查报告。报告里对赫斯菲尔德做了如下评价："他要不是个疯子，就是个天才。我没法挑出他的毛病，也找不出他说的话有任何漏洞，因此 CT 技术的概念非常值得支持。"

就这样，赫斯菲尔德的工作才得以继续下去，并在 1969 年设计出世界上第一台 CT 机。这台 CT 机简直可以说是用旧货市场上的东西拼凑出来的，机器的基座是个拆去了零件的工业机床，被透视的物体是一个装满了水和金属碎片的 10 英寸塑胶盒，电脑系统是赫斯菲尔德自己用零件组装的，但这个系统非常先进，具有完善的运算和储存功能。

为了拍出完整的照片，赫斯菲尔德的第一部机器共计曝光 28800 次，其中有 2.4 万次的图像数据可以计算出来。由于拍摄中使用的伽马射线非常微弱，而机器又跑得很慢，所以每次曝光可以在不到 1 分钟的时间内，扫描完 11.5 万多个照片粒子。

9 天的扫描结束之后，电脑还要花两个半钟头的时间处理数据，在电脑屏幕上将数据转化成照片，再用拍立得摄下屏幕上的影像，就成了 CT 扫描的最终结果。它显示出盒内物体的局部画面，和赫斯菲尔德设想的情况一模一样。不同的物体密度则以白、黑、灰等色彩显示出来，这是一般 X 光摄影所看不到的。

1970 年，赫斯菲尔德不断地改善扫描机的原型，并将伽马射线换成 X 光。扫描机拍摄的物体已包括各种动物的脑部，甚至拍摄过一个防腐处理的人脑，清楚的影像十分吓人。此时，剩下的唯一问题就是：CT 机可否成功地应用于活人。

活人实验安排在阿金森·默利斯医院进行。第一位接受扫描的患者是名被诊断患有脑瘤的女士。实验中，那位女士躺在平坦的长沙发上，扫描机绕着她的头部扫描。她的头部则以水袋固定。X 光可以穿过这水袋而不受影响。

扫描的过程只持续了几分钟，但事后的处理工作却一直延续到当天晚上。工作人员先把 X 光射线转到磁带上，从磁带再转到电脑，再回到磁带，然后把磁带放映在示波器荧屏上，最后照在拍立得底片上。实验非常成功，那组照片显示，女患者的左脑前叶有个囊状肿瘤。而以前，如果不动手术的话，根本无法得知这种瘤的存在。此时的赫斯菲尔德充满了胜利的喜悦，高兴得又蹦又跳。

1972 年 4 月，赫斯菲尔德在英国放射学会举行了关于 CT 技术的说明会，这次会议在放射学界引起了强烈的震撼。8 月，赫斯菲尔德又在纽约作了有关神经放射学的系列演讲。在这里，他受到了英雄般的款待。演讲中，与会者都鸦雀无声，屏气静听，而演讲结束时，听众们则欢呼、起立和疯狂地鼓掌。许多人在会议结束后就直接飞赴英国考察 CT 机的使用情况。这充分说明，CT 技术已经渐渐深入人心了。

北美、日本、德国和其他许多地区向 EMI 公司发来了大批 CT 机的订单。EMI 公司的工厂里日夜加班也无法满足这来自全世界的需求。但客户们还是心甘情愿地预付大笔订金，再排上至少 6 个月的队，最后高高兴兴地来提货。CT 机一跃成为 EMI 公司的一棵最大的摇钱树。

从 1972—1977 年的五年间，EMI 公司共卖出 704 台 CT 扫描机，每台售价介于 30 万—100 万美元之间。而到 1977 年为止，全世界总计才拥有 1130 台扫描机。仅 1977 年，EMI 公司从 CT 机上获得的利润就占全公司利润的 1/5。赫斯菲尔德不无感慨地说："本来只是觉得应该不至于会赔钱，但是当时要是有人预测我们会像今天这么成功，是不会有人相信的。"

（资料来源：清华大学经济管理学院工商管理研究组：《MBA 工商管理

800 例》，世界图书出版公司 1998 年版）

二、案例分析

赫斯菲尔德是个典型的技术创新专家。他看准了 CT 扫描技术的巨大医学应用前景，运用天才的设想和手段进行开发，并不断加以改进和完善，最终获得了成功。他所经历的道路，正是进行一项产品创新所必须走的艰险之路，其风险之大是可以想象的，可是一旦成功，回报也会非常的丰厚。

三、思考·讨论·训练

1. CT 技术的概念是怎样提出的？
2. 结合本案例谈谈新产品开发的过程。

第七章　定价策略

没有降价两分钱抵消不了的品牌忠诚。

——〔美〕菲利普·科特勒

定价是真理的时刻——定价是所有营销活动的焦点。

——〔美〕雷蒙德·科里

企业将产品投入市场时必须给其制定合适的价格，以使其利于顾客接受，实现企业取得效益。新产品首次投入市场、市场供求关系发生变化、出于竞争的需要和本企业相关产品销售的需要都是企业需要考虑定价的时候。

价格构成是指商品价格的各个要素及其构成情况。价值是价格形成的基础，价格构成是价值构成的反映，两者之间是相互对应的关系。产品价格是由产品成本、税金和利润三大要素构成。产品定价策略包括如下几个方面：

一、心理定价策略

心理定价是指企业在定价时，利用消费者心理因素，有意识地将产品的价格定得高一些或低一些，以满足消费者心理、物质和精神等方面的需求，达到扩大市场销售、获得最大效益的目的。常用的心理定价策略有声望定价、尾数定价和招徕定价三种。

（一）声望定价

声望定价是指企业利用产品在消费者心目中的声望、信任度和社会地位来确定价格的一种定价策略。通常企业故意把产品价格定成整数或高价，以此来满足消费者的特殊欲望。质量不易鉴别的商品最适合采用这种方法，因为消费者有崇尚名牌的心理，往往以价格判断质量，认为高价代表高质量，降价或低价反而无人购买。使用声望定价，需要适当控制产品的市场拥有量。但是，应用声望定价必须谨慎，要充分考虑市场竞争状况和消费者的价格接受水平；否则，过高的价格可能会因为顾客流失太多而从总体上影响企业的收益。

（二）尾数定价

尾数定价又称"奇数定价"或"非整数定价"，即利用消费者对数字认识的某种特殊心理制定尾数价格。如有的零售商常用 9 作为价格尾数，宁定 99 元不定 100 元，宁可定 0.99 元而不定 1 元。这是根据消费者的心理，尽可能在价格上不进位，可以在直观上给消费者一种便宜的感觉，从而提高消费者的购买欲望，促进产品销售。使用尾数定价，可以使消费者产生便宜、精确、吉利三种心理效应，以达成促进产品销售的目的。

（三）招徕定价

招徕定价是指利用部分消费者求廉的心理，特意将几种商品的价格定得较低以吸引顾客。在消费者挑选或购买廉价商品的同时，也带动其他正常价格商品的销售。一些大型的零售商场、百货商店通常采用这种定价策略。还有的零售商利用节假日或换季时机举行"换季大减价"、"节日大酬宾"等活动，把部分商品降价出售，以吸引顾客。

二、折扣定价策略

折扣定价是指对价格做出一定的让步，直接或间接降低价格，扩大销量。

（一）现金折扣

现金折扣是指对在规定的时间内或提前付清账款者的一种价格折扣。如在西方国家，典型的付款期限折扣表示为"2/10，净 30"。意思是：应在 30 天内付清货款，如果在成交后 10 天内付款，照价给予 2% 的现金折扣。现金折扣的目的是鼓励顾客尽早付款，改善卖主的资金周转，减少财务风险。现金折扣一般要考虑好折扣比例、时间限制。现金折扣等于降低价格，企业在运用这种手段时要考虑商品的需求弹性，保证通过需求量的增加来获得足够的利润。

（二）数量折扣

数量折扣是指当买方购买商品达到一定数量时，卖方在原价的基础上给予买方一定减让的优待。数量折扣提供了一种诱发因素，促使顾客向特定的卖主购买，而不是向多个供应源购买。数量折扣包括累计数量折扣和一次性数量折扣两种形式。累计数量折扣是指顾客在一定时间内，购买商品若达到一定数量或金额，则按其总量给予一定折扣，其目的是鼓励顾客经常向本企业购买。成为企业的长期客户。一次性数量折扣是指顾客一次购买某种产品达到一定数量或购买多种产品达到一定金额，则给予折扣优惠。

（三）功能折扣

功能折扣也称贸易折扣。由于中间商承担了本应由生产商承担的部分销售功能，如运输、储藏、广告等，因此生产商给予这些中间商一定的价格优待。功能折扣的比例，主要考虑中间商在分销渠道中的地位、对生产企业产品销量的重要性、购买批量、完成的促销功能、承担的风险、服务水平及履行的商业责任等。功能折扣的结果是形成购销差价和批零差价。功能折扣的主要目的是鼓励中间商大批量订货、扩大销售，同时也是对中间商经营有关产品的成本和费用进行补偿，让中间商有一定的盈利。

（四）季节折扣

有些商品的生产是连续的，而其消费却具有明显的季节性。季节折扣是指企业为了保持均衡生产，加速资金周转，节省业务费用而鼓励买主在销售淡季购买的一种折扣形式。季节折扣策略可以减少季节差别对企业生产经营活动的不利影响，充分利用企业的设备、人力等资源，减轻企业的仓储压力，加速资金周转、调节淡旺季之间的销售不均衡。

（五）回扣和津贴

回扣是指购买者将商品的全部货款付清后，销售者再按一定比例将货款的一部分返还给购买者。津贴是企业为特殊目的、对特殊顾客以一定形式所给予的价格补贴或其他补贴。如当中间商为企业产品刊登地方性广告、设置样品显示窗等促销活动时，生产企业给予中间商一定数额的资助或补贴等。

三、差别定价策略

差别定价是指企业以两种或两种以上不反映成本比例差异的价格来销售一种产品或提供一种服务。

（一）顾客定价

顾客定价是对同样的商品或服务，不同的顾客支付不同的价格，如博物馆对学生和老年人收取较低的门票价格，有些商家商品对一般顾客与会员也采取不同的销售价格。

（二）产品定价

产品定价就是产品式样定价，根据产品的式样不同，制定的价格也不同。这个价格对于它们各自的成本是不成比例的。如同一成本和质量的服装因款式的差异而使销售价格不同。

（三）位置定价

位置定价是根据不同位置或地点制定不同的价格，即使产品的成本完全相同。如一个戏院按不同的座位收取不同的座位价格等。

（四）时间定价

时间定价是不同日期，甚至不同钟点或时段，同一种产品的销售价格不同。这是服务业经常采用的定价策略。如长途电话工作日与周末、白天与夜间的话费标准不同。实行差别定价，要具备一定的条件：一是市场必须能够细分，而且细分市场要显示不同的需求程度。二是商品不能由低价市场向高价市场流动。三是在高价的细分市场中，竞争者无法以低于本企业产品价格出售。四是差别定价不会引起顾客的反感和抵制。五是不能违反法律或有关规定。

四、组合定价策略

当某种产品成为产品组合的一部分时，企业必须对定价的方法进行调整。在这种情况下，企业要寻找一组在整个产品组合方面能获得最大利润的共同价格。因为各种各样的产品在需求和成本之间有内在的相互关系并受到不同程度竞争的影响，所以定价比较困难。产品组合定价有以下几种：

（一）产品线定价法

多数企业通常宁愿发展产品线而不愿搞单件产品。在许多商业行业中，卖主为自己行业的产品使用价格点。如男子服装店可以将男式西装的价格制定在三种价格水平上，即300元、500元、1000元。有了这三个价格"点"，顾客就会联想到这是低质量、中等质量和高质量的西装。即使三种价格都被适当调高了，男人通常仍会以他们更喜爱的价格点来选购套装。卖方的任务就是建立能向价格差异提供证据的认知质量差异。

（二）两段定价法

服务性企业常常收取固定费用，另加一笔可变的使用费。如电话用户每个月至少要付一笔钱，如果使用次数超过规定还要增收另一笔费用；游乐园先收入场券的费用，如果增加游玩项目，还要再收费。一般来说，固定费用应该较低，以便吸引顾客使用该服务项目，并通过可变使用费获取利润。

（三）副产品定价法

在生产加工食用肉类、石油产品和其他化学产品中，常常有副产品。如果这些副产品对某些顾客群具有价值，必须根据其价值定价。副产品的收入多，都将使企业更易于为其主要产品制定较低价格，以便在市场上增加竞争力。

（四）成组产品定价法

销售商常常将一组产品组合在一起，降价销售。如汽车生产商可将一整套任选品一揽子销售，售价比分别购买这些产品要低；剧场企业可出售季度预订票，票价可低于分别购买每一场演出的费用。由于顾客本来无意购买全部产品，在这个价格数上节约的金额必须相当可观，才能吸引顾客购买。

案例1　推销怪才，巧定价格

一、案例介绍

吉诺·鲍洛奇是20世纪六七十年代的美国食品零售业大王，他的一生给我们留下了无数宝贵的商战传奇。

鲍洛奇的推销才干在他10岁那年就显露出来了。那时他还是个矿工家庭的穷孩子，他发现来矿区参观的游客们喜爱带些当地的东西作纪念，他就拣了许多五颜六色的铁矿石向游客兜售，游客们果然争相购买。不料其他的孩子立即群起仿效，鲍洛奇灵机一动，把精心挑选的矿石装进小玻璃瓶，阳光之下，矿石发出绚丽的光泽，游客们简直爱不释手，鲍洛奇也乘机将价格提高了4倍。也许正是这个有趣的经历，使得鲍洛奇对销售与定价总有独到的理解，以致在他一生的商业生涯中，他都非常注意制定销售价格的艺术。

鲍洛奇认为，以降价促进销售、击垮竞争对手，是零售业中一种重要的销售手段，也是他常用的一种手段。但是，他绝不一味地搞降价促销。如果产品的品质的确比别人高出一筹的话，按优质优价的原则，价格当然要比别人高；再者，有许多因素促使顾客购买某件商品，一件商品的定价与别人雷同，是不能吸引顾客的注意力的，哪怕定价稍高，若消费者体会出物有所值的道理，一样会趋之若鹜的。

鲍洛奇深知，优质高档产品所带来的利润是低档产品所无法比拟的，高档高价便会有高回报。所以，鲍洛奇绞尽脑汁，在怎样才能使顾客对其产品形成高档产品的形象上大做文章。

一方面，他在产品的品质和广告宣传上下工夫。鲍洛奇曾生产一种中国炒面，为了给人耳目一新的感觉，他在口味上大动脑筋，以浓烈的意大利调味品将炒面的味道调得非常刺激，形成了一种独特的中西结合的口味，生产出了优质的中国炒面。同时，使用第一流的包装和新颖的广告展开大规模的宣传攻势，打出"中国炒面是三餐之后最高雅的享受"的口号，把中国炒面暗示成家庭财富和社会地位的象征。鲍洛奇这一做法相当成功。他把注意力主要集中在了大量中等收入的家庭上。他认为，中等收入的人家一般都讲究面子，他们买东西固然希望质优价廉，但只要有特色，哪怕价钱贵一些，他们也认为物有所值，他们是中国食品生意的主要对象。所以针对他们的心理，鲍洛奇在包装和宣传上花了很多精力。果然不出所料，中等家庭的主妇们皆以选购中国炒面为荣，尽管鲍洛奇的定价很高，她们依然不以为贵。

另一方面，鲍洛奇很会揣摩顾客的心理，常常利用较高的价格吸引顾客的注意力。由于新产品投放市场之初，消费者对这种相对高价格商品的品质充满了好奇，很容易就激发了他们的购买欲，并且，一种产品的定价较高，可以为其他产品的定价腾出灵活的空间，企业就总能占据主动。当然，这一切都是建立在产品的品质的确不同凡响的基础上的。有一次，鲍洛奇生产的一种蔬菜罐头上市的时候，由于别的厂商同类产品的价格几乎全在每罐5角钱以下，所以公司的营销人员建议将价格定在4角7分到4角8分之间。但鲍洛奇却将价格定在5角9分，一下提高了20%！鲍洛奇向销售人员解释说，5角钱以下的类似商品已经非常之多，顾客们已经根本感觉不到每一种商品有什么特别，并在心理上潜意识地认为它们都是平庸的商品。如果价格定在4角9分，顾客自然会将之划入平庸之列，而且还认为你的价格已尽可能地定高（已最接近5角），你已经占尽了便宜，甚至产生一种受欺诈的感觉；若你的产品定价5角以上，立即就会被顾客划入不同凡响的高级货一类，定价至5角9分，既给人感觉与普通货的价格有明显差别，从而品质也有明显差别，还给人感觉这是高级货中不能再低的价格了，从而使顾客觉得厂商很关照他们，顾客反而觉得自己占了便宜。经鲍洛奇这么一解释，大家恍然大悟，但总还有些将信将疑。后来在实际的销售中，鲍洛奇掀起了一场大规模促销行动，口号就是"让一分利给顾客"，于是更加强化了顾客心理中觉得占了便宜的感觉，蔬菜罐头的销售大获全胜。这5角9分的高价非但没有吓跑顾客，反倒诱惑了顾客选购的欲望，公司的营销人员不得不佩服鲍洛奇真正工于心计。

后来，随着鲍洛奇经营中国食品的成功，效仿者日益增多，这已对鲍洛奇的高价策略形成了严重威胁。即使这样，鲍洛奇也决定不轻易降低产品的价格。道理很简单，如果商品价格总是下降，谁还敢抢先购买这种产品呢？而且，高价商品降到低价商品的价格，在消费者心中还有什么信誉？顾客会有一种被欺诈的感觉。一旦处于该产品积压的不利情况，许多平庸的商人都会选择降价推销的老套路，但鲍洛奇绝不轻易如此，降低价格似乎永远不属于他思考的范畴。那么，如何处理积压产品呢？他采取赠送奖券、发放纪念品等形式，将产品堂而皇之地馈赠顾客。这样，既吸引了顾客，又保护了产品的定价。鲍洛奇的这种做法维护了自己的产品声誉，并为公司以后的发展留下了后路，是似拙实巧的一步妙棋。合理地运用定价艺术，使他在竞争中获得了相当大的主动权。

鲍洛奇是个不折不扣的推销天才，在他看来，推销根本就是一门艺术。有一个小例子可以进一步说明这位天才是如何善于用心：一次，鲍洛奇销售一种冷门的豌豆罐头，他把许多老客户请到自己的办公室。大家一进门，见办公室里人来人往，忙碌的搬运工人进进出出地搬着豌豆罐头，各家公司的代表正在与鲍洛奇大声地争吵，把办公室搞得乌七八糟。当然，这是事先安排好的。鲍洛奇挥舞着手中的订单站在办公桌上大声地叫喊取货人名字。这些老客户正在犹豫不定之际，又听到其他人正纷纷议论马上就要涨价的消息。老客户们这才恍然大悟，随之也加入了抢购的人群。就这样，不到一天，300 箱豌豆一抢而空，价钱比平常的时候还要高出一截，正好应验了涨价的传言。所有的一切在鲍洛奇的精心安排下，滴水不漏，天衣无缝。

（资料来源：清华大学经济管理学院工商管理研究组：《MBA 工商管理800 例》，世界图书出版公司 1998 年版）

二、案例分析

说鲍洛奇是一位推销天才，不如说他是一位熟知人们心理的心理学家。他在决策之前，总能站在消费者的角度去思考问题，把顾客的心理揣摩得非常透彻。这是他敢于定高价，进行各种有效推销的资本。鲍洛奇的这一套销售方法较适用于粮、油、食品这种相对价格弹性并不很大的商品，这种商品的消费特点是，价格变化对人们的需求影响并不太大。

三、思考·讨论·训练

1. 鲍洛奇将产品价格定高的基础是什么？
2. 鲍洛奇是如何使用取脂策略的？
3. 鲍洛奇为什么不轻易降价？

案例 2　雅马哈摩托的定价策略

一、案例介绍

当日本第二大摩托车制造商的决策者们决定创造出世界上最快、最令人激动的摩托车时，他们清楚地知道，影响他们决策的是以后的销售和盈利状况。

雅马哈公司在 1982—1984 年的摩托车市场衰退当中遭受了数十亿美元的损失，另外，高额关税也使雅马哈公司的产品竞争力减弱，如果新的决策是错误的话，将有使公司破产的危险。

新产品暂定名 V－MAX，市场反馈表明，V－MAX 的设计看起来很有气势，能给人们留下深刻的印象。使其具有气势是雅马哈的设计者们所一直追求的。V－MAX 有 135—140 马力的发动机，是市场上马力最大的发动机，新摩托马力足，外观好，名字也动人，现在到了定价的时候了。

最初，雅马哈公司的助理生产经理约翰·鲍特认为，他们所面对的消费者，希望得到速度最快的摩托，并且也准备为此付高价，他们愿意为此付出 4000—5000 美元。如果性能确实卓越，5500 美元的价格也是合理的。

"通常情况下，消费者有他们自己的意愿价格，而这种意愿价格，通常比实际成本低 25%。"雅马哈美国生产经理丹尼斯·斯德凡尼说："一般情况下，我们一方面寻找降低成本的途径；另一方面使产品具有特点，令其更加吸引人，这样就有人愿意为此支付额外的钱。"

雅马哈的营销者们考虑了许多影响定价的因素。除了消费者的预期心理外，他们还不得不考虑竞争产品的价格。如科达、卡瓦萨基、铃木和哈雷·达维顿（Harley Davidon）公司的产品。产品的制造成本加上从日本运到美国的运输费用，构成了最低价。在美国的经营费用、经销广告费用也是一个影响定价的因素。此外，树立产品权威形象，也是影响定价的一个因素。

综合上述所有因素，雅马哈的营销者们决定把价格定为 5299 美元。这在当时虽不是最高，但已接近于市场的最高价。到 1987 年，雅马哈的零售价涨到 5899 美元，1988 年则达到 6000 美元。

精心设计的促销活动，主要是放在强调 V－MAX 和其他摩托车的不同之处上，正如广告部经理所说："V－MAX 有两个主要的特点：第一是该产品外观是独一无二的，第二是它具有高超的性能。"

促销活动很成功，市场调研表明，消费者喜欢 V－MAX，认为它是非凡的外观和高性能的完美结合。大多数购买者认为产品定价是合理的，一家杂志写道"雅马哈值这个价"。

尽管 V－MAX 第一年的销售额就超过了预期目标，但是来自哈雷·达维顿的竞争仍然是强烈的。助理生产经理约翰·鲍特说："因为开初的销售势头很高，有 5000 辆的订单，所以，我们在第二天就扩大了生产。"到 1988 年，该公司决定以更高的价格向市场提供总数有限的新款式 V－MAX 摩托车 1500 辆。这种把有限供给和高价相结合的办法，意在进一步提高 V－MAX 的形象。

正如鲍特所说:"V-MAX 在市场上赢得了巨大的声誉,骑手们看来承认它确实是一种独特的创新产品。"

(资料来源:中国改制策划网,http://www.smartplan.com.cn/)

二、案例分析

雅马哈新型摩托车的经营成功,除其设计者根据消费者的需要,设计出了"马力足,外观好,名字也动人"的车子以外,还源于经营者综合考虑了影响产品定价的一系列因素,制定了完整的价格体系,并辅以行之有效的促销手段。

三、思考·讨论·训练

1. 你认为雅马哈摩托车在定价时应着重考虑哪个因素?
2. 促销活动对企业实施的定价策略有何影响?

案例 3　联想开拓液晶市场

一、案例介绍

9 月 15 日,联想集团发动了自 2001 年以来的普及液晶的第三次战役,将 17 英寸液晶的 P4 主流配置整机价格降到了 7999 元的最低点。联想相关人士表示:"这批电脑的预订情况好得惊人,在接收订单的第一天就订出了 4 万台,这在现在的 PC 销售市场上几乎是个奇迹。"

其实这个结果在联想的意料之中,只是前两年类似经历的重演。

(一)第一次战役——运作之战

2001 年,全球经济不景气,IT 行业全面裁员,市场环境不容乐观。在此期间,PC 市场经历了一场令人触目惊心的价格大战。但即便如此,第一季度 PC 市场的销量仍不理想。从营销和市场运作的角度看,这一阶段,各大 PC 品牌均缺乏能够有效吸引用户注意力进而点燃起消费需求的"亮点"。

在市场萧条、需求萎缩的实际情况,联想希望能够找出市场的亮点,引爆 PC 市场。随着英特尔逐渐加强市场宣传和降价措施的力度、中国台湾主板厂商的跟进、微软最新操作系统 Windows XP 的即将推出,2001 年上半年最后的两个月，国内的品牌 PC 厂商开始将 P4 电脑作为市场的主推产品，各家围绕着 P4 的市场推广战略逐渐形成。但由于 PC 产品高度的"标准化"，如仅把 P4 作为唯一的"营销武器"，各品牌仍旧很难避免随产品同质而来的需求疲软。那么，如何才能找到让消费者为之兴奋的亮点呢？

国内消费者对液晶电脑有强烈的反响，但在 2001 年 6 月之前，液晶电脑仍未进入寻常家庭——价格过高固然造成了这种"曲高和寡"的现实，而 PC 厂商不能拿出适合消费者接受实际的解决方案也是一个重要的因素。

联想的市场策略是：利用自身的品牌、产品（规模化生产）、渠道等优势，强力"干预"液晶显示器的价格体系，迅速推进液晶显示器的普及，打一场漂亮的"运作之战"。联想决定分四个阶段来实施其"液晶风暴"策略。

第一阶段：5 月 21 日，率先以破万元的震撼价格推出主流配置的液晶电脑。此举极大地拓展了此类产品的用户范围，给冰冻已久的家用电脑市场打了一针强心剂，并由此引爆了家用 PC 的市场需求。

第二阶段：6 月 18 日的联想消费 IT 战略发布会，是联想自划分六大业务群组后消费群组的首次策略发布会，会议提出了未来三年消费 IT 的策略和设想，并将液晶显示确定为未来数字家庭的视频平台。这一看法得到了业界、国内外同行以及合作伙伴的广泛认可；6 月 22 日，暑期促销进入高峰，将联想液晶电脑的用户范围扩展到了全国各地，以巩固在液晶方面的市场领先优势。

第三阶段：7 月 9 日，联想与全球六大液晶显示巨头结成策略联盟，确保了货源，并给竞争对手形成了"可能缺货"的强大压力，从而拉大了与竞争对手的距离，保证了联想在中国 PC 市场的领先地位。

第四阶段：8 月 27 日，联想完成了 3 个月来"液晶高台跳水"的最后一个动作，开始推行"全民液晶"风暴，把"液晶"变成了国产 PC 的标准配置。

（二）第二次战役——产品之战

联想在推广液晶应用方面的不遗余力让更多的国内外厂商如梦初醒。它们纷纷参与到这场市场鏖战中，并不断推出新的机型来遏制联想的攻势。鉴于运作之战已经告一段落，而各品牌之间的搏杀开始延展到产品范畴，联想适时调整，打响了液晶电脑的第二次战役。

联想预见到，今后一两年内，市场增长必将趋缓，再加上计算/通信产品的多元化发展趋势，如果厂商不能够在产品方面别出机杼，那么"契机"很快就会变成危机。

液晶显示器的供货形势也发生了很大的变化。从 2001 年下半年开始，液晶显示器的主要部件——液晶面板的价格一路上扬，液晶显示器价格随之一路攀升。这使得刚刚掀起的液晶热潮有所降温。

液晶电脑市场正呈现出龙蛇混杂的"乱局"——联想和几个一线厂商坚持"产品高品质"的理念，在整机各个关键元件（尤其是 LCD）上不惜工本；同时一些中小 PC 品牌的液晶机型则采取降低配置、缩减配件的手段抢占市场，这极有可能影响消费者的信心。因此，在暑期促销前夕，联想高层考察了韩国液晶显示器市场，发现韩国 LCD 厂商正在大规模投产第五代生产线，其成品率、液晶屏性能和生产规模等问题，都在一定程度上得到了解决。

再者，由于中国台湾股市低迷，中国台湾 LCD 生产厂商面临巨大压力，急于出货的台湾供应商纷纷"瞄准"联想，联想因此而可以相对低廉的原料价格获得充裕的原料储备。

联想的判断是：9 月份，LCD 在中国市场上的价格极有可能下调，而这将为液晶电脑的普及销售创造最为有利的条件。9 月 19 日，联想在毫无任何预兆的情况下，推出了一款标配 15 英寸超 A 级液晶显示器的 P42.0 电脑，售价只有 7999 元，这令许多电脑厂商大感意外。

联想推出的低价位液晶电脑，打破了消费者心理上的消费壁垒，给想买液晶电脑的消费者下了一场及时雨，必然会促进液晶电脑的全面热销，掀动新一轮的"液晶普及潮"。联想此举意味着，各大厂商围绕液晶电脑的竞争已由运作战过渡到了产品战。

联想所主导的"液晶风暴"打响了第二场战役，在这一战中，联想作为中国 PC 第一品牌的优势展现无疑。业界人士认为，联想在此战役中所表现出的"快速反应"能力和"精确打击"能力值得称道。"快"体现在以迅雷不及掩耳之势推广产品，如果没有强大的资金实力、畅达的渠道资源与一流的执行效率，想要在如此短促的时间内卷起如此壮阔的市场狂澜，那是不可想象的。"准"是联想的另一优势。8000 元以下的"极速液晶"精确无比地切中了消费者的需求要害以及竞争对手的"软肋"。

联想开启了液晶电脑平民化时代。液晶显示器渐成为家用 PC 市场的主流。

（三）第三次战役——应用之战

2003 年上半年，中国台式 PC 市场上，品牌之间的竞争开始围绕产品升级、数码应用和服务创新三大核心展开。

2003 年中国 PC 市场的品牌格局为：一是国内品牌电脑引领家庭消费市场。二是地方中小品牌发展迅速，在稳固本地市场的基础上展开渠道扩张，意欲从地方品牌过渡到全国性品牌。

从技术和产品的角度看，在联想和广大同行的努力下，2002 年液晶产品的用户教育已基本完成，更多的用户开始把目光投注在能够为其带来更舒适体验的大屏幕液晶显示器上。

2003年数码主流化和PC家电化也就成为各大PC品牌推广其产品时的主题——家用PC成为控制平台、信息终端和娱乐中枢已是势所必趋。

由于17英寸液晶面板能够为生产者提供更高的利润，因此中国台湾和韩国的一些企业纷纷提升17英寸液晶显示器的产能，此消彼长之下，2003年中国PC配件市场，曾一度出现17英寸液晶显示器降价、15英寸液晶显示器却涨价的"怪现象"。

目前，17英寸液晶显示器的市场价格多在3000—5000元不等，市场上甚至出现了售价低于3000元的产品，这意味着，17英寸液晶显示器有可能提前成为这一领域的主流产品。

2003年9月，联想打响了液晶风暴的第三次战役。将17英寸液晶显示器+P4主流配置的家用PC降至7999元的消费者心理价位。

之所以把17英寸液晶显示器作为攻占市场的利器，是因为17英寸纯平CRT显示器占据了最大的市场份额，在市场上单买一台17英寸液晶显示器需要3000—5000元，基本相当于一台PC整机价格的一半。联想再度拉低大屏幕液晶显示器的整体价位，这表明联想希望以17英寸液晶激起更多消费者的潜在需求，引导消费者积极开掘液晶电脑的应用类型（包含数码应用），并由此开始新一轮的"做饼运动"。

17英寸液晶显示器价格瓶颈的被打破，同时也标志着在软、硬件都已经趋于完美的情况下，数码应用体验的最后一个"瓶颈"——显示瓶颈被彻底打破，并且可能就是数码应用普及的第二次高峰，这将带来几何级的PC增长，并使PC厂商迎来数码应用普及的第二次高峰。

（资料来源：吴晓燕：《用价格杠杆撬动市场——联想开拓液晶市场》，《中国经营报》2003年9月22日）

二、案例分析

联想推出低价液晶屏电脑，利润绝对要低于联想电脑的平均利润水平，加上各种市场费用和对经销商的激励措施，基本是在微利销售。可以看到，联想2001年和2002年的液晶大战，利润状况也同样如此。之所以这样做，联想的目的是想开拓市场，尽快把市场做热。在看准方向后，暂时放弃一部分利润，以大手笔的投入来进行市场开拓。这往往是领导厂商的风范：引导市场而不追随市场潮流。

联想的产品占据着国内家用电脑市场 30% 多的份额，它的举动对其他厂家的影响不可估量。联想希望通过自己的行为能让竞争对手迅速跟进，共同把饼做大。如果市场增长 10%，联想就可拿到 4%，这是联想一直坚持的"将饼做大"理论的最好体现。

实际上，有时候与竞争对手一起把市场做大，并适时地放弃一部分利润并不失为一种战略选择，最重要的是能够准确地分析市场形势，毕竟，"舍"的目的是为了"得"。

三、思考·讨论·训练

1. 联想采用的是什么定价策略？
2. 该定价策略的好处是什么？

案例 4　量准身材好裁衣

一、案例介绍

"富绅"牌衬衫是升信服装实业有限公司的产品。该公司是由中国香港升兴制衣工业有限公司、惠州升兴实业公司和湖北国际信托公司合资兴办的，每天可生产"富绅"牌中高档衬衫一万多件。

作为高档优质产品进入什么样的市场，怎样进入市场，他们进行了可行性研究，决定同时进入国际市场和国内市场。高档产品进入市场的关键是要有适当的营销渠道和销售目标。港方合资者是香港屈指可数的大制衣公司，年出口水洗牛仔服 600 万件，系香港牛仔服出口南美、中东和欧洲的最大厂商。他们不仅有丰富的制衣经验，而且有众多的海外销售渠道，有些海外客商对该公司的产品需求迫切，估计"富绅"牌产品在海外销售不成问题。该公司通过对国内市场调查发现，衬衫销售市场的产品一种是 10—30 元一件的低档产品占大量，一种是 150 元以上一件的高档衬衫，也有一定的供给量；国内消费者对衣着的要求正处于从低档向中高档转化之中，但对价格的接受能力有限。

根据国内市场的调查情况，该公司决定把国内市场销售的"富绅"牌衬衫定价为 70 元一件的中档价格，但产品的质量要超过当时国内市场上每件售价在 150 元以上的衬衫质量。

为了使"富绅"牌衬衫在市场上有竞争力，树立起中价高档的形象，他们狠抓了产品质量。生产高档优质衬衫，需要精良的设备和技术，他们投资巨额资金，引进了国际上最先进的衬衫生产设备和原辅料，同时从香港聘请了具有丰富衬衫生产设计经验的技术人员，担任"富绅"牌衬衫设计、生产主要工序的高级主管，以确保产品质量。公司要求在衬衫制作过程中做到：①选用优质面料。非优质面料不选用，所选面料的成分构成必须是：65%棉，35%化纤，这样成分的面料穿起来爽身，又不会起皱。②做工要好，要精细。对衬衫领部加工要特别讲究，选用国际上最先进的黏合剂，将领子压得非常紧，不至于洗涤后起泡发皱。③采用人身设计法，穿着非常合体。

（资料来源：中国广告人网，http：//www.chinaadren.com/）

二、案例分析

"富绅"牌衬衫的内销产品市场定价，是以产品的市场定位为依据，采用高质中价策略来确定的。企业通过市场调查分析，发现了市场空当，决定以中等价格、优等质量进入。这一价格的选定，避免了与原市场上竞争者的产品在同等条件下竞争，又保证了价格的优势。产品定位于优质中价，迎合了当前我国众多消费者的需要。"富绅"牌衬衫所选的目标市场，不仅具有空当可进，而且消费者的支付能力可以涉足这一领域，有足够的消费者。

三、思考·讨论·训练

1. 你认为"富绅"牌衬衫采取高质中价策略，能否取得成功？为什么？
2. "富绅"牌衬衫还需采取哪些营销措施？
3. 你认为中档价格能否树立起高档商品形象？

案例 5　低价不如高价俏

一、案例介绍

巴厘克是印度尼西亚久负盛名的服装，深受印尼和东南亚各国妇女的喜爱。随着社会的发展，人们对服饰的时代感也在增强，一位印尼青年企业家适应了消费者这一要求，将巴厘克的传统图案革新设计成现代图案，使巴厘克集精美、新潮于一身，化娟秀与华丽为一体，备受印度尼西亚和东南亚妇女的青睐。

一位日本人见到更新后的巴厘克赞叹不已，告诉这位年轻的企业家，如此迷人的服装在日本市场上一定有销路，而且必畅销，建议他到日本去推销这种服装。

这位青年企业家经过精心准备，带着巴厘克及其模特来到日本，举办了一场十分壮观的服装展销。许多社会名流和高级贵妇应邀光临了这场服装展销。但遗憾的是，当展销结束时并没有多少人购买巴厘克，这简直令年轻的企业家大为不解，于是他请来了日本专家进行咨询。专家告诉他毛病出在了价格上，定价太低，这种高雅的服装，消费者皆为社会上层的贵妇名流，这样低的价格上层妇女谁会买呢？因为如果买件便宜货穿在身上，她们会感到脸上无光，并遭人讥笑。

听罢专家的诊断，年轻的企业家恍然大悟，回到国内后，再次改进设计，使巴厘克更加光彩照人。次年，当他第二次率领时装模特来到日本再度举办巴厘克时装展销时，巴厘克的定价比上次高出了3倍，果然这一价格使他所带去的巴厘克很快被抢购一空。

爱普丽卡是日本专门生产童车的一家小公司，其产品在日本国内很畅销，1980年公司将这种产品拿到美国去推销。当时美国市场上也有各种各样的童车，价格最贵的仅为58美元一辆，而爱普丽卡童车到美国后，每辆定价高达200美元，这一昂贵的价格简直把人给吓住了，美国商人拒绝经销。

爱普丽卡公司没有被严峻的形势所吓倒，他们相信自己童车的质量，坚持不降价竞争，力争在美国市场上树立自己童车的"优质、高档、名牌"的产品形象，以高价高质给美国的消费者造成良好的第一印象。他们坚信美国的消费者终会喜欢他们的产品的，且有能力接受这一价格。为此，他们广为宣传，派推销员向消费者介绍产品的优良质地。经过努力，爱普丽卡童车终于在美国市场上打开销路，1981年爱普丽卡童车在美国市场上销出5万辆，以后销量年年上升，1985年售出20万辆，获利润1800万美元。

不仅如此，爱普丽卡公司还由于童车质量好，使公司在美国获得了好名声。目前在美国许多州和大城市，爱普丽卡这家小公司已经和丰田等大公司一样为人们所熟悉，爱普丽卡童车已进入美国许多著名的连锁商场。

（资料来源：杨德林：《市场营销学》，中国经济出版社2004年版）

二、案例分析

人们一般认为，采取较低的定价能吸引消费者，刺激消费需求的增加，但是，低价策略未必都灵验，有时低价不比高价俏。这是因为：①消费者已形成"好货不便宜"的心理定势，低价在有些消费者眼里就是低质的象征，高价成为高质的标识；②使用什么样价格的商品，几乎已经成为表明商品使用者身份的一种标志，高价商品的购买和使用可能会抬高消费者的"档次"。当然，高价策略的运用要想取得良好的效应，必须以商品的高质量为前提。同时，要选准消费者市场。

三、思考·讨论·训练

1. 巴厘克服装高价占领日本市场的原因是什么？

2. 如果爱普丽卡童车将售价定得略低于所出口国的同类商品的价格，那么它在美国市场上的形象和前景如何？

3. 为爱普丽卡童车和巴厘克服装进入中国市场设计一套方案。

案例6　哈尔滨"中央大街"药店大战

一、案例介绍

哈尔滨中央大街是在全国都很有名气的商业街，它以众多俄式建筑营造出特有的异国风情而成为冰城一景，这条百年老街在 2001 年名声大作。在媒体的曝光率颇高并不是因其街景诱人，而是一年来在这个地方上演了一幕幕硝烟弥漫的药品价格大战。2001 年 12 月 7 日，位于中央大街南端的宝丰药品总汇刚刚开业，就扔出了一枚"重磅炸弹"——总体价位低于同行 40%—50%，此举立即引起顾客和同行的极大关注，并迅速在哈尔滨燃起药战导火索。与其相邻的两家老药店——隶属于哈尔滨市医药公司的同泰连锁店中央大街药房和隶属于哈尔滨市药材公司的人民连锁店中央大街药房立即应战，首先是回应价格战，其次是大打店面战、服务战和质量战。一年过去了，药战虽然给哈城顾客带来了实惠，但却淘汰了不少小药店，各个参战方也是"别有一番滋味在心头"，通过一年来的价格战使他们认识到，开药店再也不是只赚不赔的买卖，以后的市场将属于实力雄厚、服务周到、体制灵活的企业。宝丰的价格冲击，给行业注入了新鲜空气，让人更加明确市场经济的本质，也为行业挑战者作出了榜样——虽然一年来，宝丰并没有获取什么高额利润，但却在这条街上同两家老店（后来医药公司又开了一家叫做康泰的药品超市）三分天下，并为以后企业的发展打下了良好的基础。人们都说价格战是最初级的商战，但在营销实战中，价格战却是速胜战，本案例从各个方面印证了此观点。

（一）中央大街"开战"

在"宝丰"出现以前，哈尔滨药品零售市场基本上是医药公司和药材公司的天下，两个公司旗下的零售连锁店——"同泰"和"人民"，分别拥有40多家的零售网点。这一对堂兄弟虽也有"面和心不和"的竞争，但一家以西药为主，一家以中成药见长，彼此在价格上有沟通，达成默契。宝丰的出现，如巨石投井，掀起轩然大波，两兄弟仓促应战。位于中央大街的人民和同泰连锁店于宝丰开业的第二天，也分别打出大幅广告，宣布所售药品全线降价，让利于民。随着竞争的加剧，2001年5月，医药公司又在宝丰对面开了一家面积在二三千平方米的康泰药品超市。连医药公司内部的人都毫不讳言，这个无论从规模、价格、店面布置、经营模式都酷似宝丰的大型超市就是针对宝丰的。

在价格战中，跟进者的成本要远远高于发起者，但在一个高度同质的市场，竞争者发起价格战，除了跟进，又别无选择，这就注定了价格战中的参与各方是一个长期博弈的过程。剑拔弩张一年，据说哈尔滨的药店价格战已经"暗淡了刀光剑影"，各家药店的价格也相差无几，但走进中央大街的几家药店，还是能够感到呛人的"火药味"，同泰中央大药房打出的广告是"全场商品最低价销售"；宝丰的广告是"为老百姓节省每一分钱"；人民药店的广告是"全场药品进价销售"。每一家药店的价格标签都并排标着零售价与优惠价，差价诱人，降价原因无一例外是让利。

统计部门提供的资料显示，仅2001年1—9月，哈尔滨市西药价格累计比去年同期下降8.3%，其中，胃药下降2.3%，感冒药下降15.3%，抗菌药针剂下降8.6%，抗菌药片剂下降16.3%，止泻药下降1.4%，心血管病用药下降7.0%，滋补保健用品下降9.8%。据业内人士透露，中成药和中药饮片的价格水分最高，因此，降价幅度也最大。在人民药店，一盒双黄连口服液，原价18元，现价是7.2元；一盒急支糖浆，原价7.4元，现价4.2元；在同泰中央大药房，一盒同仁堂的乌鸡白凤丸原价16元，现价是11.5元，在宝丰，一盒7.8元的逍遥丸卖4.8元。

另外，让人感到稀奇的是，逛药店的人竟像百货商场一样熙熙攘攘，在康泰药品超市和宝丰，一楼的各个药品展示台前是人来人往，二楼付款处还要排队，据说在周末和每天的高峰时间，人比平时还要多一倍。看来，药店竞争升级，百姓坐收渔利。价格战至少有一个赢家，那就是消费者。

（二）价格战外的"大战"

人们都说价格竞争是商战中最低级的竞争，建立在价格竞争之上的，必然是质量的竞争和服务的竞争。中央大街上的各大药店在以低价吸引顾客的同时，也在质量战和服务战中使出了浑身解数。

店面战。中央大街上的几家药店全然没有印象中药店的那种"小模小样"，而是像大百货商场一样宽敞、明亮，留有足够大的顾客浏览、休闲空间。顾客进门来，如有需要，分立两厢的导购小姐会热情导购。店面布置也别具一格，宝丰和康泰的一楼都是一千多平方米的药品展台，沿袭了多年的按西药、中药进行的柜台分类变成更加方便顾客的药品功效分区。顾客在一楼挑选药品，开好小票，乘自动扶梯上楼，付款取药，舒适的购物环境使买药也成为一种享受。在康泰，还辟出大片店面，作为顾客健康咨询中心。宝丰也准备辟出三楼空间，搞一个老年健身中心，为老年人提供健身、娱乐设施和健康保健咨询。

宝丰和康泰的商品摆放非常新颖，说超市不是超市，说封闭式柜台又不是柜台。一楼的展区将5000余种药品充分展示，有整齐的开放式货架排列，也有环岛式的商品展示，给顾客充分贴近商品的机会。中央大药房的开放式货架绿白相间，清新雅洁，上部是商品陈列，下部是储物的货柜，顾客选购、店员拿货都非常方便。就是封闭的处方药柜台，他们也动了脑筋，柜台内的商品呈梯级摆放，所有的商品让顾客一目了然。

质量战。虽然价格下降了，但绝不能放松对质量的要求。这已成为哈尔滨许多药店的共识。虽然利润空间已非常微薄，有的甚至是亏损经营，企业仍不惜投入大量人力物力，加强质量管理。同泰连锁店早在去年就通过了 ISO9002 质量体系认证，今年又顺利通过 GSP 认证，成为全国首批、黑龙江省首家通过 GSP 认证的企业；宝丰也于今年 10 月通过了 ISO9001（2000 版）质量体系认证，并正在积极准备明年申报 GSP 认证。"虽然因为价格下降零售受到了巨大的冲击，我们还是要千方百计苦练内功，打好基础，等熬过价格战的严冬后，我们还有信心成为行业的领跑者"。同泰连锁店副经理孙向民的一席话说出了许多药店经营者的心声。

服务战。在哈尔滨的药店购物，再也看不到"药品售出，概不负责"那样的传统做法，购物完毕，顾客都会得到一张信誉卡，凭此卡顾客可以无条件退货，发现假药可以索赔。人民药店还承诺顾客买到一次假药可获得赔偿两万元。在中央大药房，有免费煎药，24 小时售药、免费邮购药品等 14 项服务措施，这样的服务也是哈尔滨市各大药房的共同承诺。

宝丰药业常务副总经理王观华认为，就是价格竞争，也并非一味比谁的价格低，而是要仔细研究顾客的需求。不同年龄、收入、文化水平的顾客对药品价格的接受水平也不同，高价药品和低价药品都会有各自的消费群体，能否争取到各自的顾客群体，就在于商家综合实力的比拼。

（三）为什么要打价格战

与一些药店不愿背率先挑起价格战的黑锅截然相反，位于另一条繁华商业街奋斗路上的泽林大药房总经理张岩坦言自己才是哈市药品价格战的始作俑者，是他率先在哈尔滨的各大媒体上打出了"零点利"的广告语，才引得其他药店群起效之。

张岩说起开办药店的初衷是去年 6 月在省药监局听到国家放开药品零售市场的消息，政府放开对大部分常用药价的控制而实行市场自由调节价，药品降价已是一种必然，这使他看到了切入药品零售市场竞争的绝佳空间。因此，仅用了一个多月的时间，就完成了一家三百多平方米药店的选址、装修，2000 年 7 月，泽林以"零点利"的招牌火暴亮相。率先发动价格战的轰动效应是把牌子打响了。

但是，泽林没有轰动多久，就被规模更大、降价幅度更大因而影响力更大的宝丰抢走了风头。在哈尔滨的药品价格战中，宝丰无疑是收获最大的商家。宝丰副总经理王观华认为，宝丰的成功在于进入市场的切入点选得好。"当时国家三令五申要求降低药价，哈尔滨市场几乎被哈药集团下属的两大国有医药公司垄断，虽有部分小药店已或明或暗地降低价格，但都是小打小闹，在节骨眼上，谁先降价，谁就能赢得消费者，赢得市场。"

民营药店率先打破游戏规则，让同泰和人民两家国有连锁公司猝不及防，只有仓促跟进。同泰连锁店经理朱卫东在外地开会，当深圳的同行说起"你们在打最低级的价格战"时，忍不住反问："如果有一家民营企业，带着几千万的资金，在深圳开了一家三千平方米的大药房，商品全部以近乎进价销售，你们又能怎么办？"无奈与不甘溢于言表。

平心而论，背靠财大气粗的哈药集团，同泰和人民俩兄弟整合起来，胳膊比别人的大腿还粗。但由于历史、体制及各种非理性因素的干扰，只能各自为阵，被动应战，谁也没有"一锤定音"的实力。

（资料来源：慧路管理培训网：http：//www.witroad.com）

二、案例分析

很多时候我们可以看到一些行业的价格内幕被某大胆的企业掀开，开始价格大战。比如生产彩电的长虹、生产微波炉的格兰仕、卖家电的国美，等等，这些企业有一个共同特点，就是敢于向行业挑战，有信心重新订立更加合理的行业规则。宝丰药业在案例中无疑是勇敢者的角色，虽然这些企业有的会在冲杀中阵亡，有的会因恶战而使自己和行业"两败俱伤"，但从社会持续性发展角度来看，我们应该为他们鼓掌，因为他们代表的是社会进步力量，是符合市场经济环境要求的。

三、思考·讨论·训练

1. 分析市场需求与企业定价之间的关系？
2. 如果你是其中的一个药房，如何应对这轮价格大战？

案例7　农夫为什么挺不住

一、案例介绍

高温来临，饮料开战。这个夏季，日渐成熟的水市场进入了划分势力范围的攻坚战；功能饮料异军突起，中原逐鹿，格局未定；果汁市场多了可口可乐的加盟，战火升级；百事可乐开建新厂，觊觎可口可乐"老大"地位。建新厂，投新品，创概念，拼广告，该用的手法都用上了。然夏季终究会过去。长久来看，饮料之战，还是一场比拼内力的持久战。

如果你喜欢星爷的无厘头，再加上被《天下无贼》感动过一回，那么你就是"农夫气茶"广告的目标。在这个广告里，三个年轻小伙模仿范伟结巴地说："打，打，打劫了。"继而饮料摊主老婆婆用狮吼功大喊："知道了！！！"逗引无数观众喷饭。

（一）天然水的代价

2000年农夫山泉发起"天然水和纯净水"争论，农夫山泉名气扶摇直上。农夫成了高品质和健康水的代名词，也让其宿敌——同城的娃哈哈讨不着半点便宜。

但是农夫没有想到，这个"天然"也成了日后农夫全国扩展的一个限制。因为天然，农夫在选择水源和瓶装厂的时候限制很多：瓶装厂要接近水源，水源必须符合农夫的宣传口号"无污染、源自天然"。

时至今日，农夫在全国也只有4个生产厂，"这4个生产厂靠近农夫山泉的4个水源，吉林、河源、丹江口，还有千岛湖。"生产能力的局限不仅影响农夫系列饮料产品的产量，更导致农夫物流成本居高不下。由于只有4个生产厂，农夫大多数产品的运输都是远距离运输。农夫所有生产厂都选择在有铁路终端的地区，然而铁路运输成本高，而且不能直达很多销售网点。

农夫山泉前品牌经理胡滨曾说，这种物流方式提高了农夫经销商的运营成本，是娃哈哈汽车物流方式所需成本的三倍或三倍以上。各地的经销商还要承担一定运输费用。"现代化生产"的娃哈哈拥有覆盖全国的15个生产厂，它可以选择汽车运输的方式，直接将产品送到终端货架和二批商的仓库，效率高，大大节约了经销商的资金。

汽车运输的另一个好处就是能够更快地对市场作出反应，订单的处理时间和货款的确认时间短。这表现在客户销售终端就是"终端代理商和消费者都能够更便捷、快速地接触产品"。一位长期观察农夫的资深人士说："因为在中国的大多数市场，消费者不会预先设定购买的产品，而是在可选择范围内选择产品。"

"这也是养生堂为什么采用高价的产品策略的原因，一方面是走差异化路线的需要，一方面也是用高价产品给自己和渠道客户弥补利润的不足，用产品和策划优势来弥补渠道劣势。"胡滨曾这样说道。

（二）高价策略不够坚挺

养生堂的每一款产品都以高品质为卖点，不管是更健康的天然水，还是领先市场的农夫果园，以及今年新推的气茶。可是这种高价策略往往并不坚挺。

2003年，养生堂推出农夫果园，将零售价格制定在3.5—4.0元之间，为销售商留下了充裕的利润空间。

但是就在2005年，农夫果园价格体系失去了对终端的指导意义。据公开资料显示，今年3—6月份，农夫果园送抵终端价格一降再降，从最初的70元/箱降到了62元/箱，远远低于了指导价格65—66元/箱。这种情况导致不少终端小店对农夫业务员失去信任，有的业务员甚至被当作骗子。

而农夫山泉在超市的售价，也经历了每瓶1.5元，到1.2元，再到目前1元的滑坡。

另一方面，养生堂的产品还存在渠道压货现象。正处于促销期的农夫果园没有明显的促销标志或者配合活动。

而定位更高的农夫系列产品，其成本比竞争对手高。据农夫采购部门的人员介绍，仅农夫山泉使用的宽口瓶瓶盖的成本就是娃哈哈的 5 倍。而农夫果园采用的原料不是大多数企业采用的甜味剂，而是成本更高的白砂糖。

饮料业竞争激烈，农夫产品的利润非常微薄，"我们都是靠跑量来维持。"农夫的内部员工这样对记者说。

（资料来源：周帆：《农夫为什么挺不住》，《第一财经日报》2005 年 7 月 14 日）

二、案例分析

农夫集团现在遇到的难题真可谓是"成也萧何，败也萧何"。正是因为农夫高价位的路线，让消费者相信农夫产品质优所以价高。对于消费者来说不愿意看见农夫走降价路线，是因为没有人愿意接受品质打折的商品。而对于农夫集团本身来说，高成本和回流资金的压力，让其不得不想办法扩大销售，相信降价并不是二者想见的结果。可见，降价并不一定是促销的唯一法宝，对于农夫集团来说，如何破解眼前的问题则显得尤为重要。降价只能是在短时间选择的促销手段，而不是企业奉行长远的定价指导方针。市场营销理论告诉我们：没有卖不出去的商品，只有卖不出去的价格。合适的价格，是销售的保证。

三、思考·讨论·训练

1. 产品定价策略有哪些？
2. 分析农夫集团产品降价的原因。

第八章　营销渠道策略

决胜在终端。

——张瑞敏

渠道戚望，终端制胜。

——杨爱国

企业分销渠道的选择，不仅要求产品及时达到目标市场，而且要求选择的分销渠道销售效率高，销售费用少，能取得最佳的经济效益。因此，企业必须讲求营销渠道策略。

一、营销渠道设计的内容

渠道设计是指为实现分销目标，对各种备选渠道结构进行评估和选择，从而开发新型的营销渠道或改进现有营销渠道的过程。

广义的营销渠道的设计包括在公司创立之时设计全新的渠道以及改变或再设计已存在的渠道。对于后者，现在也称为营销渠道再造，是市场营销者经常要做的事。相比之下，从一开始就设计全新的营销渠道的情形比较少。除了生产商外。制造商、批发商以及零售商也都面临着渠道设计问题。对零售商来说，渠道设计是从生产商与制造商的对立面着手的。为了获得可靠的产品供应，零售商要从渠道的末端向渠道的上游看，而不是看渠道的下游（对生产商与制造商来说却是如此）。而批发商处于渠道的中间位置，对渠道设计的决策需要从两个方向着手，既要考虑上游，也需要了解下游的情况。

营销渠道设计包括三方面的问题：确定渠道的模式，确定每一层次所需的中间商的个数和规定渠道每位成员的权利和义务。

渠道长度是以渠道层次（或称中间环节）的数量来衡量的。在进行渠道决策时，企业首先应综合产品、企业顾客、中间商、竞争者等各方面的因素，决定选择什么类型的分销渠道。确定是直接渠道还是间接渠道？是一层还是二层？是利用中间商推销，还是委托—代理商推销？

确定中间商数目是指决定渠道的宽度。

制造商必须确定渠道成员的权利和责任。如生产企业给予中间商的供货保证、产品质量保证、退还货保证、价格折扣、广告促销协助等；经销商向生产企业提供市场信息和各种业务统计资料，保证实行价格政策，达到服务水准。制定渠道成员的权利和义务时必须十分谨慎，并要得到有关方面的配合。

二、营销渠道管理策略

在每条产品营销渠道中都存在着渠道成员间不同程度的合作和矛盾。在一般情况下，渠道成员间的合作往往占主导地位，生产商、批发商、零售商为了共同的利益而形成一条分销渠道。它们通过一系列业务，相互满足对方的需要。同单个企业单独业务相比，渠道成员合作能为各方带来更大的经济效益。可是，每一条产品分销渠道中也经常存在着某些矛盾，如"工商矛盾"和"商商矛盾"。渠道管理决策的目标就是要加强渠道成员间的合作，调解渠道成员间的矛盾。渠道管理决策主要由"渠道首领"来制定。渠道管理的任务包括选择渠道成员与鼓励渠道成员和评价渠道成员三部分。

（一）渠道成员的选择

渠道成员的选择，就是从众多的相同类型的分销成员中选出适合公司渠道结构的能有效帮助完成公司分销目标的分销伙伴的过程。

渠道成员的选择是非常重要的。因为选择渠道成员并和渠道成员共事，是要"联姻结亲"，长期携手合作。时下越来越多的公司重视与渠道成员的关系。有的甚至结成战略伙伴关系，这更加需要慎重认真。成员选择将决定消费者需要的产品是否能及时、准确地转移到消费者手中，影响到分销的成本和顾客服务。因此，从这一点讲，企业战略伙伴的渠道成员的选择，意义相当重大，如果选择不当，可能引起巨大的资源投资失误；如果选择得好，则可以锦上添花。

渠道成员选择的重要性是与公司的分销密度、高度相关的。也就是说，如果公司选择的分销密度越小，其分销成员的选择越重要；相反，如果分销密度很大，则渠道成员选择的重要性就相应地减小。

一般的情况下，选择渠道成员必须考虑中间商的市场范围、产品政策、地理区位优势、产品知识、预期合作程度以及中间商的财务状况及管理水平、促销政策和技术、综合服务能力等条件。

（二）渠道成员的鼓励

虽然生产商给予中间商某种权利会起到一定的激励作用，但这些权利必须由生产商通过不断地监督和鼓励加以补充，中间商只有不断地得到鼓励才能尽力工作。刺激和鼓励渠道成员努力工作的前提，首先要求生产商了解各个中间商的需要和愿望。生产商必须明确：经销商是一个独立的经营者，而不是生产商的雇用者；中间商乐于接受受到顾客欢迎的产品，而不是生产商自己的产品；中间商关心的是所有产品的销路，而不是某一产品的销路。这些都是对生产商不利的。生产商应尽量避免激励不足和激励过分两种情况。当生产商给予中间商的优惠条件超过他取得合作与努力水平所需的条件时，就会出现激励过分的情况，其结果是销售量提高，而利润率下降。当生产商给予中间商的条件过于苛刻，以致不能激励中间商努力工作时，则会出现激励不足的情况，其结果是销售量降低，利润减少。所以，生产商必须确定应花费多少力量以及花费何种力量来鼓励中间商。

一般来说，对中间商的基本激励水平，应以交易关系组合为基础。如果对中间商仍激励不足，则生产商可采取两条措施：提高中间商可得的毛利率，放宽信用条件，或改变交易关系组合，使之更有利于中间商；采取人为的方法来刺激中间商，使之付出更大努力。例如；可以挑剔他们，迫使他们创造有效的销售机制，举办中间商销售竞赛，加强对最后顾客与中间商的广告活动等。不论上述方法是否与真正交易关系组合有直接或间接关系，生产商都必须小心观察中间商如何从自身利益出发来看待、理解这些措施。因为在渠道关系中存在着许多潜伏的矛盾点，拥有控制权的制造商很容易无意识地伤害到中间商的商誉。生产商在处理他与经销商关系时，常常依不同情况而采取合作、合伙和分销规划。

（三）渠道成员的评估

生产商除了选择和激励渠道成员外，还必须定期评估他们的绩效。如果某一渠道成员的绩效过分低于既定标准，则须找出主要原因，同时还应考虑可能的补救方法。当放弃或更换中间商会导致更坏的结果时，生产商则只好容忍这种令人不满的局面。当不致出现更坏的结果时，生产商应要求工作成绩欠佳的中间商在一定时期内有所改进，否则，就要取消其资格。

如果一开始生产商与中间商就签订了有关绩效标准与奖惩条件的契约，就可避免种种不愉快。在契约中应明确经销商的责任，如销售强度、绩效与覆盖率、平均存货水平、送货时间、次品与遗失品的处理方法、对企业促销与训练方案的合作程度、中间商对顾客须提供的服务等。

除了针对中间商绩效责任签订契约外，生产商还须定期发布销售配额，以确定目前的预期绩效。生产商可以在一定时期内列出各中间商的销售额，并依销售额大小排出先后名次，这样可促使后进中间商为了自己的荣誉而奋力上进，也可促进先进的中间商努力保持已有的荣誉。

测量中间商的绩效，主要有两种办法可供使用：一种是将每一中间商的销售绩效与上期的绩效进行比较，并以整个群体的升降百分比作为评价标准。对低于该群体平均水平以下的中间商，必须加强评估与激励措施。另一种是将各中间商的绩效与该地区的销售潜量分析所设立的配额相比较。即在销售期过后，根据中间商的实际销售额与其潜在销售额的比率，将各中间商按先后名次进行排列。这样，企业的调查与激励措施可以集中于那些未达既定比率的中间商。

三、营销渠道改进策略

生产商在设计了一个良好的渠道系统后，不能放任自由运行而不采取任何纠正措施。事实上，为了适应市场需要的变化，整个渠道系统或部分渠道系统必须随时加以修正和改进。企业市场营销渠道的修正与改进可从三个层次上来研究。从经营层次上看，其修正与改进可能涉及增加或剔除某些渠道成员；从特定市场的规划层次上看，其改变可能涉及增加或剔除某特定的市场渠道；在企业系统计划阶段上看，其改变可能涉及在所有市场经营的新方法。

（一）渠道成员的改变

在考虑渠道改进时，通常会涉及增加或减少某些中间商的问题。做这种决策通常需要进行直接增量分析。通过分析，要弄清这样一个问题，即增加或减少某渠道成员后，企业利润将如何变化。同时，应该注意增量分析也有不适用的时候。因此，在实际业务中，还不能单纯依据增量分析的结果采取具体行动。如果管理人员确实需要对该系统进行定量化分析，最好的办法是用整体系统模拟来测量某一决策对整个渠道系统的影响。

（二）增加或减少市场营销渠道

生产商也会常常考虑这样一个问题，即他所使用的市场营销渠道是否仍能有效地将产品送达某一地区或某类顾客。这是因为，企业市场营销渠道静止不变时，某一重要地区的购买类型、市场形势往往正处于迅速变化中。企业可针对这种情况，借助损益平衡分析与投资收益率分析，确定增加或减少某些市场营销渠道。

（三）改进和修正整个市场营销系统

对生产商来讲，最困难的渠道变化决策是改进和修正整个市场营销系统。这些决策不仅会改变渠道系统，而且还将迫使生产商改变其市场营销组合和市场营销政策。这类决策比较复杂，任何与其有关的数量模型只能帮助管理人员求出最佳估计值。

（四）解决渠道改进问题的概念性研究

在分析一个提议中的渠道改进措施时，要解决的问题是确定该渠道是否处于均衡状态。所谓一个渠道处于均衡状态是指：无论如何改变结构或者功能，也不可能导致利润增加的状态。结构变动包括增加或者取消渠道中某一级的中间商。功能变动是指在渠道成员中间重新分配一项或几项渠道任务。当渠道处于不均衡状态时，变动的时机就成熟了。

四、营销渠道冲突的管理

在分销渠道各个成员之间的关系中，合作是主旋律、是主流。换句话说，大部分渠道成员基本上是按照诚实信用的原则，自觉自愿地履行事先达成的协议、合同，积极履行应尽的义务，维护共同的利益，使分销渠道正常工作。然而，再好的合作关系也会不可避免地出现不和谐，因此，对分销渠道冲突的充分认识和有效解决是渠道策划管理者的任务。

分销渠道的冲突多种多样，如果从渠道成员之间的相互关系来看有垂直冲突、水平冲突、多渠道冲突，等等。

产生渠道冲突的根源很多，这种购销业务本身就造成了渠道的冲突。如供货商要以高价出售，并倾向于现金交易，而购买者则要支付低价，并要求优惠的商业信用。另外，制造商及中间商对各自的企业有不同目标，也是冲突产生的原因。制造商希望增加市场占有率，增加销售额及利润；但大多数零售商，特别是小型零售商，希望在本地市场上维持一种舒适的地位，有些小型零售商，一旦在销售额及利润达到满意的水平时，就满足于安逸的生活。制造商希望中间商销售自己的产品；但中间商只要有销路就不关心销售哪一种商品。制造商希望中间商将折扣让给买方，而中间商却宁愿将折扣留给自己；制造商希望中间商为它的商标做广告，中间商则要求制造商付出代价。同时，每一个成员都希望对方多保持一些库存。所有这些问题，会由于相互之间缺乏交换意见而趋向紧张。最后当矛盾不能避免或控制时，渠道本身就必须改组，否则就要解散。

分销渠道管理者应保持渠道成员之间的良好的合作关系。在冲突与合作之间找到一个均能接受的平衡点，以使渠道正常运转。对待冲突可以采用解决问题、谈判、仲裁、法律手段、退出等方法。

解决渠道冲突的最重要方法是建立超级目标抵御来自其他渠道系统的竞争。超级目标是指渠道成员共同努力，以达到单个企业所不能实现的目标，其内容包括渠道生存、市场份额、高品质产品、顾客满意度等。超级目标只有通过合作才能实现，渠道成员之间加强沟通、交流信息有利于渠道冲突的避免和解决。建立信息共享机制，交换各种情报，可以让渠道成员之间相互交换工作来加强沟通，也可以邀请渠道成员参与本企业的咨询会议或董事会议来强化沟通。

促进渠道成员之间的合作，建立产销战略联盟，是解决渠道冲突的另一主要方法。一般而言，产销联盟的主要形式有会员制、销售代理、联营公司等。

案例 1　平常渠道非常控制

一、案例介绍

TCL 是一个优秀的渠道型企业。作为国内最早大规模地建设零售终端的家电企业之一，TCL 毕数年之功，打造出了一个令同业羡慕的"金不换的网络"，其硬件包括 27 家分公司、170 多家经营部和数千家遍布一、二、三级市场的加盟经销网点和自营专卖店；软件则是经年累积的客户战略伙伴关系、良好的商业信誉和口碑效应。

（一）历次渠道创新

在 2002 年以前，TCL 经历过几次渠道创新，每一次都引领了市场的走向。20 世纪 90 年代中后期，国内家电企业的竞争日趋激烈，尤其是长虹与郑百文的合作失败后，自建网络、决胜终端成为当时家电企业的战略选择。TCL 成为家电行业最早自建网络的企业，其渠道网络为后来迅速占领市场起到了关键性的作用。TCL 渠道模式在初创时有两个要点：一是建立销售分公司，并在分公司下面建立经营部。二是建立专卖店。TCL 销售分公司的职能更像是总经销商，它为经营部供货并进行管理；而经营部的职能则是开发和管理县级甚至乡镇级中小经销商。其创新之处在于，当竞争对手拼命维护与省级大经销商业已紧张的关系时，TCL 率先与当时的二级甚至三级经销商建立商业关系，从而建立了比竞争对手更为扁平、更有效率的销售渠道。这种渠道模式一方面更接近消费者，另一方面对商户的掌控能力也更强。正是由于 TCL 自建网络的成功，从 1998 年开始，主要彩电企业都显著加强了自建网络的力度。

但是，进入微利阶段后，庞大的自建渠道逐渐成了企业的沉重负担。在这种背景下，2000—2001 年，TCL 的渠道网络又进行了一次创新，主要针对三个方面：一是通过裁减冗员，提高效率，降低营销成本；二是调整销售分公司的职能，强化其销售职能，弱化管理职能；三是撤销专卖店。截至 2001 年 7 月，TCL 营销系统已经完成了约 4000 人的裁员。在 TCL 的渠道瘦身后，海信、创维、康佳、乐华等知名家电企业也相继进行了渠道改造。

在 2001 年以来 TCL 手机销售通路中，TCL 取消了传统手机销售中的全国总代理，以自建通路和依托区域代理的销售力量进行区域分销，为 TCL 手机的迅速成长立下了赫赫战功。

（二）2002 年渠道新变革

与松下合作，以渠道换技术。2002 年 4 月，松下、TCL 宣布双方在家电领域进行多元合作：TCL 将通过其销售网络面向中国农村销售松下的产品；松下将向 TCL 提供 DVD 等尖端技术和关键零部件。通过与松下的合作，TCL 不仅可以加速掌握核心技术，同时也有利于培育和挖掘营销网络的竞争力。

与飞利浦的渠道合作。2002 年 8 月，飞利浦、TCL 宣布在中国五个省区的市场进行彩电销售渠道的合作：TCL 将利用其销售渠道及网络优势，在五省区独家销售飞利浦彩电。与飞利浦的渠道合作，是 TCL 渠道转型的一步：将专营 TCL 产品的销售公司变为独立的第三方专业家电分销商，TCL 的销售网络向独立的渠道运营商转化。

（资料来源：胡德华：《市场营销经典案例与解读》，电子工业出版社 2005 年版）

二、案例分析

国有家电巨头 TCL 在市场相对稳定以后，并没有放弃自己自建的销售渠道网络，并让其发展壮大成为独立的销售渠道公司。正是这个自建渠道吸引来飞利浦、松下等国际知名企业，帮助 TCL 在家电业越来越低的利润中顽强的生存。

三、思考·讨论·训练

1. 企业自建渠道有何利与弊？

2. TCL 的渠道创新策略给我们带来了哪些启示？

3. 你认为 TCL 的渠道转型是否可行？

案例 2　"柯达""富士"之争

一、案例介绍

美国柯达摄影器材公司是世界上最大的摄影器材生产商，它的照相机、胶卷、相纸等摄影产品均享誉世界。这家由一位普通银行职员创立于 19 世纪 80 年代的公司，经过一百多年间几代人的苦心经营，现在的年营业额已超过 200 亿美元。

日本富士公司无论是历史和实力均不如柯达公司，迄今为止不过只有几十年的历史。但在日本企业家特有的顽强经营下，经过不懈地励精图治，目前年营业额为 130 亿美元，成为仅次于柯达公司的世界第二大摄影器材公司。

柯达的胶卷在 1899 年已畅销于日本市场，直到 1946 年，它在日本市场还占有绝对的垄断地位。但是，随着第二次世界大战后日本工业的逐步发展及日本富士摄影器材公司的兴起，到 20 世纪 70 年代，柯达的产品已几乎被富士逐出日本市场了，仅占有日本 15% 的市场。而富士则占有近 80% 的份额。

令柯达公司刻骨铭心的一次失败发生在 1984 年洛杉矶奥运会期间。当时奥运会开幕在即，而大会的指定胶卷尚未最后确定。柯达公司的公关广告部门对最后的结果十分自信，认为依仗柯达的信誉，奥运会又在自己的家门口举行，指定胶卷将非柯达莫属。因此，柯达公司对会场外各家厂商激烈的夺标战无动于衷，甚至认为花 400 万美元在奥运会上做广告不值得。当美国奥委会主动派人来联系时，柯达公司的官员们讨价还价，盛气凌人，甚至要求组委会降低赞助费。

富士公司乘虚而入，出价 700 万美元，争到了奥运会指定彩色胶卷的专用权。随后，富士公司倾尽全力展开了强大的奥运攻势。奥运期间，美国各地富士的标志铺天盖地，各奥运服务中心里，日冲洗 1300 个胶卷的设备每日不间断地运行，在大会期间，冲洗胶卷 20 万个。富士公司公开表示，要让各国的运动员和观众时时处处都能见到"富士"标志。

富士公司在柯达公司的后院里成功地放起了一把火，一举进入了原来固若金汤的美国市场，给柯达公司带来了巨大的冲击。柯达公司的领导层在检讨了奥运失误之后，立即制定针对富士的销售战略，并发誓要报这一箭之仇。

而富士公司由于海外市场拓展过速，产品成本有所上升，因而不得不放慢开发新产品的步伐。柯达公司看在眼里，喜在心上，决定以其人之道还治其人之身。

1985 年，柯达公司迅速从 3 个方面对富士公司控制的日本本土市场发起进攻。首先，在日本的东京、大阪等大城市设立销售公司，共投入 500 万美元与当地日本商人合作经营，借助他们的力量开展促销活动。其次，向日本的摄影器材工业投资，利用日本人已有的生产能力和销售渠道，扩大自己的实力。例如买下了日本启农工业公司的 20% 股份，这家公司是生产 20 毫米小型照相机和影片摄像镜头的，但它的知名度不高。柯达公司则将该公司的产品贴上自己的商标出售，既帮助启农公司摆脱了困境，又帮助柯达的品牌重新出现在日本。最后，不惜成本进行广告宣传。当时富士公司上上下下都为奥运会上的胜利而沾沾自喜，竟忽略了对本国市场的巩固。柯达公司花了几百万美元在日本各大中城市竖立起霓虹广告牌，在电视和报刊上大登广告，同时还对日本流行的相扑、柔道、网球等运动大搞赞助活动。1988 年汉城奥运会上，柯达公司不敢怠慢，主动给了日本体育代表团一笔资助。柯达所做的这一切，都在慢慢地改变着双方实力的对比。以 1988 年汉城奥运会柯达重新夺回大会指定胶卷专用权为标志，表明柯达公司已逐渐从洛杉矶奥运会的阴影中走出来，重新确立了行业领袖的形象和对富士公司的竞争优势。

1990 年，柯达公司在日本的销售额已达 13 亿美元，比 5 年前增加了 6 倍。这一下，大意失荆州的富士公司慌了手脚，不得不把大量精明强干的推销员从海外调回日本从事推销，同时成倍增加国内的广告费投入，以图夺回自己的阵地。这样，事隔 5 年，柯达公司总算实现了报仇的心愿。

虽然 1984 年洛杉矶奥运会事件的余波已渐渐平息，但是在其他许多领域内，柯达公司与富士公司为了争夺摄影器材行业的世界霸主，双方的斗争一直非常激烈。从 20 世纪 70 年代富士公司逐渐崛起开始直到现在，这种斗争尚没有平静下来的迹象。如 1995 年 5 月间，富士公司就对柯达公司进行了激烈的反击宣传。针对美方指控其利用"利润庇护法"阻止柯达公司产品进入日本市场的说法，富士发言人说："美国人虚伪而不讲道理，不公平竞争是美国人的惯用伎俩，而非日本人所为。"该发言人还声言将在适当的时候透露细节。

同样在 1995 年 5 月间，一位美方资深贸易官员说，柯达与富士的争端已成为仅次于美日汽车贸易的重大事件。而富士公司的人士称，它将一方面求助于美国律师，另一方面寻求本国政府的支持。也在同一时间，日通产省一高级官员出面驳斥柯达公司的指控，说尽管富士公司占有日本彩印市场的70%份额，柯达的份额只有10%，但在美国市场上情形刚好相反。另外，自1990年以来，日本对进口胶卷和彩印纸征收的关税为零，而美国对来自日本的同类产品却征收3.7%的关税。美国人承认日本产品进入美国的市场有关税，但"这是另外一个问题，双方目前的争执是日本对美产品关闭销售渠道"。据柯达公司方面介绍，在美国，生产厂家可将产品直接就近批发给零售商，而日本的彩卷和彩印纸市场则掌握在4家销售商手中，覆盖整个日本市场的大量零售商都要经过他们才能进货。双方各执一词，难分难解。看来，这场柯达富士之争，由于有着深厚的政治与经济背景，所以还将继续进行下去，远远没有到结束的时候。

（资料来源：清华大学经济管理学院工商管理研究组：《MBA工商管理800例》，世界图书出版公司1998年版）

二、案例分析

世界贸易大国和国际大公司之间为瓜分市场而进行的贸易大战实在是屡见不鲜。近年来，美日汽车摩擦，中美纺织品谈判，美欧农产品协议，无不是这种贸易战的经典案例。这些案例给我们的启发是，要想在贸易战中立稳脚跟、打垮对方，除了产品的生产要精益求精、质量要过硬，更重要的是产品的销售工作要加强。既要加强销售工作投入，包括资金和人力的投入，也要提高销售人员素质，包括能力和学历。

三、思考·讨论·训练

1. 柯达公司在日本采取了哪些销售手段？
2. 结合本案例谈谈企业在国际市场上的营销渠道策略。

案例3　爱普生公司的中间商策略

一、案例介绍

日本的爱普生公司是制造电脑打印机的大厂家。当公司准备扩大其产品线，增加经营各种计算机时，该公司总经理杰克·沃伦（Jack Whalen）对现有的经销商颇不满意，不相信他们有向零售商店销售其新型产品的能力，因此他决定秘密招聘新的配销商以取代现有的配销商。沃伦雇用了一家名为赫根拉瑟公司（Hergenrather & Company）的招募公司，并给予下述指示：

1. 寻找在褐色商品（电视机等）或白色商品（电冰箱等）方面有两步配销经验（工厂到配销商到经销商）的申请者。

2. 申请者应是领袖型的人，他们愿意并有能力建立其自己的配销机构。

3. 他们将获得 8 万美元的年薪加奖金，以及 37.5 万美元的资金用于帮助他们建立企业。他们每人各出资 2.5 万美元，并且均可持有企业的股票。

4. 他们将只经营爱普生公司的产品，但可经营其他公司的软件。每个配销商将配备一名负责培训工作的经理和一个设备齐全的维修中心。

招募公司在寻找合作的、目的明确的、有希望的候选人时遇到了很大困难。他们在《华尔街日报》上刊登的招聘广告（不提及爱普生公司的名），吸引了近 1700 封请求信，但其中多半是不合格的求职者。于是，该公司利用电话簿上黄纸印刷的商业部分电话号码得到目前的配销商的名称，并打电话与他的第二常务经理联系。公司安排了与有关人员会见，并在做了大量工作之后提出了一份最具资格的人员名单。沃伦会见了他们，并为其 12 个配销区域选择了 12 名最合格的候选者。招募公司因其招聘工作得到了 25 万美元的酬金。

最后的步骤要求终止爱普生公司现有的配销商。由于招募是在暗中进行的，因此这些配销商对事态的发展毫无所知。杰克·沃伦通知他们将在 90 天期限内交接工作，他们当然感到震惊，因为他们曾作为爱普生公司最初的配销商与之共事多年。但是，他们并没有订立合同。沃伦知道他们缺少经营爱普生公司扩大电脑产品线和进入必要的新流通渠道的能力，他认为舍此别无他法。

（资料来源：中国产品资源网，http：//www.chanz.com/）

二、案例分析

对于科技含量较高的产品，企业需选用特定的中间商进行其市场销售活动。爱普生公司在经营电脑打印机时，拥有一支销路畅通的配销商队伍，但面对新的产品——各种计算机，这支配销商队伍不再拥有优势。爱普生公司审时度势，根据经销新产品的要求，及时淘汰企业原有的产品经销商，选择能力更强、势力更大的配销商，使其新产品具备较强的市场进入能力。

三、思考·讨论·训练

1. 爱普生公司在选择新中间商时考虑了哪些因素？

2. 为什么要更换经销商？

3. 你认为爱普生公司的新策略是否会取得良好的销售业绩？为什么？

案例 4   直邮销售，独具匠心

一、案例介绍

由于当前中国台湾主要大报的广告篇幅争取不易，且费用高昂，使房地产销售业者颇感困扰。他们既无法获得较大的刊登篇幅，也常常被延误了刊登日期，更谈不上能刊登有计划、有变化的一系列广告。

而且若干报纸的印刷条件不佳，一些设计得很精致的广告，刊登出来，每每变成像个顽皮孩子的脸和手，全是焦焦块块的油墨，一副脏相。这样的广告，吸引读者欣赏的程度无形中削弱了很多。有时，广告企划人与设计人，在广告主面前，还得替印刷不佳的报纸背黑锅。

这些因素使房地产广告企划人员纷纷谋求报纸广告媒体之外的广告媒体。

中国台湾房地产业者们自行创刊的《今日房屋周刊》，经过一年多的试验，已演变成很有用的媒体。每期发行量，多的时候，能达到十多万份。最少的时候，也有几万份。在这一点上已不亚于一般次要日报，而其印刷之佳，则超过所有的日报。凡是印刷精致读物，耐读率也一定较高。更何况，这份周刊还能针对广告策略上的需要做重点式的发行。例如，广告企划人，希望在某些地区，家家户户都能看到，这份周刊就可以额外在这些地区，按户赠送，这也是一般的报纸媒体所不能做到的事。

近年来，中国台湾杂志媒体被选用的情况也有所增多，如《房屋市场》、《住的世界》等。因为杂志的广告印刷精美，广告的有效时间比报纸长，而且发行已有基础，每月均能按期出版，即已拥有许多固定的读者。这些读者就形成了一大群集中而特定的广告对象，往往能产生良好的广告效果。广告企划人正积极地进一步试验寻求杂志广告的优点，以便扩大效用。

直接函件是已试验得很有效的一种媒体。有若干原列为报纸广告的预算，现已被广告企划人员改用为制作直接邮件。有些广告预算较少的房屋，只利用直接邮件为主要广告媒体，也能获得较好的销售结果。

1976 年 4 月下旬，位于台北市和平东路二段的"知风雅筑"，其 28 户住宅，在短短数天内，即全部售完，这就是直接邮件广告所造成的成绩。

"知风雅筑"的业主，过去曾委托两家房地产销售业者代销，两次的成绩皆很差。这一次再委托台北房屋公司代销，则立即见效。此中颇有些值得房地产代销业者借鉴的做法。

直接邮件虽然是很有效的媒体，但不是人人都能运用得很有效，如果所具备的基本条件不够，就不能做得有效。

基本条件1：市场调查工作做得有效和深入。除了调查房屋的位置、四周的环境、交通的路线等，还需进一步了解当地房地产的价格，包括近几年来的升值情形和未来的发展。同时，要了解这个地区的现住人，他们为什么居住在此地段？假如他们换购房屋，会买怎样的房屋？

基本条件2：根据市场调查资料和业主商讨房屋的售价，力求售价合理。目前，一般业主都希望将售价定得高些。试想，售价定得偏高的房屋，如何能顺利卖出呢？今日的消费者已经很精明了。售价偏高的房屋，广告做得再多、再好也难以收效。房地产代销业者如果在这一点上不与开发业主详加商讨，则情况不会很妙。倘若业主坚持要按高价出售，则房地产代销业者会尽可拒绝这笔业务。不能拒绝时，最好仅仅做广告代理，不必涉及代销房屋的业务。

基本条件3：掌握有可能购买者的名册。在现阶段，房地产销售业者，可分为老资格者和新创办者两类。前者已掌握这类名册，后者则缺少这类名册。所谓老资格者，就是已有多次销售房屋的经验，每销售一次，即收集来一批消费对象的名单，包括购买者或可能购买者（指只询价而未购者）。目前，几家老资格的销售业者，皆拥有1500—2000户以上的消费对象名单。这是创造直接邮件效果的秘密武器。新创办者，只能根据电话簿等名簿去做，对象选得不够精，效果自然差得多。

台北房屋公司即充分具备了这三个基本条件，再加上有思考力优异的企划小组，故将"知风雅筑"的直接邮件做得相当出色。这个彩色直接邮件被设计成6页的折叠式，正反两面，共有12页篇幅可用。一页设计成封面，只有商品名称"知风雅筑"的标准字。一页设计成信封式样，供填写收信人的姓名地址。一页是透视图，加上"细致的规划，第一流气派大厦造型"一句标题，全图的表现，确能给消费对象细致优美的感觉。一页是位置图，一页是建材设备说明文字。房屋内部的平面图占了5页，尚有两幅漫画，配上诉求文字，形容这幢大厦是建筑在幽静的文教区，对成人和孩子均有益处。

其报纸广告用得极少，只列出了一则全三批，与两则半批。标题强调"现在买知风雅筑，可以准备转学了"。因为大厦的附近，就是许多家长想让孩子就读的师专附小和再兴小学。这是营销策划小组为这幢大厦所刻画出的个性，直接针对实际需求。

再进一步研究，这幢大厦能销售得圆满，尚有两个潜在因素：第一是售价合理。第二是在 AB 两幢中，A 幢已建设完成，立即可以搬进去住。企划小组还布置了"成品屋"，欢迎消费对象前往参观。这"成品屋"的效果颇高，消费对象多数是欣赏了成品屋之后才决定购买。从这一点上可看出"成品屋"的广告方法在现在效用已降低了许多。因为欣赏了"成品屋"而购买的人，等到房屋造好了去交接时，很多人发现所接受的房屋不及原"成品屋"的标准，这逐渐降低了大家对"成品屋"的兴趣。

同时，在经历了销售成品屋逐渐转向预售房屋之后，在 1975 年前后又逐步走上了销售成品屋的趋向，就是将房屋先造好一部分，再推出销售。1976年 5 月以前各月，各种高楼大厦销售得能接近理想者很少，相信谁都了解，今天的房屋购买者，对于只凭载有透视图、平面图的精美说明书所销售的房屋，多数不够了解。对于已建造完成的房屋，兴趣则较高。

"知风雅筑"的销售总额，约为新台币 2700 余万元。广告费却总共只用了 10 余万元，支出很少，效果却很好。

现在一些权威人士认为，在房地产营销中广告费用以不超过销售总额的 1% 为最合适，超过了 1% 则广告费用就支付得太多。试想，在广告刊播后，假定房屋只销出半数（一般而言，有这样的成绩已算不弱），广告费用的支出比率就相应增加了一倍。房地产营销企划人员应充分注意到这一点。

（资料来源：周军平、左农、陈将楚：《推广无难事》，广东经济出版社1999 年版）

二、案例分析

建筑产品的销售与其他产品不同，它具有期货性、不可移动性等特点；而消费者在购买时对所购产品的专业知识又知之甚少，这种供需间的差异性使消费者相信"耳听为虚，眼见为实"。若像其他产品一样利用通常的销售渠道和销售方式售卖，则难以收效。台北房屋公司的策划人员将房地产产品在销售中应产销直接见面的特点与产品销售渠道中的直接销售方式结合起来，利用直接邮件的方式将宣传品直接邮寄到消费者手中，让消费者亲眼见到"成品屋"，买的称心，买的放心。这种方法很值得我们借鉴。

三、思考·讨论·训练

1. 采取直邮的方式销售产品应具备什么条件？
2. 企业采取了哪些配合直邮销售的手段？

案例 5 练就中国功夫

一、案例介绍

2000 年以前，占据市场主导地位的诺基亚、摩托罗拉等国外品牌，采用的渠道策略是找一家或几家全国总代理，厂家通过总代理向市场铺货。

总代理制最适合刚刚进入市场、没有渠道基础的厂家，好处是渠道范围广，可以迅速把货"铺"到全国大多数地区的大中城市。但缺点也非常明显：从厂家到最后的零售商之间，至少要经过三个批发层次，层层都要沉淀利润，造成渠道成本高；销售终端主要局限在一级城市和二级城市；经销商多是国有企业出身，主要利用已有的销售渠道，有"坐商"习气，渠道开拓能力差。

由于当时的手机普及率还比较低，购买力主要集中在一级城市，而且利润率也比较高，所以，总代理制的缺点，并没有给国外品牌带来大的麻烦。

2000 年以后，中国的手机用户数量开始进入一个快速增长期。2000 年 6 月底，国内手机用户数量达到 5928.7 万户；2001 年第一季度手机用户突破 1 亿；2004 年 10 月，手机用户已经达到 3.2 亿。手机在迅速普及，不再是一级城市中高级收入人群的专利品，二三级城市甚至农村的普通人群也开始成为手机的消费者。普遍采用总代理制的国外品牌，面对迅速成长的二三级市场则是鞭长莫及。而国内一些手机品牌，则抓住这个机会，占领了二三级市场。

为了改变这种局面，2002 年 6 月，诺基亚开始在全国寻找省级分销商，同时推动被保留下来的几家全国总代理转型。

2003 年年初，省级分销商已经发展了二三十家。之后，寻找省级分销商的步伐逐渐加快，到 2004 年年中，已经扩展到近百家。几家保留的全国总代理也成功转型，如中邮普泰，除了在全国设立一个总部的基础上，还在全国分设了 10 个大区，在大区之下再在全国设立了 64 个分公司。这些分公司不仅可以分销来自总部的产品，同时在得到总部许可的情况下还可以从诺基亚那里拿到省级代理的业务。

经过几年的努力，诺基亚第一轮的渠道变革终于在2004年完成。随着全国总代理的成功转型和省级代理商数目的增多，诺基亚可以通过他们的相互配合，渗透到以前很少能够达到的二三级市场甚至农村市场。

2000年以来，手机渠道还出现了另外一个新变化，即手机大卖场、专业连锁店和家电连锁企业等新生力量介入。赛迪顾问的报告显示，2003年，以国美、大中、苏宁等为代表的家电连锁企业以零售网点规模、售后服务和客流量的优势，获得了大量消费者的认可。2003年手机专业连锁店销售手机的比例达到全部销售量的38.6%，是手机销售的主要渠道；家电连锁店的销售比例达到10.8%，也成为手机销售的重要渠道之一。这些市场上的新兴力量为了在竞争中取得优势，一般都采用绕开代理商，直接从生产企业进货的采购形式，避免了因中间环节过多造成的进货成本高昂。

2001年，诺基亚开始直供试验，当时诺基亚选择了上海的润讯、光大开始直供，在得到了良好的效果反馈之后，这种模式开始全面铺开。2002年，诺基亚在内部成立了一个DRP（Direct Retail Program）小组，专门负责向大的终端零售卖场供货。2004年，诺基亚的直供力度进一步加大，与国美签订了全国性的直供协议，向国美所有的连锁店直供产品。迪信通、永乐、光大、苏宁、国商等家电连锁企业也从诺基亚那里得到不同程度的直供优惠。直接从诺基亚手中提货，使得家电连锁企业在销售诺基亚产品时，同样有一个较高的利润空间。

从2004年年中开始，诺基亚开始了第二轮渠道改革计划。核心内容是一种名为"省级直控分销"的混合渠道模式，目标则是目前诺基亚仍未完全渗透的三级以下的城镇市场。在这种模式下，诺基亚将全权负责和零售终端接触，省级分销商只扮演物流和资金流平台的角色。目前，诺基亚已经在山西、湖北、湖南等省份开始了这种新模式的尝试。

诺基亚一系列变革其实是弥补它在渠道渗透力上的不足，这一直是国内品牌取胜的法宝。但当诺基亚针对中国市场调整了渠道的运作策略以后，它在产品质量、品牌等方面的优势就可以得到凸显，而在这方面国内品牌是难以在短时间内赶上的。渠道方面的强力渗透，一直都是诺基亚传统的对手摩托罗拉、三星的弱项。所以，完成渠道布局之后的诺基亚，就可以凭借产品质量、品牌等方面的优势击退国内品牌，又可凭借渠道的渗透力超越摩托罗拉等竞争对手。

（资料来源：http://www.mie168.com/）

二、案例分析

2003 年，中国本土手机品牌上演了翻天大戏，低价格、渠道渗透力和市场快速反应能力被中国本土手机企业称为它们的三大法宝。但国内手机品牌的渠道模式也并非完美无缺。国内手机品牌渠道模式需要的销售人员比较多，人员数量多，费用就比较大，所以，必须有较大的销售额和利润来支撑，厂家也必须提高销售组织的管理能力。

面对中国本土手机的市场冲击，国外品牌原来采用的总代理制已经不适应当前的市场状况，诺基亚（中国）公司为了弥补各种原有渠道策略的不足，对渠道进行了中国特色的大幅度改革，既保留了全国总代理，又采用省级代理制，同时采用"省级直控分销"的混合渠道模式强化了对零售终端的管理。

诺基亚（中国）公司掌握了中国渠道运作的特点，全面超越老牌竞争对手摩托罗拉及其他对手。

三、思考·讨论·训练

1. 分销渠道对企业有何重要性？
2. 我国企业应从哪些方面借鉴诺基亚的经验？

案例 6 IBM 的渠道新政

一、案例介绍

历史上，IBM 在分销方面的优势无可比拟。从大型机、中小型机到 PC 的齐全产品线，沉甸甸的技术积累，再加上进入中国的时机早于曾经辉煌一时的康柏，分销的优势曾让 IBM 遥遥领先于各硬件厂商。

以 IBM P 系列为例，在 IBM 的分销体系中，中国的"八大总代"是最主要的支撑力量。总代理不仅成为 IBM 制订销售计划的依据，IBM 还会根据总代理的需要从工厂直接发货，总代理是 IBM 整个销售体系的实际控制者。虽然 IBM 也会按照代理商的级别，为除总代理之外的行业代理、区域经销商、增值代理商和解决方案业务伙伴四类合作伙伴提供市场支持，但"次级代理商"的销售任务和项目价格，在某种程度上取决于总代理的"眼色"。

总代理商对渠道的控制力源于 IBM 对高端市场的重视。高端市场能够获得更高利润，这是分销里的基本准则。在 IBM 的 Z 系列，P 系列，I 系列，X 系列四大系列硬件产品线，除了 IBM 直接负责高端 Z 系列销售，富通公司等总代理商在 P 系列的销售能力，曾经是 IBM 在中国市场业绩增长的基础。

（一）分销的尴尬

事实上，在 IBM 传统的分销体系中，一个不能忽视的问题是"特单"。所谓"特单"，就是对于一些"特殊项目"，产品报价和供货方式由 IBM 总部直接进行审批。这使得代理商在某个行业有资深背景时，就有了更多的讨价还价能力；有时，IBM 销售经理或者总代理所辖代理商没有完成业绩指标时，也可以通过"特单"的方式，在产品没有到达最终客户时就算入自己的销售业绩。"特单"不仅存在于硬件的渠道中，在软件销售时同样存在。

"如果对'特单'控制不好，是有百害而无一利的。"IBM 大中华区副总裁及大中华区软件集团总经理宋家瑜告诉《商务周刊》。"特单"的害处，最主要是代理商签约大规模项目后，往往以超优惠成交，这就影响了 IBM 的整体盈利能力。再者，由于"特单"的存在，有时分销商对已签约的客户项目并非投入全部资源进入运作，而是有所保留。更糟糕的情况是，"特单"有时会成为销售与渠道之间灰色交易的筹码。在硬件渠道方面，钟振奋对于"特单"的客观评价是："特单"的确可以使 IBM 服务于某些重要客户时占据优势，所以，不可能百分百取消"特单"。"但是必须通过有效措施对其进行监控。使'特单'服务于指定客户。"钟振奋说。

在"特单"获得有效控制前，的确也曾对代理商的利益产生影响。尽管杭州信雅达系统工程股份有限公司与 IBM 的合作超过十年，也是 IBM 在华东地区最大的产品代理商，但其董事长郭华强还是指出，在以前的渠道政策中，人为和不确定因素的存在，使之感到销售的疲倦。原因在于，信雅达要抽出更多精力在每个项目中与 IBM 的 BD（business development）进行具体沟通；另一方面又要顾及下级代理商的关系，以维护自己的运营利润。

与信雅达公司情况相同的还有富通公司。该公司副总经理刘志红向《商务周刊》承认，在旧的渠道策略下，分销中间环节带来的内耗不仅损害了厂商的利益，也损害了代理商自己的利益。

现在看来，无论是宋家瑜还是蔡世民，都非常清楚，当软件和服务作为 IBM 主营业务时分销体系存在的种种问题。不过，当软件业务的价值并未真正在 IBM 业务发展中得以体现时，蔡世民介绍说，IBM 最早销售的软件，还是基本上借鉴了硬件的模式。

IBM 的第一款软件产品 OS2 基本都是捆绑在 IBM 大型机上销售。当时软件部销售业绩考核标准是 SI（系统集成商）提了多少"盒装货"，这正如同微软或者甲骨文对销售经理的业绩考核标准。

然而，IBM 没有"快刀斩乱麻式"地抛去分销，而是对"分销"进行了优化。在 2002 年，IBM 曾经打算建立融合式的渠道体系。IBM 的 PC 部门前任渠道部经理博斌曾告诉记者："我们不讲什么直销、分销，而采取一种混合的渠道模式。"这种方式的主要目的是同解决方案集成商、ISV（独立软件开发商）、行业代理商等展开合作，争取更广的市场覆盖面。

这是 IBM 帮助代理商在"增值"中增强独立竞争力的开始。由此，分销渠道不再唯一依赖于总代理的支持，次级代理商夹在总代理与客户之间的压力得以缓冲。不过，在软件业务的价值得以体现之时，这对于 IBM 渠道体系而言也并非不是长久之计。

（二）创建蓝天碧海

IBM 用"硬件分销"笑傲江湖的时代已经过去，随着 IBM 出售 PC 业务，向软件和服务转型，即使纯粹的分销渠道暂时优化，但也会被 IBM 丢进历史。

事实上，微软、甲骨文等纯粹软件厂商进行以客户为中心的渠道变革相对会比较容易。例如，微软作为桌面软件的标准批发商，在实施 .net 战略时，并未改变平台提供商的定位，与合作伙伴的合作方式并无本质性的改变，只需要在渠道变革时增加与软件代理商的合作范围，就向 .net 战略靠近了一步；甲骨文由数据库提供商转型到信息解决方案提供商时，其合作伙伴已经意识到数据库销售不再是唯一生存之道，并将数据库嵌入到企业信息系统中，实现对甲骨文数据库的代理销售。此时甲骨文的渠道转型，实质上是通过为合作伙伴做技术顾问的方式实现的。

然而，以客户为中心对于 IBM 而言则复杂很多。因为 IBM 的渠道转型需要与战略转型并进，不仅如此，在软件业务形成规模之前，IBM 还需要对纷繁复杂的软件业务进行梳理和整合，并寻找业务盈利模式的突破。

IBM 软件集团成立十年，一共进行了 51 起并购和数次业务剥离，并且需要各业务实现协同一致。宋家瑜在对软件集团业务描述时，曾经这样概括："这是一盘复杂的棋，整合起来并不容易。"

选正确方向后做正确的事，这是 IBM 高层经常强调的。今天看来，对于 IBM 来说，有两件事直接决定了 IBM 的命运。

在 IBM 的硬件时代，配套的软件只服务于指定的硬件产品。而在 IBM 选择软件业务转型后，IBM 成为开放软件的信奉者，因为当 IBM 的软件业务形成越开放越赚钱的良性循环时，"开放"对于 IBM 是自然而然的正确选择。

"IBM 有很多软件都是在别人的平台上运行的，IBM 作为一个开放软件的开发者，已经得到渠道的广泛认同。"宋家瑜说。

第二件直接关系 IBM 软件业务命运的事是 IBM 选择了中间件，而没有将触角直接延伸到终端应用。在收购 Cross Worlds、Meta Merge、Trelli Soft、Access360、Holosofx、Tarian 以及 Rational 后，IBM 软件已经成为完善的"大中间件"提供商。

普遍的评价是，中间件的定位不仅使 IBM 有机会支持最通用的平台上开发的应用软件，包括惠普、太阳、苹果和微软等竞争者供应的产品，也使合作伙伴在贴上"IBMINSIDE"标签时有了更大的发展空间。

事实上，正是 IBM 转型中本着开放和中间件的定位，才使得 IBM 在业务转型与渠道整合并进。

1997 年，IBM 首先在并购 LOTUS 时学会了尊重 ISV 开发能力的秘诀。IBM 意识到，ISV 开发的解决方案可以成为联系 IBM 与用户的载体，既可以直接靠近客户需求，又弥补了分销体系中所缺乏的"共赢"关系。此后，尊重独立软件商，成为 IBM 在并购 Tarian 等公司时惯用的整合方式。

不过，ISV 的独立性固然可以增加 IBM 的市场亲和力，也可以迅速使 IBM 在渠道中有更多面向企业用户的机会，但单纯的独立性却无益于 IBM 软件业务的协同一致。如果 IBM 不能提供整合性的解决方案给 ISV，IBM 软件业务能力并不能迅速提升。

为此，2004 年年初，IBM 软件完全弱化了产品线的概念，针对银行、保险、零售、医疗卫生、生命科学、电信、电子、汽车、消费品、能源与公用事业和政府机构等 12 个行业，共推出 62 个解决方案。这些标准化的解决方案，为 IBM 与 ISV 共赢指明了方向。

接下来，IBM 在招募伙伴和增加合作伙伴数量方面，投入了更多精力。在 2003 年，IBM 最早提出了"EBOD"和"蓝色号角"计划，其目的就在于招募 ISV，并针对 ISV 和 SI 提供培训、合作市场推广、激励政策以及中小企业快速启动计划等。2005 年年末，IBM 在国内的 ISV 和 SI 的数量已经超过 2000 家。

渠道的扩张意味着软件业务的增长。在快速的扩张中，IBM 开始前所未有地强调自己的战略控制能力。在全球，IBM 将 7 条通路的渠道架构固定成型，这 7 条通路分别是 IBM 全球服务部（IGS）、全球 ISV、全球 SI、国内 ISV/SI、IBM 软件部直接面向客户的销售队伍、VAD（增值服务提供商）及 SP、电话与互联网销售。

在这样的架构体系中，有核心竞争力的 ISV/SI 和 VAD 是 IBM 的渠道重点。蔡世民认为，与传统分销不同的是，增值服务提供商不仅是资金和物流的平台，更是一个技术平台，承担着发展支持二级增值代理的重担。

进入 2006 年后，IBM 将更多的精力投入到向 IBM 渠道的深度渗透，与合作伙伴的技术能力同时并进，以推动合作伙伴与 IBM 战略的同步转型。这就是 IBM 在 2006 年实施面向未来的"蓝天碧海计划"。

"蓝天计划"旨在整合 IBM 全部资源，招募培养 200 个城市以上的更为广泛的中小城市合作伙伴；"碧海计划"是 IBM 重点针对 ISV/SI 等以提供软件和解决方案为核心业务的合作伙伴而制定，主要是增加这些 ISV/SI 的专业技术能力。

IBM 大中华区 P 系列市场经理苏志杰告诉《商务周刊》，在很多三四级中小型城市里，政府、金融、本地制造业等工商企业有庞大的信息化需求，这是"蓝天计划"的目标市场；与此同时，IBM 提供的先进产品和能贴近应用的解决方案，需要用信息化来支撑当地企业的发展、技术的进步和效益的提升，这是"碧海计划"的迫切性。

虽然有时在合作伙伴看来，培训和技术能力提升似乎是 IBM 渠道策略一贯的主题，"蓝天碧海计划"并无什么特别之处，但在 IBM 看来，渠道的这两个新举措意味着 IBM 战略转型的新阶段——它意味着 IBM 的渠道开始站在合作伙伴及其所服务客户的角度，从客户最直接的需求出发，规划合作伙伴战略。并且，IBM 形成了以客户和伙伴关系为中心，按专业服务方向划分的跨越硬件、软件和服务业务的融合式运行体系。钟振奋是"蓝天计划"的主要负责人。在该计划实施两个月后，钟振奋的评价是："一切都按部就班。""在代理商没有能力独自拓展四级以下市场时，'蓝天计划'就是意味着，IBM 直接帮助他们拓展市场寻找客户，然后再将这些客户交给代理商管理。"钟振奋说。而当"碧海计划"的确帮助代理商的技术能力提升，IBM 会与合作伙伴在转型中实现真正的共赢。

公开数据显示，2002 年 IBM 全球销售额超过 250 亿美元时，有 1/3 来自合作伙伴和渠道创造的价值，到 2005 年，IBM 的全球销售额超过 900 亿美元。IBM 在中国市场的销售额，已经有 70% 来自合作伙伴和渠道。

（资料来源：刘丽娟：《IBM 的渠道新政》，《商务周刊》2006 年第 14 期）

二、案例分析

IBM 进入战略新阶段后，推动合作伙伴战略转型和协同创新，在渠道变革中，IBM 通过技术渗透，使更多的合作伙伴成为真正的 IBM 解决方案提供商。但同时也是由于其过多地依赖合作伙伴，IBM 的渠道必将变得更加庞杂密集，相信如何稳定和调整代理商和地区代表处之间的关系，更好地稳定和发展自己的渠道将是 IBM 面临的下一个问题。

三、思考·讨论·训练

1. IBM 公司的"蓝天碧海"渠道模型属于哪一个类型的渠道？

2. 渠道的种类有哪些？

案例 7 "佩珀"饮料公司的失误

一、案例介绍

20 世纪 80 年代初期，得克萨斯州佩珀公司已由 25 年前一家制造浓缩饮料的小公司，发展成为全美国非可乐饮料类的第一名。而就整个饮料业来说，它位于可口可乐和百事可乐的后面，排名第三。1983 年，该公司的总营业收入已超过 5 亿美元，并且创下了连续 27 年盈利的记录。

佩珀公司的饮料畅销、盈利的原因是什么呢？除了产品质量好，广告宣传面广、影响大以外，佩珀公司成功的最主要原因是很好地实施了销售渠道策略。他们的销售渠道策略就是，先由本公司将浓缩的饮料卖给众多的饮料瓶装厂商，瓶装厂商将浓缩饮料稀释后装瓶并根据不同情况做广告宣传，推销给零售商，由更为分散的零售商卖给消费者。凭借这些渠道，佩珀公司源源不断地将产品销售到消费者手中。多年的苦心经营，他们已与全美的 500 家瓶装厂商建立了密切的关系，虽然这些瓶装厂商在经销佩珀饮料的同时经销可口可乐和百事可乐，但由于他们信誉好、措施得力，因而瓶装厂商中大多数人都把佩珀饮料看做最佳品牌之一。

在饮料的营销中销售渠道很重要。人们往往把生产厂商看做是创造消费者的需要和偏好，把零售商看做是影响消费者品牌选择的重要因素，而常常忽略瓶装厂商的重要作用。事实却是，瓶装厂商的销售员经常与零售商保持联系，可以要求零售商把他们的佩珀饮料放在顾客最容易发现的陈列位置上，他们同时负责当地的促销广告，可以充分地与当地的实际情况结合起来制作。瓶装厂商了解各地的具体情况和零售商、消费者的需要，除能够帮助佩珀公司制订各地区的营销方案外，有时，他们还运用折扣、特殊陈列品、优惠券、免费样品等手段来推销佩珀产品。因此，佩珀饮料的成功，确实离不开瓶装厂商的作用。

从1982年以后，佩珀公司开始采用全国集中的营销方案，改变了利用瓶装厂商在当地分散做广告及促销的做法，由佩珀公司在全国实施集中统一的营销策略。从而，公司削减了地方性销售人员，减少了对瓶装厂商的业务支持，并用全国性的广告活动，取代了过去由瓶装厂商在各地开展促销的广告活动。

佩珀公司预计，采用全国集中统一的营销方案，可以大大提高公司产品的影响，从而增加消费者的需要。但是，全国性的广告虽然在一定程度上加深了消费者对佩珀饮料的印象，总的销售量却没有增加。1982年，销售量下降了3%，到了秋季，亏损4000万美元，其市场排名也由第三位降到第四位。非但如此，瓶装厂商与佩珀公司的关系日渐疏远，他们开始采取防备态度，在瓶装厂商们的心目中，佩珀产品的特殊地位已经消失，它不过是一个普通品牌而已。一位瓶装厂商毫不客气地说，佩珀只有先抓住瓶装厂商，才能抓住消费者。1983年，佩珀公司认识到了自己的失误，放弃了全国性营销方案，又想回到过去的依靠瓶装厂商在各地推销的状态中，他们试图弥补与瓶装厂商之间的裂痕，但这已不是轻而易举的事了。

（资料来源：清华大学经济管理学院工商管理研究组：《MBA工商管理800例》，世界图书出版公司1998年版）

二、案例分析

"佩珀"饮料公司在已经与瓶装厂商建立良好关系的情况下，改变营销渠道策略，以缩短营销渠道的长度为目标，采用全国集中统一的营销方案，试图扩大销售，但结果却适得其反。这则案例告诉我们，生产企业一旦建立起畅通、有效的营销渠道，就应着力于加强与营销渠道成员的合作，同甘共苦，而不能轻易地重做选择，失信于人。

三、思考·讨论·训练

1. 佩珀公司改变营销渠道，为何未能取得成功？
2. 为弥合与瓶装厂商之间的裂痕，佩珀公司应采取哪些措施？

案例 8　洋葡萄酒专卖店
——转身进行时

一、案例分析

专卖店模式一直是进口葡萄酒开拓市场的利器之一，国内知名进口葡萄酒代理商上海夏朵贸易、广州骏德酒业、富隆酒业、蓝泉酒业都拥有自己的连锁专卖体系，在北京、上海、广州、深圳四大进口葡萄酒消费一线城市，随处可以见到夏朵、骏德、富隆等开设的进口红酒专卖店。随着专卖店模式的逐步成熟和示范效应，越来越多的进口葡萄酒厂商看好这种扩张模式，洋酒巨头卡斯特就表示，2007 年 3 月前启动"专卖店系统项目"。目标是在中国三年之内开 200—300 家专卖店，经营以卡斯特为主的全世界名葡萄酒。而在 2007 年内，将在广州、北京、上海、深圳、东莞、厦门、泉州、福州开八家旗舰店，首家旗舰店设在广州，面积在千平方米以上。新近上市的进口红酒"名庄传奇"也表示，要采用建立专卖店进行市场扩张。

一方面是进口红酒厂商对专卖店模式青睐有加，纷纷准备大干快上。而笔者在调查中发现，随着专卖店模式的发展和成熟，先期进入这一领域的厂商纷纷开始了转身进行时。

（一）转身一：从以直营为主，向直营加盟并举偏重加盟过渡

进口红酒代理商自建专卖店，按照广州骏德酒业谭爱萍副总经理的说法，"都是被市场逼出来的"。进入市场之时，进口红酒面临 KA、商超卖场、餐饮要求支付各种进场、促销费用的巨大压力。"国产红酒厂家会给经销商费用上的支持，国外的酒庄和酒厂很难接受这种要求"。另一方面，消费者对进口红酒的国家品牌比较熟悉，"但是产品品牌知名度和张裕、长城相比非常低。依靠广告教育来培育进口葡萄酒成本非常高。通过自建专卖店进行品牌宣传、市场培育无疑是一种较好的方式"。

出于上述考虑，骏德酒业 1999 年在广州繁华的环市路开设了自己第一家专卖店，看到效果不错，逐渐加快新开店的步伐。而富隆、蓝泉、夏朵等进口酒代理商基本上都经历了类似的扩张经历。

自建专卖店模式发展到一定阶段又遇到新的"瓶颈"。"一是资金压力凸

显，专卖店的店址一般都选在繁华的商圈和高档小区，房租不菲，特别是近几年，北京、上海、广州等一线城市地价猛涨，人员薪资也有大幅度上升。二是进口红酒属于细分群体消费的小酒种，店铺达不到一定的规模，单店盈利有一定难度。三是快速扩张就要向异地发展，采用加盟模式有力整合利用经销商资源，克服远程管理的成本"。

于是，从自建向自建、加盟并举，大力发展加盟店，就成为进口红酒代理商摆脱资金和市场压力，加速跑马圈地的选择。对于有投资或者经营意向的投资者或者商家，骏德、富隆、蓝泉等代理商通过输出品牌、管理、产品等方式，采用股份制、品牌授权、管理输出等模式进行合作。自身也得到快速发展。据了解，骏德酒业在全国建立数十家专卖店中，加盟店和直营店的比例已经达到7:3 。而另一家知名进口红酒代理商富隆酒业计划在深圳、武汉、上海等城市开设零售兼堂饮的富隆酒窖，其中多家也是采用与当地投资者合作的加盟模式。

（二）转身二：专卖店由单一型业态向多种业态转变

"最初开店的时候，大家都没有经验。于是参照国外同行的经验采用了营业面积在100—200平方米的零售模式"。一位资深从业人士介绍。随着专卖店模式逐渐发展成熟，专卖店也开始由以前的单一业态向多种业态演变，变得日益丰富，能够更好地满足不同层次消费者的需求。

2006 年 11 月 13 日，由富隆酒业投资，以葡萄酒和餐饮搭配为主题的上海富隆酒厨正式开门迎客。与一般的专卖店不同，主要用于零售的酒窖和主要用于品酒的酒厨都位于一栋建筑内，一楼是以零售葡萄酒为主的专卖店，二楼酒厨则是一个葡萄酒主题时尚会所。客人在一楼买酒，在二楼享用美酒与美食。富隆酒厨希望借食物与餐酒的搭配，令二者的美味达到完美的发挥，为葡萄酒消费者带来一种崭新的饮食体验，在销售产品的同时又让消费者进行了红酒体验。

目前，富隆酒业已经在全国建立起一张拥有 130 多家各类销售场所的专卖店体系，其业态主要分为四种类型。

1. 酒厨。定位于葡萄酒与餐饮搭配为主题的时尚会所。面积较大，装修舒适豪华，经常举办各种品酒会、名庄庄主晚宴、酿酒师晚宴、时尚界红酒主题餐会等，提供上等咖啡、进口芝士、沙拉等，让消费者体验异国情调。通过酒配菜推广葡萄酒文化，是富隆酒业连锁专卖的顶级场所，数量较少，目前只在上海、北京等少数国际大城市开设。

2. 酒窖。定位于零售与堂饮于一身的奢华葡萄酒生活会所。面积较大，装修豪华。红酒消费者可以在此购酒并堂饮，酒窖提供存酒等服务。晚上八点以后，酒窖就成为一家红酒吧，也可以举办各种品酒会、品酒礼仪讲座、葡萄酒知识培训等。是富隆酒业连锁专卖店体系的旗舰场所，数量较酒厨为多，目前在广州、深圳、青岛、武汉、杭州、厦门等城市开设。

3. 酒屋。定位于葡萄酒销售中心。面积适中，装修精美，数量众多。便于消费者就近购买，店面、标识等统一，是连锁专卖店体系的主要组成部分和品牌宣传展示重要场所。对富隆全国经销体系起到重要的支撑作用。分布于全国大中城市。

4. 酒坊。定位于高档商超内的葡萄酒专柜。面积较小，数量较多，主要分布在王府井、吉之岛等高档商超和百货公司。便于消费者在商超购买，是专卖店连锁体系的组成和补充。

除富隆酒业以外，骏德酒业、ASC 公司等知名进口葡萄酒代理商都建立了业态丰富、多样的连锁专卖体系。

（三）转身三：从单一功能向复合功能转变

进口红酒专卖店建立之初，代理商希望借助其进行零售和品牌宣传展示。随着专卖店发展演变的成熟，代理商逐渐将连锁专卖店看作一个平台，由单一的销售产品向销售、展示、品鉴、休闲、培训、推广等复合功能转化。

第一，堂饮休闲功能。消费者在专卖店、酒厨、酒窖等场所可以当场购买并堂饮，也可以与生意伙伴或者三五知己在此聊天谈心，体验葡萄酒文化。当晚上酒窖成为酒吧以后，又可以在红酒吧内享受音乐与美酒，感受休闲乐趣。

第二，葡萄酒文化推广的场所。在装修豪华较为大型的专卖店，还经常举办主题品酒会、试酒会、葡萄酒知识培训等。与高档车主的车友会、银行贵宾卡会员联手举办的推广活动也多在此举行。富隆酒业在广州富隆酒窖举办过法国香槟之夜——菲丽宝娜晚宴，高朋满座、贵宾如云，取得了很好的推广效果。

第三，推广特许经营模式的样板。代理商在寻找二级代理时，往往将区域专卖店作为样板并引导经销商参观，亲身感受眼见为实之后，往往极大地鼓舞经销商加盟的信心。

（四）转身四：由重视产品宣传向打造企业品牌转变

《信息时报》社和零点调查公司日前在广州市进行了一次葡萄酒消费市场调查，结果表明消费者已经进入品牌消费阶段。张裕、长城、王朝依靠多年市场教育形成的品牌知名度和美誉度使其成为广东市场的强势品牌。进口葡萄酒难以和国产知名品牌相抗衡，一个重要的原因就是进口葡萄酒大多产自国外酒庄，规模和产量有限，很难有大力度市场投入进行品牌宣传，更多地依靠口碑等小众传播。这就造成了众多消费者面对几十上百个国外葡萄酒品牌，不知道依据什么标准进行选择。

随着进口葡萄酒市场的趋热和逐渐成熟，代理商逐渐认识到，红酒文化和商业环境不同，国外厂家很难像张裕、长城、王朝那样进行大力度的投入市场教育，作为联结厂家和消费者的桥梁，代理商一定要打造出自身企业品牌解决进口红酒品牌知名度低的问题。这样消费者没有必要对进口红酒非常了解，只要到拥有品牌知名度的代理商处购酒，就可以选购到优质的进口红酒和优良的服务，就像消费者已经习惯到国美、苏宁、永乐购买电器一样，只要到骏德、富隆、ASC专卖店，就可以选购到称心如意的产品。专卖店体系成为代理商打造企业品牌的重要手段。

为了推广企业品牌，富隆酒业创办了内刊《富隆酒讯》，内容包含葡萄酒知识介绍、推广活动日程安排、厂商消费者互动等。富隆酒业将企业定位于"您身边的葡萄酒专家"，在杂志上进行广告传播，凡在专卖店购酒的消费者，都通过登记进入数据库，富隆定期进行刊物邮寄，而以"富隆会"命名的俱乐部也通过专卖店发展的会员不断开展各种活动，提升了企业知名度。而骏德酒业依靠连锁专卖店网络和各地二级代理商建立了良好的业务关系，极大地鼓舞代理商经销的积极性和信心，正是依靠专卖店，骏德的品牌知名度在经销商和消费者中得到极大的提升。

（资料来源：糖酒快讯网，http：//info. tjkx. com）

二、案例分析

富隆就业的成功，在于其在营销渠道上的多次创新。在产品同质化越来越严重的今天如何吸引消费者、留住消费者是所有生产商和中间商最头疼的问题。如何使消费者更方便地购买自己的商品是今天所有企业都会思考的问题。从案例中渠道的改革导致经销商的成功可知，渠道的创新在市场营销中是多么重要的一环。然而想要获得最终的胜利必须以消费者的需求为基础，在变化中求生存。

三、思考·讨论·训练

1. 该案例最初的渠道模式是什么？
2. 试给身边熟悉的某一产品经销做一个渠道策划。

案例 9　将你我变成我们

一、案例介绍

目前，国外的特许经营发展速度很快。2000 年，美国的零售业总额的 50% 都来自于特许经营，7 – 11 每两分钟开一个店。并且，特许经营的行业外延也在扩大，从最早的以餐饮、服务行业逐渐扩大到如汽车维修业、电脑销售等行业。可以这样说，特许经营作为一种国外成熟的经营方式在我国越来越被企业认同，虽然目前我国的特许经营行业总体还处于"不成熟期"，但可以预测，中国的特许经营模式将会迅速发展。联想作为国内的著名企业，首先在 IT 行业运用特许经营模式，并取得了成功。

家用电脑的销售和商用电脑的销售是不一样的，采取委托代理制，或通过大型百货商场零售代销，并不真正适合家庭用户。电脑的科技含量较高，使用和维护都有一定的难度，商场销售人员无法满足家庭用户专业化服务的需求。因此，联想针对家庭用户建立全新的专卖店体系。由代理制转变为特许经营。采用特许经营的方式，可以提高整体竞争力，实现对品牌、管理经验的整合，产生"大联想"的品牌效应。

专卖店的产生可给代理一个发展的空间。在连锁经营之前，在全国 26 个城市里，最大的 IT 代理公司代理的产品都有联想的，70%—80% 的营业额都来自于联想电脑，有的甚至是 100%。这些公司在 1994 年都是些小公司，它们是和联想一起成长起来的。所谓"大联想"的概念就是大家荣辱与共、共担风险、共享收益。特许经营的这种专卖店商业模式正是符合他们的需求。多年来，"大联想"策略可以说是联想成功的秘诀之一，特许专卖店的建立也是这一策略的延伸。

联想是想在 IT 业验证特许经营这个模式，其最核心的成功要素是三赢。即客户要认可，加盟方要挣钱，联想也要盈利。

联想 1 + 1 家用电脑在技术上始终与世界同步，履行着"把最先进的技术，以最快最合理的价格提供给用户"的承诺。并采用软、硬一体化的设计理念，应用了场景式功能操作环境，本着让"中国人用得更好"的思想，帮助用户使用好家用电脑的各种功能。1 + 1 家用电脑，坚持"智能化、家电化、网络化"的设计理念，使电脑的易用性得到充分发挥，融合了人性化的设计思想，是适合中国人使用的电脑。

特许经营专卖方式被誉为 20 世纪最成功的营销创举，我国多数的特许经营行业集中在衣、食、住、行等方面。1998 年，联想率先将专卖店的特许经营这一种经营模式带进了中国的电脑行业。联想 1＋1 专卖店的建立填补了信息产业在特许经营专卖领域的空白。在此之前，国外品牌电脑进入中国都是采用找总代理的销售模式。由总代理再一层层地进行分销。这和专卖店的连锁方式是有所区别的。分销职能是物流的储备，物流的发配。这里有一个二级通道，然后发货到下一层的经销商。分销商和二级通道是两个利益体，它们的价值是在传递的。简言之，就是在采用总代理的分销中，各个层次都是要赚取自己的利益，从而造成客户服务方面有很多疑问。做渠道的市场秩序非常混乱，分销商发展的渠道的销售价格具有不统一的问题。而联想需要的是要保证最终的销售渠道提供给用户很好的客户服务。连锁方式就很好地解决了这些问题。连锁组织利益体只有一个，多家连锁店共享着管理资源、资金。联想采取六个统一的模式，即统一的产品和价格、统一的理念、统一的布局、统一的形象、统一的管理和统一的服务。

从联想 1＋1 特许专卖店来看，联想给予合作伙伴的不仅仅是产品和技术，更重要的是联想的企业形象识别系统和管理运营经验等无形资产，联想通过这种特许经营的方式与合作伙伴紧密联系在一起，形成利益共同体，因此专卖店体系是对联想与代理一体化发展的"大联想"架构的最好诠释。

像麦当劳、肯德基等成功的连锁经营一样，连锁销售的关键是高度的一致性。例如，客户一进入到连锁店就应该感觉到很正规，店面的装修都应该一样，地面很清洁，样机从各个角度都让客户感觉很舒服。联想几乎把餐饮业的标准化服务模式完全搬进了 IT 行业。对员工的穿着和整体形象都有具体的要求。联想的员工从客户进门的问候语开始都要进行标准的培训。比如，送货上门，员工必须携带什么样的工具，进门时必须穿鞋套，不允许客户搬运，必须站着为客户服务等，就是这样把每一个细节都标准化，以此来提高联想的服务水准。

联想 1＋1 特许专卖店的经营宗旨就是最大限度地满足客户需求。为此，在切实保障"六个统一"的原则得到贯彻的同时，联想 1＋1 特许专卖店着力加强服务功能，向客户提供专业化的售前、售中、售后"一条龙"服务，旨在更好地服务客户，更好地满足家庭和个人客户现在及未来的需求。所有联想 1＋1 专卖店店员在上岗前都经过了统一的培训和考核，只有合格者才可上岗。店员以顾问的身份出现在客户面前，根据客户的使用需求和对电脑的了解，并结合时间应用状况，提供购机指导。所有的联想 1 + 1 专卖店都对购机用户建立了用户档案，实施联想 1 + 1 跟踪服务。为了让用户把电脑用得更好，专卖店还提供免费上门安装、电脑应用培训等专业化的服务。专卖店内开设了培训教室，有计划、有组织地举办专场培训，向专卖店所在地的居民普及电脑知识。正是在这样精厚"内功"的支持下，95% 以上的购机客户对联想专卖店的服务给出了非常满意的评价。数据显示，有 30% 的新客户是老用户带来的。联想的网页上也提供了联想 1 + 1 社区服务，会员用户可自由进入社区，更好地感受到联想服务。

除了具备特许经营的一般性特点之外，联想以其对中国用户的了解，开创了具有中国特色的社区服务。从 1998 年 8 月第一家联想 1 + 1 专卖店诞生以来，整个联想 1 + 1 特许专卖店体系一直扮演着所在社区 IT 知识特别是互联网知识的传播者的角色。联想 1 + 1 特许专卖店甚至还在全国范围内举办联想夏令营和冬令营活动。

特许经营实践经验表明，无论从特许方或是加盟方的角度来看，凡属成功的特许经营，一般都有一个在社会上已经建立起声誉和好感的特许经营授权企业。没有一个站得住脚的先行企业，从事特许经营就会缺少优势。特许经营之所以能奏效，是因为特许方能为加盟方提供一个经实践证明是成功的企业模式。联想正是这样一个成功的企业和品牌。特许专卖的背后是社会化大生产的观念和机制，其核心是科学管理。没有经营管理一致的 IT 特许专卖绝不会是真正特许经营，表面上的特许专卖失去了坚强的后盾和坚固的内核，是注定无法长久的。

具体到联想专卖店的核心，就是如何规范管理加盟的连锁店。联想有很全面的规范，谁拿去做，做出来都是一个样子。这就保证了服务一致性问题。联想有一套完善的专卖店的发展、管理体系。发展、建设由组织来保证、考核，是可以保证统一的。联想有一套神经系统即 MIS，可以得到联想想要的一切情况。如在区域内有竞争问题，这种应变是由地方来做的，联想是通过对一个城市的调整（而非一个专卖店来调整）区域间的关系。每个地方的区域特色是不一样的。联想同时通过这套 MIS 系统来对专卖店进行监督。加盟连锁店要是不符合规范就要受罚，甚至取消加盟资格。

监督有很多方式，例如，有内部员工冒充客户进行"微服私访"等。物流是连锁经营很重要的一个环节，就是在整个体系里来共享商务资源、资金，类似于总店的概念。这个物流体系面向用户的界面是专卖店，是零售点，背后有很多神经网络。所以，联想的物流是一种架构，不是单纯地依靠某个连锁店或是联想自己来做的。运作可能是分销商之间的、代理之间的或是连锁和总店之间的。

（资料来源：中国营销传播网，http：//www.emkt.com.cn/article/50/5006.html）

二、案例分析

从联想 1+1 专卖店的设计和发展历程来看，IT 产业的渠道关系近年来已经发生很大的变化，一方面渠道形态上的，厂商不断致力于缩短渠道链条，即所谓的"扁平化"趋势。同时，整个销售网络的重心逐渐从代理下移到终端身上，在消费类数字产品上，这一点表现得尤为明显。这不仅是因为一直存在的销售网络失控的威胁，更重要的还有缩短与最终消费者距离的考虑。因为不论是准备通吃家用电器的海尔还是瞄准中国家用数字信息设备的联想，要想从百姓家庭淘金，就必须和最终用户站得更近一些。只有这样，才能对用户的需求做出迅捷的反应，所谓"以客户为中心"的企业理念才能得以落实。另一方面则是渠道关系上的，即交易营销向伙伴营销转变，传统的渠道关系是"我"和"你"的关系，即每一个渠道成员都是一个独立的经营实体，以追求个体利益最大化为目标，甚至不惜牺牲渠道和厂商的整体利益。在伙伴式销售渠道中，厂家与经销商由"你"和"我"的关系变为"我们"的关系。厂家与经销商一体化经营，实现厂家对渠道的集团控制，使分散的经销商形成一个整合体系，渠道成员为实现自己或大家的目标共同努力，追求双赢。

三、思考·讨论·训练

1. 何为连锁经营？连锁经营的方式有哪些？
2. 联想公司的连锁经营内容是什么？联想公司的连锁经营属于哪种连锁经营方式？

案例 10　千万猪头都是一张脸

一、案例介绍

在中国餐饮界，有一位名叫沈青的传奇人物，退休前是科技工作者，退休后开始在猪头上做文章，发明了中国首例专利菜肴——"扒猪脸"。这道菜使用现代化的加工设备，对猪头进行标准化加工，打破了传统中餐做菜要靠专业厨师的概念，在中国餐饮界引起轰动。

发明这道专利菜后，沈青在北京三元桥附近开了家名叫"金三元"的酒家，以"扒猪脸"为主打菜，又开始进行连锁（特许连锁）经营，几年之后，他具有独创性的连锁经营理论的知名度甚至超过了他的专利菜"扒猪脸"，这就是他经过长时间实践总结出来的"五连一锁"的特许经营理论，2000年年底，这套特许经营理论被权威部门评定为具有3500万元的无形资产。在"五连一锁"理论的指导下，目前"金三元"的全国加盟连锁店已有23家，除了有两家加盟店因主观原因造成亏损外，其他店都是盈利店。

沈青开始创业时，就有将产品向全国，甚至全世界推广的想法。这种想法直接影响了他发明产品"扒猪脸"的全过程。"扒猪脸"未经改造发明以前是一道民间菜，做法各地不一，沈青研究了所有的"扒猪脸"后，总结发明了一整套制作最美味"扒猪脸"的方法，并将所有过程标准化。"扒猪脸"的制作要经过选料、清洗、喷烤、洗泡、酱制等12道关，时间需要十多个小时。沈青就将所有程序及所需时间，按标准设计好，再用指定工厂生产的设备进行加工，所有产品进入酱罐后，只要开动按钮就可以完全自动运行。可以说，沈青的专利菜肴的核心就是标准化。

"金三元酒家"的发展同中国特许经营的发展几乎同步，但沈青一直非常清醒。由于具有别的盟主所不具有的"核心产品"，当时如果为了盈利，可以在短时间内迅速扩张。但沈青明白，特许经营的本质是"共同发展"而不是"单独发展"，"单独发展"可能会很快致富，但这绝不是一个希望长久发展的企业所干的事。沈青说："当时每天全国各地都有几十个人希望加盟金三元，每次特许经营展会希望加盟者都将摊位挤得里三层外三层，但我选择加盟者是非常慎重的，第一要对餐饮有所了解，第二要是那种能够接受先进理念的人，第三要有一定经济实力。总的来说，我所选择的加盟者，要有一定的成功把握才行。否则，加盟者越多，对品牌的负效应就越大，中国企业总长不大，就是因为具有这种急功近利的心态。"

沈青认为，中餐标准化是发展特许经营的基础，但单有标准化的产品是远远不够的。1997—1999年是金三元的连锁发展的摸索阶段，其间走了许多弯路，比如，走过单靠特色连锁之路，之后发现不是锁不紧，就是加盟企业发展缓慢。经过多年实践，沈青总结出了连锁经营的"五连一锁"理论，认为连锁的关系应该是"连名牌→连标准→连特色→连创新→ 连管理→最后锁上"六个环节。

特许经营企业盟主要想实现对外扩张，达到迅速发展的目的，首先必须拥有名牌，名牌的知名度越高其影响力就越大。许多世界名牌在我国的连锁发展比较快，就是因为这个原因。连名牌在一定意义上讲就是正视名牌价值，实施名牌经营，我国的名牌发展，从整体上看，目前还处在初级阶段。最大的问题是虽然承认品牌有价值，但还未能进入品牌的交易市场。而发达国家已经历了"创品牌、经营品牌、买卖品牌"发展的三部曲，利用名牌效应，带来高额利润，使名牌的价值几倍、几十倍，甚至成百上千倍地增长。因此，经营名牌实际上是一种资本运营。国内一些勇于实践的名牌企业经营者，在这方面做了大胆尝试，并取得了明显的经济效益。

金三元经营名牌。名牌产品不等于名牌，名牌附着在商号上，不是附着在产品上，产品有时间性也有周期性。我国有些企业经营者急于创名牌，在名牌和产品的界限、功能没有分开的时候，就急于将产品盲目扩张，其结果是欲速则不达。金三元酒家在创名牌方面有过失败的教训。1996年将扒猪脸产品申报我国菜肴第一个专利，在我国餐饮历史上被称为具有划时代意义的事情，国内外媒体纷纷报道，香港几家报纸用整版或半版的篇幅用"扒猪脸挑战北京烤鸭"为题热炒，一时使扒猪脸成为"热点话题"。当时金三元以为名牌已经产生，就开始了各种形式的扩张经营活动。经销、代销、专营、特许专营等很多方式都被采用，经过一年的实践，发现这种方式并不理想，已经作为特许经营的餐馆有70%保持，30%松散，坚持下来的虽比较稳定，但发展很慢。

有了这些教训，沈青开始总结经验，发现在对外战略扩张时没有把金三元的整体文化、企业形象、商标、商号及其他菜肴的技术、企业形象战略和企业ISO9000质量保证体系等企业的一切无形资产，整体对外扩张。金三元产品的品牌知名度很高，但它不等于名牌，它仅仅是一道特色菜肴、特殊加工技术，它覆盖不了饭店的整体形象。在经过反思之后，沈青认识到发展名牌是一项系统工程，在扩张品牌的时候，要把创名牌经营名牌的理念与之结合起来，才能实现真正意义上的连锁经营。

在加盟连锁过程中，加盟者一切按金三元的模式进行经营，从专利菜扒猪脸和其他各种特色菜、员工培训、商标商号到企业标识、CIS管理到员工手册，全部要求做到与总店相同，实现连产品的同时连名牌。按此经营方式成功的例子如黑龙江大庆的一家特许加盟连锁店，面积不到200平方米，每天营业额就达到一万元左右，每月销售额就等于十几个特许专营店（特许专营店是专营特色产品，其他不引进）的总销售量。从二者对比来看，显然仅仅连产品是不够的，必须要连名牌企业。金三元是个名牌企业，它隐含的附加值是这些年不断努力、不断积累的结果。这些附加值不仅包括专利产品"扒猪脸"，还有 2000 年被北京市质量管理协会授予的"用户满意产品"和"用户满意服务单位"称号；2000 年 6 月又被北京市授予"全面推进质量管理 20 年"先进单位和先进个人称号；金三元的楹联文化、企业文化（长期举办的金三元之夜）、电脑健康营养咨询等各类活动在全国餐饮界中都处于领先地位；这些附加值加起来就是无形资产，是名牌经营的关键。

　　名牌战略中的市场细分和定位对于连名牌是至关重要的。名牌是大众的名牌，是人们能够接受得了的。不同的经营定位，对名牌的产生也有不同影响。而大众化的经营定位的传播最为直接。如金利来的名牌是戴出来的，皮尔·卡丹的名牌是穿出来的，餐饮业的名牌就应该是吃出来的。要从不同的消费层次和消费对象中寻找它的规律，不是某某人，什么上级、协会组织甚至政府给他评定和命名的。吃的人面要广，从上到下，从老到少，从男到女，不分种族，不分国籍，通过一次品尝能够做到吃一次口感好，味道好，留下印象，下次还想吃。

　　沈青总结的名牌公式如下：

$$(A + B + C + E) \times F = M$$

　　式中：A 代表老人；B 代表孩子；C 代表名人；E 代表外国人；F 代表经常；M 代表名牌。

　　"名人吃"为企业品牌创造口碑，这需要在特色上下工夫，"老人吃"、"孩子吃"、"洋人吃"是为企业的品牌创立奠定基础，这需要在产品的口味和质量稳定上下工夫；"经常吃"则是对企业品牌的最后确立，要在产品规模上下工夫。

　　连锁经营中，名牌连锁是第一位的，它在连锁中的比例应占 30% 以上。它是连锁的基础。金三元的标准化是长时间经过反复实践逐渐发展起来的。从内到外，由表及里乃至一切方面都要求标准化：选址、消费层分析、贩卖程序与动作程序、商品组合、票据表格、企业形象设计、卡通形象、广告内容、店头设计、色彩运用、建材选用、总体格局……从品种到服务，直到价格管理制度都要做到标准化。

　　金三元的核心产品扒猪脸是标准化产品，对于金三元的其他菜品的制作也强调标准化，所有菜品有长、短、方、圆、细、香、薄、甜八字经，制作有计量、计时、火候的标准。原料使用也有严格规定：用的水是银狐水，是由北京房山银狐洞矿泉水厂提供的；用的肉是华都肉，由北京华都肉食品公司从每天屠宰的猪肉中精选出 1/3 的合格品；蔬菜等物均为绿色食品，玉米是美国玉米，煎饼是太阳神牌的，馇子（一种东北产粗粮）是吉林省四平市犁树县指定地域生产的包米。把好原料这一关，为金三元菜品制作的标准化奠定了基础。

标准化，就是淡化厨师个人技艺，专利菜扒猪脸的制作经过简单培训后，谁都可以操作。沈青说："中餐标准化目标就是要让机器代替厨师，这样才能保持菜品口味的统一性。"目前，在国内的任何一个地方吃到的金三元"扒猪脸"都是一个口味。

口味有单一味和复合味之分，通常菜肴的制作都是复合味，根据菜肴的特点金三元酒家将口味定型为鱼香味、荔枝味、家常味、甜酸味、咸鲜味、酸辣味等标准口味，配以固定的调料，同时还制定了排骨汁等固定配料的制作标准，如炸茄合的脆浆都有统一的标准口味。

在餐厅厨房也有标准，为了提高效率，稳定产品的规格、质量，有效控制原料的成本和劳动力成本，金三元对厨房操作也制定了标准，如专设一个集中加工处，负责所有经营品种的加工配料，把原料加工成可以直接烹调的半成品，并按产品的规格配成分，然后进行冷藏，随时供厨师烹调时领用。各个厨房根据自己厨房的需求向配送处订取半成品，烹调后供应各自的餐厅。这样就节省了各个分厨房的劳动力，又使产品能有统一标准。同时领取半成品是有凭证的，可以根据领取的份数与餐厅销售的份数进行比较，从而能及时知道是否耗损，加强了对原材料成本的控制。

标准化是企业和商家进行工作和生产的一种法则，是科学的、严格的，具有很高的含金量。金三元有近千条标准，它的"扒猪脸"标准是经过黑龙江商学院教授们帮助制定的。它的员工手册和 CIS 以及服务标准也是请大学教授帮助制定的。它的 ISO9000 质量认证体系，是在中国质量认证委员会统一指导下进行的。市场经济发展到今天，没有统一性、一致性、标准化的连锁是根本连不起来的。标准化在连锁中占有相当重要的地位，没有标准就没有一切，标准化在连锁中应占连锁战略 30% 的比例。

经营特色战略作为现代企业参与市场竞争的战略，它的实质在于差异化和个性化，在消费者心目中建立起独特的个性形象。目前，所售商品趋同化较明显，一些人便认为很难形成特色，实际上，只要经营者视野开阔，不断更新思路，即使是极其相似的产品和服务也是可以被特色化的，这一点对重视统一形象，统一经营管理连锁企业来说具有特别重要的意义。

金三元的特色原则是"不求其全，但求其特"，特色应该是"人无我有，人有我早，人早我好，人好我转"。

特色要体现在产品品种上、服务上、文化上。金三元的产品特色是："扒猪脸"，特就特在从菜品的加工上它是全国首例申请专利，它不是厨师做的，而是由专业化、规模化、产业化加工的。吃法上的特色是：菜品的吃法上不是单一吃，而是用煎饼和其他几种菜卷在一起吃。另外，吃的时候带着帽子吃（扒猪脸纸帽），戴上手套吃（一次性手套）。

金三元的文化特色也较有特点，酒家的每个楼层都设有报刊角，有各种当天的报纸，酒家的灯箱专门介绍酒家的特色菜和一些名人在金三元用餐的照片。在金三元还有全国第一个营养健康咨询系统，可根据检测的情况向顾客提供营养配餐建议。

这许多"特"字在消费者心中会产生价值，吃金三元的扒猪脸，有科技、有文化、有服务、有讲解，确实有许多独特之处。这些特色长期保持就能增加顾客的回头率。

特色可根据实际情况占到连锁中10%左右的比重。

产品是有生命周期的，创新可以使企业延续自己的生命。沈青从产品生命周期理论中总结出三点启示：

1. 市场上没有永远畅销的产品，任何一种产品在市场上都有或长或短的生命周期。产品是为了满足消费者的需求而产生的，不同时期的消费者都存在着不同的消费倾向，所以，对产品也会提出不同的要求，一个企业要迎合、引导市场的变化，并开发出相应的产品，这样才不会被淘汰。

2. 一种产品必然会有衰退期到最后退出市场的日子，企业经营者对此应有清醒的认识，绝不能对产品存有怀旧情感，因为对产品价值有决定权的只有市场，而不是企业经营者投入的资金、劳动和精力等。

3. 企业的生命是以其产品为载体的，企业产品的消亡，意味着企业以这种产品作为生命载体的可能性消失，如果此时企业还没有开发出新产品来延续自己生命的话，企业就会随之消亡。所以企业想要生存下去，就要不断创新，开发出适应市场的新产品来。

金三元的创新主要包括：

在产品上，"扒猪脸"真空包装，开发出十三道名菜，创新出猪首宴，创新出黄金计划（玉米开发），创新出空心肠快餐、鸡系列产品等。

在设备上，"扒猪脸"加工生产线，开始时仅仅实现按工序工艺标准化，逐渐在实践中改造成用热电偶数字显示的半自动化。经过一年的使用，最近又将其改造成用国外温度控制器、传感器，用电动调节阀控制的全自动智能控制系统。

在管理上，金三元在短短的几年时间里经历了几次更新和创新。1996年采用电脑收款机，1997年改造成科利华餐饮软件系统；1998年又在此基础上实现总店与分店，总店与财务、厨房、人员管理、物资管理的联网。经过金三元的不断更新改造，使金三元电脑管理在国内餐饮行业中处于领先位置。

创新是盟主一定要做的，如果不创新，时间长了加盟店就松散了，在连锁中创新占10%左右。金三元酒家于1998年采用了CIS战略，并且正在试点ISO9001国际质量认证体系。金三元在餐饮管理上独具一格的是它在几年中通过对电脑的更新换代，率先全面地采用了CSC餐饮营业管理系统。这个系统包括经理决策、营业管理、库房管理、人事管理、财务管理和办公管理。在营业管理这个核心部分又包括营业设置、营业准备、营业台、宴会预计、常客管理、营业分析等。通过采用电脑管理实现了科学化和规范化。

金三元通过采用CSC餐饮营业管理系统，收到了四个方面的效果：一是电脑的应用增加了服务员的积极性，从而提高了服务质量；二是调动了厨师开发新菜的积极性；三是对收银员的要求严了，对顾客的透明度高了；四是金三元的管理层实行了数据化管理。金三元每季度、每月都对各层管理人员下达营业指标。如销售指标、成本指标、物料消耗的比例以及事故率等。通过电脑所提供的数据进行考核和奖惩，从而提高了管理的科学性。

综合上述五连，其比例的划分是名牌占30%，标准占30%，特色、创新各占10%，管理占20%，实现了五连，使各连锁店取得良好的经济效益。五连是根本，但光连不锁也不行。锁不住随时有松锁的危险。那么，怎样实现锁住、锁紧呢？

金三元"扒猪脸"的加工工艺是一项发明专利，它的工艺方法在连锁分店启动经营到一定规模，总店会将这套工艺方法提供给加盟连锁分店。但是，秘方是不会交给加盟连锁店的。这个秘方就是金三元的锁，它的秘密分成两部分。

一部分是酱制配方，由这个配方通过总店在指定的药厂加工出配料袋，这种配料袋是金三元扒猪脸加工的秘密武器。配方锁在保险柜里，只有总经理一个人可以开锁。

另一部分是温度测控系统。这部分系统是对扒猪脸加工的温度、火力、时间实现自动控制，采用智能化管理，其中加工时间的长短、温度的高低、火力的大小，完全不用人去控制，全部实现自动化，从根本上保证了扒猪脸的稳定性和统一性。这套系统中的主要元器件是进口的，质量稳定性得到了保证，控制系统中的设定值是死的，不能任意改动。了解设定值的只有总经理一人。各加盟分店一般有两套设备，一套运行，一套备用，出现故障时，另一套投入使用，维修调试或开锁时必有总经理到场。

特许经营的盟主，必须要有保险的锁，才能完成连锁的全过程，锁松或锁开了，就不能形成对整个连锁体系的控制，而失控的连锁体系，不仅使盟主损失巨大，对于品牌和整个加盟商体系都会是很大的伤害。

（资料来源：中国营销咨询网，http：//www.51cmc.com/article/200312/20031205133200720319.shtml）

二、案例分析

中餐能否进行标准化生产，一直是餐饮界争论不休的问题。其实，争论源于风靡全球的"特许经营"概念的产生。许多人认为，享誉全球的美味中餐之所以不能迅速扩张，是因其制作不能"标准化"的缘故。中餐的特点是"一店一味，一人一味"，不同的店、不同的厨师在不同时间做出来的菜肴味道是不一样的，这就是中餐不能采用"特许经营"迅速发展的关键所在。全球著名快餐品牌"麦当劳"、"肯德基"之所以能够迅速发展，主要靠的就是产品的标准化，在标准的严格要求下，全世界的各家分店所出售产品的味道全部是一样的。如果说产品质量是企业的生命，那么，没有进行"标准化"洗礼的中餐就不可能迅速发展。

"金三元酒家"的创始人利用自己"核心产品"——扒猪脸，利用自己经验与现代营销手段的结合——五连一锁，成功实现了自己的创业理想——将产品向全国，甚至全世界推广，这既解决了餐饮界一直争论不休的中餐能否进行标准化生产问题，又给中餐采用"特许经营"迅速发展提供了宝贵经验。

三、思考·讨论·训练

1. 本案例给我们带来哪些启示？
2. 试为一种产品设计连锁经营方案。

案例 11　东来顺想再涮一百年

一、案例介绍

北京"东来顺"饭庄始建于光绪二十九年（1903 年），是一个具有百年历史的中华老字号，以经营"涮羊肉"而享誉中外。1988 年 9 月，以东来顺饭庄为主体，组建了北京东安饮食公司，隶属东安集团。"东来顺"作为京城餐饮业的一大特色，有很高的知名度，被人们誉为"中华第一涮"。人们来到北京，均以能够品尝到"东来顺"的涮羊肉为一大快事。在国际国内的重大活动中，东来顺更是发挥了巨大作用，诸多中央领导人曾多次在此宴请外国领导人。另外，东来顺曾多次获得国内外各种烹饪大奖。

为进一步扩大中华老字号的影响，增加企业效益，早在 1987 年，东来顺就尝试在外地开设分店，以结束"独此一家，别无分号"的历史。1987—1995 年，北京东安饮食公司先后在全国开了 30 多家分店。但由于当时只开不管，各家分店在经营上各自为战，质量上无法保证，规模效益发挥不出来，到 1995 年为止，只收到 80 多万元的牌匾费，不到应收款的 30%，公司投入的 80 多万元也一直未能收回，贷款、亏损、挂账高达 1250 多万元，有 129 名职工回家待分配，人心涣散，士气不振。

1996 年，东来顺的新任领导班子，通过市场调查，发现企业所面临的市场背景为：

1. 整体餐饮市场变化快。我国餐饮市场以 16% 的增长速度呈现较好的发展势头。北京的餐饮业发展也很迅速，成为商业的增长点。其特点是：大众化餐饮呈上升趋势，小吃、快餐、家常菜走俏；经营特色更加突出，吃名牌的品牌意识明显增强；外卖业务发展迅速，成品、半成品、方便食品、速冻食品、超市食品等餐桌食品迅速增加；餐饮方式变化明显，生日、祝寿、团聚、宴请等家庭餐饮走向公共场所的数量越来越大。餐饮食品逐渐走向休闲化、便捷化、商品化和社会化。

2. 快餐业发展迅速。近年来，各地政府、各企事业单位都把发展餐饮业作为新的经济增长点加以扶植。特别是中式快餐业的《中国快餐业发展纲要》出台以后，确定了中餐产品标准化、生产工厂化、连锁规范化和管理科学化的发展方向，加快了快餐业的发展。快餐业以价位低、品种全、风味多、变化快、对胃口等特点，在餐饮市场中持强劲的发展势头。据有关方面统计，1998 年，我国快餐业网点比 1997 年增加了 7%，营业额增长了 20% 左右，发展速度均高于餐饮业整体增长幅度。

3. 竞争激烈。外国餐饮业陆续打入中国市场，与中国餐饮形成了两大竞争阵势。这些情况的变化，大大促进了餐饮业由数量型向质量型、由品种型向品牌型的转变，多元化、多成分、多业态的发展趋势，使餐饮行业进入了一个新的发展阶段。

4. 竞争对手情况。餐饮业的快速发展，使竞争对手越来越强。东来顺饭庄通过有关信息了解到：1998 年，经中国农科院专家长达 8 年研究，利用澳大利亚多赛特羊与中国小尾寒羊杂交，已培育出质量上乘的"兴绿原羊"，并以现代化科学管理方式大规模生产经营。2000 年，能仁居、华北楼、蜀王等饭店已开始用此品种的羊肉。小包装标准化的羊肉卷、羊肉片、羊肉串、羊肉丸子等系列产品已进入百盛、万方、天客隆等超市。最近，有关方面又传出消息：原"四季青人民公社"又引进、养殖了产自南非的世界优良品种"布尔羊"，两三年之内将在市场上出现，此羊生长期短，半年就可达到四五十斤，产肉比例高，容易饲养，容易普及，且对自然生态没有破坏作用，很容易在北京周边地区发展。这些都直接给东来顺带来了威胁。

5. 老字号企业普遍存在着如下问题：①观念保守，思维老化，认为传统的东西不能变，一变就会失去本色，不能适应目前市场的需求；②经验化、人情化管理，导致工作效率低，管理不到位；③企业负担重，许多老字号是国有企业，人员、设备老化，缺乏市场竞争力；④机制比较死，还存在着吃"大锅饭"的问题。

6. 东来顺面临的问题：①多数分店各自为政，亏损严重；②品牌美誉度下降；③很多传统菜品逐渐消失；④职工拿的是固定的工资额度，有吃"大锅饭"现象，人员素质差，管理没有形成制度化、规范化、标准化。

通过对公司优劣势的分析，新的领导班子认为，应充分利用东来顺的品牌、老厨师的技术和拥有多种传统菜品的优势进行具有东来顺特色的经营，"以软投入实现硬效益"。

随着全球经济一体化，特许经营作为一种较为科学的经营组织形式在营销中占有越来越重要的地位，发展速度迅猛，并已发展成为多行业、市场化、国际化的趋势。在美国的社会零售总额中，有近半数的零售额是通过特许经营方式实现的。餐饮行业是我国较早采用特许经营方式的企业，百年老店东来顺的特许经营较有特色。

1. 全方位进行商标注册。公司把"东来顺"商标由东来顺饭庄注册改为由公司注册，从法律上界清和规范了无形资产的所有权；先后投资 40 万元增加了羊肉加工、专用火锅、佐料、服务、企业名称和公司标识等 11 项商标注册；在马德里协定 46 国、美国、日本等共 50 多个国家和地区进行了商标注册。

2. 变更公司名称。新公司命名为北京东安饮食公司，北京东来顺连锁总部，取消了东来顺所属各企业的法人资格，变两级法人为公司一级法人，所属企业的营业执照由原来的企业法人营业执照变为非企业法人营业执照，企业负责人为委托法人负责制。

3. 建立了东来顺羊肉基地，保证主要原材料的供应。东来顺对羊肉的质量，从羊的产地、种类、羊龄到用肉部位，都有严格的规定。用于切涮羊肉的羊，产自内蒙古锡林格勒盟的东乌旗、西乌旗的黑头白羊。这种羊是一种肉、毛兼用羊，不仅产毛好，肉质也好。一只羊身上能用做涮羊肉用的只限于上脑、黄瓜条、磨裆、大三岔、小三岔 5 个部位，只占净肉的 35%—40%。这几个部位都是羊身上比较细嫩可口、切出肉片色泽鲜艳的地方。

4. 建立了东来顺火锅生产基地，生产专用火锅。火锅是展现东来顺涮羊肉风采的最佳用具，高效、美观、耐用、火旺是火锅的主要特点。1996 年，总部建立了东来顺火锅加盟厂，专门为东来顺生产专用火锅，保证了连锁店的需要。同时，承接了旧火锅的维修与翻新。

5. 建立了糖蒜生产基地，坚持传统工艺。随着东来顺连锁事业的发展，原有的大蒜基地产量有限，加之传统腌制工艺复杂，使供需矛盾十分突出。但总部在场地有限、人员紧张的情况下，坚决不到外面采购。近两年，总部根据连锁店的需求，克服种种困难，一方面扩大原有基地的种植面积；另一方面又寻找新的生产基地，不仅保持了传统腌制糖蒜的 20 多道工艺，而且使糖蒜产量翻了两番。

6. 建立了东来顺调味品生产基地，开发经营空间。过去，东来顺用的麻酱、韭菜花等辅料，都是从生产厂家购进的。近两年，总部与食品工业联合，成立了东来顺调味品厂，自己研制、生产了具有东来顺特色的麻酱、韭菜花、酱油、果醋、腐乳、各种调味辣酱、肥牛调料和烧烤涮调料等调味品，还生产了东来顺矿泉水、牙签肉、羊肉串、糖蒜等，配送品种已达 40 多种。最近，又自制了"东来顺涮肥牛海鲜调料"，并在市场上推出。

7. 建立了东来顺肥牛生产基地。近年来，随着人们生活水平的提高、习惯的改变和国内外交流的加强，肥牛火锅在北京及全国餐饮市场越来越被看好。东来顺连锁总部经过市场调研和实地勘察，在华北地区寻找了一家实力较强、牛源好、质量好、工艺精的生产厂家作为肥牛生产基地，为消费者增加了涮锅品种，受到了广大顾客的欢迎。

8. 恢复与创新。主打产品涮羊肉恢复原来的标准，如许多下属分店为了降低成本，将原来的口蘑汤变成白水汤，要求所有下属企业都不能擅自改变原来的风味。恢复了一些深受顾客欢迎的小吃如奶油炸糕、炸羊尾等。在恢复的同时鼓励创新，在观念上要做到紧跟时代节拍，鼓励创新一些符合现在顾客喜爱的创新菜。从 1996 年以来，东来顺恢复菜品小吃 50 多种，创新品种 1000

多种。在这些创新菜中得到顾客认可和满意的有 300 多个，如宫爆豆腐、铁板黄鱼、麻辣鸡块、翡翠鱿鱼、生扒羊肉、蒜香鸭、菜胆鲍鱼翅、炸虾塔等都很受欢迎。1997 年，17 种菜点被评为北京市名菜名点。

1999 年，根据总公司的品牌发展战略，配送部积极开发新产品，相继推出了东来顺普通型羊肉坯、羊杂系列和肥牛系列。最近，又适时推出了"普通小包装羊肉片"，得到了京城百姓的认可，仅一个月的时间，就销售了 2 万盒。同时，还与食品工业、煤炭工业联合，生产了"东来顺矿泉水"、"东来顺酱油"、"东来顺涮肥牛海鲜调料"、"东来顺粉条"。

9. 积极发展商业网点，扩大市场份额。为让东来顺的食品走进广大消费者的家庭，配送部还改变经营作风，主动走出去，开发了 80 多个商业网点，让东来顺的袋装食品、半成品走进京城的千家万户，并在双安、华堂等大商场设立了"当时切、回家涮"的现场展卖活动。这几年，配送部的销售额每年以 30% 的速度递增，成为公司主要的效益增长点。

公司在原有规章制度的基础上，根据规范管理和连锁发展的需要，编写了《管理指南》、《东来顺羊肉坯质量标准》、《员工手册》、《服务工作细则》、《服务程序》、《东来顺清真菜食谱》等，还录制了《餐厅服务行为准则》录像带，为企业实行规范化、科学化管理奠定了基础。

成立东来顺连锁总部。设立了服务开发中心、配送中心、培训中心和信息中心四个中心，总部通过这四个中心向连锁店进行管理与提供服务。同时，确定了加盟连锁店的发展程序为申请加盟、实地考察、签订合同、筹备开业和开业五个步骤。

发展特许连锁经营，实质上就是利用名牌再去复制一个名牌，使名牌形成规模。有了名牌的规模经营，就能产生名牌的规模效益。复制出的名牌像不像，就看总部的控制力如何。

过去，东来顺开办分店失败的原因有多种，但其中一个主要原因就是只开不管。成立连锁总部后，首先，在连锁经营中实行"八统一"。凡加盟东来顺的企业，都要严格实行"八统一"的管理原则：统一牌匾、标志，统一羊肉坯、调料等原材料，统一服装及员工上岗卡，统一装修风格，统一餐具用具，统一服务规范，统一员工培训，统一广告宣传及促销形式。其次，采取了四项主要措施拉近与加盟店的联系：一是适应市场需求，为连锁店提供满意、及时的服务。配送中心打破旧框框，取消节假日、休息日，提出了"全年如一日"的工作标准，只要连锁店需要，都及时、准确、完好地把货送到，并免收服务费。二是定期召开连锁工作大会，评选先进连锁店，交流经验，切磋技艺，展示东来顺成果和配送品种。三是经常委派专人到连锁店进行走访、检查，强化总部与加盟店的联络，提供信息，提供技术指导，提供无偿和有偿服务，帮助连锁店解决经营、技术上的困难和问题，帮助培训技术人员。四是保证加盟连锁店的经营利益，千方百计降低费用，降低主要原材料成本。

目前，东来顺的加盟店基本全部是盈利店，每年营业额在 1000 万元以上的店全国有 30 多家。唐山的一家投资 400 多万元的加盟店一年就收回了投资。目前，东来顺正在研究"加盟店投资失败，总店赔付"的计划。

东来顺从 1996 年以来在发展特许经营的带动下，取得了很好的成绩，但同时也存在着亟待解决的问题。一是有部分加盟连锁店为增加盈利，不完全使用总部配送的羊肉。二是全国假东来顺有几千家，有的受到地方保护，法律意识淡薄，打假很难。三是企业机制没有很大改变，管理靠"感情凝聚"，工资水平一般，不能吸引高级人才。四是员工是企业的主人无从体现，比如，企业很多项目是通过银行贷款才能运作的，还款人是企业职工，但企业职工根本没有股份。五是人员素质虽有所提高，但总体水平较低。

（资料来源：世界营销评论，http：/mkt. icxo. com/htmlnews/2007/09/10/1188910_ 0. htm）

二、案例分析

国有老字号企业东来顺通过分析企业的优势和劣势，建立了新的管理、营销策略，取得了很好的效果。特别是在营销渠道中运用了现代营销手段——特许经营，使经营成绩更加突出，大量的直营分店和特许加盟连锁店，既提高了东来顺无形资产的含金量，又盘活了社会上的有形资产。

老字号目前的情况令人担忧。据媒体报道：武汉的一家已经营了 120 多年的老字号，最近倒闭了；杭州一家老字号拍卖，无一人举牌，被认定品牌价值为零……有关调查显示，中国名牌每年正在以 5% 的速度在减少，中华老字号在其中占有不小的比率。老字号的核心竞争力是特色经营，一些老字号企业总认为企业一发展特色就会变，从而无法扩大规模，增加企业效益。东来顺发展的特许经营证明了这个观点是错误的，只要总部将配送、标准化和规范化工作做好，加盟者是不会将特色丢失的，并会自动上门，使企业规模迅速扩大；体制问题是一个大问题，目前无法从根本上改变体制的僵化，但在一定范围内进行改革是可能的。

三、思考·讨论·训练

1. 何为特许经营？
2. 简述百年老店东来顺特许经营的内容。
3. 为东来顺存在的问题找出解决办法。

第九章　促销策略

一个具有销售力的创意，基本上从未改变过，必须有吸引力与相关性。但是，在广告噪声喧嚣的今天，如果你不能引人注目并获得信任，依然一事无成。

——［美］李奥·贝纳

从本质上说，营销就是一门吸引和留住有利可图的顾客的艺术。

——［美］菲利普·科特勒

促销策略是市场营销组合中的一个重要组成部分，在当今市场竞争日趋激烈的情况下，企业不仅要开发适销对路的产品，制定具有竞争力的价格和选择合理的分销渠道，还要及时有效地向消费者传递产品信息，激发他们的欲望与兴趣，使其产生购买动机和购买行为，以实现扩大产品销售的目的。

促销是促进销售的简称，是激励消费者购买产品的一种活动。它是指企业通过一定的方式，将产品或劳务信息传递给目标顾客，从而引进兴趣、促进购买，实现企业产品销售的一系列活动。促进活动将企业的产品或服务的有关信息向消费者传播，使其认识到购买的利益所在，从而引进消费者的兴趣，激发购买的欲望，促进购买行为，以实现企业的销售任务，达到占领市场的目的。

促销的实质是传播与沟通信息，即企业仅有优质产品是不够的，还要及时与消费者进行信息沟通，让消费者了解产品，促使他们产生购买动机与行为。

市场交换活动是由供需双方共同实现的。这种交换活动的顺利进行，关键在于双方相互沟通信息。如果供方不了解需方的要求和欲望，需方又不了解供方的产品及特色，就不可能实现双方的交换。因此，要实现企业的销售活动，必须将企业产品和服务的信息传递给消费者。

一般来说，市场上供需双方信息沟通的基本方式有两种：一种是单向沟通，即一方发出信息另一方接收信息；另一种是双向沟通，即供需双方互相交流信息。前者往往通过广告、产品说明书、宣传报道、报纸、杂志、橱窗等方式，均属于供方向需方的信息单向沟通；后者常常通过现场销售、上门推销等，把产品直接介绍给消费者。同时，消费者把自己的需要和意见及时反馈给推销人员和公关人员，实现双向沟通。

一、促销方式

（一）广告

广告是企业按照一定的方式，支付一定数额的费用，通过不同的媒体（如广播、电视、报纸、期刊等）对产品进行广泛宣传的一种促销方式。广告的最大优点是广而告之，能在同一时间内向广大目标顾客传递产品信息。因此，在促销组合中，广告的使用最为广泛。

（二）人员推销

人员推销是指企业派出推销人员或委托推销人员亲自向目标顾客进行有关产品的介绍、推广、宣传和销售。人员推销不仅出售现有货物，而且能进一步了解消费者各方面的物质需要和精神需要，给予适当的售后服务，及时把消费者的要求和欲望、意见和建议反馈给企业主管部门和决策系统，以便调整企业的产品结构，改进产品性能，提高产品竞争能力。

（三）营业推广

营业推广是具有短期诱导性的战术性促销方式，是在目标市场中为了刺激购买者需求而采取的能够迅速产生购买行为的促销方式。常用的营业推广有两大类：一是以消费者或用户为对象的推广方式，如展销会、有奖销售、免费样品、减价销售等，目的在于鼓励现有使用者大量、重复购买，争取潜在消费者，吸引竞争者的顾客等。二是以中间商为对象的推广方式，如在销售地点举办展览会、实行购买数量折扣、提供广告和陈列津贴以及合作广告等，目的是鼓励中间商大量销售、实现淡季销售目标等。

（四）公众关系

就其本身意义来说，是指一个组织与其内部、外部公众之间的协调关系。作为一种促销手段，是指企业为取得公众的了解、信任和支持树立企业形象而进行的一系列活动。公众关系可以大大提高企业在公众中的知名度和美誉度，提高信息传递的可信度，使接受信息者在不知不觉中建立起对企业和产品的信赖感。这是其他促销方式难以取代的。

以上四种促销方式各有优缺点，相互之间具有互补性，单独使用某一种促销方式，往往难以收到理想的促销效果。因此，企业应该在总的促销预算下有目的、有计划地将四种促销方式有机地结合起来综合运用，形成一个完整的促销组合。

二、促销组合

所谓促销组合，就是四种促销方式的选择、运用与组合的策略。企业制定促销组合的最终目的是实现企业预期的销售目标。因此，企业进行促销决策除了应考虑四种促销方式的特点外，还应考虑以下几个因素：

（一）促销目标

企业在不同时期及不同的市场环境下所采取的促销活动有其特定的促销目标。由于促销目标不同，促销组合也就有差异。一般有三种目标：

1. 以介绍为目标。它是通过报道、诱导和展示来影响购买者，引起购买者对产品的初步需求。这种目标的促销组合应以广告为主，适当配合营业推广方式。

2. 以说明和提示为目标。侧重使用宣传报道，说明消费者购买本企业产品。这种目标的促销组合以广告和人员推销为主。

3. 树立品牌和企业的形象为目标。大力宣传产品品牌和企业本身，努力树立品牌形象和企业信誉，以使企业扩大市场占有率。这种目标的促销组合应以公众关系和广告为主，并配合适当的人员推销。

因此，在市场促销活动中，企业应当在营销总目标下制定出具体的促销目标，根据促销目标制定促销组合与促销策略。

（二）产品性质与营销渠道

由于产品性质不同，消费者或用户具有不同的购买行为和购买习惯，因而企业采取的促销组合也会有所差异。一般来说，对于低价的日用消费品，规格与品种各异，利润很薄，需要大批量销售，主要采用广告促销；对于工业品、价高利厚，主要采用人员推销。反之，对于销售渠道长、环节多的产品，促销组合的重点放在广告上，以吸引顾客到商店去购买产品。营业推广和市场营销根据情况配合使用。

（三）市场特点

目标市场的特点是影响促销组合的重要因素之一，企业要根据市场地理范围的大小、市场类型、潜在消费者数量及其集中程度而采取不同的促销组合。当市场地域范围大、购买者分布广时，最好运用广告形式；若市场地域范围小、购买者少且集中，则应以人员推销为主。当市场消费者文化水平较高、经济较宽裕时，应运用广告和公众关系。

（四）促销的总策略

企业促销活动的总策略有"推动"和"拉引"之别。"推动"策略就是以中间商为主要促销对象，把产品推进分销渠道，最终推上市场。"拉引"策略则是以最终消费者为主要促销对象，首先设法引起潜在购买者对产品的需求和兴趣，由消费者向中间商征询该产品，从而引起其向制造商进货。如果企业采取"推动"策略，则人员推销的作用较大；如果企业采取"拉引"策略，则广告的作用较大。

（五）产品生命周期的阶段

对于处于产品生命周期不同阶段的产品，企业的促销目的不同，促销重点与促销方式也有所不同（见表9－1），因此要相应制定不同的促销组合。

表9－1　　　　　　产品生命周期不同阶段的促销组合

产品生命周期	促销重点目标	促销组合的方式
介绍期	使消费者了解产品，使中间商愿意经销，提高产品的知晓率	运用各种广告宣传，对中间商采用人员推销
成长期	激发消费者欲望与需要，增加他们的兴趣和偏爱，进一步扩大市场	扩大广告宣传，搞好营业推广与人员推销
成熟期	促成信任购买，提高企业在消费者中的知名度和信誉感，保持市场占有率	以营业推广为主，广告与人员推销相互使用，巧妙使用公众关系
衰退期	消除不满，保持老客户	适当的营业推广，辅以广告，并适时降价

（六）促销预算

企业能用于促销的费用也是确定促销组合的重要依据。企业采用什么的样的促销方式，往往受促销费用预算的制约。每一种促销方法所需费用是不相同的，企业应根据预算，结合其他因素，选择适宜的促销组合。

总之，在充分了解各种促销方式，并考虑影响促销方式各种因素的前提下，有计划地将各种促销方式适当搭配，形成一定的促销组合，就可取得较好的促销效果。

案例 1 西门子——把促销
做到消费者心里

一、案例介绍

1997 年年初，当作为欧洲排名第一、世界第四大家用电器制造商的西门子雄心勃勃地进军中国家电市场时，面临的却是白热化的市场竞争。如何将第一款与欧洲同步的滚筒洗衣机成功地推向中国消费者的问题，曾深深困扰西门子市场营销人员。

当时众多家电厂商都将市场推广的手段集中在广告上，然而西门子营销人员通过对市场调查和消费者分析却发现，随着广告大战愈演愈烈，广告的促销作用已越来越弱。因此，为了吸引消费者并刺激他们的购买欲望，西门子必须采取一些别出心裁的促销措施。

1997 年恰逢西门子公司成立 150 周年，借此喜庆的日子，营销人员策划了一次席卷全国的"西门子 150 周年金银欢乐送"推广活动：凡购买西门子洗衣机，可获赠"限量绝版定制的西门子 150 周年纪念纯银币"一枚并同时参加纯金币大抽奖。这些制造精美极具收藏价值的纪念币与设计简洁高贵典雅的西门子洗衣机相映生辉，令人爱不释手，使西门子洗衣机的品质感得到充分凸显。活动开始后在全国受到出乎意料的欢迎，制造精美的纪念币配合高品质的西门子滚筒洗衣机，给国内家电市场带来一股浓郁的欧洲风情，一万枚银币在活动开始不久就伴随洗衣机销售被抢购一空。

1998 年年初，西门子先后在各大城市开展一系列与名牌服装联合的推广活动。在武汉，西门子洗衣机与名牌服装马天奴、经典故事联合演绎一台主题为"好衣服当然要用西门子洗衣机"的大型时装表演与新装上市活动。活动当天洗衣机销售创武汉当年最高纪录；在上海，与著名休闲装品牌 ESPRIT 合作，双方通过资源共享以及联合广告宣传与新闻发布，使两个品牌在形象树立上相得益彰。ESPRIT 当月销量成倍增长，西门子洗衣机也以简洁高贵的形象成为广大 ESPRIT 年轻消费者未来结婚购置的首选目标。

独特的营销策略，使得西门子在短短两年时间内，成为中国家电市场上的一支不可忽视的力量。

（资料来源：元妙企业管理网：http：//www.yuanmiao.com）

二、案例分析

当越来越多的商家开始意识到促销手段在商战中的重要作用时，一些追求短期效应，只考虑销售数量不考虑企业长远发展的促销也频频出现，例如特价销售、打折销售、赠送超值礼品等。这些行为往往带来严重后果：公司合理利润的减少势必会影响到公司对新产品开发和售后服务的投入，从而降低其在未来市场上的竞争力。对消费者而言，虽在购买产品时得到一些小优惠，但他们可能会面临将来不能较快得到性能更优越的新产品或享受不到更优质的服务的危险，这实质上也造成了消费者利益的损失。西门子的成功案例表明：促销活动的重点应当放在设法为顾客提供超出他们期望的产品价值或服务，满足消费者深层次的需求，这样才能取得良好的效果。

三、思考·讨论·训练

1. 促销根本的实质是什么？
2. 常用的促销手段有哪些？

案例2　强势促销——2008美媛春果味
常润茶上市营销

一、案例介绍

随着现代都市生活节奏的加快，受工作压力、应酬、不规律进食、城市污染等各种因素的影响，许多人遭受便秘的困扰，由此产生了一个巨大的常润茶市场。为了瓜分润肠通便市场这块巨大的奶酪，各种润肠通便产品如排毒养颜胶囊、肠清茶、常润茶、通补胶囊等商家各显神通，竞相在高空及终端大量投放广告，以不同的操作手法及概念在分割这块奶酪。正是鉴于这个市场广阔的前景，在补血市场久负盛名的美媛春品牌也决定进入这一市场。然而，面对这一竞争激烈的市场，作为常润茶市场新进品牌——美媛春，应该怎么样才能找到属于自己的一片绿洲呢？

从整个市场调查的结果来看，虽然常润茶的市场空间在华南地区非常巨大而且消费需求稳定，但是为了瓜分润肠通便市场这块巨大的奶酪，各种润肠通便产品如排毒养颜胶囊、肠清茶、常润茶、通补胶囊等各显神通，不断蚕食这一市场。尽管如此，后来居上的碧生源常润茶还是依靠在华南市场的强势高空投放、终端精耕细作的营销策略，在润肠通便、排毒养颜市场独占鳌头，销售形势是祖国江山一片红！

调研数据显示，常润茶的目标群体非常明确，主要消费者是女性，其次是老年人群体。目前，常润茶市场的主力品牌——碧生源常润茶，它所采取的是一种大小通吃的全面进攻策略！然而，女性因自身生理原因，其便秘人群是男性的3倍以上，其中约1/3女性在因减肥或饮食不规律没有一天一大便的习惯。女性市场最大，美媛春常润茶要切割的就是女性群体市场，而美媛春品牌在女性市场拥有着不错的口碑！这真是一次天衣无缝的契合啊！

无数次实验，终于在决明子、山药、茯苓、绿茶等常润茶成分组成的基础上，改进了原有的配方，加入鲜橙提取物，推出了中国常润茶市场第一个史无前例的水果味常润茶——美媛春果味常润茶！

美媛春果味常润茶品牌的项目小组在传播、推广策略上，采取了"高举高打"的强势整合传播策略：

第一，整个传播重心放在电视媒体，以影视广告和专题片为主。项目小组根据既定方案，拍摄了美媛春果味常润茶电视广告。在拍摄电视广告时，项目小组从美媛春果味常润茶的口感："水果味，更好喝的常润茶"入手，在诉求上采取以情动人，体现美媛春十八年来带给消费者的促销利益："买一送一"，用"水果味，更好喝的常润茶"突出常润茶的味道独特，并圈定中、青年女性消费人群。

美媛春的广告宣传的重点是强调"水果味，更好喝的常润茶"，而不像其他保健品上市一样主打功效，以实际行动避免保健品"夸大产品功效"的通病。

第二，整个传播的次重心放在报纸媒体，以硬文广告和软文广告为主。为了提升美媛春果味常润茶的品牌知名度，项目小组根据报纸广告的实际情况，在标题方面做到了有张力，从多方位、多角度和消费者打招呼。主要是向读者陈述美媛春果味常润茶的口味，把"水果味，更好喝的常润茶"作为主诉求点，并大打优惠牌，开展"美媛春真情十八年"特别优惠活动，在带有女性风格、娓娓道来的诉求中向消费者传达了美媛春果味常润茶独特的口味和优惠促销信息。

在报纸媒体的选择上，选择的报纸媒体都是覆盖率比较广、有权威性的报纸，如《广州日报》、《信息时报》等发行量比较大且权威的报纸。在进行全面投放时，项目小组又撰写了《女老板和男秘书的小秘密》、《时尚美女为何爱喝美媛春常润茶？》、《喝美媛春果味常润茶，我的年龄是秘密》等系列短文。这些短文或以透视社会现象引出女性为了健康、美丽，喝了美媛春常果味润茶带来的幸福和自信。

第三，加强终端推广，踢好关键的临门一脚。终端是营销的临门一脚，为了踢好关键的这一脚，在包装设计上设计了符合女性审美特征的时尚包装，利用原有美媛春花瓣的形式，使包装富有张力；同时，运用"1＋1＞2"的原则，采用"买一送一"的捆绑包装模式，这样一来在体积上明显大于竞争品牌常润茶的包装。在摆放陈列效果上，美媛春果味常润茶在不增加费用的情况下使陈列最大化。一上市就进行"1＋1"优惠促销，不但给经销商等渠道极大的信心和优惠感，而且也极大地满足了女性消费者精挑细选、讲究实惠的消费心理，更加拉动女性消费者对美媛春果味常润茶的尝试和消费。在渠道选择上，其方针是"抓住中心点，重点包围"，利用现有一切优势，重点先对A、B类药店及连锁药店快速进行铺货，单一散店先期不纳入销售代表的铺货任务范围。这一方式强调在最大化、最快速铺货的前提下，先满足城市中心消费人群的需求，而不是盲目地追求大而全的铺货率，真正贯彻二八定律的精髓思想。

第四，举行美媛春"水果美人"PK大赛跟进活动。为了与空中媒体的宣传相呼应，项目小组精心策划和设计了美媛春"水果美人"PK大赛跟进活动。活动是围绕美媛春果味常润茶的差异点"水果味"来展开的。目标群体针对女性，"只要您拥有自信和活力，崇尚健康与美丽，您就可免费报名参加美媛春'水果美人'PK大赛，'尽情展现自我，实现梦想！'"活动采用了丰厚的奖品来吸引更多的女性群体的参与，"获奖者将得价值3000元的美媛春系列产品，还有机会成为美媛春果味常润茶平面模特和代言人！"通过活动既提高了美媛春品牌在消费者中的美誉度，使更多的女性消费者通过这次活动之后便深刻地记住了美媛春果味常润茶，让更多的顾客在尝试了美媛春果味常润茶之后便喜欢上了这种果味的口感，成为忠实的顾客。

在有独特创意的策划指引下和强势媒体传播的组合效应下，消费者对美媛春果味常润茶的认知度大大提升，使越来越多的女性消费者加入了购买行列，在华南地区的销售战绩取得了良好的突破，销售形势节节攀升！

（资料来源：时代 CEO 管理网：http：//www.timeceo.cn）

二、案例分析

美媛春果味常润茶能在竞争激烈的润肠通便市场上迅速打开市场，并能得到消费者的认同这和其强势促销手段离不开的。在竞争激烈的保健品市场，能够在越来越理性的消费者面前得到认同，美媛春的促销手段无疑是成功的。美媛春抓住女性心理，通过在权威的报纸上做广告到举行大型的公关活动，其强势的促销手段让美媛春果味常润茶安全度过了市场投入期。

所谓"酒香不怕巷子深"的古训，早已不适合今天的市场。成功的促销策略能让产品在最短的时间内得到认同，在最短的时间内为企业收回成本。设计好产品的促销方法已经是今天市场营销策略组合中重要的一环。

三、思考·讨论·训练

1. 促销策略的内容主要有哪些？
2. 试分析身边某一知名产品的促销策略。

案例 3　免费赠送的企业策略

一、案例介绍

免费赠送是一种促销方法，就其实质而言是一种销售促进策略。日本万事发公司就是利用此策略一炮打响，彻底扭转市场劣势的。

在相当一段时期内，万事发（MILD SEVEN）香烟的销路打不开，公司面临关闭的威胁。为了杀出一条生路，公司经过一番思考和策划，选定以"免费赠送"进行促销。

于是，公司老板在各主要城市物色代理商，给予代理商一些费用和一批香烟，然后通过这些代理商向当地一些著名的医生、律师、作家、影星、艺人等按月寄赠两条该牌子的香烟，并声明，如对方认为不够，还可以再免费提供。而每隔若干时日，代理商就会寄来表格，征求对这种香烟的意见。

万事发香烟公司经过半年左右的"免费赠送"以后，赢得了一批较有身份和影响的顾客，接着利用这些名人的评价大做广告，宣传该牌子的香烟都是有身份的高贵人士所用的。这样，那些有点身价的人们当然会买来试吸，而那些并没有多少财富或名气的人，由于心理或面子的驱使，也买这种香烟吸，以显示自己的身份。这样，万事发香烟很快获得众多的顾客，几年时间，MILD SEVEN 成为仅次于"万宝路"香烟的、世界销量第二的香烟品牌。

不仅日本的万事发，美国企业巨人西屋电气公司也曾从该方法中获利颇丰。

西屋电器公司曾经开发了一种保护眼睛的白色灯泡，为了打开销路，采用了免费赠送策略。公司根据消费者名录，挑选出 1300 户使用电器的消费者，免费给每户赠送两只白色灯泡，把有关灯泡性能、优点的说明书一起附上。两周后再派人到用户家去收集使用意见。

这次赠送活动的反馈意见中，有 86% 的家庭主妇认为，这种灯泡比别的灯泡好，眼的感觉舒服；78% 的主妇反映，这种灯泡光线质地优良。

西屋电器公司以此作为试验性广告资料，在 15 个地区委托 100 家商店试销这种灯泡 10 万只。最后刊登出题为《具有特别性能的电灯泡》的广告，并把两次试销的结果、用户的评论意见公之于众，立即引起了消费者注意，西屋电器公司的白色灯泡一下子成为畅销货。

万事发公司和西屋电器赠送产品的方法主要有以下几种：

1. 以直接邮件配送。万事发公司根据市场调查，有组织、有系统地寻找出可能需要本产品的社会阶层，编造地址名单，然后按照名单直接邮寄本产品样品给目标对象。

2. 登门访问赠送。经过调查的结果，如果知道需要者集中居住于某地，可以组织人员挨家登门访问赠送样品。因为美国有专门替人登门访问代送赠品的公司，西屋经验表明这样的赠送方法到达率很高。

3. 放在零售店里赠送。把样品交给零售商，请零售商代为赠送。这种办法如果零售店能尽责代办，可以获得很好的效果。但若该店不尽责，赠品到达率则很低。为此，西屋公司曾告诫其他企业如果使用这种办法赠送，要有一套管理办法。

4. 先送样品试购优惠券。可用邮寄方式或在零售店里给消费者送上"试购优惠券"，让大家凭此券试购自己的产品试用。美国西屋公司很多新产品上市都采用这种办法，据说效果很好。

（资料来源：清华大学经济管理学院工商管理研究组：《MBA 工商管理 800 例》，世界图书出版公司 1998 年版）

二、案例分析

万事发和西屋公司的成功，都归功于赠送的作用。一种新商品，市场的知名度不高，用户也极少，为了打开销路，"免费赠送"是通用手法。"先尝后买，方知好歹"。这是一句古老的生意经和广告术语。这种先尝后买，意在传名的方法，后人称之为"活广告"。这种"活广告"至今仍被广泛运用，并从食品类延伸到日用品、机器设备等。相对于广告而言，免费赠送花费并不大。但只要事先精心周密地调查研究，做到有的放矢，"放长线，钓大鱼"，终会有丰厚的回报。

三、思考·讨论·训练

1. 万事发公司和西屋电器赠送产品的方法主要有哪些？除此之外，还有其他更好的方法吗？

2. 结合本案例谈谈销售促进对企业产品被消费者接受的作用。

案例4　唯一重要的是精确

一、案例介绍

在现代商业社会里，没人能忽视广告的作用。但是，密集的广告并不能包治百病，"狂轰滥炸不能成就精品品牌"。路易·威登、迪奥、娇兰这些最知名的奢侈品品牌，它们并不热衷于密集的广告投放，可依然在消费者中拥有良好的口碑和不俗的业绩。

奢侈品的广告投放面对的是比一般消费品更为严峻的竞争环境。它们的目标客户群人数少，起点高，要求也比较苛刻。如何使奢侈品迅速找到自己的目标客户，实力媒体副总经理（上海）、专门服务 LVMH 集团业务的欧润生认为，奢侈品广告投放中的一个关键因素就是要精确制导，找对找准自己的广告投放媒体和投放形式。

奢侈品的广告目前仍然集中在高档杂志期刊上，特别是已经在全球市场都取得不错口碑的杂志。很多奢侈品都已经经历了漫长的发展过程，比如，LV已经有 150 多年的历史，在杂志的选择上必须要求杂志的品质能和 LV 的品质在视觉传达上达到一致。

很多人相信，奢侈品在很大程度上是两种产品的叠加，就是实质性的内容产品和符号标志产品的叠加。而且前者的价值依附后者的价值度高，这和一般日常消费品的原理正好相反。所以，对奢侈品符号的视觉传达并不是一个简单的过程。

富裕的女性消费者群体一直是奢侈品消费的主力军，她们不是传统意义上的富太太阶层，她们通常很忙，本身拥有职业，还要照顾家人的饮食起居。今天的女性没有无所事事的时候，她们是强硬的消费者，力量足够使销售商改变广告投放的预算。她们阅读杂志，要弄清产品的所有细节。可见，读者以及媒体的专业化，为奢侈品广告的投放和不同组合形式提供了更丰富的题材。

LVMH 集团下面有路易·威登（LOUIS VUITTON）、迪奥（Dior）、娇兰（GUERLAIN）等精品，通常企业会选择精品杂志投放广告，但在开新店时，他们也会选择当地的报纸。

从 2005 年开始，电视媒体开始进入奢侈品广告的投放阵营。高级奢侈品广告，从某种意义上来说，已经将消费的冲动和审美的欲望紧密联系在一起。

（资料来源：网易，http：//biz.163.com/）

二、案例分析

广告可以帮助企业与消费者沟通信息，使产品迅速找到自己的目标顾客，实现销售额，占领市场，提高市场占有率。因此，许多企业大量运用广告手段，为自己的产品寻找销路，但密度不会帮助奢侈品迅速找到自己的买家，在奢侈品广告的投放中，唯一重要的是精确。奢侈品的品质不同于一般消费品，要凸显奢侈品的特色，卖家必须另辟蹊径，找准方法，利用特殊的手段赢得顾客。

三、思考·讨论·训练

1. 广告的作用有哪些？
2. 奢侈品的特点？
3. 为某品牌的奢侈品做一则电视广告。

案例 5　军装姊妹　肠治久安

一、案例介绍

2000 年 1 月，卫生部推出了药品分类管理办法，其中医药分家和药品分类制度的全面推广特别引人注目。药品分类制度的推出不仅使药品市场逐步规范，同时也使更多的生产处方药的药厂看到了另一个巨大的市场空间，那就是非处方药市场（OTC 市场）。许多医药厂家推出了适合 OTC 市场销售的新品种，为处方药销售找到了新渠道。由于药品分类管理办法才推出几个月，还不为广大消费者所认知，因此，预测国家一定会对其进行广泛的宣传，按照国家的宣传习惯，像这样的一个重要条例在推出时，一般都会推出一系列的科普宣传活动，同时，媒体都会全面参与进行广泛的宣传报道。国家一类新药"金双歧"是治疗急慢性腹泻、肠胃不适症的处方药。如何适应新的政策、新的市场环境，提高药品的品牌知名度，改变市场销售萎缩的状况是生产厂家万泽医药亟待解决的问题。深圳采纳营销策划公司，协助企业借助国家宣传 OTC 的大势，策划了一系列市场营销活动，在竞争激烈的市场环境中取得了成功，使一个销量连续下滑近六个月的产品，在一个月内不仅止住了下滑，而且使销量上升了十几倍。

深圳采纳营销策划公司在对企业的市场进行分析后，发现"金双歧"市场存在以下问题：

1. 产品由于目标市场定位不准，推广不利，宣传不得法，使产品销量直线下降。

2. 产品包装在设计时按照处方药品包装来设计，导致货架视觉效果极差，视觉要素在 OTC 市场上缺乏竞争力，但是，改变药品包装需要很复杂的手续，包装不能改变。

3. "金双歧"品牌无知名度，品牌形象的塑造需要一个过程，"金双歧"的名称本身也不适合作 OTC 市场的推广，而且药品名称不能作变动。

4. 竞争对手多，且有强势品牌。目前，市场上与金双歧功能相同或接近的品牌较多，如丽珠肠乐、妈咪爱等，它们已在消费者中拥有属于自己的忠实顾客群。有资料表明，对于药品购买 47.2% 的消费者会选择自己熟悉的品牌，服用时才会放心，也就是说，对一个新生药品品牌来讲，存在相当的竞争压力。

5. 缺乏必要的市场拉力，这包括广告及终端促销支持。虽然金双歧曾做过简单的市场促销，但对整个市场没有起到强有力的推动作用，原因可能是由于市场定位及卖点不准。

6. 作为微生态制剂，消费者对产品这种概念的知识缺乏了解，药理比较复杂，一般消费者难以理解复杂的产品功能。另外，产品的治疗功能较多，产品卖点不明确，药用适用范围广，营业员在销售时无法清楚地介绍产品。

通过对营业员、经销商、消费者以及同类竞争对手产品的市场调查，公司研究决定运用以下策略打开市场：

1. 明确目标市场。公司决定以中青年多发肠胃病者为主要消费群，因为这类人群经常服用肠胃药，对肠胃病认识比较深。

2. 为"金双歧"打造一个鲜明富有个性的传播形象，使它从众多的医药产品中脱颖而出，克服产品包装不足的缺点，要达到使消费者从众多的产品中指名购买"金双歧"的目的。

3. 明确产品的特点。国家医药分类管理办法出台后，重点宣传点之一就是药品的安全性、有效性。如果将产品卖点集中定位在安全有效上，和国家宣传口径接轨，就能够搭国家药品分类管理办法宣传的车，迅速提升金双歧的知名度。

4. 利用整合营销传播的策略，将科普宣传、广告、促销、人员推广、终端包装等手段融为一体，形成立体攻势，大幅提升产品销量。

5. 对终端促销在两个方面开展：一是在售卖点展开大规模促销；二是对销点的营业员进行业务培训，止住销量下滑的趋势。

6. 所有的广告、宣传的文案要以退为进，不要自吹自擂，要以诚实可信的语言增强消费者的信任度。

7. 暂时回避对微生态制剂赞美的概念宣传，要以简单、有趣的方式介绍产品。让消费者记住产品功能，不能使用难懂的科学术语，以免形成语言壁垒。

8. 实施以"策略引导创意"的创意观。只有策略正确，才能保证创意的成功，才能使品牌营销"形散而神不散"，统一品牌独有的核心价值，并形成一套完整的企划方案。

确定了以上策略，但是，怎样实施这些策略，才能达到四两拨千斤的效果呢？经过讨论认为，"金双歧"药名就可以变成一个传播要素，如果能将药名与某个鲜明的形象联系在一起就可以起到很好的提升品牌知识度的效果。

经过创意设计出了一个孪生姐妹的形象，寓意"双歧"，她们是健康的保护神的化身，是治疗肠胃患者的安全使者，肩负着肠道生态平衡的使命。接着，将这对姐妹设计成了穿迷彩裙的准军人形象，同时为她们设计了一个动作：暂停的手势，此手势寓意坚决保卫肠胃健康，让一切肠胃病就此停止。

军装孪生姐妹形象推出后，立刻引起了消费者的关注，消费者一看到这两个军装孪生姐妹就会联想到"金双歧"，许多消费者在药店买药时指名购买代表这个形象的产品。

产品在销售终端、立广告牌、灯箱广告等一些物品上都运用了这一形象，使视觉形象得到统一。军装孪生姊妹的英姿给人留下了很深的印象。

在前期创意过程中，形成了以形象广告为主线、促销为辅的一套传播策略。那么，怎么来进行公关广告创意呢？面对处方药在 OTC 市场的诸多限制，公关广告活动的成败直接关系到产品销售的成败，所以，公关创意成了产品销售的核心，在经过市场调研和策略思考的基础上，策划公司提出了以"安全有效"为整合点对产品全面传播的创意。

公关广告的创意一定要围绕这个整合点展开，配之以安全用药科普宣传核心的公关活动。这一公关活动既来源于对产品准确把握和定位，又来源于对外部市场形势的判断。任何成功的公关活动都是借助外部市场环境的有利条件来展开对自身的宣传和炒作的。具体活动是搞一次安全用药科普调查活动。实施这一策划的方法，是要找到一个权威的公众信任的单位和媒体来共同举办安全用药科普调查活动。经过联系沟通，深圳市卫生局和深圳商报社共同参与了调查活动。

必须调动众多媒体参与安全用药科普调查活动。在此基础上，配合硬性广告，形成广告上的整合优势提升产品知名度。

必须形成产品知识和消费者的良性互动，公关创意执行如下：

5 月 26 日，在《深圳商报》刊登安全用药科普调查公告，同时通过报纸夹寄药店派送发出 10 万份《金双歧人健康快讯》。

5 月 27 日，配合深圳卫生局在东门步行街开展处方药与非处方药宣传周活动，在现场开展用药安全调查活动，此举引起了各媒体的广泛关注，金双歧在现场精彩亮相，更成为全场焦点。

5 月 28 日至 6 月 13 日，通过现场、报纸、寄问、药店共收回问卷数万份。

6 月 12—18 日，深圳主要媒体对此次活动进行了详细报道，并刊发了大量的安全用药科普文章，因为金双歧是主要赞助商，更成为报道的主角，使人们将"金双歧"与"安全有效的肠胃药"紧密结合起来。报道一波高过一波，空间造势形成。

5 月 26 日至 6 月底，万医生（万泽医药咨询人员）每天接听数百个热线电话，回答消费者关于有关安全用药的咨询。

6 月 16 日开始，万泽医药向全市人民赠送万医生安全手册，众多消费者争相索取，在安全用药手册中金双歧再度成为主角，使消费者对产品有了更深的了解。

伴随着安全用药调查宣传，"金双歧"同期推出了"安全有效的肠道用药"金双歧的广告宣传，并以"肠治久安"这句广告语，贯彻安全用药的始终，使金双歧的知名度在短期得到了大幅度提升，其安全有效的特点受到消费者瞩目，销量猛增。公关活动取得了空前的成功。

"金双歧"成功的另一关键因素是广告的创意，其配合公关活动推出一系列给消费者的忠告广告对于推动产品销售起了很大作用。如《金双歧忠告肠胃患者：别误中"圈套"》、《金双歧忠告肠胃患者：别误中"暗器"》、《金双歧忠告肠胃患者：别误食"恶果"》。这套广告以退为进，语言娓娓动听，不自吹自擂，与科普公关相互呼应，起到了强有力的促销效果。

接下来，围绕安全用药话题的展开，推出一系列科普文章，进一步突出介绍产品的特性。在安全用药科普调查活动结束之后，又推出了金双歧给消费者的五封信，以亲切的语言系列报道：《忠告：别把肠胃当药罐》、《劝告：别再浪费你的金钱》、《警告：抓住致病的元凶》、《敬告：别再忍受痛苦的折磨》和《宣告：好肠胃一生平安》，通过这五封信的系列报道，向消费者传达了肠胃疾病的成因及本质，达到了教育引导消费者，同时也又一次宣传了产品功能。

在推出这五封信系列报道的同时，巧妙地将促销活动融合进去，只要消费者集齐五封信便可得到万泽医药提供的精美礼品，通过这一途径，使消费者对五封信有了一个整体认识，可以达到充分教育引导消费者的目的。这项活动在推出后，反响热烈，在各医药连锁店兑换奖品的人络绎不绝。整个广告创意围绕着金双歧产品的特性结合消费者对医药产品的潜在认识，调动了消费者对安全用药的重视与关注，使产品和消费者有机的融合，使广告宣传达到了四两拨千斤的效果。

经过双方的协同运作，产品销量提高十几倍，品牌知名度也大幅提升，如今金双歧以深圳为根据地，产品扩展到华南地区，并准备开始向全国的 OTC 市场进军。

（资料来源：3S 网，http：//www.3s3s.com/）

二、案例分析

策划界有句常用的口头语叫做"找点"，简单的两个字，其中的学问却不简单。为什么要"找点"呢？这是因为，现在的产品太多了，产品的宣传也太多了，不"找点"，简直就无法生存。"找点"有两层含义：一是产品差异化，自己的产品和同类产品有什么区别，产品的优势是什么？找到这个"点"是产品存在的理由，如果连这个"点"都找不到，在当前市场上，此产品肯定是"苟延残喘"型产品，没几天活头了。二是在找出优势点之后，要找出进入市场的"点"，运作这个"点"的成败，关系到产品在终端市场上的成败。所以，找到这个"点"就显得更加重要。

此外，企业"找点"还需要"跳跃思维"成分，本案例中，金双歧产品和OTC市场所倡导的"安全有效"进行联系，即是跳跃思维创意的结果。如果金双歧按照老路子，老老实实打广告，用正常的广告语来讲自己的产品功能，其效果肯定不会好，铺天盖地的广告有那么多，谁会听一个名不见经传的产品"痛说家史"呢？当然，所有的"点"在找完之后都需要各种公关广告宣传的配合，但需要注意的是，"找点"是所有公关广告宣传的基础。

三、思考·讨论·训练

1. 销售"金双歧"的"点"是如何找到的？
2. "金双歧"是如何被消费者接受的？
3. 试着为某产品找一个进入市场的"卖点"。

案例6　天健花园的广告策略

一、案例介绍

天健花园之所以能够在深圳一举成名，是因为他卖的不是楼盘而是文化。

（一）天健花园的销售难点与优势

天健的销售难点：

1. 在市场状况方面，当时正值亚洲金融危机，香港的买家大多持观望态度，深圳的楼市与香港的楼市一脉相承——深圳楼市中有不少消费者是香港人。此时，楼市的低迷会对天健花园的销售产生巨大影响。

2. 就天健花园的地理位置而言，它虽然处于新市中心区，离它不到十米之遥处就是万科的城市花园，而万科是深圳著名的地产商，城市花园也是其竭力推出的名牌楼盘，这给天健花园造成了很大的竞争压力。

3. 在品牌方面，天健公司虽然是深圳老牌地产商之一，但由于原来是市政公司，品牌推广起步较迟，这次推出的"天健花园"是该公司推出的第一个精品楼盘，尚不能为消费者全面认知。

4. 从成本方面来看，天健花园是精品楼盘，造价较高，又处于新市中心，地价也高，因此，楼盘的起价、均价、总价都比较高。

当然，天健花园也有自己的优势：

1. 整体设计、规划非常完整、精致、漂亮、富有人性化，并具有一定的超前性。比如，会所、车库的人车分流、红外线防盗、残疾人车道等方面都独具一格。整个社区的设计在新市中心可谓首屈一指，令人赞叹。

2. 发展商准备以天健花园来创品牌，因此在房屋的户型、配套设施、物业管理、装饰装修、绿化园林、社区文化等方面都尽力精益求精，用足了心思。

3. 天健花园处于新市中心区，其周边的银行、邮局、学校、幼儿园、购物中心等也相当完备、成熟，交通方便就更不用说了。

（二）广告策略

经过调查后，创意人员将"天健花园——居住文化的代表作"作为整合主题，利用主打广告语"天健花园——处处好风光"，以环环紧扣的三拨广告向市场发起进攻。

第一拨：广告以《今年夏天的热点话题：天健花园即将隆重发售》开篇。在竖起来的半版、全版广告中铺满了一片手工绘制的草坪，文字设计力求"从草地挖出来"的效果，视觉冲击力很强。

第二篇是《好房子经得起时间的考验》。在草坪上依次展示出长城、悉尼歌剧院、凯旋门、金字塔……天健花园，让著名的建筑与天健花园做对比，告诉消费者，天健花园是以"为你建筑不朽的大地乐章"为己任。

文案：《好房子经得起时间的考验》

一座好房子除了它外表漂亮，户型多样，更重要的是它选材精良，内在的品质高贵，这才是最实在的。天健花园以"为大地留下不朽的建筑"为自己的价值观念，为你建设一栋栋的好房子。我们相信，历经数年之后，你一定会感到选择天健花园没有错……

然后，文案以三位消费者的语言引领全章，讲述了天健花园是如何"尊重人性的完整规划"、"营造温馨的配套设施"和"一个讲文明、讲文化的社区"的。

第二拨：主要针对处在观望的购买人群，为了让他们产生购买冲动，借天健十周年庆典之际，推出了"十年仅此一次的优惠行动"，并在第一拨广告的基础上对各个细节做进一步深入描写：

《手篇——这双手，让您感受到生活的美好》。文案：从买房人的烦恼讲起，引申到天健花园注重整体规划。

《耳篇——禁止入内，您可以从此耳根清静》。文案：讲人车分流，汽车不用进入院内，直接进入地下车库，讲述天健花园人性化的设计。

《花蝶篇——有它们陪伴，您的房子不会孤独》。讲述天健花园配套设施的完善。

《鸟笼篇——拆掉笼子，您可以充分享受生活的乐趣》。讲述没有防盗网，一样安全。

《摇篮篇——为了孩子，我们愿意花更多的钱》。讲述了精心为孩子所规划的文化、娱乐、教育等设施。

《天平篇——这台天平，衡量天健花园的价值》。文案：诉求天健花园的价值不因时间而下降，反而在此低迷期，如此价格具有很强的增值空间。

最后一篇广告，是以整版的企业形象广告《扎根深圳，建设美好中国》落笔：一块土地的剖面，可见浓密的根系，以中国地图做底，一棵大树为视觉焦点，气势磅礴。

第三拨：以搬家入伙为主题，营造浓烈欢庆的气氛，以争取尾盘销售成功。广告以《甜蜜生活今天开始》开篇，系列推出《瓷器篇》、《巧克力篇》、《高速列车篇》、《花好月圆篇》。篇篇出彩，将搬进天健花园的喜悦、快乐、祥和、幸福一一展现，使很多人不禁神往。

历时 10 个月，天健花园一路旺销，完成了树立品牌的初步目标。

（资料来源：周军平、左农、陈将楚：《推广无难事》，广东经济出版社1999 年版）

二、案例分析

本案例是一个成功的房地产营销案例。与一般房地产商的营销策略相比较，我们可以看出天健花园在推广中有以下独到之处：一是以"文化"二字为推广策略的总纲领，打破了一般房地产商在销售楼盘时的"设计新颖"、"交通方便"、"环境幽雅"等文章格式。二是广告传播的独特讲究。天健花园的广告除了都是以"文化"为主题外，其中每一拨广告又都是针对不同阶段中的消费心理精心设计的：第一拨广告是针对人们初步了解天健花园、产生"天健花园是什么"的疑问心理而设计的；第二拨广告是为了激起还处于观望行列的消费者的购买欲而设计的；第三拨广告是为了营造尾盘销售的热烈气氛而设计的。如果把天健花园在销售中推出的所有广告联系起来看一看，就像是在读一本引人入胜的文化书籍。这就是天健花园广告设计的成功之处。

三、思考·讨论·训练

1. 结合本案例，谈谈企业应如何确定营销策略？
2. 天健的广告策略对你有何启示？

案例7　名不副实的代价

一、案例介绍

　　广告是企业推销商品的一种重要手段，通过创意非凡的广告而使公司一举成名的例子实在不胜枚举。但同时，利用消费者对公众媒体的充分信任，以种种不实之词欺骗消费者或者对消费者实施误导的广告同样也数不胜数。在后一种情况下，往往由于广告的恶劣影响已经造成，再要消除这种影响，将会花费巨大的精力。针对虚假广告影响恶劣、贻害无穷的情况，美国的广告管理机构——美国联邦贸易委员会，从20世纪70年代开始对误导性广告采取利用矫正广告弥补过失的惩罚措施，即责令做出误导性广告的广告主，自己发布矫正广告，以消除误导性广告在消费者心中造成的印象。在当时，美国联邦贸易委员会对违规广告主的一系列严厉处罚中，最令人难忘的就是对利斯特灵漱口水误导消费者事件的处罚了。

　　沃纳—兰博特公司自1921年起就为其生产的利斯特灵漱口水进行广告宣传。在随后的五十年里，其广告主题始终是"含利斯特灵漱口水，就能防治感冒和咽喉肿痛"。该公司甚至声称自己的测试表明，成千上万的细菌一接触利斯特灵漱口水即被消灭。后来，由于许多消费者投诉这个广告有误导嫌疑，美国联邦贸易委员会也曾向沃纳—兰博特公司发出警告，但该公司仍一意孤行。1972年，联邦贸易委员会就利斯特灵漱口水所宣称的功效召开了医学听证会，以确定沃纳—兰博特公司所谓的测试结果是否属实。

　　在听证会上，联邦贸易委员会请了数位医学专家作证，他们一致认为，利斯特灵没有防治感冒和咽喉痛的功效。含漱此水后，咽喉得到暂时的舒适是使用盐水和热水也可以达到的。况且就算利斯特灵能够杀死细菌，医学研究也证明感冒并非由口腔内的细菌引起，而是从鼻子、眼睛进入体内的病毒所致。面对大量翔实科学的证据，沃纳—兰博特公司无言以对。听证会结束后，联邦贸易委员会当即向该公司发布了停止刊播虚假广告的制裁决定：决定指出，五十年来消费者心目中形成的有关利斯特灵能防治感冒和咽喉痛的印象，主要是由于广告主的欺骗性广告建立起来的。联邦贸易委员会认为即使在广告停刊停播很长一段时间以后，很多人依然会继续相信漱口水的"治疗"效果。因此，制裁决定严厉要求沃纳—兰博特公司做矫正广告，并且把对矫正广告要求写入了"停止不正当竞争的命令"中。另外，制裁决定中还规定了矫正广告的花费必须相当于 1962 年 4 月至 1972 年 3 月 10 日间，利斯特灵漱口水的实际广告总额，总计 1020 万美元。决定甚至还严格规定矫正广告所用的语言必须如下："完全与我们过去的广告宣传相反，利斯特灵对防治感冒、咽喉痛或减轻这类症状毫无效力。"

沃纳—兰博特公司虽然对事实确认不讳，但却不服联邦贸易委员会的裁决，公司将此案上诉到哥伦比亚地区联邦上诉法院。审理结果，法院维持联邦贸易委员会原判，授权联邦贸易委员会发布矫正广告命令，只是在措辞上要求联邦贸易委员会允许广告中省略去"完全与我们过去的广告宣传相反"这一前置短语。而沃纳—兰博特公司仍然不服判决，又上诉到最高法院，可是最高法院则干脆拒绝审理。

败诉之后，沃纳—兰博特公司只好开始做矫正广告。开始的时候，公司采用拖延战术尽量少播矫正广告，因为裁决中只要求完成规定的广告金额，并无严格的时间限制。

本来，如果公司按平常的广告密度刊播矫正广告，完成规定费用只需一年左右的时间。但沃纳—兰博特公司则常常中断矫正广告，代之以其他广告内容。于是联邦贸易委员会又指出，矫正广告的制裁并不因为时间的推移而终止。中断矫正广告，只能拖延被告承担矫正责任的时间。后来。裁决中干脆追加了时间限制的条款。

沃纳—兰博特公司只好抓紧时间完成任务。这一次，公司决定把矫正广告设计成模棱两可的样子。尽量不引起公众的注意。所以在这一阶段的所谓矫正广告中，矫正错误的信息并不是很显著。例如，在一个题为"你将在哪里——新岗位"的电视广告片中，一位新上任的女售货员向另一个售货员抱怨说，她头一天上班，怎么漱口水就失效。在同事的提醒下，她意识到该用利斯特灵漱口水。于是她将利斯特灵倒入杯中。只是在她倒水的时候，画面上叠印出"利斯特灵对防治感冒、咽喉肿痛或减轻病痛都概无效力"的规定语句。随后是女售货员的近镜头，她漱一口利斯特灵后绘声绘色地说："利斯特灵，配方非凡，它消灭引起口臭的细菌，保持口腔清洁长效。"

利斯特灵漱口水所有的矫正广告结束后，联邦贸易委员会做过实地调查，发现矫正广告的影响并不够理想，过去以为利斯特灵能治感冒的人达31%，矫正广告完后还有25%的人相信它有功效，但由于沃纳—兰博特公司已完成规定的广告金额，所以联邦贸易委员会也就不再追究下去了。

由利斯特灵漱口水事件可见，美国联邦贸易委员会对广告的管制是非常严格的。事实上，根据美国《联邦贸易委员会法》第二条的规定，联邦贸易委员会是管理虚假广告的机关。该委员会由25名委员组成，委员由总统任命并经参议院批准。该委员会的主要办公室设在华盛顿，但可以在各州县行使权力。对于虚假广告，该委员会可以发出禁播令，并向区法院起诉对其处以1万元以下的民事处罚。在审理虚假广告案件时，委员会有权传唤当事人出庭、证人出庭作证、复制被调查和起诉公司的任何文件性证据。任何人若抗拒，法院可发布命令要求当事人执行，凡不执行的以蔑视法庭罪论处。此外，委员会可请求法院发布永久禁令。对此，我们对美国消费者放心大胆地信任商品的质量就不会感到惊讶了。

（资料来源：周军平、左农、陈将楚：《推广无难事》，广东经济出版社1999年版）

二、案例分析

法律的作用有两方面：一是惩治恶行，让其为此付出代价；二是震慑其余，使其不敢以身试法。两方面的作用缺一不可。从美国联邦贸易委员会处理沃纳—兰博特公司的案例来看，其处罚的尺度是相当严格的，处罚的方式也是极不讲情面的，甚至让沃纳—兰博特公司当众自掴耳光以正视听，这种严厉的处罚，其他绝大多数公司哪个还敢以身试法?! 实际上，联邦贸易委员会的做法虽然可能给沃纳—兰博特公司造成了损失，但却保护了其他企业能在正当竞争的环境中经营，促使它们多在提高品质而不是做虚假广告上下工夫，从而也确保了美国企业的强大竞争力，成了美国企业长期健康发展的动力。

三、思考·讨论·训练

1. 沃纳—兰博特公司的广告有误之处在哪里？
2. 联邦贸易委员会的做法对我们有何启示？

第十章　市场营销策划

经营企业，是许多环节的共同运作，差一个念头，就决定整个失败。

——［日］松下幸之助

凡事预则立，不预则废。

——《礼记·中庸》

市场营销策划日益受到商界的重视，并在生产经营活动中得到广泛应用。一种新产品，在人们对它的功能、质量还不了解的情况下，一般是不肯掏钱购买的。新产品进入市场，它必然随之产生新的消费观念和新的生活方式。这就要求企业必须采用各种营销手段去宣传、介绍和推广，唤起消费者的购买欲望，使之接受新的消费观念，新的生活方式和新产品。市场营销策划引导着企业，企业引导着消费者，共同不断地"生产"着消费者的消费欲望，在生产发展的基础上满足人民群众日益增长的物质文化需要。

一、策划与市场营销策划

策划是现代社会最常见的经济活动之一。策划是指在现代理性的社会活动中，人们为了达到某种预期的目标，借助科学方法、系统方法和创造性思维，对策划对象的生存和发展的环境因素进行分析，重新组合和优化配置所拥有的资源和可开发利用的资源，而进行的调查、研究、分析、创意、设计并制订行动方案的行为。策划作为一种程序，在本质上是一种运用知识和智慧的理性行为。策划是具有前瞻性的行为，它要求对未来一段时间将要发生的事情作当前的决策。策划就是找出事物的主客观条件和因果关系，选择或制定出可采用的对策，作为当前决策的依据。即策划是事先决定做什么、如何做、何时做、由谁来做的系统方案。策划如同一座桥梁，它联系着理论与实践、出发点和所经途径。

市场营销策划，是指市场营销策划活动的主体——企业，在市场营销活动中，为达到预定的市场营销目标，从新的营销视角、新的营销观念、新的营销思维出发，运用系统的方法、科学的方法、理论联系实际的方法，对企业生存和发展的宏观经济环境和微观市场环境进行分析，寻找企业与目标市场顾客群的利益共性，以消费者满意为目标，重新组合和优化配置企业所拥有的和可开发利用的各种人、财、物资源和市场资源，对整体市场营销活动或某一方面的市场营销活动进行分析、判断、推理、预测、构思、设计和制订市场营销方案的行为。市场营销策划作为一种手段，是企业转动市场的魔方，借助多学科知识和智慧的集成，聚合企业的各种经济资源，把企业的小市场拓展为大市场；没有市场则通过市场营销策划，为企业营造出一个新市场。

（一）营销策划的特征

1. 营销策划的目的性。任何策划都是服从于一定目的性的。营销策划是直接为企业营销活动服务的，因此，其策划的目的性更明显。营销策划的目的性特征，要求围绕某一特定的营销活动目标开展策划，提高营销策划的针对性，减少策划中的无序性和不确定性。

在营销策划过程中，如果偏离了既定的策划目标，所得出的策划方案和措施就有可能解决不了实质问题，而只会流于形式。如有的企业在营销策划中，过分追求营销形式的热闹和规模的特定要求，偏离了营销策划的目标，结果投入大，成本高，但收效甚微，这样的策划注定要失败。因此，营销策划必须始终围绕一定的目标展开，当营销目标发生变化时，策划活动及其策划方案也须相应调整。

2. 营销策划的超前性。超前意识是人类特有的思维素质，搞预测、决策和进行策划都应当有超前意识。营销策划是针对未来一定时期内营销活动进行一种事先谋划、事先筹算的活动，本身就要求立足现实，面向未来，有一定时间的提前量。超前性的营销策划是在把握事物发展趋势基础之上的，体现了策划者对未来一定时期营销发展态势的科学预见，因而能有效地指导未来经营活动的开展。营销策划的超前性要求在从事营销策划时，要在掌握大量实际材料的基础上，善于透过现象看到本质，真正认识事物发展规律，准确把握与策划目标有关的营销活动的发展趋势，进行周密的预测和谋划。

3. 营销策划的创造性。营销策划是一种高智力密集型活动，也是一种创造性思维活动。创造性是营销策划的魅力，也是营销策划的显著特色。营销策划体现了策划者的创造性思维，这种创造性思维是策划生命力的源泉，具有不同于其他思维的特征。主要表现在 积极的求异性，不易于从众、轻言、盲从；

思维的逆向性，即善于从不同角度、方向思考；创造性想象力；敏锐的洞察力；独特的灵感，能突破某些关键，产生特殊效果。

4. 营销策划的竞争性。营销策划不同于其他社会活动的策划，是市场活动中企业行为的策划。策划的具体目标不管怎样，但最终都是着眼于提高企业在市场中的竞争能力，包括企业产品的市场占有率，企业产品的市场辐射率，企业产品的盈利能力。企业的产品策划、价格策划、公关策划、促销策划等都是着眼于提高上述的竞争能力，因而营销策划具有一定的排他性和针对性，一般是根据竞争对手、竞争伙伴的竞争能力、竞争优劣、竞争趋势而有意识地策划出与众不同、有利于扬长避短、出奇制胜的竞争招数。因此，要搞好营销策划，就必须把竞争对手的经济实力、内部管理、竞争能力、企业优劣以及竞争动向等方面的情况和信息了解清楚，并与本企业的上述情况进行客观地比较、分析，做到"知己知彼"，才能保证策划方案具有较强的针对性。同时，在营销策划时要善于运用各种兵战理论与方法。营销策划也就是商战策划，商战如兵战，尤其在现代市场营销竞争中，一个企业不但会遇到国内竞争对手的竞争，还会遇到国际竞争对手的竞争，因此，在营销策划中要有竞争意识、商战意识，努力提高企业的营销竞争力。

5. 营销策划的系统性。整体性系统论认为，整体的合力大于各个部分的简单相加，进行营销策划必须遵循整体性、系统性原则。要进行营销策划，应注意使策划的各个组成部分、各个子系统处理好局部与整体、眼前与长远的关系。尤其是在营销组合策划中，要寻求最优的"4P's"组合，特别要注意各个营销策略的相互协调与同步配套，如果某一个环节、某一个局部不协调，就有可能使整个策划方案失败。在现代市场营销活动中，营销策划的整体性、系统性越来越明显，也越来越重要。由于现代生产力高水平的发展，由于科学技术日新月异，生产、消费的多变性增强，影响市场营销的各种因素不断增加，企业营销活动更趋复杂，更要求营销策划者具有整体性观念，处理好局部与局部、局部与整体之间的关系，注意优化总体营销策划方案。

6. 营销策划的动态性。营销策划的动态性是指营销策划的指导思想、营销策划的方式、营销策划的方案应随着外部环境和市场竞争的变化而不断调整，使营销策划具有灵活性、应变性和调适性。在复杂多变的市场环境下，营销策划如果僵硬、机械，就没有活力，也必会出现失误。因此，营销策划必须随机应变，即根据市场的变化和市场机会的出现，对策划方案进行必要的调整、充实，使变动中的营销策划方案与变化着的情况相适应，这样的营销策划方案就更具有可行性。同时，随着市场的变化以及影响市场的各种客观条件及因素的变化，市场营销策划的程序、方法、手段也应因地制宜、因时制宜、因物制宜而有所变化，切不可拘泥于陈旧、不变的模式中。

（二）营销策划的程序性

由非程序性策划向程序性策划发展是现代策划发展的必然趋势。现代市场经济条件下的营销策划是在科学理论指导下，运用各种科学方法，依照严格的逻辑程序进行的。不论营销策划的内容、方式怎样，其策划程序和过程大体一致，一般要经过以下步骤：策划调查与环境分析→确立策划目标→策划创意→拟订初步方案→策划方案筛选→策划方案调整与修正。策划有程序、有步骤是保证策划成功的条件。坚持按程序策划可避免营销策划的随意性和混乱。

二、市场营销策划的作用

（一）能有效地提高企业的竞争能力

竞争是市场经济的基本原则，也是市场营销活动中最基本、最普遍的一种现象。在商品市场处于买方市场的局势下，随着人们的消费观念、水平、结构的不断变化，企业之间争夺市场的竞争越来越突出。商场就是战场，策划的作用也就越来越突出。

战争不仅仅是实力的较量，更是谋略、智慧的较量，《孙子兵法》指出："夫未战而庙算胜者，得算多也未战而庙算不胜者，得算少也。多算胜，少算不胜，而况于无算呼吾以此观之，胜负见矣。"古往今来，凡将帅的谋略、策划周密正确，均可以弱胜强，而实力强大但不善谋划、策划者，则未必能以强胜弱，凡兵战中的策划都是精心周密策划的结果。兵战中的策划就是使用兵力的艺术，因而对战争胜负能起决定性作用。在市场营销的竞争中，策划、谋略同样是企业角逐市场、竞争制胜的武器。特别是进入新的世纪，在加入世界贸易组织的大背景下，无论是国内市场还是国际市场，竞争风云变幻无穷，竞争对手各显其能，要想从众多的竞争对手中脱颖而出，赢得市场，提高市场占有率，就必须借助于策划、谋略。策划是提高企业竞争力的关键，也可以说营销策划本身就是一种无形的竞争力。

（二）协调营销目标，避免营销盲目性

企业为了有效地开展营销活动，必须确立一定时期内的营销总目标，同时，还必须将营销总体目标分解成一个个的小目标，每一个小目标之间，以及每一个小目标与总目标之间都应当协调一致，具有共同的指向性。营销策划依照总体营销目标进行有目的的计划，有利于使各层次目标协调一致，能有效地克服和避免企业营销活动的分散性、盲目性。这是因为，营销策划是从营销整体利益考虑的一种通观全局的理性思考，能促使企业的眼前目标与长远目标、企业的局部利益与全局利益有机结合，使工作中的每一个环节、营销中的每一个具体步骤和措施都始终如一地指向企业营销的总体目标。因此，从这个意义上讲，营销策划是避免企业营销活动盲目性的必要条件。不进行营销策划，不搞好营销策划，就极易使企业营销陷入困境。

（三）优化企业营销资源的配置，提高营销资源的使用效率

优化资源配置是市场经济的内在要求及主要特征。只有优化资源配置，才能避免资源的浪费，促使资源利用效率的提高。企业的资源包括资本、劳动力、技术、原材料、能源、信息等。任何企业的营销资源都有一定限度，这就要求企业开展营销活动时要高效经济地使用资源，并在营销资源投入一定的情况下，获得尽可能多的营销收益，避免营销资源的高投入、低回收、低产出。

营销策划的一个十分显著的作用就是在策划中通过对本企业营销资源的分析，按照企业营销策划的目标，对资源进行合理使用。策划活动的一个极重要的指标就是如何以尽可能少的资源投入，带来尽可能多的营销产出，以提高企业的经营效益。在制订、筛选营销策划方案时，资源投入及产出效果的比较分析是确定最优策划的自选目标之一。因此，针对一定的资源状况，精心策划，精打细算，周密安排，就可以有效地提高营销资源的利用效率，避免浪费。

营销策划在提高企业资源的使用效率及经营效益时还可产生一种倍增效益或乘数效应，这就是当出现某种市场机遇时，如果策划活动准确，捕捉住了市场机会，及时调动、安排资源，就能使经营资源投入带来超常规的收益。这种情况在市场营销策划中是屡见不鲜的。

（四）营销策划是企业防止、避免、减少经营风险和危机，克服经营困难的有效途径

市场经济下的营销竞争，就如大海中航行，"既可载舟，亦可覆舟"。营销竞争是成功与危机并存，风险与胜利同在。市场营销中会发生各种风险和危机，主要有因市场环境变化而造成的经营危机，市场环境是一个由经济、文化、政治、法律、自然、科技等诸多因素作用的一个复合系统，其中某一个或某几个因素的变化，都会给企业带来某种危机：竞争对手的竞争招数、策略的变化，引起市场占有率及市场需求投向的变化，给企业营销带来的风险和困难；本企业某种突发因素、事故发生，影响本企业的声誉、形象，给企业带来的风险；本企业的协作方或购、销方出现中断协议、合同，拖欠巨额债务等，给企业营销带来的困难；其他市场因素变动引起的市场危机。通过营销策划，一方面可以预测或发现企业营销中潜在的危机，采取超前性的措施，预防危机

的发生或尽可能减少危机带来的损失；另一方面通过策划，在面临危机时不惊慌失措、束手无策，而是通过精心策划，及时采取应变措施和对策，化险为夷、遇难成祥。

（五）营销策划是建立企业形象、扩大企业无形资产的有效途径

在现代市场经济条件下，企业之间的产品竞争，实质也是企业之间的整体竞争，推销产品，首先要推销企业，产品要占领市场，企业首先要占有人心。因此，塑造企业独具个性、富有魅力的整体形象，就成为市场营销竞争的最新式武器，而企业之间塑造整体形象的竞争又成为当代市场竞争的主流。

营销策划是关系塑造企业整体形象的希望工程、基础工程，如果没有成功的策划，企业很难在消费者心目中树立良好的、特有的形象。完整的企业形象系统是理念识别系统、视觉识别系统和行为系统三大要素的统一，就是围绕市场需求，使企业的经营思想、企业文化和营销战略、管理手段以及企业标志、商标标识、广告宣传等都要有统一的构成。

案例1　用公益活动进行危机公关

一、案例介绍

我国对汽车的环保要求越来越高，凡是不符合环保要求的车辆不允许销售、挂牌、上路。各地方政府也根据当地实际条件，相应制定了不同的车辆管理措施。这样的政策从整体上看对汽车的管理和环保事业的发展是有利的，但是，在对待柴油车的政策方面，政策制定还不是很完善。这是由于整体上我国柴油车发展落后，相当一部分柴油车未能达到国家要求的排放控制标准，而仅有的几家优质柴油车生产厂家在环保方面的宣传力度不够，因此，使国家环保部门形成了对柴油车的不良印象。1999年年初，一些地方政府由于缺乏对柴油车制造技术的科学认识，相继制定了一些限制政策，不论柴油车是否达标，都归入了"严格禁止"的行列，部分大城市甚至已经出台或正拟出台"限制柴油车上牌"、"限制柴油车进入城区"的政策，使江铃优质柴油车的发展受到严重制约。针对这种情况，江铃汽车集团围绕着"环保、节油"的主题，展开了一系列活动，最终达到了"活动改变政策"的目的，使国家环保总局、国家机械局、交通部等部委以及一些省、市政府改变了对柴油车的不良印象，

许多地方已相继取消了限制柴油车的政策。本文是江铃汽车"公益活动"策划方案的部分内容。

（一）市场分析

1. 环保将影响汽车销售市场。中国拥有 1200 多万辆汽车，在今后的十年将会迎来一个汽车消费的高峰，但同时汽车会成为新的污染源，汽车环保问题将日益引起人们的关注。

2. 节约能源将成为汽车制造业的基本要求。

3. 政策因素直接影响柴油车销售。

（二）市场机会

由于一些地方政府存在对柴油车的限制性政策，直接影响了大城市企事业单位购买柴油车，如不及时消除对柴油车环保水平的误解，使"限制风"蔓延，将使江铃历经数年开发的高科技成果付之东流。但是，由一个企业来说服政府改变政策难度很大，让一个企业改变社会对优质柴油车的认识更困难。所以，对优质柴油车环保性能宣传时机的选择非常重要。江铃针对不利的政策环境，以环保、节能为突破口，开展了持续半年的环保、节能宣传大行动，让先进水平的柴油车走进了大城市。

1. 宣传切入点。1999 年，国家的环保治理力度日益增大，环保、节能已成为社会普遍关注的话题，非常适合作为宣传活动的切入点。6 月 5 日是"世界环境日"，在 6 月举办"环保、节油"活动可引起政府的高度重视，极具新闻炒作价值，以此成为江铃整个绿色营销活动的切入点，将充分体现江铃公司的社会责任感。

2. 新闻炒作点。11 月联合国"蒙特利尔"环保会议将在北京召开，这是我国政府迄今承办的规模最大、级别最高的联合国第 11 次《蒙特利尔协定书》缔约方大会，江铃全顺车如果作为大会唯一指定用车，将有助于树立全顺柴油车的环保形象。

3. 政策契机。国家将要实行的燃油税有利于柴油车的使用。

据当时有关资料透露，将要施行的燃油税为：汽油每升收燃油税 1.15 元，柴油每升收燃油税 0.96 元。使用柴油在税收上优势明显。

（三）主题活动

为了将产品优势转化为市场优势，将不利政策因素转化为有利政策环境，江铃围绕着全面达标的全顺柴油车，开展了一系列以"环保、节油"为主题的活动。

1. 前期铺垫。"江铃杯"环保节油汽车万里行。1999 年 5 月 28 日，12 辆喷有"江铃杯汽车节油环保万里行"字样的江铃全顺汽车,从南昌出发,途经杭州、上海、南京、合肥、徐州、济南、沧州、天津等城市,最后在世界环境日——6月5日抵达首都北京,整个活动历时9天。

2. 迂回配合。"江铃杯汽车与环保"有奖征文活动,利用一些媒体在全国范围内进行了一次系统的环保、节油以及正确认识优质柴油车的宣传活动。

3. 战役主攻。联合国"蒙特利尔"环保会议活动。1999年11月28日,江铃公司在人民大会堂隆重举行了新闻发布会,江铃提供了60辆全顺汽车为大会服务,并向环保大会组委会捐赠4辆全顺车。宣布全顺汽车一次性通过ISO14000环境管理体系认证,成为国内轻型车行业首家通过该体系认证的企业。

4. 宣传延伸。控制消耗臭氧层技术及产品国际展览会。

（四）媒体宣传

1.《中国汽车报》,"江铃杯"汽车节能环保有奖征文:主题是:环保与节能将回报柴油车。

2. 模范人物谈节油。

3.《中国环境报》刊登江铃董事长与教授对话。

4. 广告词:"出师于环保,得馈于市场";"江铃汽车,环保先锋"。

5. 中央电视台(经济频道)《商桥》栏目播出专题片。

6. 宣传重点:全顺汽车作为"联合国环保大会唯一指定用车";江铃汽车全面达到欧洲I号排放标准;全顺厂通过ISO14000环境管理体系认证。

（五）效果评价

江铃汽车集团公司整个活动紧密围绕"环保、节油"主题,策划选题准确,时机把握准确,立意新颖,计划周密,费用安排恰当,气氛热烈,收到了极佳的宣传效果。整个活动持续半年时间,直接投入300余万元,这次活动效果明显。

1. 这是中国汽车史上第一次由汽车生产厂家主办"环保与节油"主题的万里行活动,它表明民族汽车工业的成熟,是与国际社会汽车工业接轨的具体表现。

2. 国家环保总局参与"江铃杯汽车节油环保万里行"活动,是政府对江铃汽车在环保节油领域工作的肯定,也是我国汽车环保工作中首次政府性举措,经过传媒的宣传在较大范围内确立了江铃汽车环保节油的印象,对江铃汽车的销售起到了良好的促销作用。

3. 媒体广泛性报道。媒体一直密切关注整个活动,中央电视台"新闻联播"报道活动结束仪式，30 多家中央及首都新闻单位进行了宣传报道，加上地方媒体，直接参与新闻宣传的超过 100 家，起到轰炸式宣传效应，受众面十分广泛。

4. 宣传有一定深度。在《中国汽车报》上连续 14 期刊发"江铃杯汽车与环保"有奖征文，在专业舆论导向上有助于江铃汽车环保节能形象的塑造。整个活动以江铃的优良品质昭示社会，对提高全民环保意识、端正对柴油车的认识、扩大江铃车的销售起到了积极的作用。

5. "江铃杯汽车节油环保万里行"车队途经 9 省市，当地江铃汽车销售公司利用这一有利时机，先后隆重举行规模宏大、气势磅礴的欢迎仪式和巡展活动，大大提高了汽车品牌的美誉度，并扩大了销售。

6. 以"蒙特利尔"环保会议在京召开为契机，重点突出全顺汽车作为此次会议唯一指定用车，全面达到欧洲 I 号排放标准；全顺汽车一次性通过 ISO14000 环境管理体系认证，成为轻型车行业首家通过该体系认证的企业的有力事实，证明了江铃汽车是我国轻型汽车环保的先锋，也表明世界对江铃全顺车的认同。

7. 12 月初，江铃公司组织皮卡和全顺车，参加在北京国际会议中心举办的"控制消耗臭氧层技术及产品国际展览会"，联合国助理秘书长、国家环保总局局长解振华、副局长祝光耀等众多中外贵宾，对江铃在环保方面取得的成就给予了高度赞扬。

8. 在江铃的推动下，1999 年全国媒体掀起了注重环保、关注汽车消费受阻、给予优质柴油车公正对待的报道热潮。

9. 国家环保总局、国家机械局、交通部等部委以及有关省、市政府高度重视，出面积极协调解决存在的对环保型柴油车不公正待遇问题，新疆、上海等地方政府，也相继取消了限制柴油车上牌的政策，放松了汽车消费政策，并创造条件，大力鼓励省油节能汽车进入家庭。

10. 由于有了相对有利的政策环境，节能型绿色环保柴油车受到消费者的喜爱，下半年，江铃汽车旺销，其中，全顺汽车比上半年翻了一番，达到了预期的目的。

11. 江铃绿色营销活动的成功举办，引起了同类厂家的极大兴趣，有的积极配合江铃的政策说服工作；有的调整宣传策略，加强环保宣传力度；有的调整产品结构，大力开发环保型车。

（资料来源：中国公关营销论坛，http：//www. pr1ad2. com/）

二、案例分析

企业在市场经营活动中不可能一帆风顺，遇到问题如何解决？企业的应付方式，可能决定企业未来的命运。江铃面对不利的市场环境，没有怨天尤人，而是巧妙地利用自身的优势，用社会公益活动来进行企业的危机公关，四两拨千斤，变不利为有利，通过每次精心策划的活动，最终取得了政府和消费者对江铃汽车的认可。

三、思考·讨论·训练

1. 江铃公司遇到了什么样的环境因素？
2. 江铃公司采取的措施具体有哪些？

案例 2　芦荟排毒胶囊区隔营销
成就市场老大

一、案例介绍

广州一品堂掌门人郝照明先生带着一个金子般的产品——"芦荟排毒胶囊"。说芦荟排毒胶囊是金子产品，的确毫不夸张，其具有三大先天优势：第一，品名好，芦荟具有良好的美容作用，极易引起女性消费者的认同和关注；第二，成分好，主要成分来自美国库拉索芦荟，天然、高效，在同类产品中独一无二；第三，功效好，真正具有排毒与美颜双重功效。然而，是金子未必会发光，芦荟排毒胶囊经过在山东、新疆、广东等市场的先期运作，效果并不理想。深入沟通后发现，问题出在营销上，市场推广是一品堂的短板，因此有必要展开对芦荟排毒胶囊市场推广策略的重新规划，以打开全新的市场局面。

（一）给排毒市场排毒

芦荟排毒胶囊若想在短时间内问鼎市场，必须充分了解行业特征和竞争状况。

首先，"排毒"是保健品市场独具中国特色的概念和现象。排毒养颜胶囊花了长达六年的时间才逐渐培育起来，中国老百姓也似乎一下子意识到自己的身上竟然有毒，继而产生恐慌消费。排毒养颜胶囊凭借其独特的产品定位，深入人心的概念诉求，牢牢地坐上了排毒市场第一把交椅，拥有很高的品牌知名度。其他跟进产品如太阳神的清之颜、润通、碧生源等并没有取得多大的建树。整个排毒市场呈现出排毒养颜胶囊一股独大，其他产品零敲碎打的竞争格局。排毒养颜胶囊无疑成为芦荟排毒胶囊的主要竞争对手。

其次，排毒保健品市场已经从导入期进入成长期，市场需求每年以25%的速度增长，发展空间极大。同时，消费者不再满足于单纯的排泄型功能，呈现出对天然、美容等更有说服力和针对性的潜在需求，市场呼唤更新换代的新面孔出现。但排毒市场经过近十年的发展，波澜不惊，一直未出现"顺应民心"的新产品，消费者的需求受到了一定程度的遏制。这些客观条件都为后来者提供了巨大的市场机会。

反观芦荟排毒胶囊自身，优劣势清晰可见：优势，产品力很强；劣势，产品没有知名度，原有营销策略相对保守，缺乏创新。经过初步营销诊断，我们做出两大营销战略决定：第一，全面营销创新，突破传统的保健品营销思路，重新进行市场定位，制定竞争策略，利用全新的营销理念和传播手段，快速提升产品知名度，启动市场；第二，选择北京作为样板市场，积累成功经验，向全国复制推广。一场如火如荼的排毒保健品市场战役开始了……

（二）区隔定位，为竞争对手

根据"排毒养颜胶囊"稳居市场霸主地位，其他同类产品竞争力明显偏弱的市场竞争格局，我们决定针对排毒养颜胶囊，同时采取"市场跟随"和"市场挑战"策略，即从正面跟进市场，借其势，进行排毒保健功能诉求，分享现有市场份额，初步建立产品认知度；同时，实施差异化市场策略，从侧翼强力攻击，破其势，争夺现有市场，挖掘潜在市场，夺取相对市场竞争优势。

借势其实很简单，即在产品诉求的大方向上与排毒养颜胶囊保持一致，进行同样的排毒功能诉求。真正的难点在破势上，即如何对领导品牌先入为主的优势进行破解，树立芦荟排毒胶囊的独特产品地位。为此，我们对排毒养颜胶囊进行全方位"挑刺"。排毒养颜最初是一个崭新的概念，对消费者具有振聋发聩的作用，诱发了巨大的市场需求，成功开辟出一个空白市场。然而，在市场步入稳定期的今天，排毒概念因耳熟能详而显陈旧，消费者对排毒养颜产品的价值需求日益加深，排毒怎么排更安全、健康？什么样的排毒产品真正具有养颜功能？排毒养颜胶囊的成分和功能点，侧重对肠胃消化系统的速效速决，排泄明显，效果直观。但支撑点单一，附加值并不大，而且目标人群定位宽泛，男女老少无所不包，一方面扩大了产品销售面，另一方面也导致产品诉求缺乏个性。所以，排毒养颜胶囊先入消费者心智的概念优势今非昔比。

直接瞄准排毒养颜胶囊的弱点，我们深入芦荟排毒胶囊产品本身，掘地三尺，以期提出犀利的市场定位。芦荟排毒胶囊的主要成分——美国库拉索芦荟内含有一种珍贵的排毒物质"ALOIN（芦荟甙）"，深入人体微循环系统，清毒能力极强，而且具有非常突出的美颜功能。我们意识到，这是同类产品所不具备的产品力优势。与此同时，我们在研究相关科研资料时，惊喜地发现：1999年，美国乔治亚大学生命科学研究院人体微循环实验室的首席科学家斯皮格博士发表的著名《代谢与微循环》一文，明确指出：人体内毒素不仅分布在胃肠道系统，还存在于血液、淋巴、皮肤等微循环组织器官中，从而导致口臭、便秘及内分泌失调、气血不畅、脸色晦暗等症状。毒素在人体内埋藏越多，越难排出，对人体健康的危害也就越大。人体内毒素分布的复杂性和多层性引起了我们极大的关注，这是以往任何一个排毒产品都没有明确指出和强调的，消费者也往往习惯把排毒直接等同于消化系统的毒，不假思索。而库拉索芦荟富含的强力排毒成分"ALOIN"，恰恰能够全面清除人体内的各种毒素。这可能正是问题的突破口。

既然毒素在人体内的分布是多层次的，那干脆直接将位于血液、淋巴等组织器官内的毒素定位为"深层毒素"；很显然，人体胃肠系统的毒素自然成了"浅层毒素"。

"深层排毒"的独特销售主张，不仅成功与排毒养颜胶囊等同类产品的模糊诉求相区隔，重新划分出一块空白的深层排毒市场，而且向消费者暗示了芦荟排毒胶囊是更有效、更高级的更新换代的排毒产品，立刻与同类产品划清界限，将其甩在后面。同时，大大提升了产品的科技含量和附加值，也能有力支撑"排毒美颜"的深层功效。在目标人群细分上，将芦荟排毒胶囊锁定在市场购买力最强的20—45岁的中青年女性，采取高质高价的定价策略。

（三）广告实效化，诉求理论化

芦荟排毒胶囊原有广告语为"排毒肠动力，美颜新主张"，听起来虽然比较唯美，但仍然没有脱离传统保健品诉求的窠臼——大而空，言之无物。"排毒肠动力"，一般消费者难以理解，不知所云；"美颜新主张"，只是流于口号形式，没有折射出产品提供给消费者的切实利益点。我们认为，好的广告语一定要讲究"实效"，即将产品的独特功效表达出来，并针对目标消费者的心理，通过一定的表达方式（可能是煽情的、也可能是直白的），一举击中目标消费者内心最需要的那个"点"，同时也是产品提供给消费者的"利益点"。只有按实效原则创作的广告语，才真正具有市场销售力。深层排毒，体现了实效广告的核心原则。

"深层排毒"的销售主张，深刻挖掘和体现出产品的独特价值。但如何将"深层排毒"翻译成与消费者沟通的宣传导语呢？围绕着"深层排毒"的概念，我们创作出"每天美丽，深层排毒"、"深层排毒、由内而外的美丽"、"深层排毒，靓出风采"、"一天一粒，排出深层毒素"等100多条广告语。项目组经过层层筛选，逐个排除，最终敲定将"一天一粒，排出深层毒素"作为广告诉求语。

一天一粒，不仅传递出产品有效成分高，服用方便，而且特别人性化。因为任何消费者的内心深处都对吃药，尤其是每天大把吃药有很强的排斥心理，这是所有竞争对手都不具备的，体现了一种"关心健康、关注生命"的人文情怀。同时，我们大胆创新，利用"理论营销"进行理论包装诉求，即以"深层排毒"为理论核心，以"清毒—排毒—润养"排毒作用全过程为理论框架，明确传达出产品作用机理，并引用国外相关的美容科研成果，将单纯的定位诉求升华为一套系统的科学排毒美容理论体系，使消费者感受到她们购买的不仅仅是产品本身，更是一套有价值的排毒美容问题解决方案。

（四）终端媒体化，亲密接触无处不在

广告完成了产品信息的空中传播，而产品离消费者的手还有最后"一公里"，即终端。"制胜终端"曾一度成为营销界的流行语。芦荟排毒胶囊上市初期，费用有限，大众媒体广告力度薄弱，我们创新采取"终端媒体化"运作理念，大力建设终端，让终端发挥出与消费者近距离传播的媒体效应。为保障终端媒体化工作取得最大成效，策划公司、一品堂与北京经销商林达康公司三方强强联手，共同掀起了一场终端运动。

在执行中，处处以"终端媒体化"为核心原则，扎实做好终端建设的每一个细节：从收银台不干胶到门窗海报；从台卡到健康排毒手册；从巨型包装盒陈列到包装货柜，最大限度地展示、提升品牌形象，发挥终端媒体化作用。消费者从药店门口到柜台前所经过的所有路径中，都能明显感受到芦荟排毒胶囊的信息刺激，京城各大药店几乎都成了芦荟排毒胶囊的广告阵地。

终端媒体化的另外两项重要体现是产品试用装和面巾纸、消毒纸巾的大量派送。十万份包装精美的产品试用装的派送，迅速扩大产品知名度，扩大了产品与目标消费群的接触面，因效果明显。消费者试用后纷纷回头购买，很好地完成了市场导入期最艰难的"第一次销售"。鲜艳的面巾纸包装打上企业形象广告和深层排毒作用机理，消费者接受赠送的同时自然阅读了产品信息。在"非典"肆虐的非常时期，我们积极主动地应对，在终端推出"免费赠送消毒纸巾"活动，消毒纸巾上分别印有产品信息和"非典预防科普知识"，深受消费者好评，树立了良好企业形象。面巾纸、消毒纸巾的巧用，创造了一个崭新的、成本低廉而又一对一精准传播的终端"活媒体"。

（五）360度立体活动组合出击，创造销售无淡季

芦荟排毒胶囊的全年市场推广制订了"360°立体拉网式活动组合计划"，该计划由四类活动组成，具有时间上纵向连续运作和空间上多重角度渗透的特点。芦荟排毒胶囊始终成为受人瞩目的市场亮点，产品销量得到节节攀升。

第一类为消费体验型。其中最具代表性的是"深层排毒、以旧换新"大型促销活动，成为行业经典促销案例。当时在产品知名度几乎为零的情况下，为了快速启动市场，我们承诺，消费者凭任何一种排毒产品空盒即可换取芦荟排毒胶囊试用装一袋。活动推出后，引起京城消费者强烈反响，活动现场人头攒动，排起了长队，成千上万的消费者在第一时间亲身体验了芦荟排毒胶囊的良好效果。我们不仅轻松掌握了竞争对手的详细资料，而且也展示了一品堂大度、气魄的良好企业形象，迅速促成回头购买，并形成口碑传播效应，顺利解决至关重要的第一轮交易。

第二类为联合促销型。包括与渠道联合促销和与媒体联合促销两种。与渠道联合促销，一品堂携手京城著名的同仁堂药店、金象大药房、医保全新等十家大型医药连锁机构联合推出"卡式消费、买一赠一"等大型捆绑促销推广活动，并同时在各大媒体进行新闻造势。专业药店的权威推荐，带给消费者专业、健康和安全的感觉，使产品可信度更高。

媒体联合促销，与《母婴世界》等女性杂志联合推出"读《母婴世界》，赠芦荟排毒胶囊"大型促销活动。该活动的针对性极强，因为《母婴世界》的目标读者正是芦荟排毒胶囊的强有力的目标消费者。我们在杂志上运用"1＋X"主题手册，即"健康美颜之深层排毒完全手册"，导入深层排毒理论体系，进行"深层排毒"概念的全方位普及，赋予促销活动以科普意义，再一次促发了产品销售热潮。

第三类为公关促销型。2002年夏天，中国足球第一次杀入世界杯，举国沸腾，各大媒体更是炒到了极点，所有眼球都被足球吸引着。借此大好机会，我们与北京最新锐媒体《京华时报》联合推出"京华俏佳人暨一品堂形象大使"大型公关评选活动。从女大学生到城市白领，从15—52岁，京城美女们热烈参与，上演了一场轰轰烈烈的京城选美大比拼。京华时报每天用固定版面报道最新动态，每周评选出一名"足球宝贝"，代表入围世界杯的各个国家足球队，如巴西足球宝贝、英格兰足球宝贝，并将其巨幅照片刊登在京华专版上。作为主办单位，一品堂芦荟排毒胶囊成为大赛唯一指定美容用品，每天伴

随着最新比赛动态，产品信息与美女照片如影随形。初赛、复赛和决赛现场，更是成了芦荟排毒胶囊最好的传播舞台，除了美女，就是产品。"最新锐媒体＋最新锐产品＋最靓丽赛事"的黄金搭档不仅吸引大批女性消费者的注意力，更吸引了不少男性的眼球，进而巧妙地启动了送礼市场。此次活动持续时间长、关注度高、参与性强，直接导致芦荟排毒胶囊知名度得以裂变式地蹿升。

第四类为季节促销型。该类促销活动以各种特殊时段为点进行运作，点点相连，进而成线成面，使全年产品销量得到持续提升。

春节，消费者越来越注重健康饮食，礼品市场巨大，我们顺势推出"买一盒，送两份，亲人好友各一份"大型情感促销活动，同时在北京广播电视报（春节期间消费者最关注电视节目排期）进行春节饮食健康观念的普及宣传，如《春节，一天一粒，吃喝玩乐全无忧》，成功地切分一块春节礼品市场大蛋糕。

3月，抓住女性消费者在春天的特殊敏感心理，推出《深层排毒，迎接女人的美丽春天》等系列文章，从感性上吸引女性对美丽新时尚的追求，从理性上宣传产品的深层排毒主张，感性诉求与理性诉求相结合，双管齐下，拉动销售。

"3·15"消费者权益日，在举国上下积极倡导"科学消费"之际，策划推出《科学消费，科学排毒》倡议行动，同时举行具有针对性的"科学排毒，买一赠一"大型促销活动，促进销量，提升形象。

9月10日教师节，推出面向北京100余所中小学女教师的"教师节倾情大奉送"公关推广活动，引起了社会的广泛关注和媒体的竞相报道。

国庆中秋双节期间，在京城各大媒体发布非常抓人眼球的《国庆特别公告》，以幽默风趣而实实在在的语言，历陈消费者假日旅游遭遇的种种健康威胁、不幸和尴尬，配合推出《绿色精灵助我逍遥游》等知识散文，向消费者提供健康问题解决方案，一举点燃黄金周市场排毒烽火，引爆两节市场。

冬季，则借助媒体频频报道的几起便秘猝死事件，策划推出《"便秘"猝死，上演秋冬攻略》及《换季时节，提防便秘凶猛》宣传促销文章，先消费者之忧而忧，成功扮演了健康向导和消费顾问的角色，不仅扩大了产品的市场影响面，又进一步巩固了深层排毒市场。

借此最终实现，销量365天无淡季的最终目标。

（资料来源：时代 CEO 管理网：http：//www. timeceo. cn）

二、案例分析

以上所有活动贯穿创新性、系统性、立体化三大特点，各活动之间保持了节奏感很强的连续性，使产品的销售热浪一波接一波，不断地冲击着整个排毒保健品市场。芦荟排毒胶囊成功实现了无淡季销售，销量从产品入市开始持续攀升，市场挑战大功告成。同样也使一品堂在极短的时间内完成产品的市场原始积累，建立了品牌知名度。

三、思考·讨论·训练

1. 简述该公司营销策划的过程。
2. 通过对该公司营销策划内容的分析得到的启示是什么？

案例 3　天和骨通——一个成功的营销策划

一、案例介绍

（一）目标市场

1. 在单一国家：当地的、区域的、全国的。
2. 国际的：标准模式（在多国用同样的广告，仅变换语言）。

国际核心方式（保持一个核心概念，在不同国家为适应当地文化而采用不同的营销、广告活动）目标群（描述你们活动的目标群：具体的年龄、性别、信仰、种族和各种群体，说明为什么选择这些目标群）。

大城市（人口 100 万以上的）居民 40 岁以上，有中等或较高的收入，或能享受公费医疗服务的居民。

原因：①骨刺高发于中老年人；②出于药品需使用的时间较长，且定价较高，所以我们把目标群定位于高中收入的城市居民或有公费医疗服务的居民，从而使价格不至于成为一种障碍因素；③尽管中国的农村居民人口众多，但由于收入低，难以承受药品的费用，而且我们最主要的媒体——印刷广告难以到达他们那里。

（二）营销的背景

中国人皮肤上长的毛很少，所以传统上喜欢用药膏贴在患处治疗疾病，在中国市场上充斥着各种品牌的膏药，竞争非常激烈。但由于这类产品是传统产品且利润不高，因此，很少有制造商想去改进。同时，所有的这类产品都是用低劣的包装、不高的价格在进行销售。而天和骨通则以高科技和高品质的原材料来使产品更为有效和舒适。大规模的调查和大量的一手资料收集发现，很多中国中老年人深受骨刺的痛苦，发病率很高，但没有一个竞争品牌把产品定位于治疗骨刺的疼痛。在调查中访问的多数患者告诉我们，他们相信市场上所有竞争品牌在治疗效果上是差不多的，产品都是低价位的，不同品牌且价格相差不大，多数被访者都声称他们愿为解痛效果更好的产品多付一些钱。此外，几乎所有被访者都同意这样的看法：现在没有一个品牌的产品拥有吸引人的、有趣的、独特的或现代的（指科技感）产品包装。

（三）营销活动的策划

由于消费者普遍认为各种品牌的膏药都缺乏表现科技感的创意性的包装，所以，"天和骨通"决定把目标聚焦在天和的缓释配方上，使消费者感到一种科技的进步，从而把"天和骨通"和竞争产品区别开来，并且适度提高价格，将售价订于一个较高的价位上，使"天和骨通"明显不同于竞争产品，同时还把它定位于专治骨刺疼痛，而不像其他品牌那样治疗一般的肌肉疼痛。

其传播策略是：通过理性的、科技的诉求，直接地宣传产品专治骨刺疼痛的功效。

（四）营销活动目标

在营销和传播的原则确定以后，"天和骨通"将活动目标确定在 18 个月内达到：

1. 在北京、天津市及广东、浙江、广西、河北等省的主要城市，使产品在医院和药店使用率超过 50%。

2. 总的销售收入是 1250 万元或更多。

3. 在主要城市中，40 岁以上患者的品牌认知度超过 50%。

4. 在目标市场区域，医生和患者的首选率超过 50%。

目标的 1、3、4 项以抽样调查来检验。

（五）营销和传播策略

1. 优异制造技术和最有效的药用成分。

2. 包装设计表现出"现代"和科技感，强化这个定位来激发购买欲望。

3. 适当高的价格，以区别其他品牌。

4. 开始定位于大城市，然后辐射到周围区域。

5. 针尖式地集中选择目标城市中最大和最有效的经销商。

6. 尽可能低的广告和促销费用。

7. 产品是季节性产品。冬季为旺销期，故营销活动开始于秋冬之交。

8. 大量采用正式的宴会，邀请医院、药店的领导来参加宴会，以这种形式的促销活动来介绍药品。

（六）媒体策略

1. 当地的报纸为首选的媒体，按重要性依次为 POP、TV、杂志、路牌、灯箱和霓虹灯。

2. 策略重点是创造消费者对产品的缓释配方和专治骨刺的认知。考虑到尽可能少花费用，选择了当地报纸为首选媒体。出于 POP 广告的可视性和有效性，将它作为第二重要的媒体。

3. 电视广告的费用障碍，使得它只能用于营销活动在目标城市的初期导入，而杂志、路牌、灯箱和霓虹灯用于维持品牌的认知。

（七）创意策略

老的产品是用简陋的纸袋封装的，上面只有发明人的名称作为药品名称，没有包装的设计。消费者认为，这是太平常、没有吸引力的包装。所以，"天和骨通"将以下三点关键的要素结合起来以引起消费者的注意：

1. 名字的改变，唤起消费者认为它有中国文化的意识。

2. 重新定位后，用文案来解释天和缓释镇痛的机理。

3. 新包装设计，其中包括一个彩色的产品标志（Logo），而这个 Logo 已成为天和公司 CI 系统的一部分。新设计的彩球用来表明缓释作用的原理。

（八）产品重新命名

在中国，传统的名字被证明更容易为中国消费者所接受，从这个意义出发，他们取了"天和骨通"这个名字，其中含有"天地人和"的含义。

（九）重新定位

由于没有一个竞争品牌提到"缓释"配方，且由于"缓释"含有新科技发明的含义，所以他们在活动中突出了这一点。以下这段文案"12 小时不间断提供药力有效抑制骨刺疼痛"，被用于所有广告和促销物品的标题上。

（十）新包装设计

新的包装设计包括一个要变成企业 Logo 的和新的产品包装设计，上面有很多彩色小球，亚里士多德式的人体图形以及世界地图。

（十一）新促销品设计

在印刷品和物品上，采用了"彩球"飘在一个女子的裸背上，以此来暗示药品的渗透力。

（十二）成果的证据

1. 在 18 个月内，销售收入达到了 7000 万元人民币。广告和促销费为 500 万元人民币。

2. 在北京、天津、广州、杭州、石家庄等主要目标城市有 63% 的药店，超过 60% 的医院使用此产品，超过了 50% 的目标。

3. 品牌认知度，在上述城市中的 40—45 岁的目标群中为 52%，45 岁以上的人为 70%，也超过了目标。

4. 在目标城市中，60% 的医生开治疗骨刺的药物时，首选"天和骨通"。

5. 在目标城市中，65% 的患者把它作为首选药品。

6. 在目标城市中，超过 50% 的受访者能复述药品的物性。

在活动实施的一年内，中国主要大城市里的患者、医生、药店及其他医疗机构的多数人都知道了这种产品。在 18 个月内，销售收入增长了 200%，而广告和促销费只有 500 万元人民币，销售收入达到了 7000 万元。

（资料来源：中国营销论坛，http://www.emkt.com.cn/）

二、案例分析

从本案例中我们不难看出，一个企业使自己产品销售高于同类产品的主要原因在于与众不同。"天和骨通"的配方和其他品牌的同类产品并无太多不同，但其立意不同，营销手段不同，这种不同看似简单，但确使企业经营有所不同，甚至天壤之别。这些区别都源自于销售之初的营销策划。

三、思考·讨论·训练

1. 如何实施营销策划的第一步？

2. 续写"天和骨通"的营销策划书。

案例4 一张王牌和十六张好牌——嘉里粮油（金龙鱼）经营案例

一、案例介绍

原国家内贸部公布的调查资料显示：嘉里粮油旗下的金龙鱼食用油品牌十年来一直以绝对优势稳坐小包装食用油行业第一品牌宝座，它的市场份额超过第二名到第十名的总和。在全国十大食用油品牌排名当中，嘉里旗下品牌就占据三个位置，并仍有增多趋势。从 1994 年开始的一年一度的全国主要城市消费品调查中，金龙鱼品牌知名度比排名第二的竞争品牌高 5 倍，是消费者心目中的最佳品牌。仅金龙鱼、胡姬花、鲤鱼三大嘉里粮油旗下品牌，销量就超过了十大品牌中其余品牌销量的总和。如果再加上其他 13 个品牌的销量，嘉里粮油差不多占据了中国小包装食用油市场的半壁江山。2000 年，中国小包装食用油的总销售额约为 100 个亿，而董事总经理李福官带领的嘉里军团就占了其中的 40 个亿。取得如此辉煌业绩，虽然和嘉里粮油拥有资金实力雄厚的企业背景有关〔编者注：嘉里粮油是著名的郭氏兄弟集团下属企业。郭氏兄弟集团创立于 1949 年，最初在马来西亚的柔佛巴鲁经营大米、食糖和面粉。1953 年在新加坡成立了郭氏兄弟（新加坡）有限公司，现已成为亚洲最具多元化的跨国企业集团之一。创始人郭鹤年，马来西亚华裔，以亚洲糖王和酒店业巨子享誉世界。1974 年，嘉里集团有限公司在香港成立。中国内地和香港地区成为郭氏兄弟集团进一步从事区域性发展的重点。嘉里这一名称则成为郭氏兄弟集团在中国业务的标志〕，但成功最主要的还是靠嘉里粮油敏锐的市场预见性，正确的市场营销方略。嘉里粮油的主力品牌金龙鱼开创了中国小包装食用油的历史，属典型的"制造市场"类产品。其多品牌策略（金龙鱼及其旗下 16 个品牌鲤鱼、元宝、胡姬花、香满园、花旗、手标、巧厨等），采用了灵活多变的市场运作方法，针对不同市场，有的放矢，取得了胜利。研究金龙鱼的经营，可以让企业更加了解多品牌产品市场营销策略，并学习终端促销的实战经验。

（资料来源：方明编著：《100 个市场营销管理案例》，机械工业出版社 2004 年版）

二、案例分析

（一）发现市场

1. 发现市场空白。在十年前，几乎谁也不敢想象中国小包装油有这么大的市场。嘉里粮油董事总经理李福官介绍，嘉里粮油是中国第一家引进小包装食用油的企业。当时，正处于 80 年代末，社会经济飞速发展，人民生活水平大幅度提高，对生活消费品的质量要求也相应提高。令人担忧的是，这一阶段中国还没有小包装食用油，市面上到处充斥的是杂质多、油烟多、卫生安全无保障的散装食用油。而符合国际卫生标准的小包装食用油市场还是一片空白。在这种背景下，新加坡郭氏兄弟通过对国外市场考察，认为小包装油在中国肯定会有巨大的市场，于 1990 年组建了南海油脂工业（赤湾）有限公司，开始了第一批小包装食用油的生产，推出的第一个品牌就是金龙鱼。

2. 用"福利油"进入市场。现在大家都感到很正常，但在十年前，却不容易被人接受。1990 年，面对市场上几乎不存在小包装食用油的局面，改变人们的生活习惯是很难的事情。李福官向董事会提交报告：准备用三年时间，投入 2000 万元的资金敲开中国小包装食用油市场大门。一年下来，销量达 3000 吨。通过思考和调查，他们发现，中国企事业单位逢年过节，有发"福利"用品的习惯，这是中国的特色，而正是这个特色，使小包装食用油得到了推广和普及。

（二）品牌设计

从一开始，李福官就祭起品牌大旗，要让他的小包装食用油有一个响亮的品牌名称。在东南亚，金龙鱼是幸运、高贵的象征。人们发现这是个就在手边的好名字：中国味特浓，三个字合起来很美，分拆开来都是中国的吉祥如意字。在外包装上，金龙鱼特别强调精美、亲切而高贵，把瓶贴包装图案设计都做得极为精致。"在整个食品货架上，它是最显眼的。"这样，金龙鱼不仅在名称上采用了中国人喜闻乐见的龙和鱼，而且在色彩上采用了红色和黄色，甚至在口味上都采用了最适合中国人的浓香风格。这些定位使金龙鱼小包装油因为有浓浓的中国特色而容易被接受。

（三）多品牌策略

1. 自己设置竞争对手。当市场被启动后，用不了多长时间，就会有竞争对手进入，这似乎已成为市场规律。金龙鱼同样面临这样的情况，当金龙鱼逐渐旺销之后，竞争品牌马上跟进。产品市场的另一个规律是，一个品牌不可能完全垄断市场，金龙鱼面临着发展的问题。金龙鱼的策略是：与其让竞争对手瓜分市场，还不如自己设置竞争对手。于是从金龙鱼开始，逐渐出现了鲤鱼、元宝、胡姬花、香满园、花旗、手标、巧厨等品牌。

2. 根据需求创造特色品牌，最大限度地扩大市场份额。金龙鱼是一个多品种的品牌产品，有花生油、色拉油、豆油、菜油等多品种。这样做市场推广，虽然有自己不同的品质区别，但却容易在专业性上给予竞争品牌机会，如竞争品牌在宣传上强调自己是更加专业"花生油"的品牌，就容易打击金龙鱼品牌。在这种考虑下，嘉里实施了多品牌策略，如制造出"元宝"是专业的豆油品牌、"鲤鱼"是专业的菜油品牌、"胡姬花"是专业的花生油品牌等。经营这些专业品牌单设品牌经理，在市场上同金龙鱼是竞争的关系，但在总体市场计划上却有不同的任务。

（四）品牌维护

1. 品牌理念的提出："温情"让品牌深入人心。金龙鱼在研究中国的传统消费模式中发现，一种新的消费模式首先是以家庭为基础被接受的。所以在塑造品牌形象中，金龙鱼首先为品牌设立"温暖大家庭"的品牌支点，以温情家庭打动中国消费者，力图建立另一种消费模式。在金龙鱼的外包装上，也采用符合中国老百姓传统心理的红色和黄色组合。在中国食用油市场的低产业化程度和巨大的市场需求面前，这一品牌信息的传播为"嘉里"带来了丰厚的利润回报。金龙鱼的品牌形象自此以富贵、喜庆形象深入中国老百姓心中。

2. 品牌理念的提升："健康"形象赋予品牌新的活力。进入新的世纪，嘉里粮油目前正式宣布将进军高档油——粟米油市场，展开"新世纪健康进军"计划。21 世纪是健康的世纪。在我国，随着市场经济的飞速发展，人民生活水平的大幅度提高，人们对生活消费品的质量要求也相应提高。作为中国小包装食用油概念的最早传播者，十年来，金龙鱼食用油不仅完成了人们小包装食用油的启蒙教育，而且用它的发展改变了一代人的用油观念，使小包装油开始进入千家万户。如今，随着"金龙鱼的大家庭"这一概念的深入人心，金龙鱼的品牌已经超越单纯的品牌概念，并逐渐形成了自己的文化特色，伴随着"健康生活金龙鱼"的新理念，深深地扎根于中国的大市场之中。

3. 品牌创新。嘉里旗下的一个个性品牌胡姬花，在品牌经营初期也曾经出现过品牌视觉识别系统混乱问题，通过分析，公司认为，胡姬花是个已有几年市场积淀的品牌，产品标签及字体等已经注册并得到市场的认可，在重塑品牌形象的过程中，必须让市场很快接受新形象，维持市场良性态势。同时，在前期必须综合考虑市场推广、工厂生产、成本等问题。

2000 年 5 月，公司决定在中秋前推出胡姬花特香纯正花生油，让原纯花生油逐渐淡出市场。在品牌设计方面，做了如下改变：标识的底色用白色和细线，在众多食用油品牌中独树一帜，高贵脱俗，适合花生油消费者的心理定位；不改变胡姬花三个专属文字的尺寸和字体，标识的面积要扩大，增加视觉冲击力；标识的底部用淡黄渐变过渡，增加标识的立体感；在标识右下角加上几颗硕大的花生，突出品牌专属性。在使用背景颜色时产生了各种意见，最后，决定使用搭车策略（当时欧洲杯赛事正酣，橙色军团荷兰队所向披靡，故决定用橙色），用橙色作为标识颜色，加强视觉冲击力。为了突出这种力度，将瓶盖也换成了橙色。

4. 增加信息。胡姬花旧标识面积太小，产品及品牌信息输出不足，并且容易翘边，公司决定扩大标识，增加信息输出载体，具体做法是：分析消费者，通过分析将消费者对花生油的关注分成两类，感官关注和营养关注。大部分购油者对花生油的质量都不是行家，在瞬间决定购买时，感官判断起了主要作用。为此，公司总结了"优劣花生油感官鉴别法"，对另一部分注重营养价值的消费者，制定了"胡姬花营养成分构成表"。将这两个信息都印在标识上。

5. 特色促销。花生油对比色拉油在销售上更具节日特点，公司对市场上畅销的礼盒进行了相关研究：绿、红两色的礼盒在食用油行业具有较广泛的消费群认同，但却缺少将礼盒的名称给予寓意的举动。为此，胡姬花新礼盒以"花"为媒：设计了"花好月圆"、"花香四季"、"锦上添花"等礼盒名称。色彩上沿用成功色彩，并且加用金色与血红色设计差异化，达到了极好的市场效果。另外，"橙色计划"也是新品成功的一个重要因素，"橙色计划"主要是 VI 的成功，如橙色的 300 平方米巨幅广告，橙色的街道横幅，橙色的升空气球，橙色的巨型瓶模等。品牌的改造和促销的创新，使 2000 年 7 月胡姬花销量同比增长 41%。

（五）整合营销

1. 经销商实行"一夫一妻制"。多品牌策略扩大了金龙鱼的市场份额，这和嘉里粮油整套独特的经销商制度也是不能分开的，汕头某经销商称之为"一夫一妻制"，即每个经销商只能代理金龙鱼系列食用油品牌，而不能既做金龙鱼，又做其他竞争品牌的产品，金龙鱼在该地区只选择一个经销商。这种经销体制，使企业和代理商获得了双赢的结果，许多以前的小经销商，通过多年和金龙鱼的合作，如今已有了自己的办公楼，千万级经销商出现了很多。如今，嘉里粮油这样的代理制度已经推广到了中国的每一个重要地区，全国有600 多家经销商在同嘉里粮油共创事业。

2. 强化深度分销。深度分销概念是许多现代大型企业广泛采用的一种营销手段，饮料、香烟等行业对此做得都很到位，如可以在中国任何一个城市或乡村的商店里买到可乐、瓶装水、香烟等，但却不一定能在这些地方买到油，这就是深度分销需要加强的地方。有人说买到油的渠道只能在粮油行业，真的如此吗？那么水果批发、水产批发、蔬菜批发、饮料批发……这些渠道对食用油的销售有没有帮助？这确实值得思考。当巧办法没有时，就应该用脚踏实地的土办法去做，努力提高铺市率，这一指标同市场占有率一样重要。

3. 推进组合式促销。很多企业在销售中都会遇到这样的情况，在一个城市中的零售卖场作促销，由于价格太低，导致批发商中间利润太低，无法销售，形成矛盾状态；还有一种情况是，促销时同竞争品牌相遇，会形成两败俱伤的结果，这是对促销概念运用上不能很好整合造成的。

（1）分渠道组合促销。销售人员在设计策划零售促销时力度较大，尤其是面临竞争时，会直接或间接地影响到批发网络正常运行。要知道零售与批发是产品生存发展的两条腿，缺一不可。因此，制定促销价格一定要进行整体考虑，要因地制宜地采用有效方法，合理地制订促销计划。

（2）多品牌策略应积极运用优势，提高整体销售额。就像常说的道理一样，一根筷子容易折断，但一把筷子就不容易折断。金龙鱼有 16 个品牌的油品品种，那么在具体操作中就可能出现相互竞争的问题，这样优势就会变为劣势。金龙鱼鼓励将公司所有品牌看成一个整体，而不人为地将市场区别对待，有机地将主力品牌与专业品牌相结合，发挥整体优势，争取达到最好的效果。有效的整合可以做到：占据陈列优势、占据油品优势、占据规格优势，争取不同消费层的目标顾客。

（3）重视卖场陈列。人靠衣裳马靠鞍，消费者走进商店，对于产品的第一印象是很重要的，但竞争对手也非常重视卖场陈列，尤其每到节假日，卖场的堆头、DM、陈列架等更为抢手，所有产品都在争抢。所以，要提前做卖场促销工作，事先做好策划，并同各卖场签订协议，到销售旺季也就从容不迫了。

（六）渠道管理

星级计划的实施，加强了营销管理，目前，金龙鱼沈阳办事处正在推广实施。

星级计划包括：①根据市场状况制订星级计划评定标准，其中，销量、陈列是基本元素。其他方面根据各地业务代表的具体情况制定。②联合经销商对终端客户的资料及当月公司产品销售情况整理后，各地业务代表通过拜访、考评，将市场上的所有客户按星级标准划分为相应等级，填制星级计划考核表，明确工作方向。③通过市场工作的跟踪检查（业务员至经销商业务员，办事处主管至业务员），确保星级计划的填报质量，保证正确、及时地掌握通路状况及竞争品牌状况。④各业务代表在月初提出月度工作目标即星级提升计划。⑤各业务代表针对当月的星级提升计划，监督经销商业务员对通路中所有销售网点做到定人、定域、定点、定期和定时的细致化服务与管理。⑥每月末对当月工作情况做出整理，通过考证明确本月客户升级、降级情况，提供最新客户星级资料，同时制定下月工作目标。

三、思考·讨论·训练

1. 嘉里粮油是如何经营金龙鱼的？它们采取了哪些策略？
2. 结合本案例谈谈企业应如何进行市场营销活动。

第十一章　现代营销方式

任何人在任何领域的理论都会过时，如同我们理解宇宙的过程那样，哥白尼取代了托勒密，爱因斯坦又取代了哥白尼。所以每当一个全新的营销理论露出端倪，我会毫不犹豫地成为第一个吃螃蟹的人。

——菲利普·科特勒

营销是一门科学。它包括实验、测量、分析、提炼和反复，你必须愿意更新观念。

——塞尔希奥·齐曼

近年来，我国市场营销学发展迅速，出现了前所未有的新潮营销方式。主要有以下新潮营销方式。

一、绿色营销

20世纪80年代末，随着国际社会对环保的日益关注，绿色营销首先在工业发达国家产生了。绿色活动和绿色意识引起了人类经济行为和社会经济结构的改变，人们抛弃了从前那种高消费、高污染且被认为是时尚的消费方式，迎来了绿色消费新时代。

（一）绿色营销的含义

关于绿色营销的概念，理论界还没有统一的表述，下面是几种具有代表性的观点：

从永续经营角度看，绿色营销是指企业重视和保护生态环境，辨识和适应消费者的绿色需求，防治污染，充分回收并利用再生资源，获取利润，谋求永续经营的过程。

从绿色消费角度看，绿色营销是指企业在绿色消费的驱动下，以绿色观念为经营哲学，制定和实施相应的营销策略，实现企业的经营目标。

从产品的角度看，绿色营销强调产品对环境的影响，通过改革产品的结构、生产过程及废物的处理方式，达到保护环境的目的。

综合起来，绿色营销是企业通过致力于变换经营过程以满足人们的绿色消费需求，履行环境保护的责任和义务，促进经济与生态的发展，实现企业的自身利益、消费者利益及社会利益三者相统一的一系列经营活动。

（二）绿色营销的实施

绿色营销是21世纪营销的主流，实施绿色营销有利于社会与自然环境的和谐发展，使得有限的自然、社会资源能被合理地运用于提高消费者的生活质量和人类的社会福利中，从而推动新兴的绿色文明的发展。绿色文明作为一种新的生产、生活和思维方式，代表一种更高级的目标和更深远的理想，促进了社会的进步。那么企业作为社会经济复合系统中的一个组成部分，如何改变经营观念、实施绿色营销呢？

1. 制订绿色营销战略计划。制订绿色营销战略计划即企业根据消费者对绿色消费的需求，兼顾环境和社会利益的因素，结合企业现状及长远的经营目标，对企业市场营销活动制订长期的、系统的、体现绿色内涵的战略计划。该战略计划包括绿色产品开发计划、绿色生产计划、环保投资等，一切以满足绿色需求为出发点和归宿，实现企业的"绿色盈利"，树立企业的绿色形象。

2. 实施绿色营销组合策略。该组合策略包括：①开发绿色产品。即产品的生产、使用及处理过程符合环境要求，有利于资源再生和回收利用，满足各种技术和质量标准。体现以人为本，提高舒适健康度和环境保护程度，同时建立有效的废物处理系统。②重视绿色包装。即采用对人体健康和生态环境无危害、易回收、可再生利用、无污染的包装。绿色标志是绿色产品的证明性商标。由产品的生产者自愿提出申请，由权威机关授予产品本身，并受法律保护。③制定绿色价格。绿色价格是绿色营销组合中一个重要而又复杂的决策变量，在一定程度上影响了企业的收入和利润，又是企业的一种竞争手段。制定时要考虑消费者需求、产品特性、市场环境等因素，充分体现"使消费者满意"的经营理念，遵循污染者付费（即对污染环境者征收环境补偿费）、谁受益谁分摊（在环境治理中受益者支付治理费用）、诚实定价的原则。④选择绿色分销渠道。即绿色产品从生产者手中转移消费者手中经过的由众多中间商连接起来的通道，有直接通道、间接通道等模式。中间商、零售商在产品运输、储存、装卸过程中力求使运作费用最低，收益最大。⑤开展绿色促销活动。即通过绿色媒体，传递绿色产品及绿色企业的信息，引发消费者对绿色产品的需求及购买行为。绿色促销组合包括绿色人员推销、绿色广告、绿色公关、绿色销售促进等，旨在提高绿色产品的知名度。

二、关系营销

所谓关系营销，是把营销活动看成是一个企业与消费者、供应商、分销商、竞争者、政府机构及其他公众发生互动作用的过程，其核心是建立和发展与这些公众的良好关系。

（一）关系营销的本质特征

1. 双向沟通。在关系营销中，沟通应该是双向而非单向的。只有广泛的信息交流和信息共享，才可能使企业赢得各个利益相关者的支持与合作。

2. 合作。一般而言，关系有两种基本状态，即对立和合作。只有通过合作才能实现协同，因此合作是"双赢"的基础。

3. 双赢。即关系营销旨在通过合作增加关系各方的利益，而不是通过损害其中一方或多方的利益来增加其他各方的利益。

4. 亲密。关系能否得到稳定和发展，情感因素也起着重要作用。因此关系营销不只是要实现物质利益的互惠，还必须让参与各方能从关系中获得情感的需求满足。

5. 控制。关系营销要求建立专门的部门，用以跟踪顾客、分销商、供应商及营销系统中其他参与者的态度，由此了解关系的动态变化，及时采取措施，消除关系中的不稳定和不利于关系各方利益共同增长因素。此外，通过有效的信息反馈，也有利于企业及时改进产品和服务，更好地满足市场。

（二）关系营销的具体实施

关系营销的实质是在市场营销中与各关系方建立长期稳定的相互依存的营销关系，以求彼此协调发展，因而必须遵循主动沟通原则、承诺信任原则、互惠互利原则才能保证关系营销的具体实施。

1. 关系营销的组织设计。为了对内协调部门之间、员工之间的关系，对外向公众发布消息、处理意见等，通过有效的关系营销活动，使得企业目标能顺利实现，企业必须根据正规性原则、适应性原则、针对性原则、整体性原则、协调性原则和效益性原则建立企业关系管理机构。该机构除协调内外部关系外，还将担负着收集信息资料、参与企业决策的责任。

2. 关系营销的资源配置。面对当代的顾客、变革和外部竞争，企业的全体人员必须通过有效的资源配置和利用，同心协力地实现企业的经营目标。企业资源配置主要包括人力资源和信息资源。人力资源配置主要是通过部门间的人员转化，内部提升和跨业务单元的论坛和会议等进行。信息资源共享方式主要是：利用电脑网络、制定政策或提供帮助削减信息超载、建立"知识库"

或"回复网络"以及组建"虚拟小组"。

3. 关系营销的效率提升。与外部企业建立合作关系，必然会与之分享某些利益，增强对手的实力，企业各部门之间也存在着不同利益，这两方面形成了关系协调的障碍。具体的原因包括：利益不对称、担心失去自主权和控制权、片面的激励体系、担心损害分权。关系各方环境的差异会影响关系的建立以及双方的交流。对于具有不同企业文化的企业来说，文化的整合，对于双方能否真正协调运作有重要的影响。

关系营销是在传统营销基础上融合多个社会学科的思想而发展起来的。它吸收了系统论、协同学、传播学等思想。关系营销学认为，对于现代企业来说，除了要处理好企业内部关系，还要有可能与其他企业结成联盟，企业营销过程的核心是建立并发展与消费者、供应商、分销商、竞争者、政府机构及其他公众的良好关系。无论在哪一个市场上，关系具有很重要的作用，甚至成为企业市场营销活动成败的关键。所以，关系营销日益受到企业的关注。

三、网络营销

网络营销的产生，是科学技术的发展、消费者价值观的变革和商业竞争等综合因素所促成的。网络营销（On - line Marketing 或 E - Marketing）就是以国际互联网为基础，利用数字化的信息和网络媒体的交互性来辅助营销目标实现的一种新型的市场营销方式。广义的网络营销概念包括网上营销、互联网营销、在线营销、网路营销等。这些词汇说的都是同一个意思，笼统地说，网络营销就是以互联网为主要手段开展的营销活动。狭义的网络营销是指组织或个人基于开放便捷的互联网络，对产品、服务所做的一系列经营活动，从而达到满足组织或个人需求的全过程。网络营销是一种新型的商业营销模式。

（一）网络营销的特点

1. 跨时空。营销的最终目的是占有市场份额，由于互联网具有超越时间约束和空间限制进行信息交换，因此使得脱离时空限制达成交易成为可能，企业可有更多时间和更大的空间进行营销，可每周 7 天，每天 24 小时随时随地地提供全球性营销服务。

2. 多媒体。互联网被设计成可以传输多种媒体的信息，如文字、声音、图像等信息，使得为达成交易进行的信息交换能以多种形式存在和交换，可以充分发挥营销人员的创造性和能动性。

3. 交互式。互联网通过展示商品图像，商品信息资料库提供有关查询来实现供需互动与双向沟通。还可以进行产品测试与消费者满意调查等活动。互联网为产品联合设计、商品信息发布及各项技术服务提供最佳工具。

4. 个性化。互联网上的促销是一种一对一的、理性的、消费者主导的、非强迫性的、循序渐进式的、低成本与人性化的促销，避免推销员强势推销的干扰，并通过信息提供与交互式交谈，与消费者建立长期良好的关系。

5. 成长性。互联网使用者数量快速成长并遍及全球，使用者多属年轻、高教育水准，由于这部分群体购买力强而且具有很强市场影响力，因此是一项极具开发潜力的市场渠道。

6. 整合性。互联网上的营销可由商品信息至收款、售后服务一气呵成，因此也是一种全程的营销渠道。企业可以借助互联网将不同的传播营销活动进行统一设计规划和协调实施，以统一的传播信息向消费者传达信息，避免不同传播中不一致性产生的消极影响。

7. 超前性。互联网是一种功能最强大的营销工具，它同时兼具渠道、促销、电子交易、互动顾客服务，以及市场信息分析与提供的多种功能。它所具备的一对一营销能力，正是符合定制营销与直复营销的未来趋势。

8. 高效性。计算机可储存大量的信息，代消费者查询，可传送的信息数量与精确度超过其他媒体，并能因应市场需求，及时更新产品或调整价格，因此能及时有效了解并满足顾客的需求。

9. 经济性。通过互联网进行信息交换，代替以前的实物交换，既可以减少印刷与邮递成本，可以无店面销售，免交租金，节约水电与人工成本，又可以减少由于迂回多次交换带来的损耗。

10. 技术性。网络营销是建立在高技术作为支撑的互联网的基础上的，企业实施网络营销必须有一定的技术投入和技术支持，改变传统的组织形态，提升信息管理部门的功能，引进懂营销与计算机技术的复合型人才，未来才能具备市场的竞争优势。

（二）网络营销策略

尽管网络营销具有很强的竞争优势，但并不是每个公司都适合进行网络营销，公司能否实施网络营销要考虑公司的业务需求、目标规模、顾客购买状况、技术支持等。开展网络营销时仍以4P's作为主体，同时贯彻4C's思想。

1. 网络营销产品策略。在网络时代，个性化消费成为主流，市场主导地位从企业转向了消费者，公司面临着日益上升的开发、生产和营销费用。为此，首先要对网络营销产品和服务进行定位。要通过网络市场调研，充分了解消费者的需求，让顾客全程地参与产品的开发过程。网络营销的产品和服务应尽量信息化和标准化，并充分利用互联网所具有的双向沟通特性进行定制营销，使得顾客通过互联网在企业的引导下对产品和服务进行选择、设计。

2. 网络营销定价策略。在网络营销中，由于企业生产成本降低，流通环节减少，价格竞争较为激烈。消费者会在网上广泛收集信息，货比多家。这使得网上产品价格趋于较低水平。为此，首先，以消费者能接受的成本来定价。先由顾客给出能接受的价格。然后由企业根据成本组织生产和销售；其次议价将会是企业产品定价最常见的方式。价格取决于产品对用户的价值，合理的价格表现为较低的价位、周到的服务和技术支持。

3. 网络营销渠道策略。网络营销最大的革命在渠道上面，网上销售渠道就是借助互联网将产品从生产者转移到消费者的中间环节，起点是制造商，终点是消费者和用户。一个完善的网络营销渠道应由订货系统、供货网络、生产网络和分销网络组成。消费者通过企业的订货系统发出订单，然后经供货系统输入原材料，再经生产网络加工生产，由分销网络将产品送给消费者，最后由服务网络解决售后服务问题。

4. 网络营销促销策略。在网络促销策略中最具创造力的方式是网络广告，它不同于报纸、杂志、电视等传统广告媒体，它将商品的特点、功能、价格等信息放在网络上，由消费者在自己需要时进行查询。网络广告信息呈现立体化和多方位化。网络广告改变传播者与接受者之间的关系，由原来单向转为双向互动的信息交流。另外，传统的促销策略如打折、优惠、推行会员制等也可用于网络促销，通过建立链接、发送电子邮件、发布新闻等来宣传网络营销站点，树立企业网上品牌形象，实现网络营销的目标。

四、体验营销

所谓体验营销是指企业通过采用让目标顾客观摩、聆听、尝试、试用等方式，使其亲身体验企业提供的产品或服务，让顾客实际感知产品或服务的品质或性能，从而促使顾客认知、喜好并购买的一种营销方式。这种方式以满足消费者的体验需求为目标，以服务产品为平台，以有形产品为载体，生产、经营高质量产品，拉近了企业和消费者之间的距离。

（一）传统营销与体验营销的区别：

与传统的营销模式相比，体验营销有着鲜明的特点（见下页表）。

（二）体验营销的体验形式

由于体验的复杂化和多样化，所以《体验式营销》的作者伯恩德·H. 施密特将不同的体验形式称为战略体验模块，并将其分为五种类型：

1. 知觉体验。知觉体验即感官体验，将视觉、听觉、触觉、味觉与嗅觉等知觉

传统营销	体验营销
关注产品特色和利益	关注消费者体验
消费者是理性消费，将消费过程视为解决问题的过程，忽视感情因素	消费者消费时是理性与感性兼具，两个因素产生购买的概率一样
注重产品的分类和在竞争中的定位	注重在社会文化、环境、消费因素下体验消费情景

器官应用在体验营销上。感官体验可区分为公司与产品（识别）、引发消费者购买动机和增加产品的附加价值等。

2. 思维体验。思维体验即以创意的方式引起消费者的惊奇、兴趣、对问题进行集中或分散的思考，为消费者创造认知和解决问题的体验。

3. 行为体验。行为体验即通过增加消费者的身体体验，指出他们做事的替代方法、替代的生活形态与互动，丰富消费者的生活，从而使消费者被激发或自发地改变生活形态。

4. 情感体验。情感体验即体现消费者内在的感情与情绪，使消费者在消费中感受到各种情感，如亲情、友情和爱情等。

5. 相关体验。相关体验即以通过实践自我改进的个人渴望，使别人对自己产生好感。它使消费者和一个较广泛的社会系统产生关联，从而建立对某种品牌的偏好。

五、整合营销

整合营销又称"整合营销传播"（Integrated Marketing Communication, IMC），它是欧美 20 世纪 90 年代营销传播界以消费者为导向的营销理念的具体体现，它的基本思想是以顾客需求为中心，通过企业营销工具和手段的有机结合，使产品价值链上的有关部门和企业都一致服务于顾客的利益，最大限度地满足消费者的需求。

（一）整合营销的特点

1. 整合营销以服务顾客为宗旨，使每一位顾客都能体验到企业高效、优质、一致的服务，它把消费者贯穿于整个营销传播活动的第一个环节，并实现与消费者的双向沟通。

2. 整合营销以系统化思想作指导，它将整个营销沟通作为一个系统，对其进行计划、协调和控制。不仅关心局部，更注重全局，考察所有行动与方案的效果，使得营销资源在营销工具间最优配置，提高企业的组织管理水平。

3. 整合营销理念引入了整体观与动态观，要求企业用动态的观点看待市场，认清企业与市场之间的互动关系，并根据市场的变化及时调整发展战略。企业内部所有部门都应当相互配合，竭诚协作，形成一个紧密团结的整体。

（二）整合营销的实施

整合营销的实施是将整合营销计划转化为行动和任务的部署过程，通过这一过程，最终实现整合营销目标。

1. 整合营销实施的前提。正确区分整合营销策略和传统市场营销策略在观念上的不同，树立并贯彻整合营销新观念，这是积极有效地实施整合营销的前提。传统的营销观念基本上是以企业为中心，围绕企业的需求来决定产品、价格、分销渠道等；整合营销则强调企业的一切活动必须适应消费者，实现企业和消费者之间的双向沟通。

2. 影响整合营销实施的技能。企业在执行整合营销过程中可能会面临各种问题。这些问题一般发生于企业的三个层次，即基本的营销功能层、营销方案执行层和营销战略层。为了使营销计划实施快捷有效，企业应从各个层面入手，学会运用分配、调控、组织和协调等技能。分配技能是指各层面的营销负责人对资源进行最优配置的能力；调控能力是指年度计划控制、利润控制、战略控制等有效整合的能力；组织技能是指开发组建有效的工作组织；协调技能是指营销人员要具备发动本企业内外的所有力量去执行营销方案的能力。同时企业还应具备营销诊断、问题评估等技能，并对营销中出现的每一问题提出具体的解决办法。

3. 整合营销的具体实施过程。整合营销的实施是一个不断改进和完善的过程，涉及资源、人员和组织等方面的问题。一是资源的合理配置。在实施过程中，要以整合营销为导向，对企业的有形资源和无形资源进行规划管理，实现最优配置，同时避免资源浪费。二是人员的选择和激励。要建立一支以企业营销经理为核心的，包括市场营销研发人员、销售人员、广告与营销行政事务人员等组成的高素质的营销团队，建立人员激励机制，激发员工的积极性，最大限度发挥团队精神。三是整合监督管理机制。整合营销的执行需要强有力的组织领导和健全的监督管理机制。最高管理层要对整合营销进行监督，整合营销团队要正确领悟企业的整合营销目标，实行自我监管和团队成员之间的相互监督。营销的执行是一个复杂的过程，其间会出现许多意料不到的问题，企业应合理地安排战略计划，为推动整合营销的实施而努力。

案例 1　浅析华隆公司的绿色营销

一、案例介绍

浙江省华隆食品有限公司成立于 1996 年，主要生产"森王"牌手剥小银杏、开口松子、纸皮核桃、琥珀桃仁、巴旦木、榛子、开口杏仁、香瓜子、杏脯、杏子酱、番茄酱等系列农副加工产品。其中，手剥小银杏系列分为 90 克、150 克、300 克、500 克、2500 克等，公司产品销量占小银杏市场总销量的 85％以上，是公司主打产品，并被农业部认定为无公害农产品、AA 级绿色食品、有机食品，并获得了 2004 年浙江省农业博览会金奖，2005 年被认定为"浙江名牌产品"，"森王"商标被认定为浙江省著名商标。公司主要生产基地位于新疆，公司在新疆轮台拥有"手剥小银杏"原材料基地，种植小白杏果园 1 万余亩，合同收购面积达 21 万亩。计划在 2008 年产量达到 3000 吨，果酱产量达 5 万吨。成为年销售过亿的集体企业。

华隆公司成功的秘诀在于公司从开始就立足于开拓国际市场，紧紧抓住绿色营销的大旗，引导绿色消费潮流，以绿色营销战略为公司发展的核心，开发绿色产品，建立绿色品牌，培育绿色渠道。

（一）华隆公司的绿色产品营销

开发绿色产品，要从产品设计开始，包括材料的选择，产品结构、功能、制造过程的确定，包装与运输方式，产品的使用及产品废弃物的处理等都要考虑环境的影响。

1. 绿色设计。绿色设计是开发绿色产品的关键，它强调对资源与能源的有效利用。在产品设计时，要综合考虑各种因素，如材料选择、产品制造品牌、功能、包装、回收、无污染、安全等。绿色产品的生产过程应该是"一种清洁生产"，这是一种物料和能耗最少的人类生产活动的规划和管理，将废物减量化、资源化和无害化，或消灭于生产过程之中。企业在给产品命名和选择品牌时，要符合绿色标志的要求，符合"环境标志"。华隆公司的小银杏包装以绿色为主要色调，手剥小银杏系列分为 90 克、150 克、300 克、500 克等包装设计主要考虑到产品进入终端市场的要求。2500 克的包装设计主要是满足流通批发市场的需求。

2. 绿色产品。华隆公司的产品从一出生就打上绿色有机的烙印。产品种植过程中，使用有机肥料。在生产果酱过程中，全自动意大利无菌灌流水线，进行果核与果肉的分离，果核分离出来以后，充分利用新疆充足的日照资源，对果核进行自然的晒干。晒干以后就运输到总公司，再由员工进行挑选，把坏的、变质的挑出来，把好的留给下一道工序。开口，把好的杏核由人工进行开口，之后把好的运到炒制车间。在炒制过程中，公司选用的香料是纯天然的，不添加任何防腐剂和色素，整个炒制时间要两个小时。好了之后要进行风干，再挑选。之后就可以包装出厂销售。在整个过程中都有公司的品质部门的人在旁边监督，他们从原料一来要测量原料的水分含量以及各种成分化验，对炒制出来的产品进行化验，以保证公司的产品都合格、卫生、安全。

3. 绿色包装。绿色包装是绿色产品一个极其重要的组成部分，应选择纸料等可分解、无毒性的材料来包装，并使包装材料单纯化，避免过度包装等。企业在产品或劳务满足绿色消费的同时，要考虑废弃物的再生利用性、可分解性，并搞好包装品及其废弃物的回收服务，以免给环境带来污染。华隆公司的包装是采用无毒性的材料，公司外包装是纸制材料，可以回收利用。包装外面贴了绿色、有机、KS、无公害等认证标志。

（二）华隆公司的绿色价格营销

华隆公司的产品价格定位在综合考虑了企业对价格的承受程度、顾客对价格的接收程度、国家物价法规的允许程度后，决定以最大利润作为企业定价目标，即追求企业长期利润目标和短期利润目标的最大化，从短期看，获得最大的现金流量，从长期看，树立品牌优质优价的形象，因此采取了高价位策略。在具体定价方法上，利用人们的求新、求异、崇尚自然的心理，采用消费者心目中的"觉察价值"来定价，而且消费者一般都认为绿色产品具有更高的价值，愿意为此支付较高的价格。根据"污染者付费"价格构成的一部分。当然，绿色产品价格上扬的幅度不仅取决于绿色产品品质提高的幅度和环保费用支出的多少，而且还取决于消费者对绿色产品价格的理解。在工业发达国家，绿色产品价格上扬幅度较大，消费者也乐于接受。在我国，由于消费者的绿色意识较弱，绿色产品价格上扬幅度不宜过大，在大中城市市场价格可略高。一开始，有些消费者很难接受，认为这样的产品价格太高了，比同一市场上的产品高出了好几倍。过了一段时间，当消费者品尝了公司的产品与市场上同类产品之后。两者一比较就发现公司的产品无论从口感，还是外观上都比同类产品高出一个档次，就会慢慢接受了这价格。

（三）华隆公司的绿色渠道营销

绿色营销渠道的畅通是成功实施绿色营销的关键，既关系到绿色产品在消费者心中的定位，又关系到绿色营销的成本。因此，华隆选择绿色渠道时的原则是：

1. 选择具有绿色信誉的中间商。如关心环保，在消费者心中有良好信誉的大中间商，借助该中间商本身的良好信誉，推出绿色产品。公司在东北、西北、华北等地区的各个省设立一个经销商，现在这些地方的销量已经占公司总销量的80%以上，成为公司的主要销售市场。为了让经销商能得到更多的利润，一方面公司实施优惠政策，只要经销商今年首付货款100万，就可以享受在出厂价基础上每吨优惠2000元的政策；另一方面公司在和经销商的合同文件中加入了年终返利这一项，规定销售500万以上有3%的年终返利，300万以上有2.5%的年终返利，200万以上的有2%的返利，100万以上的有1.5%的返利，50万以上的有1%的返利。

2. 所选择的中间商应不经营相互排斥的、相互竞争的非绿色产品。

（四）华隆公司的绿色促销营销

绿色促销就是围绕绿色产品而开展的各项促销活动的总称。华隆公司主要通过绿色广告和绿色公关两个途径连续不断地向消费者传递绿色信息，树立企业和产品的绿色形象，扩大公司的知名度。

1. 树立和坚持绿色广告风格。通过平面媒体、电视广告、POP广告来宣传华隆公司的绿色营销宗旨，大力宣传绿色消费时尚，告诫人们使用绿色产品，支持绿色营销，本身就是对社会、对自然、对他人、对未来的奉献，提高公众的绿色意识，引导绿色消费需求。每年逢重大节日，一方面公司在超市这样的终端市场制作各期邮报，以让利的形式来促进销售；另一方面公司自己制作宣传海报，在上面夹着公司手剥小银杏的品尝包，让消费者真正了解这产品，感受公司的企业文化。

2. 开展绿色公关活动。积极参与各种与环保有关的活动，如在新疆积极投身种植果树，开发当地的绿色旅游资源，支持各种社会慈善活动，以实际行动来树立企业在公众心目中的形象。尤其着重处理好以下两个方面的关系。

（1）与当地农民的关系。新疆地处欧亚大陆腹地，地广人稀，自然资源十分丰富，非常适合小白杏等水果的生产，杏核又是上等的炒货原料。但在新疆地区小白杏主要以卖鲜果为主，由于新疆气温较高，小白杏鲜果储藏、运输都较困难，因而在当地市场价格一般仅有0.5元/公斤左右，在丰产年份，价格就更低，甚至导致果农不愿采收而烂在地里，严重挫伤了果农的生产积极性。公司进入以后与当地农户签订保护价收购协议，将收购价格提高到1.2

元/公斤，合同收购面积达 11.8 万亩，直接带动了 3800 个农户，有力地促进了当地农业产业结构的调整，推动了农业产业化发展。此外，公司还建立了 1 万亩番茄生产基地。小白杏综合开发既是利用杏肉加工成杏子酱，又利用杏核运回义乌加工手剥小白杏。该项目现已列入新疆自治区"星火计划"项目和巴州地区农业产业化重点项目。2003 年共收购小白杏鲜果 1.8 万吨，鲜番茄 2.18 万吨，投入收购资金 2770 万元。仅此小白杏一项，人均增加收入 200 多元，占轮台县当年农民增收额的 65% 以上，成为当地农村经济新的增长点。

（2）与政府的关系。公司在参与西部大开发过程中，得到了当地党委和政府的高度重视和大力支持，中央政治局委员、新疆维吾尔自治区党委书记王乐泉多次亲临现场考察给予指导，浙江省委书记习近平在赴新疆考察时，高度评价了公司参与西部开发、投资西部农业、带动西部农民致富所做出的成就，充分肯定了公司面向全国、走向世界和基地、产品两头在外的经营理念。全国政协领导和农业部有关领导也专程到新疆公司进行了视察和考察。《人民日报》、《农民日报》、《浙江日报》、《浙江科技报》及中央电视台、浙江电视台、新疆电视台等新闻媒体，对公司在新疆投资建设情况进行了专题报道。

（资料来源：王巍、余建伟：《浅析华隆公司的绿色营销》，载《科教文汇》2006 年 4 月）

二、案例分析

华隆公司巧打绿色牌，将"绿色"贯穿于营销的全过程，紧紧抓住绿色营销的大旗，引导绿色消费潮流，以绿色营销战略为公司发展的核心，开发绿色产品，建立绿色品牌，培育绿色渠道，开展绿色公关，这一切手段的实施给企业开创了良好的经营局面，使企业步入健康快速发展的轨道，总结起来，有两个方面值得我们学习和借鉴：

1. 绿色营销观念。绿色营销观念是在绿色营销环境条件下企业生产经营的指导思想。与传统的营销观念相比，绿色营销观念注重的社会利益，更明确定位于节能与环保，立足于可持续发展，放眼于社会经济的长远利益与全球利益。传统营销观念认为，企业在市场经济条件下生产经营，应当时刻关注与研究的中心问题是消费者需求、企业自身条件和竞争者状况三个方面，并且认为满足消费需求、改善企业条件、创造比竞争者更有利的优势，便能取得市场营销的成效。绿色营销观念在传统营销观念的基础上增添了新的思想内容：

（1）企业生产经营研究的首要问题是注意考察企业生产经营与绿色营销环境的关系。强调企业营销决策的制定必须首先建立在有利于节约能源、资源和保护自然环境的基点上，促使企业市场营销的立足点发生新的转移。

（2）对市场消费者需求的研究，是在传统需求理论基础上，着眼于绿色需求研究，并且认为这种绿色需求不仅要考虑现实需求，更要放眼于潜在需求。

（3）企业与同行竞争的焦点，在于最佳保护生态环境的营销措施，并且认为这些措施的不断建立和完善，是企业实现长远经营目标的需要，它能形成和创造新的目标市场，是竞争制胜的法宝。

2. 华隆公司很好地实施了绿色营销组合策略，全面、立体地贯彻了绿色营销理念。

（1）开发了绿色产品。华隆公司的产品种植过程中，使用有机肥料。在生产果酱过程中，充分利用新疆充足的日照资源，对果核进行自然的晒干。人工进行挑选，人工进行开口。在炒制过程中，公司选用的香料是纯天然，不添加任何防腐剂和色素。

（2）重视绿色包装。华隆公司的包装是采用无毒性的材料，公司外包装是纸制材料，可以回收利用。

（3）制定绿色价格。华隆公司利用人们的求新、求异、崇尚自然的心理，采用消费者心目中的"觉察价值"来定价，而且消费者一般都认为绿色产品具有更高的价值，愿意为此支付较高的价格。

（4）选择绿色分销渠道。华隆公司重视选择具有绿色信誉的中间商。由于这些中间商关心环保，在消费者心中有良好信誉，使企业可以借助该中间商本身的良好信誉，推出绿色产品。

（5）开展绿色促销活动。华隆公司主要通过绿色广告和绿色公关两个途径连续不断地向消费者传递绿色信息，树立企业和产品的绿色形象，扩大公司的知名度。

华隆公司采用的以上几种策略组合，企业也可以单独使用，但无论采取何种方法，企业都应认真研究周围市场营销环境，结合自身的实力和特点，选择适合本企业的绿色营销策略。

总之，绿色营销作为一种新型的营销模式，是21世纪少有的几种生命力顽强的营销模式之一，无疑是现代企业营销的必然选择。

三、思考·讨论·训练

1. 在我国实施绿色营销有何特殊意义？

2. 怎样成功实施绿色营销组合策略？

3. 收集有关资料，撰写一篇关于我国实施"绿色营销"的综述。

案例 2 关系营销:麦德龙的成功之道

一、案例介绍

麦德龙的成功之道在于关系营销。关系营销的核心是明确价值前提,确定客户群,设计价值交付体系,管理和保持顾客的满意;目标是通过挖掘顾客的终身价值来获得企业的长期利润增长。关系营销的重要性和必要性已经得到公认,但是在企业的经营实践当中却一直难以实施,在零售行业尤其明显。零售业巨头麦德龙已经把关系营销的核心理念融入自己的日常经营之中。

(一) 细分市场,确定顾客

关系营销的基本前提是确定自己的核心顾客,关注于为核心顾客提供高质量的服务,充分挖掘核心顾客的终身价值。麦德龙自发展之日起就建立了与家乐福、沃尔玛等百货业态截然不同的市场定位:专门针对中小零售商和组织购买者的批发业务。麦德龙之所以选择这种定位自有其道理:零售终端竞争激烈,利润微薄;大零售商有自己的采购渠道;只有中小零售商和组织购买者一般是采购次数频繁,品种多,要以有限的资金形成较丰富的商品结构。但由于他们采购批量少,在一般的批发部门享受的价格折扣也比较小,从而使其竞争能力差,获利低。麦德龙就瞄准了市场中的这一小部分顾客,为他们提供专门服务,深度挖掘该顾客群的经济价值和市场潜力。

麦德龙在确定目标顾客群的基础上,形成独特的经营模式:仓储会员制——发展仓储式经营,只有持有营业执照的法人和企业才能成为麦德龙的会员。也就是说,你如果想到麦德龙购物,必须先要经过该公司的审核,只有法人社团和企业组织才能够登记注册,得到一张会员卡,每次采购时都要出示会员卡作为凭证。普通消费者并不是它的目标顾客,没有会员卡,难怪会被拒之门外。麦德龙的会员卡对于该公司的关系营销意义重大:它不仅记录着顾客的姓名、地址等基本资料,还记录着顾客与公司的每次交易信息,公司据此可以判断该顾客的购买偏好和购买习惯,还能够根据累计的交易额推断该顾客的终身价值。正是无穷价值,尽在方寸之间。

麦德龙针对中小零售商和组织购买者大批量、高频率的购买特点,创立了一种与众不同的经营体制:现付自运制。它的主要特征是进销价位较低,现金结算，勤进快出，顾客自备运输工具。现付自运制实现了麦德龙和顾客的双赢：现金支付可以保证麦德龙有充足的现金流，使它有足够的能力长期为顾客提供高品质的产品和服务；由于顾客一般都有自己的运输工具，自备运输工具既可以发挥它们的作用，又可以减少麦德龙的经营成本，而经营成本的降低最终体现为产品价格的下降。

（二）完善产品服务，吸引顾客

关系营销的理念之一就是要为满足顾客的某一需求创造整体价值，不管顾客最初购买的是什么，企业都可以把它与产品线上的其他产品创造的收益联系起来，这样，顾客就会认识到整体产品体系的存在和价值。麦德龙经营的宗旨是为专业顾客提供完善的产品和服务。公司针对顾客的需求特点，以生鲜食品和办公用品为主打产品，在此基础上，辅之以家用电器，食品饮料等完善的产品体系，满足顾客的各方面需求。麦德龙实行"一站式购物"，力争使消费者通过一次购买满足所有的购买需求。因此，公司在满足集团购买者的大批量购买需要的同时，也不会忘记购买者的个人需求。

服务在关系营销中的重要性日益显著，是公司形成差异化优势、吸引顾客的关键。麦德龙在公司经营的各个方面表现为顾客服务的周到和诚意。公司为顾客准备宽敞的停车位，按照顾客要求进行产品包装，为方便顾客装运商品准备大型推车，还有专门为适应顾客需求安排经营时间。因为麦德龙是商对商的业务，顾客有自己的营业时间安排。为了适应顾客的需要，麦德龙调整自己的营业时间——从上午六点直到晚上十点。在春节、中秋等营业高峰期，公司的营业时间延长到晚上十二点。顾客完全根据自己的经营条件和市场需求来商场采购，减少了商品积压、滞销的风险，使得中小型商业企业可以以较低的成本得到畅销产品，降低经营风险。

麦德龙完善的产品体系和服务体系使它获得与其他批发商相比较的差异化竞争优势，吸引了大批顾客。到目前为止，麦德龙在中国的会员已达到100多万。

（三）低价高质，赢得顾客

关系营销强调承诺和兑现，要求企业通过设计价值交付体系，兑现先前承诺，给顾客满意，甚至以超值兑现给予顾客惊喜。麦德龙对顾客的承诺是"天天平价"，以低价高质的产品和服务赢得顾客的满意。为此，麦德龙想方设法降低经营成本和经营费用。例如，公司的选址都在土地价格比较便宜的地方。据悉，麦德龙进军北京的步伐，就是由于北京的土地价格普遍上涨而受阻。除此之外，公司采用仓储式陈列，不设仓库，加大单位面积的商品陈列量。由于来采购的一般是老顾客，所以公司通过减少现场服务人员的数量，进一步降低经营费用。

对于公司成本降低贡献最大的是其采购系统。麦德龙作为欧洲最大的采购商，可大量地吸纳和存储商品，大规模的销售导致商品周转迅速，所以对供应商产生了很大的吸引力。加上按时结算，批量大、周转快，各供应商都愿意以最低价位向其出售商品。在中国，公司60%的商品采取中央采购的战略，采购权集中于上海。采购中心凭借一套先进的计算机处理系统下订单，每个商场在任一个时点上商品的吞吐量和库存量都同步传输到总部的数据中心，总部对供应商的资信、实力、产品的质量有一套规范化的程序，下面不得改变。其余的商品实行地方自购。公司在上海、北京、武汉和成都四大区域都设有当地的采购和自己的物流配送系统。中央集中采购和地方自行采购相结合的模式，使麦德龙在降低采购成本的基础上，保证产品可以满足当地顾客的独特需求。

由于麦德龙进货的价格较低，经营成本低，采购渠道广泛和直接，商品品种齐全，客户只要拥有会员卡并支付现金，不论购货数量大小均能享受优惠的价格，使零售商的成本也大大降低，简化了原来重重叠叠的批零关系，产、批、零三方均能得益。所以，麦德龙能够在保证自己利润空间的前提下为顾客提供优惠的价格：商品价格平均比国内批发公司便宜5%。

麦德龙承诺：价低质不低，顾客对于产品质量最有发言权。为保证商品质量和保护消费者的利益，麦德龙在建立制度上有一套严格的制衡措施。总部监督下面的商场、下面的商场又能监督总部，他们又共同接受消费者的监督。每个商场内部都有质监员，如果消费者反映或者他们自己发现哪个商品有瑕疵，哪怕是一件服装的标签不规范，经商场经理确认后，第一步全部撤下来，并立即通知总部的质量控制部门，问题如果严重，则通知所有商场立即撤货。而且麦德龙还备有一份召回清单，如果某种商品进入这个名单几次，这个商品将会从商场消失，相关订货人员可能也会下岗。低价高质的产品为麦德龙赢得顾客。

（四）定期沟通，培养忠诚顾客

关系营销追求纵向销售，而非横向销售，即致力于使现有的顾客购买更多的商品，而不是向更多的顾客销售商品，因为开发新市场成本高、风险大。所以，保持现有顾客、培养忠诚顾客是关系营销的目标。沟通是达到这个目标的至关重要的一环。麦德龙独特的市场定位和经营理念，决定了它与众不同的沟通策略。麦德龙的目标顾客是市场中的很小一部分群体，这就决定了公司不采用电视、广播等成本高昂的大众传播媒体，而用自己的方式与顾客沟通，致力于培养忠诚顾客，与顾客建立长期和合作关系。

麦德龙的沟通工具是公司定期出版的"麦德龙邮报"。公司定期向顾客发送"麦德龙邮报",向顾客传达最新的产品信息和价格信息,欢迎顾客再次光顾麦德龙。这不仅节省了公司的宣传和沟通费用,又使沟通更有针对性和富有成效。

因为非会员是得不到该邮报的,这一方面可以减少非会员顾客对于麦德龙造成的压力;另一方面可以让会员顾客感到自己受到麦德龙的重视,感到作为公司顾客的与众不同的地位,也更加倾向与公司进行进一步的交易。

更为重要的是,麦德龙设置了"顾客咨询员",定期与顾客进行交流,向顾客转达公司的问候、公司的经营政策和经营方针以及公司的最新动向。"顾客咨询员"的任务还包括通过与顾客进行面对面的交流,了解顾客对于公司还有哪些要求,对于公司的产品和服务有什么不满之处,以及对于公司如何改进和完善有什么建议。麦德龙的顾客咨询员态度鲜明地向顾客传达了这样的信息:你们是麦德龙的真正上帝,为了更好地为你们服务,把你们的意见和建议都告诉我们吧。可见,通过顾客咨询员的访问和沟通,顾客还有什么理由不在下次购买之时首先想起麦德龙呢?

关系营销给麦德龙带来丰厚的回报。麦德龙从 1995 年进入中国以来与上海锦江集团合作,在上海、江苏、重庆、浙江等地成功地开设了 17 家分店,发展了 100 多万会员。由于公司的顾客多是忠诚顾客,使其经营成本进一步降低,而忠诚顾客的重复购买以及他们的口碑效应带来的新顾客又使公司的收入节节上升。

(资料来源:http://www.795.com.cn/wz/36999_1.html)

二、案例分析

零售业巨头麦德龙把关系营销的核心理念融入自己的日常经营之中,以下两个方面是其成功的关键。

(一)以双向为原则进行信息沟通

关系营销是一种信息沟通过程,在这一过程中,不是简单地传递了信息和感情,而且能有机地影响、改变信息和感情的发展,企业主动与顾客沟通,进行双向交流,对于加深顾客对企业的认识、觉察需求的变化、满足顾客的特殊需要以及维护顾客等有重要意义。如麦德龙设置了"顾客咨询员",定期与顾客进行面对面的交流,了解顾客对于公司还有哪些要求,对于公司的产品和服务有什么不满之处,以及对于公司如何改进和完善有什么建议。这是典型的双向沟通。

（二）以互惠互利为目标照顾到公众的利益和需要

关系营销产生的原因是买卖双方相互之间有利益上的互补。如果没有各自利益的实现和满足，双方就不会建立良好的关系。真正的关系营销是达到了关系双方互惠互利的境界。因此，了解双方的利益需求，寻找双方的利益共同点，并努力使共同的利益得到实现，是关系协调的关键。比如，麦德龙坚持以低价高质的产品和服务，照顾到公众的利益和需要，赢得顾客的满意。为此，他们在制度上建立了一套严格的制衡措施，以保证商品质量和保护消费者的切身利益。让总部监督下面的商场、下面的商场又能监督总部，他们又共同接受消费者的监督。每个商场内部都有质监员，如果消费者反映或者他们自己发现哪个商品有瑕疵，哪怕是一件服装的标签不规范，经商场经理确认后，第一步全部撤下来，并立即通知总部的质量控制部门，问题如果严重，则通知所有商场立即撤货。麦德龙还备有一份召回清单，如果某种商品进入这个名单几次，这个商品将会从商场消失，相关订货人员可能也会下岗。低价高质的产品为麦德龙赢得顾客。

总之，企业市场营销的宗旨是追求各方关系的利益最大化，只有与公司营销网络中各成员建立长期、良好、稳定的伙伴关系，才能保证更多有利的交易，才能保证销售额和利润的稳定增长，否则那些暂时的利润随时都可能够消失。麦德龙的关系营销无疑是成功的，它给我们的启示也是多方面的。

三、思考·讨论·训练

1. 关系营销的核心是什么？
2. 关系营销成功的关键是什么？
3. 麦德龙的关系营销哪些做法值得企业借鉴？
4. 有人说："关系营销就是营造顾客忠诚"，请谈谈你对这句话的理解。

案例 3　新疆乳业的体验营销

一、案例介绍

新疆乳品市场总消费人口 1600 多万，而乳品生产企业却有近 10 个，竞争产品多达 13 个，且竞争的重点多集中在短保期的常温奶，其竞争的激烈程度不亚于内地的一、二线市场，而竞争的手段却处于一个相对低级的阶段，过度依赖促销战和价格战促成销售量的增长。如何转换企业的营销思考方式，实现差异化营销达成销售的增长和品牌的提升成为新疆企业思考的重点。

新疆 A 企业成立于 2003 年 9 月，位于新疆首府乌鲁木齐市，在其成立之初，一无品牌，二无市场，且在产品上市前，乌鲁木齐市场已有 3 个品牌的产品占据乌鲁木齐市场 95%的市场份额，在经过 2004 年一年的市场开发、产品促销、品牌宣传推广以及新品开发上市，到 2005 年 5 月，该企业 A 产品在整个新疆市场产品日销量已达 70 吨，市场占有率达 27.7%，跃升为新疆乳品企业三甲之列，尤其在其核心城市乌鲁木齐市场其产品销售量达 50 多吨，市场占有率近 40%，成为乌鲁木齐市场销售量最大的乳品企业之一，但该企业在经历一年多的高速成长之后，面临新的发展问题：

（1）市场销量虽达到了一定水平，但长时间处于停滞的平台期，怎样突破销售瓶颈，进一步提升销量。

（2）品牌的建设和品牌提升的问题。

（3）产品宣传和推广上传播界限突破的问题。

针对上述三个问题，企业品牌推广小组首先从该企业自成立之初的发展历程进行深入的了解，寻找原因，同时，对新疆乳业的现状和消费者的关注度状况进行了分析并作出 SWTO 分析：

（1）优势：①专业的营销团队，进行深度分销的营销模式和一年的市场运作，拥有营销优势和品牌、销量基础。②六个千头牛奶场为其提供了可靠的奶源保障，形成了其他企业难以比拟的优势。③克隆牛技术独步新疆和该企业的研发能力，使其拥有技术优势。④先进的生产技术设备和完善的品控体系使其拥有安全优势。

（2）劣势：①产品销售过度依赖促销实现，销售不稳定。②企业进入市场较短，缺乏市场经验而且由于时间短品牌基础较弱，虽有知名度却缺乏美誉度。③产品定位模糊不清，企业的核心和竞争优势尚未传播开来。④产品口味与目前市场流行的香浓口味相比欠佳。

（3）机会：①消费者对牛奶产品的消费上认识度较低、品牌忠诚度较弱，消费的随机性较强。②企业产品线丰富，便于组合，同时企业营销能力和思维转换较快。③消费者对牛奶产品安全的消费需求。④新进入牛奶消费市场中消费者的加入。

（4）威胁：①作为新疆市场有五十年历史的 B 品牌牛奶，其对消费者的影响。②作为新疆第一品牌的 C 牛奶对市场的影响。③外来全国品牌，对市场的冲击。

通过分析得出以下结论：

（1）目前新疆乳业营销和品牌媒体运作同质性较强无明显差异化，品牌突围难度较大。

（2）随着消费者对"乳品消费安全"的需要，乳品的安全问题备受社会和消费者的关注，给消费者消费的知情权，这将是一个品牌运作的机遇。

（3）对该企业来说，奶源优势是其最大、最突出的核心优势，以此为突破更利于企业优势的传播。

（4）从乳品消费者的消费关注点来看，参观牛场、参观生产车间了解乳品的生产过程对消费者有吸引力也是消费者消费的潜在需求，会引起众多消费者的关注和参与。

（5）新疆乳业的竞争环境和现状决定，谁能出奇招实现差异化营销"第一个吃螃蟹"谁将是市场争夺最后的胜者。

通过仔细分析与认真研究后品牌推广小组认为解决 A 企业面临的问题要达到三个"实现"：

（1）产品上要实现由"口吃—胃吃—心吃"的推进，培养消费者的信任度、忠诚度和满意度，吸引新顾客的加入，提升销量。

（2）品牌上要实现由单一品牌宣传向赋予品牌文化内涵的延伸，给品牌进行定位，提供给消费者利益点，树立品牌形象。

（3）宣传上要实现消费者由过去单纯的片面认识向全面认识的推进，使企业的优势，让消费者能从认识到认知、接受的方向转变，实现差异化传播和营销。

基于以上的结论和目标，推广小组确立了应用既能体现消费者的价值，又能凸显企业的价值的体验式营销为营销手段的实现方式，以最能发挥该企业与众不同的优势奶源和牛场的优势作为突破口，利用企业母公司在新疆市场的知名度，确定了运用以"××之旅"为主题的推广方案，或者"××之旅"活动，引领消费者走出城市来到春光明媚的郊外牛场，亲近自然、亲近小牛犊，参观生产基地，寓教于乐，在旅游中了解牛奶的奥秘，实现消费者与企业之间互动为目标的体验式营销，以消费者的思考角度通过五个部分进行设计：①感观：看短片介绍（公司简介）、看牛场、看工厂、与牛亲密接触；②情感：照相留影、寄相片；③思考：奶源现状、安全是硬道理、产品讲解；④行动：免费品尝、牛奶的鉴别、口感测试；⑤关联：认识到企业产品是最好的和最安全的并购买产品。他们以消费者一日旅游的形式来实现，为使此项推广方案能确实执行，推广小组进行了周密布置并写出了详细的策划案。

"××之旅"策划方案

一、活动目的

稳定和提升销量，完善品牌建设提升品牌知名度，品牌价值和品牌忠诚度，实现企业优势宣传与战略推广，成功地走出一条差异化的乳品品牌营销之道。

二、活动时间

2005 年 5—10 月（主要利用夏、秋两季的时间，这样便于活动开展，让消费者在体验之余能得到休闲）。

三、活动形式

游牛场，认小牛，看工厂，听讲座，品牛奶，集体照相的一日游。

四、活动主旨

实现消费者在体验中了解、探索牛奶的生产源头和过程，教会消费者如何选择安全的乳品，提出乳品生产消费安全是硬道理的观点。

五、活动流程

在公司看短片介绍（公司简介）→ 去牛场（由讲解员在车上介绍）→ 参观牛场（了解奶牛、奶源状况）→ 到厂房（了解生产工艺过程）→ 到公司（公司和消费者进行沟通）→ 品尝产品、填写信息反馈表、购买产品。

六、活动实施细则

（一）内部实施细则

1. 牛场选定：选定了该企业的第三牛场作为消费者参观的牛场，主要在于该牛奶离乌鲁木齐市较近，同时作为该企业克隆牛的专门饲养地，对消费者能有很好的兴趣感。

2. 牛场的环境布置：

（1）"牛场"的卫生要求。

要求：地面干净、玻璃干净、消除或减少臭味，新建一个较卫生的厕所同时增加垃圾桶数量，清除牛场周边的垃圾。

目的：给参观区一个良好的环境卫生，减少参观区域的苍蝇数目同时方便消费者生理需要。

（2）"牛场"的环境改造和宣传布置。对参观牛场区域内的墙面粉刷并在墙体、门口和屋顶制作"××之旅"的巨幅广告牌和宣传指示牌。

目的：吸引消费者眼球和目的地、参观点的确认。

3. 牛场内展厅的设计。

（1）"牛场"参观走廊的设计。由于牛场安全生产和预防病菌的侵入，我们专门设计了两侧透明的参观走廊并进行装饰。

目的：满足消费者既能方便游牛场近距离看小牛，又能避免病菌在牛场的传播。

（2）"牛场"内挤奶厅的设计。主要强调牛奶生产过程的图解和挤牛奶的要求，使消费者能了解到安全的牛奶产品奶源是关键的道理。

（3）"牛场"内的设施配备。配备显微镜、投影仪、投影幕和空调。

目的：给消费者进行奶源知识的讲座并告知和让消费者了解好奶源与不好奶源的区别，并通过消费者亲自看来加深印象和对比。

（4）车辆的选择：我们选择有空调（考虑夏季的炎热气候）并有车载电视的车辆，在对车体进行包装后并定名为"××之旅"号，同时制作企业宣传广告牌，使消费者在一路上对企业和产品能有大致了解并配备专门的讲解人员进行全程服务。

（5）参观工厂：从牛奶进入工厂的第一个环节至产成品出来的各个环节，邀请消费者全方位参观，并对生产的各个环节的事宜由工厂技术人员进行详细讲解，满足消费者对牛奶生产过程了解的心理。

（6）专题讲解：开设牛奶知识的专业讲座和消费者座谈会与消费者沟通，为消费者答惑解疑。①选择座谈场所：场所中专设电教设备、产品展示区牛场微缩模型，企业组织架构图等，满足讲座、产品展示与企业优势展示的需要。②制作讲座课件：课件内容包含企业规模、优势、市场情况以及企业各项产品说明，教消费者如何选购乳品，并着重提出乳品消费安全就是硬道理的主张。③产品展示：对企业全部产品集中展示，体现企业品种优势并对产品进行宣传。

（7）免费品尝：消费者在对奶源、产品和生产工艺了解后，邀请消费者品尝，填写信息反馈表、购买产品，了解消费者需求，实现消费者对企业产品的更进一步了解与感受，并坚定消费者的购买决心。

（8）留影纪念：选择厂区门口进行，加深消费者的每一次印象。

（9）照片寄发：在照片冲洗出来后，分寄给各消费者并建立消费者档案，定时回访，使体验之旅产生深远影响，同时更能强化消费者在此之后的影响。

（二）外部实施细则

1. 消费者选择：本着抓住消费人群中购买决定者的同时注重培养对消费有影响的人群，选择参与活动的人员：主要为成年女性与学龄儿童。

2. 消费者的组织，包括：①企业自发组织：主要是由企业联系社区、单位、协会、学校等相关单位。②市场推广组织：主要通过在产品中夹带参观卷的形式让消费者来主动参加。

3. 媒体选择：选择在乌鲁木齐市场具有最大影响力《晨报》为宣传载体。

4. 宣传角度：一方面利用新闻报道形式对"××之旅"进行正面宣传报道；另一方面，宣传上我们通过儿童的认知角度，以儿童写作文投稿的形式对"××之旅"进行隐性宣传，潜移默化影响和吸引更多消费者对A企业的关注和对A产品的了解，使参与"××之旅"的人群逐步扩大。

通过"××之旅"的活动，企业吸引了十几批近四五百名消费者参与活动，消费群体遍布不同行业的各个消费层面，活动时间历时4个月，在此间不仅保持了A产品销售的提升，同时也强化了A品牌的美誉度，实现了消费者在消费前、消费中、消费后的体验，在乌鲁木齐市场更是引起较大的反响，其对后期产品市场销售和品牌的传播及A企业的效益都有不可估量的影响。

同时，随着"××之旅"活动第一阶段的结束，从整个方案执行前后的全过程来看我们发现该活动仍存在许多的不足和要修正的地方：①该方案以A企业母公司名字命名，为"××之旅"，虽体现了A企业奶源优势，但却削弱了产品的宣传，人为地割裂了A企业产品名与母公司名字的联系，减弱了宣传效果，如能命名为"××A之旅"将会更好。②该活动方案的执行面仅限于乌鲁木齐市场，没有将其执行面扩大至全疆市场，仅是一个区域市场的一个简单推广案，因而宣传面和影响力受到限制。③对该活动方案因未提升到一个高度，使此活动方案在推广过程中缺乏必要的宣传面和广告投入，使对消费者层面告知度不够，未能更好地体现该活动的效果和参与人群面。④该活动方案对赋予品牌内涵以健康和文化的提升仍有欠缺，需要活动中予以强化，宣传中予以告知。

（资料来源：http://www.boraid.com/article/47/47498_1.asp）

二、案例分析

乳业营销从初始的免费品尝的推广促销活动，到蒙牛的"请到我们草原来"和"体味自然之旅、参观样板工厂、游历国际牧场"的营销历程，我们看到乳业的市场营销虽然"买赠"的低价竞争仍然会长久存在，但乳业的营销手段也在竞争中得以逐步提升，迎合着营销理论的发展和企业营销观念上的改变，乳业营销中体验式营销已开始逐步走入我们的视野。

体验营销通过看（See）、听（Hear）、用（Use）、参与（Participate）等手段，充分刺激和调动消费者的感官（Sense）、情感（Feel）、思考（Think）、行动（Act）、关联（Relate）等感性因素和理性因素，给新业务的推广带来新气象。体验式营销具有如下特点：

1. 以消费者的体验为关注点。注重企业与顾客之间的沟通，挖掘顾客内心的愿望，从顾客体验的角度，审视自己的产品和服务。

2. 以体验为导向设计、制作和销售产品。从完成产品由产品单一转换的角度，使产品成为集产品、商品、服务、体验为一体的综合性物质，增加产品在"体验"后的含金量，为企业带来超值效益。

3. 检验消费情景。营销工作不再独立的思考一个产品（质量、包装、作用等），而是通过各种手段和途径（娱乐、人员等）来创造一种综合效应，增加消费体验，而且还要根据社会文化、环境、消费因素思考消费者所要表达的内在的价值观念、消费文化和生活的意义，使企业的营销观念和方式能综合各个方面进行外延的扩展和内涵的提升，消费者在消费前、中、后的消费体验已成为企业提高顾客满意度和品牌忠诚度的关键性和决定性因素。

4. 消费者双重性的确定。消费者在消费时会有理性的选择，但也会有对狂想、情感、欢乐的需求，决定了消费者消费时是理性与感性兼具的。

5. 主题性。"误打误撞"不是体验式营销的行为，体验要确定一个主题或主题道具，体验式营销要从这个主题或主题道具出发。而这些体验主题或主题道具要求体验营销人员精心设计并有严格的计划，很好地实施与控制。

6. 方法与工具的多样性。体验是五花八门的，体验营销的方法和工具多样性，其和传统的营销又有很大的差别，企业要善于寻找和开发适合自己的营销方法和工具，并推陈出新。

案例中的 A 企业通过消费者一日"××之旅"活动引领消费者走出城市来到春光明媚的郊外牛场，亲近自然、亲近小牛犊，参观生产基地，寓教于乐，在旅游中了解牛奶的生产奥秘，实现了消费者与企业之间互动为目标的体验式营销。

A 企业站在消费者的思考角度，运用多种方式，从感观、情感、思考、行动、关联五个方面进行系统设计，实现了消费者的充分"体验"，使 A 企业的体验式营销取得了成功，树立了公司的形象，推动了营销工作的变革，诱导消费者的试买和消费，企业品牌忠诚度大大提高。

三、思考·讨论·训练

1. 本案例中 A 企业的体验式营销有哪些特点？
2. 怎样才能保证体验营销取得良好的效果？
3. 请为某食品企业设计一次体验式营销活动，请制订一份营销活动方案。

案例 4　"康师傅劲跑 X"的整合营销

一、案例介绍

自 2003 年 3 月，乐百氏推出功能饮料"脉动"大获成功后，各饮料巨头纷纷推出自己的功能饮料。娃哈哈的"激活"、汇源的"她他"、三得利的"维本"、统一的"体能"。农夫山泉的"尖叫"、模仿"脉动"到几近乱真的"健康伴侣"……

继这些功能饮料之后，2004 年 5 月，康师傅推出了补充性的运动饮料——康师傅劲跑 X，并声称要投入 1 亿元来推广它。在精品纷呈、奇招送出的功能饮料大战中，劲跑 X 凭什么夺人眼球？

5 月 22 日至 7 月 18 日，康师傅赞助了"2004 年穗港澳沙滩排球赛"。在这个活动中，康师傅采用了整合营销的策略，综合运用了体育营销、联合营销、美女营销、游戏营销、细节营销等手段，发挥不同传播工具的优势，将活动效果尽可能"最大化"。

（一）沙滩排球：从俗套运动中跳出来

康师傅劲跑 X 定位于一种补充性的功能饮料，其产品中含有维生素、电解质、氨基酸三种微量元素，可及时有效地补充人体运动时这三种元素的不足，使人迅速恢复精力。广州康师傅的负责人在接受媒体采访时称，劲跑 X 是目前市场上唯一的补充性运动饮料。劲跑 X 的目标消费群体是注重健康、活力和时尚的人群。劲跑 X 的名字和其包装上狂跑的运动健将所营造的动感十足的形象都暗示着劲跑 X 的定位。康师傅自然而然地将相关的市场推广活动和运动扯上关系——在哈尔滨举行"康师傅劲跑 X 杯"足球比赛；在成都则是"康师傅劲跑 X 杯"健康公路跑；在贵阳主办"全民健身跑邀请赛"……这些活动没有什么创意，稀松平常，甚至有些"俗套"。康师傅却在一丝不苟地做着，潜移默化地在消费者心中强化着其产品的定位。

沙滩排球是一种时尚的运动，目前尚没有普遍开展。珠江三角洲地区由于地缘上处于沿海，经济发达，运动时尚比较靠近国际潮流；人们思想开放，易于接受新事物，因而沙滩排球这一内地鲜有的运动在穗港澳地区有一定的群众基础；而且了解、接受和进行这个运动的人一般购买力强，热爱时尚运动，是劲跑X的核心消费者，抓住这部分消费者可有效地发挥消费"辐射"效应。

康师傅将国际上通行的2VS2沙滩排球打法改为3VS3，扩大参与面和比赛的精彩程度。康师傅和广州排球协会联合主办的这次赛事，旨在推广沙滩排球这一"时尚"运动，为此康师傅不惜耗费巨资，在广州天河体育馆南门水泥地板的广场上围起两个标准的沙滩排球比赛场地。

把沙排比赛由海滩"搬到"广州最繁华的天河，让运动员穿着印有康师傅劲跑X的运动衫在赛场上尽情地挥洒，赛后和比赛休息的间隙又淋漓畅快地喝着劲跑X，这使得广州市民纷纷将健康、运动、活力、时尚的元素和劲跑X联系起来，对于劲跑X品牌定位的深化作用是显而易见的。

这次沙滩排球比赛先从穗、港、澳三地决出男女各两个代表队，再于7月17—18日两天集中在广州进行最后的冠军争夺。这将近两个月的选拔赛程令劲跑X"是运动后最佳的补充性饮料"的定位在沙滩排球爱好者中深入人心。不仅如此，康师傅还从7月10日起在广东省内推出"动感沙排广东齐齐打"，分男女公开组、男女大学生组、男女中学生组三个组别，分别奖励前三名。这一"齐齐打"将沙滩排球普及运动"波延"到广东范围内更大的劲跑X的目标消费群。

沙滩排球比赛进行到最后阶段，康师傅更是借助6月30日广州中亚成功的良机，将沙滩排球比赛大力宣传为"广州中亚成功后第一场大型的庆祝赛事"。劲跑X又增添了关心广州体育事业的"美名"，美誉度进一步提升。

二、联合营销：降低了推广成本

很多企业在市场推广中和目标消费者相同的其他品类的厂家联合起来，共同分担庞大的市场开拓花销。康师傅虽然在方便面、茶饮料和果汁饮料市场上赚足了"银子"，对劲跑X的投入也号称要达到一个亿，可谓财力雄厚，可是它也知道举办这样一个大型的活动会很"烧钱"，找一两家企业来分摊，会创造多赢的局面。

于是康师傅拉来了高晋国际作为联合赞助商。这个联合赞助商旗下的产品有曼秀雷顿摩擦膏和新碧防晒系列。曼秀雷敦摩擦膏是以消除因扭伤、拉伤、挫伤、劳损引起的痛楚为主要的功效，其目标消费者以"运动一族"为主。而新碧防晒系列以酷爱户外运动的人为目标使用者。这些人都包括在劲跑 X 的目标顾客中。高晋国际是国际性的企业，它正在努力开拓中国市场，在广州、上海、北京设有分公司。康师傅拉上它来搞这个赛事也可以提高劲跑 X 的档次，而高晋国际借助康师傅举办的这个大型活动也可大大提高其产品的知名度。

康师傅通过拉高晋国际"入伙"，解决了运动员损伤用药的部分支出，满足了女性运动员比赛中防晒的要求，连参赛者的服装费用也由合作者分担了一部分，极大地降低了推广成本。康师傅付出的仅仅是在比赛场地两侧分出一小块场地作为曼秀雷敦摩擦膏和新碧防晒系列的促销台，将高晋国际的标志印在运动员的服装上，把新碧作为"本次大赛指定防晒用品"，在活动现场零星地竖几块这两种产品的广告立板，以及在比赛的过程中不断地用广播提醒在场的观众去购买摩擦膏和防晒品，可谓划算。

（三）美女热舞：拖住行人的脚步

对注意力的争夺已经成为企业营销成功的关键。

康师傅劲跑 X 沙排比赛安排在广州市中心举行，对运动爱好者而言吸引力是足够了，但对普通大众而言尚不足以令其移"贵脚"到现场"看个究竟"。这些人也是运动饮料的目标消费者，康师傅自然不会放过。在广告创意中，有个三 B 原则。所谓三 B 分别是 Baby（婴儿）、Beast（动物）、Beauty（美女）。意思是一则广告要想很好地吸引受众的注意，最好用婴儿、动物、美女三者中的一者或者多者作为主角。在康师傅的这个活动中自然是不方便搬来一群动物或者婴儿来助兴的，也与其产品定位不符合。不过，美女倒是一个不错的选择。

在任何两场比赛的间隙，都会有四个青春亮丽的热舞女身穿泳衣，拿着劲跑 X，用舞蹈表达运动后喝一瓶劲跑 X 是多么的淋漓畅快。热辣的舞蹈、性感的泳装，以及通过现场震耳欲聋的喇叭传出的狂放的舞曲，令行人纷纷驻足，好奇观望，许多年轻男子还远远地被"吸引"到了现场。

为了提高沙滩排球活动的吸引力，女运动员的比赛服装都设计为印有劲跑 X 和高晋国际标志的低胸紧身运动泳装，大赛的宣传照上更有许多运动员的性感特写。联合赞助商高晋国际派出的促销小姐也是上身穿着尽显身材的紧身小背心，而下身穿的是超短的窄牛仔裤，她们穿梭在活动现场到处请人试用防晒和摩擦产品，成为一道令人流连的风景。

这些吸引观众的招数虽低俗了些，却十分管用。这种美女营销的策略为争取顾客更长时间的停留立下功劳。这也就为劲跑 X 的概念及功效的宣传灌输提供了时间上的保证。

（四）游戏营销：提高受众的参与度

康师傅在沙滩排球比赛的现场还专门设立了一个名为运动营的大棚，里面设有四组游戏，分别为：A. 能量全补充；B. 享受淋漓畅快；C. 清凉之夜；D. 垫球入篮。观众只要现场试饮劲跑 X 就可获得印花 1 个，现场参加游戏也有机会获得印花 1 个，满 3 个印花就可以换劲跑 X1 瓶，满 5 个可换劲跑 X 运动装备 1 个。

A 组游戏：参与者要将排球投往两米外的 3 个洞中，这三个洞被指定分别代表劲跑 X 饮料中含有的 3 种微量元素，投中 1 个表示"补充"了 1 种元素，投中 2 次可获得印花 1 个。

B 组游戏：参与者在 20 秒内骑一辆小自行车绕过 4 瓶劲跑 X，并拿到左边的一瓶劲跑 X 饮料就算完成任务，可获得印花 1 个。

C 组游戏：参与者可在一台踏式游戏机上玩滑雪游戏，在规定的时间内完成任务的就可以获得印花 1 个。

D 组游戏：参与者要在一米线外将排球用打排球时垫球的方式垫入到做成劲跑 X 瓶身样的塑料板上的篮筐内，每人有 3 次机会，入两球者就可获得印花 1 个。

除了 C 组游戏要求现场购买一瓶劲跑 X 饮料者才能获得参与资格外，其余的游戏都是免费参与的。由于游戏中安排有各种详细介绍，令受众在游戏的过程中自觉不自觉地了解到了关于劲跑 X 的概念性知识。游戏营销中这种"寓教于乐"的方法，对消费者的教育效果甚佳。

在这个运动营中，游戏的说明和道具上大都印上劲跑 X 的包装和标志。

最成功的当数 A 组的能量全补充，把投球入洞创意为补充元素，这把游戏和劲跑 X 中含有的微量元素结合得很好。而 B 组游戏则难度过大，参加者寥寥，且游戏内容和题目对不上号，骑自行车和享受淋漓畅快有什么必然的关系吗？C 组因要买一瓶劲跑 X 才能参与，也限制了参与人数，更糟的是游戏机的外部没有经过任何的装饰，一台"裸机"在一片劲跑 X 的标准蓝色中显得分外刺眼。D 组游戏名称没有新意，虽然游戏内容和产品知识介绍扯上了关系，但是说什么进两个球表示劲跑 X 的青柠和西抽两种口味，很牵强。

其实游戏营销在营销沟通中的效果应该讲是很好的。康师傅这一个设置也极大地提高了受众的参与度，而受众的参与度是产品由知名度提升到忠诚度的关键一环。康师傅需创意出更多的如 A 组游戏一样有新意且和产品知识的宣传十分切合的游戏来，方能把游戏营销的功能发挥到极致。

（五）细节营销：让劲跑 X 无处不在

康师傅在活动的现场为了聚集人气，专门设立了一个抽奖台，派一个工作人员向在场看比赛的观众"兜售"抽奖券。事实上，观众只要填一份简单答卷就可获得抽奖券。答卷上的问题只有两个：一个是主赞助商是谁？一个是写出一个赞助商的名字，之后是写上自己的名字和电话就可以了。答案就在抽奖券上面。这个抽奖活动每小时抽一次奖，奖品是康师傅劲跑 X 运动装备一个。这是用抽奖变相地充当了枯燥、参与度低的调查问卷，对于活动后统计活动信息的到达率有一定的参考作用，也提高了观众的参与度。除了抽奖，在现场，康师傅把每瓶在超市里售价为 2.7 元的劲跑 X 降至 2.5 元，劲跑 X 的促销员还用一次性纸杯给进入现场的市民免费试饮。这些举措对于在火辣的太阳中行走的人来说是"雪中送炭"，真正让他们享受到了淋漓畅快。活动中的每一个角落都尽量为劲跑 X 产品的深蓝色和浅蓝色两种标准色和劲跑 X 的标志所覆盖。促销员、运动员一律穿着印有劲跑 X 标志的服装。促销台、兑奖处、舞台、太阳伞，甚至是压气球用的沙袋也是用产品那种蓝色做的。在比赛过程中，赛场的围板如果沾上了少许沙子，都有人员用劲跑 X 的瓶子装着水逐一清洗干净。整个现场物品的布置也是相当的规矩有序。

这一切细节体现了康师傅营销推广的深厚功夫。

（资料来源：http://www.em‑cn.com/article/2007/140883.shtml）

二、案例分析

整合营销又称"整合营销传播"，是一种实战性极强的操作性策略。它把消费者贯穿于整个营销传播活动的每一个环节，以服务顾客为宗旨，使每一位顾客都能体验到企业高效、优质、一致的服务，实现与消费者的双向沟通。它以系统化思想为指导，将整个营销沟通作为一个系统，对其进行计划、协调、控制。不仅关心局部，更注重全局，考察所有行动与方案的效果，使得营销资源在营销工具间最优配置，真正提高企业的组织管理水平。从本案例可以看出，在康师傅赞助了"2004 年穗港澳沙滩排球赛"活动中，康师傅成功地采用了整合营销的策略，它综合运用了体育营销、联合营销、美女营销、游戏营销、细节营销等手段，发挥不同传播工具的优势，将活动效果尽可能实现了"最大化"。

三、思考·讨论·训练

1. 结合本案例谈谈整合营销的具体实施过程应该是怎样的?
2. 在整合营销中, 怎样才能更好地实现 "整合"?
3. 康师傅营销推广的深厚功夫体现在哪些方面?

第十二章　综合案例

企业要想获得生存下去的机会，唯一的办法就是保持一种始终面向外界的姿态。若想长期生存，仅有的途径就是要使人人竭尽全力，千方百计让下一代产品进入用户家中。

——［美］约翰．多伊尔

企业的情况很复杂，所以应该有壮士断臂的勇气和决心，因为这个放弃减少了对他的很多压力和拖累，使他更有力量，寻找更好的机会来发展。

——段永基

本书前述各章皆按相应管理职能进行划分，结合各个职能精选案例加以分析，以帮助读者更好地掌握各章内容。但是，企业管理是复杂的连续过程，需要管理者综合各方面的信息，融合各方面的知识，就复杂的管理问题提出相应的处理对策和解决办法，而管理者把各章知识融会贯通则是其中的关键。所以，现设"综合案例"一章，精选比较复杂的相应案例供读者参考。

教师在进行案例教学中，讲授完前述各章内容后，可以运用本章案例，以考察学生的综合分析问题和解决问题的能力，让学生结合学到的相关知识处理相对复杂的管理问题，提出切实可行的管理办法。

在案例教学中，为了便于学生参与案例讨论，拓宽思路，"综合案例"未设"案例分析"。

案例 1 苏果农村市场制胜攻略

一、案例介绍

日前，中国商业联合会与某大媒体评选出"2005 年中国商业十大新闻"，其中"万村千乡"市场全面启动，苏果农村办超市受欢迎被列入十大新闻之首。成立于 1996 年的苏果超市，在 2005 年上半年销售额达 95 亿元，位列中国连锁超市业前三强。到 2005 年年底，苏果网点总数高达 1510 家，其中县及县以下乡镇店铺数就有 879 家，占网点总数的 58%；乡镇及镇以下农村网点数 605 家。在苏果整个销售规模中，50% 多份额是在农村实现的。在众多超市巨头不屑一顾的农村市场，苏果竟能取得如此骄人成绩，其出奇制胜的"农村攻略"颇值得学习借鉴。

（一）农村超市红火写真

一个 7000 平方米的超市中，各类商品琳琅满目，人头攒动。这里既有时尚的液晶彩电、节能空调，也有摆满果菜生鲜的大"厨房"。这个景象不是出现在某个城市中，而是新华网记者在江苏邳州市官湖镇苏果超市所看到的真实情景。来这里买菜的李大婶对记者说："苏果是为咱农家开的店。如今农村买东西和城里没两样，也能推着小车逛超市了，村里人都爱上这来！"而据超市副经理介绍，2000 年开办的官湖镇苏果超市，在 2004 年销售额就达 2600 万元，足以说明农村超市也可以这么红火。

（二）坚实的后方基础

从 1996 年在南京娄子巷开第一家苏果超市开始，多年来苏果大多数时间都花在经营南京市场上。时至今日，400 多家"苏果"遍布南京大街小巷。很多南京市民到苏果购物，已不再是一种单纯的消费行为，而是他们日常生活中不可缺少的组成部分。苏果占据南京超市近 50% 的市场份额，如此压制性的优势在全国都绝无仅有。这就是苏果向外扩张的坚实基础。

（三）强大的资金后盾

2005 年 5 月，华润（香港）集团董事长陈新华在南京对媒体宣布，未来三年之内，华润继续向苏果注资 20 亿元，主要用于苏果对外扩张区域市场。这样雄厚的资金足以令苏果扩张的脚步迈得更大更快。有能力向三四级市场全速推进。

（四）搭上政策的春风

由于目前多数县城特别是乡镇市场还存在商业网络规模小、层次低、信誉差、商品质量得不到保证的众多问题。商务部在近年强力号召大型连锁企业加快进军农村市场步伐，打造农村商品销售的安全平台。

而早在商务部提出开展"万村千乡"市场工程之前，苏果就开始致力于农村市场的开拓。经过几年的探索和实践，苏果把现代化超市引入农村商业，对提高农村商业服务水平、净化农村消费环境、扩大农村农产品流通发挥了积极的作用。苏果农村超市得到了国家领导人的肯定，国家总理温家宝就曾先后两次对苏果开拓农村市场做出重要批示，2005 年 10 月，温总理还亲临苏果视察，称赞"苏果办得好"。

（五）找到合适的伙伴

由于农村市场发育程度、购买力水平的限制，农村超市的发展肯定与城市有很大的区别。为使自己扩张更加顺利有效，苏果在向农村市场推进的过程找到了一个合适的伙伴，那就是供销社。从 1998 年开始，苏果就加强了与各地供销社的合作，借助于供销社系统的网络资源，积极发展特许经营，迅速扩张了网点规模和品牌效应。在农村 800 多个网点中有 60% 是依托供销社网点建立起来的。其形式一是采取区域集体加盟，二是区域多点加盟。能与供销社形成如此良好的合作关系，也得益于其渊源。苏果超市原本就是江苏省供销合作总社创办的企业。

（六）到位的扩张战术

苏果最开头是从比较富裕的乡镇开始将乡镇的供销社改造成了苏果超市，再渗透到一般的乡镇，并向中心村推进。为此苏果实行梯度推进战略。在县级中心城市开发的基础上，部分区域直营店向大型乡镇延伸，小型乡镇及中心村将大力发展加盟店，形成梯度推进的战略格局，从而使连锁网络覆盖整个乡村市场。苏果提出了"百县百店"计划，基本思路是实施区域密集发展策略，即每个县城开设 1—2 家大店，业态以平价店、购物广场为主，再配套布点一些标超和便利店，达到迅速占领区域市场 40% 以上的份额。

每到一个乡镇市场，苏果总是高举着"苏果无假货"的大旗。因为在乡镇，当地最繁华的集贸市场往往就是假冒伪劣商品猖獗的地方。"无假货"的招牌非常能够吸引当地居民的眼球，打动他们的心。

（七）集中火力发展

虽然苏果已经发展超过 1500 家门店，但所进入的省份也只有苏、皖、鲁、豫、鄂、冀六个。这说明一个问题，苏果在发展过程中的策略是集中火力。以相邻的安徽为例。早在1999年，苏果超市就以特许加盟店的形式出击安徽市场，2003年起直营店也开进安徽，首站就选择了紧邻南京的马鞍山市。2004年7月，"苏果"对马鞍山市的22家加盟店实现整体收购，将直营店一统天下且星罗棋布的"南京模式"克隆过去，预计将占据该市连锁超市业60%的市场份额。到2004年年底为止，"苏果"在安徽境内的连锁店总数已达170家，售总额达27亿元。据透露，未来三年，苏果超市将在安徽再开200家连锁店，使年销售总额达到80亿元。

（八）取得当地政府支持

很多超市在外地扩张时，往往会遇到地方保护主义。而苏果在此方面却一帆风顺，与其得到当地政府的支持不无关系。有些地方政府部门对于苏果抢占"家门口"的市场，表示"全力支持，一路绿灯"。其中苏果的一些变通扩张方法也是取得支持的重要原因。比如，在发展当地供销社转为超市时，只要达到苏果开店的基本条件，就授予特许经营权，当资金不足时，只要有政府担保就可以开店。苏果的这一举措帮县、乡两级政府解决了很多难题，当然也就会回报以足够的支持。

（九）遭遇不和谐之音

2004年9月，安徽天长市新开业的苏果超市推出"天天平价，双倍退差"活动，遭遇恶意套购。天长市其他超市的一些员工，集中到苏果购买某商品，付款后迅速通知他们超市打出和在苏果超市所购买商品相同品名和规格商品的收银单，价格明显比苏果低一大截。然后就到苏果超市服务台要求双倍退差。如此遭遇有计划、有组织的恶意套购，在各大超市扩张经营的过程中，苏果可以说是绝无仅有。不知是不是能让苏果扩张的脚步稍微慢下一点来，稍微静心地思考一下呢。

（案例来源：中国营销传播网，http://manage.org.cn）

二、思考·讨论·训练

1. "苏果"的目标市场在哪里？其特征有哪些？
2. "苏果"市场攻略取胜的主要原因是什么？为什么？
3. "苏果"将如何解决其遭遇的不和谐之音？

案例2 "贝卡特"钢丝公司

"贝卡特"公司于1880年成立,至今还是由创建者比利时的贝卡特家族独资控制。这家百年老店经过多年惨淡经营,业务不但早已跨出比利时国界,而且也已越过欧洲边界,通过它独资拥有的或与本地企业合资兴办的子公司,把势力扩展到北美和远东。但它始终遵守着独家经营的祖训,不容他姓染指。它现在的董事会是由老贝卡特的五房子孙分别掌握,每房各推举两人为本房利益的代表,组成董事会,虽然也有几位族外人取得受聘为董事的殊荣,却都是对本家族唯命是从的极忠实可靠的仆从,只是点缀而已,岂容大权真正旁落?

贝卡特公司的领导人,本来一直把美国和加拿大视做它在比利时本国及西班牙、拉美和日本的分厂所造产品的传统出口市场。它在芝加哥拥有一个大型货栈,以它为集散基地,将运来的产品销向各北美市场。但到了20世纪60年代中期,它开始决定谨慎地在美国投资建厂,建立了贝卡特钢丝公司这一家完全由它控制的子公司,开始实行就地生产了。它先后在乔治亚州的罗马建起了一家钢丝厂,在阿肯色州的范布伦建了一家农用线材厂,又在内华达州的雷诺建了一个筐具厂。这个子公司及三家分厂的领导都由母公司派本国人来充任,牢牢抓住缰绳,并且只把他们的产品视做本国出口产品的补充。

范布伦的这家农用线材厂设备较先进。它的厂长、总工程师、总会计师,全是由母公司直接任命和派遣来坐镇的比利时人,中、基层干部和工人则是本地雇聘的美国人。为了给建设此厂筹措资金,子公司曾经发行过债券,这些债券当然全部由贝卡特家族掌握。

筹建此厂时,公司领导对它颇具厚望。因为他们在1970—1971年间曾进行过一次市场调查,预计美国农用线材,尤其是做围栏用的带刺钢丝——刺线的需求会不断扩大,大大有利可图,所以不惜重资,买了颇先进的设备,准备以范布伦厂为基地,大量生产,源源供应临近市场急需。

但正当此厂建成投产时,市场的情况却并不如预计,由一直上升而突然变为急剧下降。据内行人分析,首先在于市场调研不细,没有看到当时刺线行情看好,是因为越南战争军事需要的影响;其次,竞争的激烈也远远超过预计,如阿姆科钢铁公司、西北钢铁线材公司,都是些树大根深的地头蛇,一家业主远在欧洲的新公司,要想挤占,不身怀绝技谈何容易;再则这家子公司虽是贝卡特独家占有，但并不被视为嫡系，总觉得"肥肉"不能让它享用，把美国东海岸各州、西部加州及加拿大划为禁区，仅供本国出口产品占据。只把美国中西部地区这块"骨头"留给子公司去啃。这就缩小了可资利用的地盘，增加了销售的困难。但最主要的一点是：子公司的经营，全由母公司遥控，一切战略和策略等重大决策，都在比利时总部制定。范布伦厂的厂长，建厂才几年就连换三任；请来专家为之设计的两个模型也被束之高阁。

范布伦厂开工投产时，贝卡特家族的要员们纷纷亲临致辞剪彩，但其后的两年，该厂每年亏损 200 万—300 万美元。董事会只好去请一位"老美"史密斯。

史密斯物色了一位市场专家做搭档，任命他为子公司的副总裁，分管线材和农用产品；立即把封存的模型取出来，输入计算机，对各种产品组合进行盈亏预测。他召开了一系列战略研讨会，与骨干和专家们分析、研究，想首先找出市场中哪儿才是最适合自己发展的独特地盘。他们分析了农业市场的各方面：家禽业、养猪业、养羊业、养牛业、谷物及青贮饲料业等对围栏材料的需要。

范布伦厂生产的产品是一种相当于 15 号钢丝的刺线，品名为"高柯"。"高柯"是一个西班牙的词汇，在美国中部，这个名字既陌生又刺耳。此外，这里的围栏，使用的是 12 号刺线，比"高柯"粗，又结实耐用。但"高柯"刺线也有其长处：一是它有较厚的镀锌层，防锈力较强；二是它较柔韧，易于捆扎到柱桩上；三是它的实际强度不仅不低于 12 号刺线，反而略胜一筹。如何让用户知道并相信这一点是问题的关键。

市场分析结果表明，范布伦厂的产品组合中，只有两种产品盈利潜力较大，其中就包括"高柯"刺线。"高柯"刺线的需方有两个：一是国防需要；二是民用的市场需求。刺线的民用市场需求具有明显的季节性。因为农民和牧民们通常都是开春时新建、重建或加固他们的围栏。于是，史密斯决定在 1979 年冬实施推销计划。

他们首先分析了农、牧民的特点：①老乡们需要货真价实的优质产品。②老乡们不大愿意有什么改变，除非老办法有问题而新产品确有潜在的巨大好处。③买刺线是灵机一动式的购买行动。④老乡们是可以对刺线建立品牌意识的。

范布伦厂并不能把"高柯"刺线从工厂直接卖到最终用户手中，它必须依靠和利用各地现成的、完备的、散布至穷乡僻壤的销售渠道与网络，而且只能通过"工厂—批发商—零售店—农、牧民"这样既定的层次系统。可惜的是，无论批发商还是零售商，对经营和推销新产品，特别是像围栏材料这类普通商品总是没有多大积极性和感到有多少推动力。所以，对农、牧民的推销，必须顺带地激发起这两个中间层次的积极性。为此，他们决定采取下列四种宣传与推销手段：①推销员下乡巡回，直接与农、牧民个人接触。②邮寄宣传品。③在报纸及农、牧专业普及性期刊上登广告。④通过无线电台做广播广告（当时电视还不普及）。

当然，史密斯认为，这四种手段不应孤立地、分隔地使用，而应互相配合，协同作战，并且要有一个重点，那就是广播。

为了制订出最有效的广播宣传计划，他们对农、牧民收听广播的习惯与爱好做了细致的研究：他们平常收听什么台？哪些节目？什么时间听？一般听多长时间？……结果发现，老乡们一般是在早上5点到5点30分，收听当日新闻和天气预报，到中午11点，则收听市场行情介绍，了解粮食、肉类、禽、蛋等收购价格和农机、化肥等售价。通过这番侦察，史密斯决定，以最小代价取得最大成果。他们决定向电台购买上述两段节目中的"片刻"间隙时间，而时间的长短，应以确保听众的注意力能被吸引，并听清了广告中的关键信息，但又以不至长得使他们听得不耐烦而换到另一台为度。

他们创造了一位叫丹尼斯·特朗的牧民角色，在马上边弹吉他边用浓重的农村口音，唱着当地妇孺皆知的民歌，但歌词已换上了宣传"高柯"刺线优点的内容。广告节目果然收到了预期效果。史密斯又考虑如何才能使这一节目不仅刺激最终用户的购买欲望，而且还能同时激发起各零售商店进货与推销的积极性，使节目"一箭双雕"。他们制定了一项政策：哪家零售商店一次购进"高柯"刺线多，那节目中就多腾出时间专门给这家商店做宣传。零售商进货多了，就会推动批发商相应进货。最绝的一招是，进货量达到一定标准，公司就派一位专职推销员去该店工作一天，带去一个专门设计的小巧玲珑的线材抗拉试验仪，现身说法，用过硬的当面试验，证实"高柯"虽貌似纤弱，实际强度一点不低于12号钢丝。这种办法使贝卡特的推销员们得以面对面地直接接触农、牧民，消除他们的疑虑。

剩下的最后两个战术性决策是，广告战役在地理上的布局与时机，以及如何使用公司有限的推销员队伍了。原来的推销力量是较薄弱了一些，但主要弱点在于分散使用，每一地区都派一名推销员去终年常驻，淡季时无事可做，旺季时又照应不过来。因此，史密斯决定把全体推销员于1月初前都集中调到得克萨斯、新墨西哥、亚利桑那等中南部各州，成立一个半永久性推销小分队，自1月2日起在已春意盎然的南方诸州"全线出击"，并随着季节变化而尾随跟进，一直到达北端加拿大国境线为止。

初战告捷的捷报令人鼓舞，南部三州经两周强化推销，成交的订货批次增加了30%。史密斯决定整个战役结束后，做一次总结，并研究如何巩固和扩大战果，决定明年该如何改进及这个经验能否搬到其他产品的销售工作中去。

（资料来源：万力：《名牌营销策划》，中国人民大学出版社1999年版）

案例3 青啤"事件营销"

一、案例介绍

1903年8月，在中国诞生了第一座以欧洲技术建造的啤酒厂——日耳曼啤酒股份公司青岛公司。经过百年沧桑，这座最早的啤酒公司发展成为享誉世界的"青岛啤酒"的生产企业——青岛啤酒股份有限公司。

（一）提出"激情成就梦想"的品牌新主张

不久前，这家百年企业高调鲜明地发布了其"激情成就梦想"的品牌新主张，在啤酒界引起了不小的轰动。

据青岛啤酒董事长李桂荣介绍，青啤推出百年以来的第一个品牌主张"激情成就梦想"，蕴涵了青啤百年的认真、进取、不断超越自我的传统文化，更体现了积极的社会价值观，更为百年品牌增添了激情、活力的因子。

有营销专家评论认为，青岛啤酒以"激情成就梦想"作为新时期的品牌主张，口号鲜活，时代感强，对于吸引年青一代的啤酒消费者具有很强的文化感染力。寻找到符合企业文化的品牌主张并不是件容易的事情。

（二）牵手"梦想中国"

2005年6月16日，青岛啤酒宣布赞助中央电视台主办的第二届梦想中国大赛活动。正式与"梦想中国"握手。同时"梦想中国"正式采用青岛啤酒的品牌主张"激情成就梦想"作为活动的主题。

央视某位高层曾表示，"梦想中国"采用"激情成就梦想"作为活动的主题，这是国内所有赞助活动中的首例，体现了双方在经营角度之外更深层次的合作。

对此，营销学专家认为："品牌俱乐部最难把握的是如何将两大品牌进行良好的融合，能够互相呼应。青啤此次和央视的深度合作，将成为国内企业营销推广的良好案例。"

当然，与"梦想中国"的合作，青岛啤酒也收益颇丰。据有关机构公布的统计数据，此次，青岛啤酒近半年的《梦想中国》独家冠名，不仅得到了极高的广告回报，最主要的是通过"梦想中国"平台，青岛啤酒准确、广泛地传达了企业的文化内涵，并融合节目本身的定位，塑造了其在消费者心目中的企业形象。

据统计，通过各赛区的选拔赛这一平台，使品牌第一季度上升1个百分点，产品的销量上升8个百分点以上。2006年8月，销售同比增长43%，9月同比增长38%。

（三）邂逅08奥运

奥运会历来对赞助商设置了极高的门槛，只有少数具有全球影响的大企业才能跻身奥运俱乐部。

"青岛啤酒有幸成为北京2008奥运会的赞助商，这是对青岛啤酒百年品质和良好企业形象的充分肯定，也更好地诠释了青岛啤酒'激情成就梦想'的品牌主张。以推出新的品牌主张和赞助奥运为契机，公司加大了品牌传播和市场推广的力度，取得了不错的效果"。青啤董事长李桂荣说。

激情、梦想与北京2008年奥运会提出的"同一个世界、同一个梦想"的口号不谋而合。青岛啤酒和奥运会这一共同的诉求点，以及品牌主张与奥林匹克精神的紧密结合，是双方能够走到一起的前提。

北京奥组委执行副主席王伟在双方合作致辞中表示，举办奥运会是中华民族的百年梦想。青岛啤酒是一个"百年老店"，也是中国啤酒行业的国际知名品牌。这样优秀的企业积极赞助和支持北京2008年奥运会，增强了北京奥组委办好奥运会的信心和决心。一百多年来，青岛啤酒为中外交流作出了贡献。2008年，奥运会第一次来到中国，青岛啤酒"激情而开放，诚信而醇厚"的文化品质将为奥林匹克文化增添新的亮点。

2005年的青岛啤酒无疑是"事件营销"的典型，也必将成为未来学者研究"事件营销"的典型案例。但企业在借助事件营销时，首先要考虑资金投入的产出效果，并非所有"事件营销"都是低成本、高效益。其次，要符合整合营销的思想，系统考虑，而非单一的"事件营销"。最后事件营销本质就是有效利用热点话题、事件，因此事件本身必须是媒介关注、消费者关心，能成为公众话题，企业作为事件的主角，在自然中被消费者所接受。

（案例来源：中国管理传播网，http：//manage.org.cn）

二、思考·讨论·训练

1. 案例中青岛啤酒利用了哪些"事件"进行营销？
2. 青岛啤酒是怎样获得这些营销"事件"的？
3. 这些营销事件给青啤带来了怎样的结果？

参 考 文 献

1. 李弘、董大海：《市场营销学》，大连理工大学出版社 2001 年版。

2. 陈守则、王竞梅、戴秀英：《市场营销学》，机械工业出版社 2005 年版。

3. 郭国庆：《市场营销学通论》，中国人民大学出版社 2005 年版。

4. 韩庆祥：《突破：实用营销》，北京科学技术出版社 2005 年版。

5. 余凯成：《管理案例学》，四川人民出版社 1987 年版。

6. 张丽华：《管理案例教学法》，大连理工大学出版社 2000 年版。

7. 梅子惠：《现代企业管理案例分析教程》，武汉理工大学出版社 2006 年版。

8. 里德：《哈佛第一年：商学院的真实经历》，中国建材工业出版社 1998 年版。

9. 刘新哲：《哈佛学不到，海尔是课堂》，《青岛日报》1998 年 3 月 30 日。